스포츠산업의 이해

스포츠산업의 이해

초판1쇄 발행   2015년 8월 30일
초판2쇄 발행   2019년 3월 10일

지은이	백우열 · 김성겸 · 김화룡 · 추종호
교정교열	정난진
펴낸이	이찬규
펴낸곳	북코리아
등록번호	제03-01240호
주소	13209 경기도 성남시 중원구 사기막골로 45번길 14
	우림라이온스밸리2차 A동 1007호
전화	02-704-7840
팩스	02-704-7848
이메일	sunhaksa@korea.com
홈페이지	www.북코리아.kr
ISBN	978-89-6324-437-2 93690

값 23,000원

백우열 · 김성겸 · 김화룡 · 추종호 공저

스포츠 산업의 이해

북코리아

머리말

오늘날 스포츠는 사회 · 경제 · 문화 전반에 그 영향력이 확대되고 있으며, 이러한 영향력 확대의 이면에는 아마추어리즘에서 진화된 스포츠의 산업화가 자리 잡고 있다. 더욱이 국내에서 '스포츠'와 '산업'이라는 용어가 융합되어 등장하기 시작한 시점이 불과 20여 년 남짓함에도 불구하고 스포츠산업은 2002년 한일월드컵을 거치면서 산업적으로 빠른 성장세를 나타내고 있으며, 스포츠가 우리 국민의 삶에 직접적으로 깊이 관여되는 보편성을 매개로 국가발전에 동인 역할을 하는 새로운 성장 동력산업으로 자리매김하고 있다.

국내 스포츠산업은 1990년대 중반 이후 스포츠산업에 대한 국민적 인식이 확대되면서 비로소 복합적 산업구조를 지니고 있는 스포츠산업에 대한 체계적 접근이 시도되었으며, 특수목적 산업으로서 국내 산업분류체계에 포함되었다. 이후 기업들의 생산성 향상과 국가정책 차원에서 주 40시간 근무제의 전면 시행을 통한 자유재량소득 및 여가시간의 증가는 관람스포츠, 참여스포츠 그리고 새로운 뉴스포츠와 레저스포츠의 활성화에 크게 기여하고 있다. 이를 통해 스포츠산업은 가치 있는 산업으로서 그 영향력이 점점 확대되고 있다. 더욱이 스포츠산업은 제조업, 서비스업, 유통업 등 기존 산업과의 높은 연계성을 지닌 산업으로서 관광, IT

및 BT와의 융합을 통해 무한한 성장잠재력을 지닌 것으로 인식되고 있다. 따라서 스포츠에 대한 국가적 차원의 관심과 국민의 의식 변화는 스포츠가 기존의 신체활동을 통한 건강증진, 스포츠이벤트 개최를 통한 국가적 위상 제고 등의 아마추어리즘적인 관점에서 탈피하여 국민의 사회적 니즈를 수용할 뿐 아니라 국가 성장에 동인을 제공하는 산업으로서 사회, 문화 그리고 경제적 파급효과를 고려한 발전적 구조로의 전환이 요구되고 있다.

최근 발표된 문화체육관광부의 '스포츠산업 진흥 중장기계획'은 융·복합형 미래 스포츠 시장 창출, 스포츠 참여 및 관람 촉진을 통한 잠재수요 확대, 스포츠산업 선도기업 육성, 스포츠산업 선순환 생태계 기반조성을 통해 스포츠산업을 차세대 성장 동력산업으로 육성하는 데 기여하고 스포츠산업의 무한한 잠재력을 극대화할 것으로 예상된다. 한편 국내 여러 대학에서는 스포츠경영학과와 스포츠산업 관련 학과들을 신설하여 스포츠산업의 다양한 영역에 있어 전문지식과 소양을 갖춘 인력양성에 노력을 기울이고 있다.

본서는 스포츠산업을 처음으로 공부하는 학생이나 일반인을 대상으로 하는 입문서이며, 스포츠산업이 직면하고 있는 국내외 산업환경에 대한 깊이 있는 분석을 통해 스포츠산업에서 대두되고 있는 당면과제와 이를 해결할 수 있는 실제적이고 구체적인 방안들을 담고 있어 독자들에게 스포츠산업의 다양한 하위 산업영역에 대한 새로운 시각을 제시하고 있다. 또한, 복잡하고 다원화되어 있는 스포츠산업의 시장구조와 경쟁환경에서의 기업행동 및 소비행동 모형을 체계적으로 분석하여 제시함으로써 독자들로 하여금 스포츠마케팅론, 스포츠경영론, 스포츠시설경영론 같은 스포츠산업 관련 학문들의 이해를 높일 뿐 아니라 시장경쟁체제에 있어 급변하는 스포츠 시장 상황을 정확히 예측하고 대처할 수 있는 전문지식을 제공할 수 있을 것이다. 아무쪼록 본서가 그 영향력이 새롭게 확대되고 있는 스포츠산업을 쉽게 정리한 전공교재로서 스포츠경영학도와 업계 및 정책입안 실무자들에도 유용하게 활용되기를 기대한다.

끝으로 본서가 출판되기까지 물심양면으로 도와주신 북코리아 관계자 여러분의 관심과 한결같은 가족들의 따뜻한 사랑에 깊은 감사의 마음을 전하며, 이렇게 본서를 이용해주신 독자들에게도 지면을 통하여 다시 한 번 깊이 감사드린다.

2015년 8월
저자 일동

CONTENTS

CONTENTS

CONTENTS

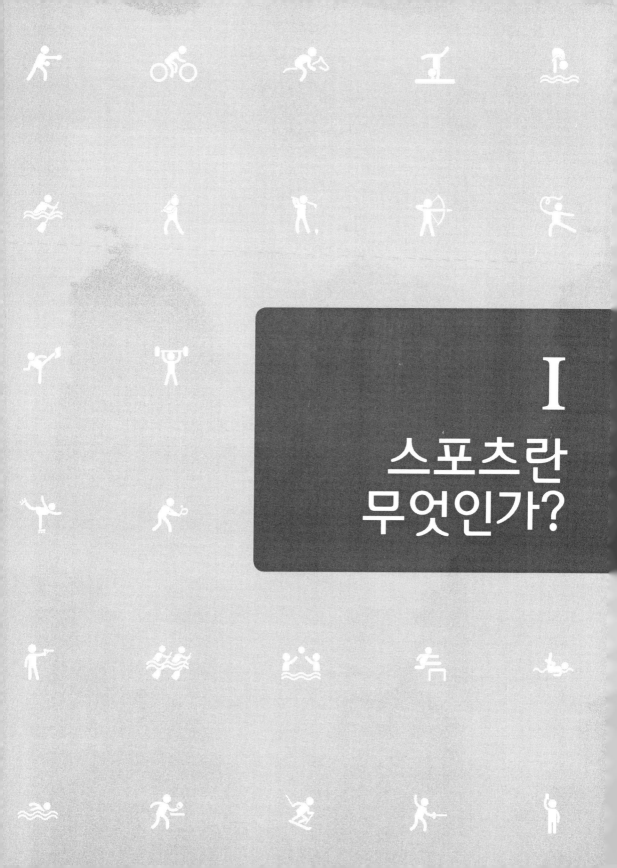

I
스포츠란 무엇인가?

1
스포츠의 정의

 스포츠는 인류의 역사가 시작된 이후 스포츠 자체의 보편성을 토대로 사회, 경제, 정치, 문화적 영역과 밀접한 관계를 맺으며 성장해왔다. 이처럼 스포츠가 다양한 분야와 밀접한 관계를 가지고 발전해온 것은 스포츠가 지니고 있는 고유한 특성 때문이라고 할 수 있다. 역사적으로 고대에는 종교적이고 정치적인 요소들이 스포츠 활동과 접목되었으며, 그리스와 로마 시대를 거치면서 사회통합과 군사적 이유로 스포츠에 대한 지원이 이루어졌다. 중세시대에 있어 한동안 침체되었던 스포츠 활동은 산업혁명과 근대화 시기의 성장기를 거쳐 현대 스포츠의 형태로서 자리매김하게 되었다. 또한 올림픽, 월드컵, 프로스포츠 발전 시대를 통해 질적으로 팽창기를 맞이하였으며, 기술의 진보를 통해 관람 및 참여스포츠의 유비쿼터스 시대를 맞이하고 있다.

 현대사회에서 스포츠는 신체활동을 통해 정신과 신체의 단련, 선의의 경쟁을 통한 사회성 함양, 국가적 브랜드를 국외에 알릴 수 있는 국위선양 등의 의미를 가지고 있다. 최근 들어 스포츠는 문화로서의 스포츠, 감동의 콘텐츠로서의 스포츠, 산업 간 연계성을 토대로 지역경제 발전에 이바지하는 스포츠 등으로 의미가 더욱 확장되고 있다. 오늘날의 스포츠는 신체성·규칙성·경쟁성이 강조된 신체활동의 개념을 넘어 즐거움이나 건강을 추구하기 위해 자발적으로 행해지는 모든 스포츠 현상을 의미하는 것으로 이해될 수 있다. 따라서 스포츠는 인간의 삶을 보다 풍족하게 하는 정신적·감성적·사회적 욕구 충족을 위한 놀이, 여가 개념의 신체활동을 포함한다고 볼 수 있다.

한편 현대의 스포츠는 놀이(play)의 중요성이 강조되는 특징을 나타내고 있다. 이는 잘 놀 수 있는 사람이 일(work)도 더 잘하고, 일상생활의 행복, 만족도도 더 높다는 인식에서 출발한 것으로 볼 수 있다. 일반적으로 놀이는 "즐거움을 얻기 위한 인간의 모든 자발적인 활동"으로 정의될 수 있다. 더불어 놀이는 생물학적 기능, 개인적 기능, 사회관계적 기능, 사회문화적 기능 등을 포함하며, 규칙화 및 경쟁화된 게임(game)에도 적용된다. 그리고 표준화(장비, 용품, 규칙, 시설 등), 공인된 규제력(국제·국내 협회, 연맹, 부처 등의 체계화된 조직), 전문성(기관 내에 조직적 운영 체계 및 규정 등 구축 및 지도자, 선수, 심판 등 전문가로 활동할 수 있는 전문성), 체계성(훈련 혹은 학습을 위한 형식 및 체계) 등의 제도화 요소를 통해 스포츠로서 자리매김하게 되었으며, 이후에는 여가적이며 산업적 기능 등이 추가되어 발전하게 된다. 따라서 놀이, 게임, 스포츠는 즐거움과 재미라는 핵심적 내용을 가지고 발전 형태에 따라 구분할 수 있다.

그동안 스포츠란 무엇인가를 학습할 때는 놀이가 발전되어 게임이 되고, 게임이 발전되어 스포츠가 된다는 것을 지속적으로 교육시켜왔다. 그러나 스포츠 종목의 수가 급속히 확대되고, 캠핑, 아웃도어 스포츠, 스포츠이벤트, 프로스포츠, 스포츠용품업 등 스포츠산업의 다양한 분야가 발전되면서 역으로 놀이와 게임의 중요성이 더 중요해지고 있다. 스포츠가 산업으로 발전하기 위해서는 스포츠뿐만 아니라 놀이와 게임의 중요성이 커지기 때문이다. 예를 들어 스포츠팬들이 경기장을 방문할 때 경기만 보고 즐기는 것이 아니라 팬 이벤트와 관람석에서의 응원활동을 비롯한 다양한 활동들을 통해 즐거움과 만족을 얻고자 하는 경향은 놀이의 중요성을 부각시키는 좋은 예라고 할 수 있다. 또한 캠핑을 가면 '무엇을 하고 놀 것인가?'라는 문제에 직면한다. 이때, 스포츠보다는 놀이나 게임에 가까운 형태의 신체활동을 많이 하게 된다. 이러한 놀이적인 활동을 통해 캠핑 인구는 계속해서 증가하고 있으며, 이를 통해 캠핑용품 시장은 최대 호황을 맞고 있다.

또한 스포츠에 있어 두드러진 경향은 게임 형태로 보급되고 있는 다양한 뉴스포츠 종목의 활성화라고 할 수 있는데, 이들 뉴스포츠 종목 중에는 향후 올림픽 추가 경기에 포함될 수 있는 종목들이 있다. 국제올림픽위원회(IOC)는 Olympic Agenda 2020을 통해 올림픽 프로그램의 구성을 기존 Sport-Discipline-Event에서 Sport-Event로 단순화하여 각 대회 조직위원회가 1개 또는 그 이상의 추가 경기를 제안하는 것을 허용한 바 있다. 2016년 브라질 리우 총회를 통해 2020년 도쿄 올림픽에 추가될 수 있는 종목 예비 명단은 다음과 같다.[1]

Air Sports	Life Saving
American Football	Motorcycling
Automobile Bandy	Netball
Baseball-Softball	Orienteering
Basque Pelota	Polo
Billiards Sports	Powerboating
Boules Sports	Racquetball
Bowling	Roller Sports
Bridge	Ski Mountaineering
Chess	Sport Climbing
Climbing	Squash
Mountaineering	Sumo
Cricket	Surfing
Dance Sport	Tug of War

---

1) 국제스포츠협력센터(2015.4.29). 국제스포츠조감. http://isccenter.org/20150429/

Floorball	Underwater
Flying Disc	Waterski-Wakeboard
Karate	Wushu
Korfball	

이들 스포츠 종목 중에서 농구 골대 백보드가 없는 형태의 코프볼(korfball), 하키의 뉴스포츠화 종목인 플로어볼(floorball) 등이 포함된 것을 볼 수 있다. 이와 같이 놀이, 게임, 스포츠 관계의 전통성이 허물어지고 있으며, 그 구분이 많이 변화되고 있음을 알 수 있다. 오늘날의 스포츠는 급속하게 변화하고 있으며, 스포츠의 변화에 맞추어 스포츠에 대한 정의도 변화해야 한다.

결론적으로 스포츠는 '전환하다'라는 뜻을 지닌 중세 영어의 동사 'sporten'이나 'disport' 혹은 라틴어 'desporture'에 어원을 두고, 'port'(나르다)를 확대해석한 '즐거움을 나르다'를 기본적인 의미로 담고 있다. 여기에 오락(recreation)과 경쟁(competition)의 개념이 추가되는 것을 넓은 의미의 스포츠라고 할 수 있으며, 좁은 의미의 스포츠는 기존의 신체성, 규칙성, 경쟁성 등을 강조하는 것으로 볼 수 있다.[2]

1) 스포츠의 협의적 정의

스포츠를 정의할 때 기준이 되는 신체성, 규칙성, 경쟁성이 강조되는 경우 스포츠는 놀이와 게임과는 본질적으로 분리되어 정의되어왔다.[3] 다시 말해, 스포츠를 정의하는 데 기준이 되는 신체성, 규칙성, 경쟁성을 포함하지 않거나 이들 중

---

2)   한국스포츠개발원(2014). 생활체육지도자 3급 연수교재. 서울: 한국스포츠개발원.

3)   Luschen, G. (1967). The sociology of sport: A trend report and bibliography. Current Sociology, 15(3), 5-140.

하나의 기준이라도 충족시키지 못하는 경우, 스포츠와는 별개로 정의되어왔다. 제도화된 규칙에 의해 지배되는 경쟁적인 신체활동이 스포츠에 대한 협의적 정의라고 할 수 있다. 하지만 스포츠를 정의하는 데 기준이 되는 신체성, 규칙성, 경쟁성의 특성들은 우리가 일반적으로 스포츠로 인정하고 있는 신체활동에 대해 스포츠로서 정의하는 데 있어 문제점을 노출시킨다. 그 예로서, 우리가 흔히 알고 있는 축구, 사이클링, 농구 등과 같은 스포츠 활동들이 경쟁적 상황이 아닌 비경쟁적 조건에서 행해지는 경우, 스포츠의 협의적 정의의 관점에서 이는 스포츠가 아닌 놀이 혹은 오락의 한 형태가 된다. 바둑이나 카드게임도 이러한 관점에서 스포츠의 한 형태라기보다는 놀이 혹은 게임으로 간주될 수 있을 것이다.

2) 스포츠의 광의적 정의

스포츠는 기본적으로 인간의 모든 신체활동을 포함한다. 인간의 성장과정에 있어 신체활동은 불가분의 관계를 가지게 된다. 유아기, 아동기를 거치면서 우리 인간의 신체활동은 일상생활의 대부분을 차지하게 된다. 이후 청소년기를 거치면서 생리적·신체적 변화를 경험하게 되며, 신체활동의 강도에 있어 아동기의 신체활동보다는 좀 더 격렬해지고 열정적으로 전환된다. 청년기를 거쳐 장년기에는 격렬한 신체활동이라기보다 좀 더 안정적이고 정교함을 추구하게 된다. 또한 노년기에는 신체활동이 줄어드는 경향을 보이게 되지만, 노년기의 건강한 삶으로 대변되는 삶의 질을 위해 신체활동은 필수 불가결한 요소로 인식되고 행해지게 된다.

오늘날 한국사회에 일어나고 있는 '웰빙'(well-being) 현상도 신체활동이 우리에게 제공하는 기본적인 가치를 인식하는 것으로, 신체활동을 통한 신체적 건강

외에 정신건강의 함양을 통해 인간 삶의 질적 향상이 수반되는 것을 인식하는 것이다. 따라서 스포츠는 일상생활에 필요한 적절한 신체활동의 기회를 제공함으로써 인간 삶의 질적 향상을 도모할 수 있도록 도와준다.

더불어 현대의 스포츠는 신체의 발달과 건강유지를 위해 직접 참여하는 스포츠뿐만 아니라 스포츠가 지니는 오락적 기능이 강조된 관람스포츠, e-스포츠 등으로 그 범위가 확대되었다. 따라서 스포츠산업의 관점에서 스포츠는 신체성, 규칙성, 경쟁성 중 한 영역을 충족시키지 못하는 경우에라도 스포츠가 가져다주는 오락적 요소를 포함하는 경우, 광의적 스포츠로 정의할 수 있다.[4]

---

4) 백우열(2013). 스포츠산업론. 충남: 남서울대학교 출판국.

2
스포츠의 기능

스포츠는 우리 삶의 다양한 영역에 영향을 끼치고 있으며, 욕구충족의 기능, 오락적 기능, 건강유지의 기능, 교육의 기능, 자기개발의 기능, 커뮤니케이션의 기능을 지니고 있다.[5] 이와 더불어 최근에는 여가적 기능, 산업적 기능이 그 중요성을 더하고 있다.

1) 욕구충족의 기능

스포츠는 신체활동을 통한 즐거움과 자기만족을 성취할 수 있도록 함으로써 인간이 추구하는 궁극적인 욕구를 충족시키는 기능을 한다. 각 스포츠 종목들이 제시하고 있는 제도화된 규칙하에서 인간이 지니고 있는 경쟁심을 표출함으로써 인간의 투쟁적이고 경쟁적인 욕구를 충족시킬 뿐만 아니라 경쟁의 행위 그 자

---

5) 백우열(2013). 스포츠산업론. 충남: 남서울대학교 출판국.

체를 즐기게 되는 것이다. 따라서 규칙으로 제도화된 스포츠는 인간의 가장 기본적인 욕구인 신체활동 및 경쟁 욕구를 분출하고, 인간만이 누릴 수 있는 카타르시스(catharsis)를 경험하는 장을 제공한다.

2) 오락적 기능

스포츠는 행위 그 자체에서 즐거움과 행복을 느낄 수 있는 오락성을 가지고 있다. 인간은 신체를 움직이는 그 자체로서 기쁨, 유쾌함, 충족감 등의 즐거움을 얻게 된다. 예를 들어, 골프에서의 멋진 샷, 농구경기에서의 결승골, 배드민턴에서의 스매싱 등을 성공시켰을 때의 쾌감을 잊지 못해 다시 스포츠 활동을 하게 된다. 또한, 헬스클럽에서 복근이 얼마나 강화되었는가에 관심이 있기보다는 복근을 발달시킴으로써 날씬한 몸매를 과시할 수 있다는 사실에 우리의 기분이 유쾌해지는 경우도 있다.

또한 관람스포츠에 있어서도 스포츠의 오락적 기능은 절대적이다. 예를 들어 경기장에서 직접 응원할 때, 내가 응원하는 팀이 승리할 때, 스타 선수들과의 사인회 등에서 만날 때, NBA 르브론 제임스의 하늘을 나는 듯 엄청난 체공력을 이용한 덩크슛을 볼 때, 혹은 리오넬 메시의 환상적인 드리블에 이은 골을 보면서도 대리만족을 통해 즐거움을 만끽할 수 있다. 이처럼 스포츠는 인간에게 오락적 요소를 제공함으로써 우리 삶 속에 자연스럽게 자리 잡게 되고, 지속적으로 스포츠 활동에 관여할 수 있도록 해준다.

3) 건강유지의 기능

　　스포츠는 현대인의 스트레스 및 신체활동 부족과 관련된 각종 성인병을 예방하는 등 정신적·신체적 건강유지의 기능과 자기개발을 통한 자존감 제고의 기능을 지니고 있다. 스포츠를 통하여 우리 신체의 모든 근육을 발달시키는 것은 물론 심장과 폐를 포함하는 몸속 순환계 기관들을 건강하게 만들고, 노화를 더디게 하며, 직장의 업무에서 야기되는 스트레스를 경감시켜 피로에 대한 저항력을 길러주고, 신진대사를 높여 궁극적으로 우리 삶의 질을 향상시킨다.

　　현대사회에서는 이들 중에서도 정신건강에 대한 관심이 차츰 높아지고 있다. 신체적 건강과 정신적인 건강의 조화로운 균형이 강조되고 있으며, 실제로 2000년대 중반부터 불기 시작한 웰빙 현상은 인간의 정신건강에 대한 욕구를 잘 대변해주는 것으로, 스포츠는 오늘날 물질문명이 야기한 신체적 질병뿐만 아니라 많은 정신적인 문제에 대한 중요한 해결 방안 중 하나로서 그 역할을 하고 있다.

4) 교육의 기능

　　스포츠는 제도화된 규칙을 가지고 인간 본연의 내재된 본성을 표출할 수 있는 장을 제공함과 동시에 각 스포츠경기 혹은 활동에 수반되는 규칙에 순응하여 신체활동 자체를 영위할 수 있도록 하는 교육적인 기능을 지니고 있다. 스포츠를 통해 민주시민으로서 가장 우선시되어야 하는 기본적인 제도에 순응하는 법을 배우게 된다. 공정하게 경쟁하고 상대방을 존중하는 스포츠맨십을 체험함으로써 모든 제도화된 규칙에 근거한 결정에 깨끗하게 승복하는 미덕을 배우게 된다. 또한 스포츠 활동에 있어 상대방의 불행을 이용하여 승패를 결정하고자 하는 시도 자체를 부끄럽게 여김으로써 사회적 약자를 보호하는 이타적인 태도를 습득하게 된다.

한편 관람스포츠에서도 스포츠의 교육적 기능이 강조된다. 예를 들어 직장 단위 체육대회에서의 응원활동, FIFA 월드컵 때의 국민적 응원 등은 작게는 학교와 직장에서 크게는 지역 혹은 국가 단위로 하나의 공동체를 형성하는 대단한 위력을 가지고 있다. 스포츠는 인간에게 공동체적 단결의 중요성을 일깨워주는 높은 교육적 효과를 가지고 있다.

5) 자아실현의 기능

우리는 스포츠 활동을 매개로 신체 발달뿐 아니라 정서적인 체험을 하며, 이를 통해 우리 속에 내재되어 있던 새로운 잠재력을 개발할 수 있는 자아실현의 기회를 발견한다. 오늘날 많은 현대인은 고도화되고 물질문명화된 사회에서 살고 있다. 특히 현대인은 물질문명이 야기한 많은 문제점에 노출되고 있는 것이 현실이다. 물질문명의 진화에서 비롯된 현대인의 인간성 상실은 강포함, 살인, 마약중독, 알코올중독, 도박중독, 게임중독 등과 같은 부정적인 사회현상을 초래하였다.

결론적으로 인간성 상실에 기인한 많은 부정적 사회현상에 대한 대안으로서 스포츠가 제시된다. 자신의 만족을 위한 도구로서 스포츠가 활용되고 있으며, 누구에게 보여주기 위해서나 타인에게 인정받기 위해서가 아닌 스스로를 위한 스포츠 활동에 참여하는 사람들이 늘어나고 있다. 가정에서 유튜브 등을 통해 홀로 운동하는 사람들이나 보디빌더 못지않은 몸을 가꾸는 사람들, 홀로 백패킹을 떠나는 사람들이 이런 부류라고 할 수 있다.

6) 커뮤니케이션의 기능

스포츠는 인종, 성별, 지역, 세대를 초월하여 모든 사람에게 새로운 문화로서 탁월한 소통의 장을 제공한다. 스포츠라는 동질적인 요소를 공유함으로써 사람들은 스포츠 활동을 통해 다른 참가자 혹은 관람객과 자연스럽게 사회적인 상호작용을 할 뿐만 아니라 타인들과 형성된 관계를 건강하게 유지하는 방법도 습득하게 된다. 실제로 스포츠 활동이나 동호회를 중심으로 타인들과 쉽게 대화를 열어나갈 수 있으며 쉽게 친해지는 것을 경험한다.

스포츠 활동이 이루어지는 곳은 사회의 또 다른 축소판으로서 구성원들의 공통된 목표가 정해지고, 일정한 행동기준에 의해 개인의 행동에 제약이 가해지며, 각 구성원들에게는 집단의 목표를 달성하기 위한 역할분담이 이루어진다. 이러한 행동기준과 역할분담을 통해 구성원들 서로에 대한 믿음과 신뢰를 쌓게 되며, 목표를 달성했을 때 구성원들 간의 소통은 극대화된다.

다문화사회로 변화하는 우리나라에서 스포츠는 사회통합적 교육에도 크게 기여한다. 호주 등 다문화가 일찍이 진행된 국가들의 사례에서 볼 수 있듯이 팀 스포츠를 접목한 청소년 교육은 그 효과가 긍정적인 것으로 나타나고 있다.

또한 세대 간 갈등 문제를 해결하는 데도 스포츠는 큰 역할을 할 수 있다. 최근 들어 생활스포츠에서는 '3대가 함께하는 스포츠'라는 것이 중요한 이슈가 되고 있다. 따라서 스포츠는 특정계층이 아닌 우리 주변의 사람들과 함께 어울리며 생활하는 데 도움이 되는 사회활동이라 할 수 있다.

7) 여가적 기능

최근 우리 사회는 여가를 매우 중요시하는 현상을 나타내고 있다. 과거에는 경제적 수입이 취업의 1순위였지만, 지금은 여가활동을 할 수 있는 근무여건이 이에 못지않은 중요한 취업 선택 요인이 되고 있다. '스포츠대디' 등으로 표현되는 남성들의 가사 및 육아 활동에 적극 참여하는 등의 변화는 친구, 직장 중심의 우리 사회 문화를 가족 중심 문화로 점차 변화시켜나가고 있다. 이러한 변화는 우리에게 다양한 여가활동을 요구하고 있다. 그중에서도 캠핑, 관광으로 대변되는 아웃도어 활동과 스포츠관람 인구의 증가는 여가활동에서 스포츠의 중요성을 지속적으로 증대시키고 있다. 여가의 한 영역으로서 스포츠는 우리 삶의 일부가 되고 있으며, 생활 속 문화로서 그 의의를 갖는다. 결과적으로 스포츠는 그 활동 범위를 지속적으로 확장시키면서 우리 사회의 여가적 욕구를 충족시켜나갈 것으로 예상된다.

8) 산업적 기능

스포츠는 더 이상 아마추어리즘으로 대표되는 순수한 활동에 머물지 않고 스포츠의 산업화를 통해 그 기능을 발전시켜나가고 있다. 스포츠의 세계화 흐름, 산업연계성을 통한 경제 발전의 성장 동력으로서의 역할, 지역사회 발전을 위한 스포츠이벤트 등의 성장은 스포츠의 산업화를 가속화하고 있다. 이제 스포츠의 산업적 기능 확대는 시대적 흐름으로 받아들이고, 경쟁력을 가지고 미래 전략을 수립할 수 있도록 다각적인 노력을 기울여야 할 시기이다.

3
스포츠의 특성

오늘날 우리 인간 삶에는 다양한 형태의 스포츠가 존재하므로 스포츠가 지니고 있는 특성을 획일적으로 규명하는 데 어려움이 있다. 더욱이 기술과 이동 수단의 발전은 이전에는 상상하지 못하던 방식의 스포츠를 가능하게 하였다. 일 반적으로 스포츠는 다음에 제시하는 바와 같이 1차적, 2차적, 3차적 특성으로 나 눌 수 있다.[6]

1) 스포츠의 1차적 특성

먼저 스포츠의 1차적 특성은 놀이성으로 설명될 수 있다. 놀이성은 스포츠 에 내재되어 있는 특성으로서 스포츠가 지니는 가장 근본적인 특성이다. 스포츠의

---

6) Vander Zwaag, H. J. & Sheehan, T. J. (1978). Introduction to sport studies: From the classroom to the ballpark. Dubuque, Iowa: William C. Brown and Co.

놀이성이 포함하고 있는 특성으로는 인간이 스포츠 활동에 자발적으로 참여하는 자발성, 시간과 공간으로 분리되는 격리성, 결과를 알 수 없는 불확정성, 금전적인 보상을 바라지 않는 비생산성, 실생활과 거리가 있는 허구성이 있다. 또한 인간이 스포츠 활동을 영위함에 있어 자발적인 참여가 결여된다면 실제적으로 이러한 스포츠가 가져다주는 놀이의 즐거움을 만끽할 수 있을 것이다. 스포츠가 본질적으로 아마추어리즘에 입각한 활동이라는 관점에서 스포츠 활동은 금전적이거나 물질적인 보상을 기대하지 않고 참여하는 그 자체에 흥분과 기쁨 그리고 즐거움을 가져다주는 매개체라고 할 수 있다.

또한 스포츠는 결과를 예측할 수 없는 불확실성에 대한 긴장 및 흥분과 더불어 신체적 · 정신적 고통과 황홀감, 아름다움과 야수성, 폭력과 부드러움, 기쁨과 절망, 질서와 무질서를 포함하는 이중성으로 가득 차 있다. 예를 들어, 우리는 농구 혹은 축구경기를 행하기에 앞서 마인드 컨트롤(mind control)을 통해 그날의 경기가 어떤 식으로 전개되었으면 하고 기대하게 되며, 이러한 기대는 감성적인 흥분을 가져온다. 또한 스포츠경기 중에 플레이가 잘될 때는 자신의 플레이에 대한 자아도취와 황홀함을 경험할 것이며, 상대 팀의 선수가 저지르는 반칙에 대해 심판의 휘슬이 명확하게 지적하지 못하는 데 대해 절망을 느낄 수도 있다. 이러한 심리는 다시 거친 플레이를 펼치는 계기가 되며, 극단적인 경우에는 스포츠 활동에 있어 폭력 같은 무질서한 결과를 초래하기도 한다.

스포츠의 또 다른 1차적 특성으로서 스포츠 활동에서 경험할 수 있는 극적 요소(climax)를 포함한다. 가끔 축구경기에서 종료 휘슬이 울리기 불과 몇 초 전 역전골이 터지는 경기소식을 접하게 된다. 역전골을 허용한 팀에게는 뼈아픈 패배의 경험이 될 수 있지만, 골을 기록한 팀에게는 극적인 승리를 안겨준다. 결과적으로 이긴 팀과 패배한 팀뿐만 아니라 경기를 관람하거나 TV로 시청하는 스포츠팬 모두에게 이러한 경험이 드라마적인 극적 요소를 동반하는 것은 부인할 수 없는 사실이다. 또한 태권도경기처럼 팽팽한 긴장감이 감도는 가운데 순식간에 지고 있던 선수가 뒤돌려차기로 상대방을 일순간에 거꾸러뜨리고 승리하는 장면을 목격하게 된다. 특히 스포츠 선수가 부상이나 개인사의 불행 같은 고난을 극복하고 경기에서 승리하는 모습을 보여줄 때 관람객에게 감동의 드라마를 제공하게 된다.

마지막으로 스포츠가 지니고 있는 1차적인 특성으로 규칙성과 신체성을 들 수 있다. 특히 스포츠 활동에 있어 규칙은 필연적으로 수반되며, 해당 스포츠 활동에 참여하는 개인은 스포츠 종목이 제시하는 공유된 규칙을 숙지하고 지켜야 한다. 만약 규칙을 준수하지 않는 경우 여러 가지 불이익을 받게 되는데, 궁극적으로 해당 스포츠 활동 자체에 더 이상 참여할 수 없도록 제재가 가해질 뿐만 아니라 심할 경우 경기장 밖의 삶에 있어서도 사회적 존재로서 존중받지 못할 수도 있다. 이처럼 스포츠에 내재된 규칙성은 모든 참여자로 하여금 긍정적이고 공정한 스포츠 활동을 영위할 수 있도록 한다. 종합해보면 스포츠가 지니는 1차적 특성은 자발성, 격리성, 불확정성, 비생산성, 허구성, 놀이성, 이중성, 극적 요소, 규칙성 그리고 신체적 특성을 포함한다.

2) 스포츠의 2차적 특성

스포츠가 지니고 있는 2차적 특성으로는 스포츠 활동에 있어 장비 혹은 시설에 의존하는 경향이라 할 수 있다. 스포츠 활동에 필요한 장비는 가장 기본적인 운동화와 운동복에서부터 공이나 라켓 등과 같이 한 개인이 지니고 행할 수 있는 장비뿐만 아니라 자전거나 요트 등과 같이 사람이 타는 것 등의 다양한 형태를 보이고 있다. 오늘날의 익스트림 스포츠(extreme sports)에서 볼 수 있듯이, 진보된 기술력을 통해 생산된 장비들은 상대적으로 위험성이 높은 스포츠 활동에 있어 안정성을 제공해주는 역할을 한다. 또한 봅슬레이 등과 같이 장비에 의존하여 기록을 단축시키는 경기에서 해당 장비의 발달은 선수들의 경기력을 향상시키는 데 중요한 역할을 하고 있다. 따라서 형태를 막론하고 모든 스포츠 활동은 장비의 이용을 수반한다.

대부분의 경우, 스포츠는 시설과 공간의 활용이 요구된다. 예를 들어, 야구 경기는 야구장 외의 장소에서는 행할 수 없으며 축구 또한 운동장 혹은 축구장을 필요로 한다. 마라톤 같은 경우에도 달릴 수 있는 트랙 혹은 도로 같은 시설을 필요로 한다.

3) 스포츠의 3차적 특성

스포츠의 3차적 특성으로서 스포츠라는 용어는 다양하게 정의될 수 있으며, 인간 삶의 많은 영역에서 그 영향력을 발휘할 수 있다는 것이다. 실제로 스포츠는 우리 사회의 경제 및 문화적인 부분을 포함하는 사회 전반에 영향을 미친다. 예를 들어, 올림픽, 월드컵 같은 메가 스포츠이벤트의 개최는 개최지뿐만 아니라 개최국의 국가 이미지 제고와 관련 경기장 건설, 인프라시설의 확충, 고용창출, 스포츠 관광을 통한 외화획득 같은 여러 경제적인 분야에 걸쳐 파급효과를 지니고 있다. 또한 우리 사회에 끼칠 수 있는 문화적인 영향으로서 스포츠는 새로운 문화의 저변을 확대하고 우리의 삶 속에 자리 잡게 된다. 마지막으로 스포츠는 환경적으로 우리 사회에 영향을 미친다. 메가 스포츠이벤트의 경우, 먼저 경기를 치르기 위해서는 경기장과 관련 인프라 시설의 정비 혹은 확충이 필요하다. 또한 해당 이벤트의 참여자와 스포츠 관광객을 맞을 수 있는 편의시설의 확충도 필요할 것이다. 이를 통해 도시 환경이 개선되며, 편의시설 확충 등의 긍정적인 파급효과를 이끌어낸다. 이와 같이 오늘날 스포츠는 사회, 경제, 문화, 환경의 여러 영역에서 그 영향력이 점차 확대되고 있다.

4
스포츠의 변화

1) 현대 스포츠의 변화

현대 스포츠의 변화는 스포츠의 다양화, 과학화, 자연친화, 상품화, 국제화 등으로 구분할 수 있다.

첫째, 스포츠의 다양화 현상은 세계적인 흐름이다. 일본, 독일, 미국 등은 뉴 스포츠로 대변되는 다양한 스포츠를 지속적으로 개발·보급하고 있다. 카이트보드, 프리러닝 등을 포함하는 새로운 종목의 개발은 스포츠 활동에서 끝나는 것이 아니라 용품의 개발, 보급, 수출 등에도 큰 영향을 주게 된다. 또한 새로운 분야에 도전하고자 하는 사람들의 욕구가 증가하면서 극한(extreme) 스포츠에 도전하는 수요를 증대시키고 있으며 관련 산업발전을 이끌고 있다. 다양한 종목들이 새로움을 추구하며 발전해나가고 있다.

둘째, 스포츠의 과학화 현상이다. 스포츠는 이미 첨단기술의 각축장으로 변모하고 있다. 스포츠에 첨단기술이 접목되면서 스포츠의 경쟁구도가 선수의 경기력을 기반으로 하는 경쟁을 넘어 관련 기업들의 기술력 경쟁으로 확대되고 있으며, 유니폼·장비 등에 신소재·신기술이 도입되고 다수의 선수들이 이를 사용함으로써 '기술력 경쟁' 구조가 심화되고 있다. '총성 없는 전쟁'으로 불리는 스포츠 분야의 기술경쟁도 연관 산업에 파급효과가 크다. 자동차 기술의 상당 부분이 대표적인 모터스포츠 F1에서 가장 먼저 개발된 것이 좋은 예다. 또한 일반인을 대상으로 스포츠용품 시장에서의 새로운 사업 기회를 발굴하는 것도 필요하다.[7] 생활 스포츠 시장에서도 '프로추어'의 증대 등으로 스포츠 첨단기술 용품에 대한 수요가 점차 커지고 있다.

〈표 1-1〉 스포츠와 첨단기술의 접목 유형[8]

대상	기술접목 방향	적용분야	주요 기술	주요 기업
선수	경기력 향상 및 안전성 제고 "더 빨리, 더 높이, 더 강하게"	유니폼, 각종 장비 (고강도·초경량)	소재, 생체역학, 의류가공 등	스포츠용품 및 소재 기업 중심: 나이키, 아디다스, 도레이
심판	판정 정확성 제고 "더 정확하게"	기록 측정, 점수 산정	센서, 정밀기기 등	정밀시계기업 및 IT기업 중심: 오메가, 소니
관중	체험 생동감 제고 "더 실감나게"	중계기술, 가상체험	영상, 미디어, 가상현실 등	영상, 미디어기업 중심: 캐논, BBC

셋째, 자연친화적 스포츠의 발전이 두드러지고 있다는 것이다. 대도시화가 지속되면서 사람들이 자연친화적 스포츠 활동에 많은 관심을 가지게 되었다. 여기에 가족친화형 여가 활동이 활성화되면서 자연친화적 스포츠 활동에 참여하는 스포츠 인구가 늘어나고 있다. 외국의 사례에서 찾아볼 수 있듯이 경제수준의 발전에 따라 실내형 스포츠 위주의 스포츠 활동이 자연과 함께 다양한 종목으로 발전해가고 있다. 마찬가지로 우리나라도 이러한 방향으로 진화되고 있는 과도기라고 할 수 있다. 수많은 마리나 개발 계획이 나오고 있으며, 아웃도어 스포츠 시설의 증

---

7) 김진혁(2013). 첨단기술의 각축장, 스포츠. SERI 경영노트, 196, 1-11.
8) 김진혁(2013). 첨단기술의 각축장, 스포츠. SERI 경영노트, 196, 1-11.

가 및 관련 용품산업 규모의 확대가 이를 뒷받침해준다.

넷째, 스포츠의 상품화 현상이다. 우리는 미디어를 통해 김연아, 손연재 선수의 갈라쇼 등을 쉽게 접할 수 있다. 또한 스포츠 선수 하나하나가 스포츠 상품으로 활용되는 시대에 살고 있다. 아마추어 생활체육대회도 후원 없이는 개최하기 힘든 시대로 변화하고 있다. 이와 같이 스포츠는 참여스포츠, 관람스포츠 할 것 없이 상품화 시대로 접어들고 있다. 부정적 측면도 간과할 수 없지만 스포츠산업이 성장하는 토대로 작용하고 있다.

다섯째, 국제화 현상이다. 1990년대 초반 프로야구의 박찬호 시대를 시작으로 우리나라는 이미 국제화 시대에 본격적으로 참여하고 있다. 히딩크 감독을 거쳐 이제는 수입만 하던 시대에서 외국으로 스포츠 한류를 수출하는 시대를 맞이하고 있다. 국제화 현상은 거스를 수 없는 시대 흐름이다. 최근 불법도박으로 어려움을 겪고 있는 종목에서는 "불세출의 스타보다 데이비드 스턴 같은 커미셔너가 더 필요하다"라는 의견을 제시하기도 한다. 이제는 스포츠가 누구 한 명이 잘한다고 인기 있는 시대는 지나가고 있다. 스포츠의 조직화·체계화를 통한 시설 및 조직 경영을 통해서만 국제화 시대에서 뒤처지지 않고 앞서갈 수 있는 시대이다. 생활스포츠에서도 우수 선수들을 중심으로 중국, 일본, 필리핀 등 다양한 국가들과의 교류를 지속적으로 실시하고 있다. 향후에 이런 영역들은 더욱 성장할 것으로 보인다. 따라서 국제화 시대에 어울리는 프로스포츠와 엘리트스포츠 그리고 생활스포츠의 체계적인 운영이 필요한 시점이다.

2) 아마추어리즘에서 탈피한 스포츠의 산업화

골프의 박세리를 비롯해 야구의 박찬호 · 류현진 같은 스포츠 스타의 등장은 기업들의 스폰서십과 광고를 통한 스포츠 영역에 대한 참여를 유도하였으며 스포츠 마케팅을 활성화시키는 계기가 되었다. 특히 2002년 월드컵의 성공적 개최는 전 국민에게 꿈과 희망을 주는 계기가 되었으며 국가적으로도 많은 긍정적인 효과를 가져다주었다.

최근 생활체육 참여 인구의 증가와 관련 분야의 큰 성장, 스포츠 스타들에 대한 사회적 관심, 올림픽과 월드컵 및 세계육상선수권대회 같은 메가 스포츠이벤트의 개최, 그리고 프로스포츠의 관중 증대는 우리나라 스포츠 분야에 새로운 전기를 마련하고 있다. 그러나 우리나라 스포츠 현실은 이러한 기대에 부응하지 못하고 있어 여러 가지 문제점을 나타내고 있다. 그러한 문제점을 살펴보면 다음과 같다.

첫째, 오늘날 스포츠는 경제 · 문화 · 사회 전반에 그 영향력이 확대되고 있으며, 이러한 영향력 확대의 이면에는 아마추어리즘에서 진일보된 스포츠의 산업화가 자리 잡고 있다. 또한, 스포츠가 산업으로서 기능하는 데 있어서는 미국, 영국 등의 스포츠산업 선진국에서 찾아볼 수 있듯이 관람스포츠와 참여스포츠의 동반성장이 요구된다. 특히, 스포츠산업에 있어 성장 동인(motivation)으로 작용하는 관람스포츠에 있어 인력 풀(pool)을 제공하는 학교체육을 위시한 생활체육과 프로스포츠의 상호 보완적 구조가 미비한 것이 현실이다.

국가적 차원의 대외 이미지와 국제적 위상 제고를 위한 아마추어 스포츠의 육성과 프로스포츠의 시장논리가 함께 존재하고 있는 스포츠에 있어 전 세계적으로 공공부문에 비해 상대적으로 민간부문의 역할이 증가되고 있는 것이 사실이나 국내 스포츠분야에서는 아마추어 스포츠영역의 저변확대를 기대할 수 있도록 이러한 민간부문(프로)과의 연계를 위한 정책적·제도적인 장치가 미비한 것이 현실이다. 다시 말해, 아마추어(공공부문) 선수들에게 활동기회를 보장하는 일자리 창출을 기반으로 선수들에게 동기부여를 제공함으로써 프로스포츠를 포함한 민간부문의 인력 풀을 확보할 수 있는 선순환 구조가 갖추어져야 할 것이다.

최근 몇 년간 대학 및 중·고교 일부 종목에서 주말리그 등의 운영을 통해 공부하는 선수를 육성하기 위해 노력하고 있고, 체육인재육성재단 등에서도 공부하는 운동선수 양성을 위한 다양한 프로그램을 운영하고 있다. 또한 국민생활체육회에서는 공공 및 종합형 스포츠클럽 양성사업, 학교스포츠클럽발전위원회 등을 통해 생활체육, 엘리트스포츠 그리고 프로스포츠의 연계를 위해 노력하고 있다.

둘째, 스포츠산업 발전의 동인(motivation)인 프로스포츠의 고질적 적자경영 문제이다. 국내 프로스포츠의 경우, 대부분의 구단들이 진정한 독립법인으로서 존재하지 못하고 있으며, 매년 적자경영에서 벗어나지 못하고 있다. 프로팀들의 모기업 의존도가 높아 실제적인 수익창출이 요원한 현실을 비추어볼 때, 프로스포츠산업의 위축은 스포츠산업 선진국이 제시하는 관련 스포츠산업의 성장 동력으로서의 역할을 감당하기에는 역부족이라 할 수 있다. 고무적인 사실은 최근 시민구단을 위시한 프로구단들 스스로 비즈니스 모형을 찾는 등 많은 노력을 경주하고 있기 때문에 긍정적 변화가 예상된다.

셋째, 스포츠 분야의 범세계적인 변화에 적절히 대응하지 못하고 있는 문제가 대두되고 있다. 특히 선진국에 있어 스포츠는 아마추어리즘적인 관점에서 탈피하여 고부가가치를 지닌 생산지향적인 산업 영역으로 확대되었으며, 이러한 스포츠 콘텐츠는 가공과정을 거쳐 높은 정보가치를 지닌 콘텐츠 산업으로 새롭게 부각되고 있으나, 국내 스포츠는 이러한 세계적 트렌드에 적절히 대응하지 못하고 있는 것이 현실이다.

넷째, 각 종목별 스포츠 조직의 선진화이다. 미디어를 통해 접하는 우리나라 스포츠 조직에 대한 기사는 부정적인 내용이 많다. 내부 비리, 마케팅 능력 부재, 선수관리의 비체계적 운영, 개방적이지 못한 조직문화 등의 내용을 많이 접할 수 있다. 스포츠가 발전하기 위해서는 스포츠 조직들이 지속적인 발전 의지를 가지고 투명한 운영을 해나가야 한다. 모든 운영이 공정하고 공개적으로 이루어질 때 그 종목들의 발전이 있을 수 있다. 부족한 부분은 아웃소싱 등의 방법을 통해 보완해나갈 수 있으며, 국가 보조금이나 회장 출연금 등에만 의존하지 않고 자립 운영할 수 있는 모델을 계속해서 만들어나갈 필요가 있다.

결론적으로, 스포츠에 대한 국가적 차원의 관심과 국민의 의식 변화는 스포츠가 이제는 더 이상 신체활동을 통한 건강증진과 스포츠이벤트를 통한 국가적 위상 제고 등의 아마추어리즘적인 관점에서 탈피하여 국민의 사회적 니즈(needs)를 수용하고 더 나아가 오늘날 스포츠가 지니고 있는 사회 및 경제적 파급효과를 고려한 건전한 산업구조로의 전환이 필요한 시점이다.

5
외국 스포츠의 발전과정

1) 스포츠의 발전 유형

스포츠는 그 발전과정에 있어 국가 또는 지역별로 서로 다른 특징을 보인다. 이는 국가와 지역에 따른 지리학적·문화적 특성과 조화되어 독특한 특성을 지닌 스포츠로 발전하게 되는 것으로 해석될 수 있다. 과거 스포츠는 국민건강과 여가생활을 영위하는 건전한 오락의 수단으로서 자발적으로 육성되기도 하였으며, 국가 방어 및 위상정립을 위한 수단으로 장려되기도 하였다. 각 국가 간 스포츠 정책은 차이가 있으나 크게 '지역사회 주도형', '국가 주도형', '자유주의형'의 3가지로 구분하여 설명할 수 있다.[9]

---

9) 문화체육관광부(2011). 2010 체육백서. 서울: 문화체육관광부.

(1) 지역사회 주도형 스포츠

① 독일

독일올림픽체육회의 2010년 보고서에 따르면 독일에는 2,750만 명 이상이 9만 1,000개 이상의 스포츠클럽에 가입해 있다. 독일 인구 3명 중 1명이 스포츠클럽의 회원인 셈이다. 스포츠는 독일 문화와 사회의 중심적인 역할을 한다. 독일 스포츠의 핵심은 바로 대중이 즐기는 문화에서 시작한다. 독일의 스포츠 문화는 자율적이고 자발적이며 스포츠 활동에 대한 정부의 활발한 보조가 조화를 이루어 발전하고 있다. 독일을 스포츠 강국으로 만든 스포츠 문화와 시스템은 다음과 같다.[10]

독일은 전후 황금계획(Der Goldene Plan)과 트림운동(Trimm Aktion)으로 정책방향을 설정하였다. 황금계획은 제2차 세계대전 이후 완전히 파괴된 스포츠시설을 복구하고, 패배감과 무력감에 빠진 국민의 건강증진과 인성회복에 기여하고자 시작된 운동이다. 동서 냉전시대의 서독이 1960년부터 15개년 계획으로 출발시켰는데, 단순히 스포츠시설을 건설한다는 측면보다는 엘리트스포츠에서 스포츠의 대중화를 강조한다는 사상적 배경과 구체적인 밑그림을 제시한 것이 특징이다.

엘리트 중심의 체육과 일반 생활체육을 분리하여 보는 우리와는 달리, 독일에서는 엘리트스포츠뿐 아니라 아이들의 놀이, 학교의 체육, 성인의 레크리에이션에 집중한 점이 한국과 근본적인 차이점 중 하나이다. 1960년 이후 15년 동안 스포츠시설이 설치되었으며, 1975년에는 스포츠 운동장 4만 9,958개, 실내 체육관 2만 1,775개, 실외 수영장 2,713개, 실내 수영장 2,960개, 어린이 놀이터 4만 2,806개가 신설되었으며, 총 경비는 174억 마르크(약 80억 달러)가 소요되었다.

독일 정부는 1970년대 'Trimm Aktion'이라는 생활체육을 권장하는 캠페인

---

10) 홍은경(2010.8.12.). "셋만 모이면 클럽을 만든다." 독일의 스포츠문화. 스포츠둥지. http://www.sportnest.kr/675

을 벌여 큰 호응을 얻었다. 이는 현대 독일인의 라이프스타일에까지 영향을 미치게 되었다. 비가 오거나 구름이 가득한 날에도 공원이나 강가에서 조깅을 하는 독일인을 볼 수 있는 것은 바로 이 캠페인이 남긴 유산으로 볼 수 있을 것 같다. 특히 이 캠페인에서는 여성과 노년층 그리고 이민자들과 같이 운동의 기회가 부족한 계층에게 건강한 삶을 누릴 수 있게 하는 계기가 되었다. 또한 독일인은 단합과 봉사 그리고 스포츠를 통한 삶의 균형을 추구하면서 학교나 교회 그리고 소외된 계층에게까지 클럽인들이 힘을 합하여 사회 곳곳에서 봉사활동을 펼치고 있다.

독일의 스포츠는 개인의 자발적인 클럽활동의 참여와 이에 따른 정부 및 관련 기관의 보조가 합하여 조화롭게 발전하고 있다. 2010년 독일올림픽체육회의 보고서에 따르면 엘리트스포츠에 대한 독일 내무부의 지원 예산 금액이 연평균 1억 3,000만 유로 이상이라고 한다. 이는 스포츠가 독일사회에서 차지하는 비중과 독일인의 스포츠에 대한 애정을 반영하는 수치임을 알 수 있다. 이러한 사회적인 관심과 정부의 지원은 독일이 세계에서 스포츠 강국으로서 부상할 수 있는 디딤돌 역할을 하였다.

2000년대 들어 독일은 올림픽에서 뛰어난 성과를 내지 못하자, 체육정책에 대한 많은 비판에 직면하게 되었다. 이에 대한 강구책으로 2006년 독일올림픽위원회(German Olympic Committee)와 독일체육회(German Sports Confederation)를 통합하여 독일올림픽체육회(German Olympic Sports Confederation: DOSB)를 설립하였다. 독일올림픽체육회는 독일 내의 96개 스포츠 조직을 통합하였고, 2,750만 명 이상의 회원을 보유한 9만 1,000개의 스포츠클럽을 재정비하여 독일 내에서 가장 큰 규모의 조직으로 성장하였다. 독일의 스포츠는 독일올림픽체육회를 중심으로 활동이 이루어지며, 스포츠를 즐기는 모든 대상이 상호보완하며 성장하고 있다.

② 영국

영국은 1940년대부터 공립학교에서 스포츠를 윤리교육의 일환으로 채택하였다. 체육수업을 통해 체득할 수 있는 스포츠맨십을 '신사도 정신'으로 생활화하는 사회체육의 전통을 이어나가도록 하였다. 특히, 스포츠클럽이 부락이나 마을 단위로 형성되어 있는데, 부락클럽의 구성은 학교의 동문과 졸업생들로 이루어져 있으며, 개별적이며 자치적으로 운영되고 있다. 1960년 체육·레크리에이션중앙회가 서독의 'Golden Plan'과 유사한 장기체육발전계획을 수립하여 「스포츠와 지역사회」라는 보고서를 발표하였고, 본 계획의 구체적인 실천을 위해 스포츠자문위원회를 구성하였다. 스포츠자문위원회가 발족된 1965년 이후 매년 스포츠시설 설립과 유지를 위해 900만 달러를 각종 스포츠 민간단체에 지원하였으며, 이러한 정부지원금으로 설치되는 모든 스포츠시설은 지역주민에게 개방되었다.

〈표 1-2〉 스포츠정책에 따른 스포츠 발전유형[11]

구분	특징	해당 국가
지역사회 주도형	• 중앙정부보다 지방정부의 역할이 강하며, 중앙정부는 주로 시설투자의 역할만 담당 • 학교체육보다는 각 지역에 자발적으로 형성된 클럽(club)이 스포츠 활동의 중심이 됨	• 영국, 독일 등 서구유럽국가
국가 주도형	• 체육정책의 목적이 국가방위 역할과 연계 • 세계대회에서의 상위성적 등 엘리트체육 발달 • 일본과 한국의 경우도 국가 주도형이었으나 미국의 자유주의 성격이 많이 도입됨	• 러시아, 중국 등 사회주의 국가 • 아시아 국가
자유주의형	• 체육 및 스포츠 정책을 담당하는 국가기관이 없음 • 정부와 민간단체가 유기적인 협조체제를 구축하고 있으며, 프로스포츠가 스포츠의 대중화에 중요한 역할을 수행함	• 미국

---

11) 문화체육관광부(2011). 2010 체육백서. 서울: 문화체육관광부.

(2) 국가 주도형 스포츠

① 러시아

러시아 스포츠는 프롤레타리아 혁명 후 강력한 국가권력을 기반으로 사회주의 공화국의 성격을 띤 전체주의적 스포츠 정책을 추구하였다. 1923년 전 독립국가연합 중앙집행위원회인 '독립국가연합 노동자의 체육 최고회의 및 지방체육회의'의 결정에 따라 체육은 국가적 차원의 조직형태로 출범하였다. 1931년에는 GTO(노동과 국방에 대비하기 위한 체육정책), 1934년에는 BGTO제도를 시행하였으며, 학교의 체육과목은 국가 체육의 성격을 띠고 있었다. 1959년 제21회 창당대회를 계기로 GTO제도가 대폭적으로 개선되었으며, 대중화 정책을 추진하는 '1+2' 운동이 전개되었다.

〈표 1-3〉 연령별 GTO제도의 구성(러시아)

구분	특징
BGTO I	10~13세의 소년 및 소녀
GTO II	14~15세의 청소년
GTO III	16~18세의 청소년
GTO IV	19~34세의 남자 및 19~39세의 여자
GTO V	40~60세의 남자 및 35~55세의 여자

② 중국

모든 체육정책은 국가 방침에 따라 결정되며 각 성(省), 시(市), 지구, 농촌 할 것 없이 각 산하단체에서 체육정책을 실시한다. 1956년 중공운동원 등급 제도를 실시하였으며, 심판원 등급제도도 실시하였다. 중국은 1960년대까지 국제무대에서 그 모습을 볼 수 없었으나 1971년 나고야탁구선수권대회 출전과 함께 세계무대에 그 모습을 드러냈다. 이후 1982년 인도 뉴델리아시안게임에서 우승을 달성하였고, 현재의 스포츠 강국으로 등장하였다. 중국은 모든 국민이 체육을 할 수 있도록 사회체육을 통해 각종 스포츠 종목의 참여인구를 높이고 있으며, 사회체육 시스템의 목표는 스포츠의 국제무대 상위 입상, 그리고 이를 통한 국가 경제 및 사회발전을 이룩하는 것이다.

③ 일본

일본의 스포츠는 주로 메이지유신 이후 유럽에서 도입되었으며, 1878년 문부성에 체조연습소가 처음 설치되었고, 그 후 체육교육이 초등학교에서 대학까지 활발하게 전개되었다. 과거 일본 체육정책의 특징은 체육을 통하여 봉건시대 및 군국주의적인 국가주의 체육을 발전시키는 것이었으나, 제2차 세계대전을 거치면서 크게 변화하였다. 특히, 1972년 일본 문부성은 '사회체육 실정에 관한 행정지침'을 발표하여 사회체육의 관점에서 체육을 발전시켰다. 사회체육의 실현에 있어 정부 주도하의 일방적인 체육정책이 아니라, 정부는 주요 스포츠시설의 건설과 이와 관련된 재정지원을 역할을 맡았고, 일본체육연맹을 위시한 민간 체육단체가 체육지도자 양성과 스포츠 프로그램 개발에 주력함으로써 정부와 민간기관이 상호 협력하에 바람직하게 추진하여 가시적인 성과를 거두었다. 학교체육시설이 국가 전체 체육시설의 65%를 차지하고 있으며, 해당 학교의 학생뿐만 아니라 지역사회 주민이 자유롭게 스포츠시설을 이용할 수 있도록 개방하였다.

(3) 자유주의형 스포츠

　　미국은 영국의 스포츠에서 많은 영향을 받았으며, 자유롭고 즐거운 활동의 하나로 스포츠가 각광을 받고 있다. 미국에서 스포츠의 초기 형성기는 1890년부터 1910년까지라고 할 수 있으며, 남북전쟁 이전부터 조직적인 스포츠 경기가 실제로 존재했다. 1950년대까지는 정책이 결여된 단순한 흥미 위주의 스포츠가 존재했지만, 정책적으로 전체 국민의 체력육성을 위한 정책은 1961년 케네디 대통령에 의하여 본격적으로 추진되었다. 구체적으로 1961년 당시 케네디 대통령은 'National Conference of Physical Fitness of Youth'를 발족하여 모든 연령층의 특성에 맞도록 피트니스운동의 실행을 위한 대통령 직속기관인 'President's Council on Physical Fitness and Sport'를 발족시켰다. 미국의 스포츠는 자유주의와 실용주의를 기본으로 하여 스포츠에 있어 자발적 참가와 실용주의적인 실천을 강조하였으며, 결과적으로 인기 스포츠 종목(major sports)과 비인기 스포츠 종목(minor sports)의 명확한 구분이 나타나게 되었다. 넓은 국토를 지닌 미국에서는 지역에 따라 다소의 차이는 있지만 축구, 농구, 야구, 육상 등이 메이저 스포츠로서 산업화를 거쳐 다양한 수입원을 창출함으로써 아마추어 스포츠와 여타 비인기 스포츠 종목들에 금전적인 원조를 제공하고 있다.

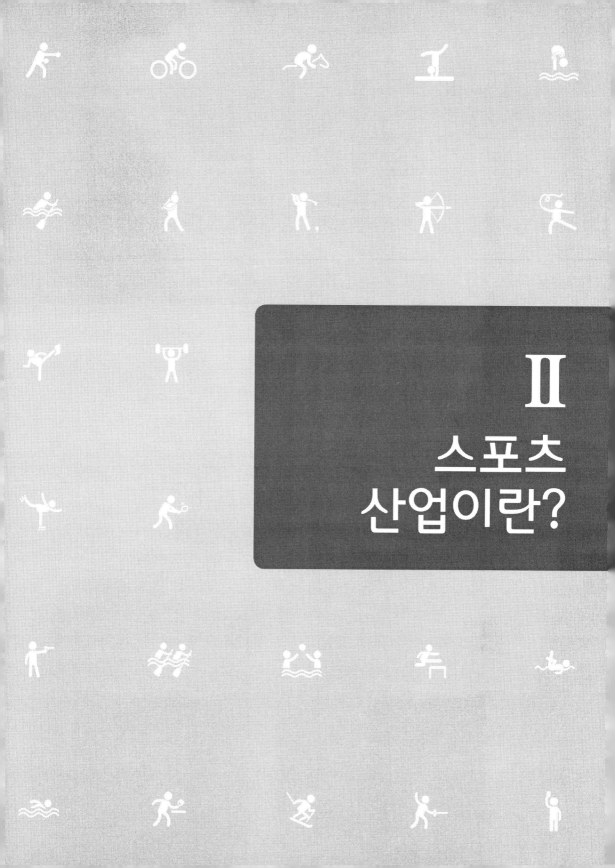

Ⅱ
스포츠
산업이란?

1
스포츠산업의 개념

　　스포츠산업은 1984년 LA올림픽 이후 TOP(The Olympic Partner) 프로그램을 통해 일반 기업들의 참여가 두드러지면서 아마추어리즘에서 탈피한 부가가치를 창출할 수 있는 산업의 한 영역으로 인식되었으며, 제조업 · 서비스업 · 유통업을 포함하는 전통적 산업과 정보기술 및 멀티미디어 등의 지식정보산업이 연계된 21세기 유망산업으로 성장해오고 있다. 특히 1970년대 이전의 국내 스포츠산업은 값싼 노동력을 이용하여 스포츠의류나 신발 등의 노동집약적인 제조업에 국한된 국가 주도의 수출 지향적인 산업으로 인식되었으나, 1980년대 이후 부동산시장의 자유화와 기술발전의 결과로서 국민소득의 증가와 근로시간의 단축은 국민의 여가욕구를 크게 증대시켰다. 사회통합과 민족주의로 대표되는 스포츠의 사회문화적 가치인식에서 진일보하여 관련 산업의 높은 연계성을 통해 고부가가치를 창출하는 경제적 가치에 주목하게 되었다. 또한 웰빙 현상과 스포츠를 통한 자기개발에 대한 욕구가 증가하면서 국민의 스포츠에 대한 인식 전환으로 스포츠 활동에 대한 능동적인 참여가 증대되었으며, 스포츠용품과 시설산업 및 서비스에 대한 수요가 급속하게 확대되었다.

2012년 기준 국내 스포츠산업의 규모는 36조 5,130억 원으로서 국내총생산(GDP)의 2.94%를 차지하는 것으로 추정되고 있다. 이는 2011년의 34조 4,820억 원보다 약 6.5% 증가한 규모이다. 미국의 경우, 레저스포츠 부문을 제외한 연간 스포츠산업의 규모가 2011년 기준 1,893억 달러(약 220조 원)로서 우리나라 스포츠산업의 약 7배에 달하는 규모를 나타내고 있으며, 영화산업과 자동차산업보다 더 큰 규모라고 할 수 있다. 또한 영국은 1조 9,985만 파운드(약 37조 원), 일본은 3조 3,476억 엔(약 43조 원), 독일은 3조 5,120억 유로(약 52조 7,000억 원)의 규모로 추정되고 있다.[1]

스포츠산업은 스포츠를 매개로 관련 경제활동을 하나로 묶은 것이므로 그 핵심에는 스포츠 활동이 자리 잡고 있다. 프로스포츠구단, 스포츠 리그, 각 스포츠연맹, 각 개인 스포츠 종목의 프로 및 세미프로 선수들 역시 스포츠 활동을 직접 생산하여 스포츠 소비자에게 관람스포츠 기회를 제공함으로써 스포츠산업의 핵심부문이라 할 수 있다. 또한 스포츠 소비자가 직접적으로 참여하여 스포츠 활동을 생산하는 스포츠센터, 골프장, 마라톤대회 주관대행업체 등도 또 다른 스포츠산업의 핵심이라 할 수 있다.

한편 이러한 핵심부문에 속한 기업이 스포츠 상품을 생산하기 위해서는 지원 및 보조부문이 필요하다. 예를 들어, 직간접적인 스포츠 활동을 하나의 상품으로 인식하는 경우, 스포츠 활동을 영위하기 위한 스포츠용품과 시설이 요구되며, 관람스포츠 활동을 위해서는 선수와 심판 같은 경기인력의 양성 및 공급, 스포츠 경기의 원활한 생산을 위한 재원조달의 수단이 되는 스포츠 스폰서십 수주 등의 다양한 경제활동과 이러한 경제활동의 주체가 필요하다. 따라서 스포츠산업에 포함되는 하위영역들은 스포츠 활동과 이러한 활동을 지원하거나 활동 자체의 경제적 가치를 확장시키려는 다양한 경제활동을 포함한 광범위한 것이라 할 수 있다.

---

1) 문화체육관광부(2012). 2011 체육백서. 서울: 문화체육관광부.

1) 스포츠산업의 정의

스포츠산업이란 일반 산업과 달리 다양한 산업이 혼재해 있는 복합 산업으로서 일반적인 분류기준으로 규정하기 어려운 측면이 있다. 특정 산업에 대한 정의를 내리고, 해당 산업에 대한 자료를 집계할 때에는 표준산업분류(Standard Industrial Classification)를 기준으로 삼는 것이 일반적이나, 스포츠산업의 경우 하위 산업영역들이 지니고 있는 산업특성이 다양하므로 스포츠산업이라는 용어에 대응하는 실물경제를 구분하기가 어렵다.

스포츠산업을 분류하기 위한 구성요소를 살펴보면 경기장 및 관련 기간시설의 건설과 관련된 일반 토건산업에서부터 스포츠센터의 강습 같은 서비스 제품에 이르기까지 다양한 요소로 구성되어 있기 때문에 스포츠산업에 대한 명확한 정의가 이루어지기 힘든 것이 현실이다. 하지만 2010년 개정된 '스포츠산업진흥법'에 의하면 스포츠산업이란 "스포츠와 관련된 재화와 서비스를 생산 및 유통시켜 부가가치를 창출하는 경제활동"으로 정의하고 있다.[2] 스포츠산업의 하위산업에 대한 정의로는 스포츠용품제조업이란 스포츠용품의 제조에 관련된 산업이며, 스포츠시설건설업이란 경기장 건설과 스포츠시설의 설치 등에 관련된 산업, 그리고 스포츠서비스업이란 스포츠시설운영, 스포츠용품의 유통 및 대여 등 서비스업과 프로 및 아마스포츠의 경기, 마케팅, 정보콘텐츠, 교습 등과 관련된 산업으로 정의하고 있다. 그 밖에 스포츠산업과 관련하여 대통령령이 정하는 업종을 포함하는 것으로 나타났다.

스포츠산업의 정의와 관련된 국내외 학자들의 견해를 살펴보면, 멀린(Mullin)은 스포츠산업이란 "스포츠, 스포츠시설, 스포츠 장비나 용품 등을 제작, 판

---

2) 문화체육관광부(2010). 스포츠산업 진흥법. 서울: 문화체육관광부.

매하거나 스포츠 제품 혹은 서비스를 제공하는 산업"이라고 정의하였다.[3] 김치조는 "스포츠산업이란 스포츠라는 서비스를 상품으로 하는 서비스산업의 일종이라는 범위를 넘는 광의적 개념으로서 일반적 스포츠 서비스산업 이외에 대중오락에 관련된 영화, 음악, TV, 연극, 잡지 등을 포함한 오락산업과 여가산업을 총칭하는 문화산업의 일부까지도 포함하는 산업"이라고 정의하였다.[4] 따라서 기존의 스포츠산업에 관한 학자들의 정의를 토대로, 스포츠는 유형의 시설과 제품 및 무형의 서비스 활동이 생산되어 유통된다는 점에서 스포츠산업은 "스포츠 활동에 필요한 용품과 시설 그리고 스포츠 경기, 이벤트, 강습뿐만 아니라 스타 선수의 정보적 가치를 이용한 초상권 등과 같은 유·무형의 재화나 서비스를 생산·유통시켜 부가가치를 창출하는 산업"이라 정의할 수 있다.[5]

2) 스포츠산업의 법적 근거

스포츠산업의 법적 근거는 '스포츠산업진흥법', '국민체육진흥법'과 '체육시설의 설치·이용에 관한 법률'이다. 스포츠산업의 기반조성 및 경쟁력 강화를 도모하고, 스포츠를 통한 국민의 여가선용 기회 확대와 국민경제의 건전한 발전에 이바지하기 위해 제정한 스포츠산업진흥법의 내용은 다음과 같다.

첫째, 문화체육관광부장관은 스포츠산업 진흥에 관한 기본적이고 종합적인 중·장기 진흥 기본계획과 스포츠산업의 각 분야별 및 기간별 세부시행계획을

---

3)   Mullin, B. (1983). Sport marketing, promotion and public relations. Amnerst, MA: National Sport Management Inc.

4)   김치조(1997). 스포츠 레저산업론. 서울: 도서출판 21세기교육사.

5)   백우열(2013). 스포츠산업론. 충남: 남서울대학교 출판국.

수립·시행해야 한다(제5조). 또한 스포츠산업의 진흥을 위해 지방자치단체의 장과 협의하여 해당 지방자치단체 소유의 공공체육시설을 스포츠 산업진흥시설로 지정할 수 있다(제9조).

둘째, 스포츠산업 진흥시설을 지정받고자 하는 지방자치단체에 자금을 지원할 수 있고(제12조), 스포츠산업 사업자는 스포츠산업의 진흥과 상호 협력증진 등을 위해 문화체육관광부장관의 인가를 받아 업종별로 사업자단체를 설립할 수 있다(제13조).

셋째, 정부는 국내 스포츠산업의 경쟁력 강화와 스포츠산업 관련 상품의 해외 시장 진출을 활성화하기 위해 외국과의 공동제작, 방송·인터넷 등을 통한 해외 마케팅 및 홍보활동, 외국자본의 투자유치, 수출 관련 협력체계 구축 등의 사업을 지원할 수 있다(제15조). 문화체육관광부장관은 스포츠산업의 발전에 기여한 공로가 현저한 개인·단체 및 기업 등을 선정하여 포상할 수 있다(제19조).

또한 국민체육진흥법에서 정의하고 있는 체육(운동경기, 야외활동 등 신체활동을 통하여 건전한 신체와 정신을 기르고 여가를 선용하는 것)과의 관련성이 스포츠산업에 속한 재화 및 서비스를 구분하는 기준으로 활용되고 있으며, '우수용구 생산장려' 조항은 스포츠용품제조업 육성의 근거가 되고 있다.

한편 프로스포츠의 진흥을 위한 정책적 지원은 '국민체육진흥법'의 여가 체육 육성 조항에도 그 근거가 있다. 이외에 '체육시설의 설치·이용에 관한 법률'은 체육시설의 건설과 시설운영에 관계된 스포츠시설건설업과 스포츠시설운영업의 법적 근거이다. 반면에 스포츠가 지니는 오락적 요소를 극대화하는 스포츠이벤트업이나 각종 스포츠 콘텐츠를 생산 및 재가공하여 부가가치를 창출하는 스포츠정보업, 스포츠의 경제적 가치를 극대화할 수 있는 스포츠마케팅업의 법적 근거는 더욱 강화될 필요성이 제기되고 있다.

2
스포츠산업의 특성

스포츠산업은 2차 산업과 3차 산업으로 이루어진 복합 산업으로서, 다른 산업과는 달리 정보가치와 교환가치를 기반으로 고부가가치를 지닌 제품을 생산하는 산업이라 할 수 있으며, 다음과 같은 독특한 특성들을 지니고 있다.[6]

1) 복합적 산업구조

전통적으로 스포츠용품제조업은 2차 산업으로 분류되며, 스포츠시설운영업과 스포츠용품유통업, 스포츠서비스업은 전형적인 서비스산업으로서 3차 산업으로 분류된다. 정부가 제시한 한국표준산업분류에 의하면 스포츠산업은 2차 및 3차 산업을 통합한 개념의 복합적인 산업형태를 가진다. 특히 한국표준산업분류를

---

6) 문화체육관광부(2013). 2012 체육백서. 서울: 문화체육관광부.

살펴보면 대분류에 있어 스포츠산업은 오락, 문화 및 운동 관련 서비스업에 해당되고 있으며, 중분류에서는 기타 오락, 문화 및 운동 관련 산업으로 분류되고 있다. 또한 소분류에 있어서는 경기 및 오락 스포츠산업으로 표기하고 있는 실정이다. 예를 들어, 축구화 제조업은 신발산업에 포함되며, 테니스라켓 및 헬스기구제조업은 가구 및 기타 제품 제조업으로 분류되고 있다. 따라서 스포츠산업은 제조업이 중심이 된 2차 산업과 서비스업을 위시한 3차 산업을 고루 포함하고 있는 복합적인 산업구조를 가지고 있기 때문에 기존의 산업분류표에 근거하여 해당 산업을 명확히 규정하는 데 어려움이 있다.

2) 공간 및 입지 중시형 산업

스포츠 활동을 영위하는 데 있어 적절한 장소와 입지 조건이 선행되어야 한다. 또한 스포츠산업의 다양한 분야에서 입지조건이나 시설이 비즈니스 성공의 관건이 되며, 공간시설에 대한 의존도가 높은 경향을 보인다. 특히 국민소득의 증가와 생산성의 향상 이면에는 우리 사회 전반에 걸친 물질문명화가 감추어져 있다. 다시 말해, 소득수준의 증대 및 주 5일제 근무로 인한 여가시간의 증가와 더불어 콘크리트 환경에 노출되는 시간이 점점 높아지면서 이는 현대인의 다양한 레저욕구를 자극하는 기폭제로 작용하게 되었다. 무엇보다 스포츠 활동에 있어서 공간적 이동성을 보장하는 대중교통 및 자동차의 보급 및 확대는 현대인으로 하여금 자연스럽게 공간 및 입지적 조건이 좋은 시설과 자연친화적 시설들에 대한 동경을 자극하게 되었다. 따라서 오늘날의 스포츠산업은 현대인의 스포츠 활동과 관련된 욕구를 충족시키기 위해 자연스럽게 공간 및 입지 중시형 산업으로 변모하게 되었다.

3) 시간소비형 산업

오늘날 여타 산업의 발달과 생산력의 향상을 통한 근로자의 소득증대와 노동시간의 감소, 그리고 삶에 대한 가치관의 변화는 스포츠산업을 발전시키는 원동력으로 작용하고 있다. 이는 다양한 산업분야에 있어 기술적 진보를 거치면서 경제적 여유를 실현함에 따라 스포츠산업은 이들 국민의 자아실현과 삶의 질을 향상시킬 수 있는 기회를 제공하는 것으로 인식되고 있다. 더욱이 오늘날의 스포츠산업은 참여스포츠 혹은 관람스포츠의 형태로 현대인에게 자신들의 시간을 자유롭게 가공하여 소비할 수 있는 기회를 제공한다. 예를 들어, 프로스포츠를 관람하는 경우에 있어서도 응원하는 팀의 승패에 관계없이 오랜 시간 경기가 끝날 때까지 경기를 관전하며, 경기관람뿐만 아니라 경기장 내 식음료를 소비하거나 치어리더와 응원단의 응원문화와 볼거리를 즐기는 등의 다양한 활동들을 하게 된다. 따라서 스포츠 자체를 즐긴다는 것은 사용가치를 지불하고 모든 과정에 있어 다양한 활동을 통해 시간을 소비하는 것으로 인식되는 것이다. 이처럼 오늘날의 스포츠산업은 시간소비형 산업의 성격을 가지고 있다.

4) 오락성이 강조된 산업

스포츠가 하나의 산업으로 자리할 수 있었던 것은 '필요'보다는 '재미'로 포장된 '오락'과 관련된 '욕구'의 성격을 내포하고 있기 때문이다. 즉, 경제적·시간적 여유를 가지게 된 대중은 삶 속의 여유를 찾거나 가까운 친구 혹은 주변인들과의 친목을 도모하기 위해 스포츠경기를 관전하거나 스포츠 활동에 참여하게 된다.

하지만 이러한 욕구의 이면에는 오락적인 요소를 배제할 수 없다. 예를 들어, 프로 스포츠경기를 관람하는 데 있어 관중은 선수들의 멋진 플레이를 보기 위해, 혹은 자신이 응원하는 특정 팀의 경기를 보기 위해 기꺼이 경기입장료를 지불한다. 프로스포츠구단은 이러한 스포츠 소비자의 욕구를 파악하여 경기력을 향상시키고, 스타 선수의 미디어적 가치를 높이며, 응원 및 이벤트를 비롯한 경기 외적인 다양한 볼거리를 제공함으로써 이들의 욕구를 충족시키고 이윤을 창출하는 산업이다.

5) 감동과 건강을 생산하는 산업

스포츠산업이 국가 미래의 신성장 동력으로 인식될 수 있는 배경에는 스포츠가 지니는 본질적인 특성인 예측할 수 없는 감동과 건강을 제공하는 데 있다. 영화나 연극 같은 엔터테인먼트적 제품들은 각본에 의해 관객을 웃기고 울리는 감동을 전달하는 데 비해 스포츠는 실제로 각본이 존재하지 않으며, 예측할 수 없는 드라마로 스포츠 소비자를 감동시키고, 결과적으로 이들의 욕구를 충족시키는 정보적 가치를 제공한다. 종합스포츠센터 같은 스포츠산업은 다양한 스포츠 강습 프로그램을 통해 스포츠 활동에 참여하는 소비자에게 신체적·정신적 건강을 유지할 수 있는 공간을 제공한다. 마찬가지로 프로스포츠 같은 관람스포츠의 경우에도 스포츠 소비자는 자신이 좋아하는 선수나 팀을 응원하는 과정에서 대리만족을 경험하거나 스포츠구단과 선수를 응원하는 그 자체에서 스트레스를 발산하고 여러 부류의 사람들을 만날 수 있는 사교의 기회를 제공받는다. 따라서 스포츠산업은 스포츠 소비자의 신체적 건강뿐만 아니라 정신적 건강을 위해 다양한 서비스를 제공하는 산업이다.

특히, 매슬로의 욕구이론(Maslow's Hierarchy of Needs)의 관점에서 오늘날 대부분의 국민이 경험하는 욕구충족의 갈망은 의식주의 해결 및 안전의 욕구라기보다는 소속감, 자기존중 및 자아실현의 욕구로 이루어져 있다. 다시 말해, 1990년대를 거치면서 고도의 경제성장을 경험한 현대인이 접하고 있는 콘크리트문화와 경쟁이 일상화된 삶의 환경에서 오는 신체적·정신적 결핍은 궁극적으로 매슬로의 욕구이론의 정점에 있는 자아실현의 욕구와 밀접하게 관련되어 있다. 신체적·정신적 욕구충족을 위해 오늘날 많은 현대인은 프로스포츠경기를 관람하면서 특정 팀 혹은 선수와의 동일시 혹은 대리만족을 통해 소속감과 자기존중을 경험한다. 한편, 오늘날 소비자는 관람스포츠를 통한 욕구충족에서 진일보하여 레저를 포함하는 특정 스포츠 종목을 실제로 행함으로써 소속감, 자기존중 그리고 궁극적으로 자아실현의 욕구를 충족시키고 있다. 따라서 스포츠산업은 스포츠경기 및 스포츠 스타를 생산하여 소비자의 정보욕구를 충족시키며, 스포츠 활동과 관련된 서비스 프로그램을 통해 이들의 신체적·정신적 가치추구를 돕는 데 일조하고 있다.

6) 산업연계성이 높은 산업

스포츠산업은 다른 분야와의 연계성이 매우 높은 산업이다. 관광, 의료, 디자인, IT, 미디어 등 거의 모든 산업 분야와의 연계성을 가지고 발전되어왔다. 특히 최근에는 기업들의 스포츠를 활용한 마케팅이 일반화되면서 금융, 자동차, 공기업, 지방자치단체 등의 광범위한 사회분야들과 연계되어 발전하고 있다.

스포츠를 필요로 하는 분야가 많다는 것은 스포츠산업의 양적 성장을 지속적으로 이루어나갈 수 있다는 것을 의미한다. 사회적으로 주어진 좋은 환경을 스포츠산업 종사자들이 어떻게 활용하고 발전시켜나가야 할 것인가에 대한 과제를 안고 있다. 산업 간 융·복합적인 트렌드가 두드러지고 있는 시대적 상황을 반영하여 스포츠산업의 긍정적인 변화를 이끌 수 있는 전략 구축이 필요한 시점이다.

3
스포츠산업의 중요성

　　오늘날 많은 산업의 영역에서 대두되고 있는 화두는 조직의 효율적인 경영과 지속 가능한 제품의 생산에 관련된 '혁신'이라고 할 수 있다. 이는 지식정보화사회를 거치면서 소비자의 다양한 욕구와 필요를 충족시키고 급변하는 산업 환경에서 수요의 흥미를 계속적으로 자극할 수 있는 제품의 생산과 동시에 조직의 영속 가능한 생존전략이 요구되는 것으로 해석될 수 있다. 이러한 관점에서 산업 내 여러 조직은 다음과 같은 스포츠산업의 중요성을 인식하고 지속 가능한 제품의 생산과 조직의 영속을 위해 노력하고 있다.[7]

---

7)　강호정 · 이준엽(2008). 현대 스포츠 경영학. 경기: 학현사.

1) 고부가가치 산업

오늘날 스포츠산업을 '굴뚝 없는 산업'이라고 한다. 이는 스포츠산업이 여타 산업과의 높은 연계성을 기반으로 21세기형 고부가가치 산업이라는 인식에서 기인하는 것으로 볼 수 있다. 1984년을 기점으로 올림픽과 월드컵을 위시한 메가 스포츠이벤트를 통해 수많은 부가가치를 지닌 스타 선수를 배출해왔다. 지난 2013년 밴쿠버동계올림픽에서 김연아 선수가 착용했던 귀걸이의 매출이 엄청나게 증가했던 사례가 있다. 뿐만 아니라 스포츠가 지니는 공정하고 정직한 가치와 선수들의 경기력이 결합된 상품성을 지님으로써 소비자는 선수들이 경기장에서 보여주는 활동뿐만 아니라 실제 생활은 어떠한지 보기를 원하는 정보적 가치를 지닌다. 더욱이 기업은 스타 선수라는 제품에 부여된 정보적 부가가치를 스폰서십 혹은 엔도스먼트를 통해 구입하고 궁극적인 목적인 더 많은 소비자에게 자사의 제품과 브랜드를 알리고 매출을 올리려는 마케팅 커뮤니케이션 활동에 활용한다. 결과적으로 스포츠산업은 서비스산업을 중심으로 스포츠 제품의 정보가치에 기반을 둔 다양한 고부가가치를 생산해내는 산업이라 할 수 있다.

2) 성장잠재력을 지닌 산업

스포츠산업은 제조업, 서비스, 유통업 등을 포함하고 있어 2차 산업과 3차 산업이 혼재된 복합 산업으로서 무한한 성장잠재력을 지니고 있다. 게다가 IT분야에서의 기술적 진보와 함께 스포츠가 지닌 스토리는 해당 산업에 있어 중요한 비즈니스 콘텐츠로 부각되고 있다. 유럽 축구리그와 스타 선수들의 캐릭터를 이용한 컴퓨터 축구게임을 개발한 '플레이스테이션'은 다양한 산업들과 연계할 수 있는 스포츠산업의 무한한 성장잠재력을 보여주고 있다. 뿐만 아니라 IT기술과 접목된 3D 혹은 4D 가상스포츠 시장은 시장가치에 있어 무한한 잠재력을 지니고 있다. 예를 들어, 오락실에서 자주 접하게 되는 다양한 2D 오락게임에서 진일보하여 구글글래스 같은 시각적인 효과를 강화한 3D 형태의 가상스포츠게임 시장이 도래하였으며, 관련 기술의 발달과 함께 놀이공원을 가지 않고서도 롤러코스터의 짜릿한 기분을 경험할 수 있으며, 이전에 공상과학 영화에서나 보아왔던 가상세계가 스포츠와 접목되어 우리 실생활에 현실화되어가고 있어 관련 시장의 성장이 기대된다.

한편 생활체육 시장에서도 산업화가 진행되고 있다. 생활체육이 활성화되면서 각종 스포츠이벤트, 스포츠용품, 스포츠시설 등의 시장이 형성되고 있다. 생활체육 참여율이 높지 않은 현실에서 지속적인 생활체육 참여율의 증가는 스포츠산업 발전의 큰 성장동력 역할을 할 것이다.

3) 미디어적 가치를 지닌 산업

스포츠와 미디어는 상호협력의 형태로 지속적으로 발전해오고 있다. 스포츠 중계 등을 위한 기술 발전이 미디어에 영향을 미쳤고, 미디어를 통한 스포츠 정보 제공은 스포츠에 대한 수요확장에 큰 역할을 해왔다. 무엇보다 관람스포츠나 스타 선수는 각종 미디어 매체의 중요한 방송 콘텐츠로 다루어지고 있다. 또한 메가 스포츠이벤트나 경기장 그리고 스포츠 스타는 그 자체가 하나의 미디어적 가치를 가지고 기업들의 중요한 마케팅 수단으로 활용될 수 있다. 일반 기업의 스포츠 스폰서십의 경우, 스포츠 선수가 지니는 미디어적 가치를 가장 크게 고려하여 후원을 결정한다. 만약 해당 선수가 두터운 스포츠팬 층을 확보하고 있다면 기업은 금전적인 보상을 통해 해당 선수를 자사의 제품광고에 출연시키게 된다. 해당 선수의 미디어적 가치가 높아질수록 금전적 보상도 상대적으로 높아지게 된다. 따라서 선수 자체가 미디어적 가치를 지닌 하나의 스포츠 제품으로 인식된다고 할 수 있다.

4) 국민복지에 기여하는 산업

스포츠산업이 활성화되면 국민 삶의 질적 향상에 크게 기여할 수 있다. 정부의 적극적인 스포츠산업 활성화 정책과 더불어 국민의 스포츠에 대한 인식 변화는 스포츠산업 발전의 동력이 되고 있다. 스포츠는 단순한 관람뿐만 아니라 참여를 통하여 직접적으로 생산과 소비를 동시에 누릴 수 있는 복합적인 형태의 스포츠 수요를 지니고 있다. 이전에 사회적 이슈가 되었던 TV프로그램인 「천하무적 야구단」의 경우, 우리나라의 동호인 야구시장의 붐을 반영하는 것으로서, 이는 프로야구의 관람을 뛰어넘어 실제로 스포츠 소비자가 야구 장비를 착용하고 경기에 임함으로써 생산과 소비에 능동적으로 관여하여 자아실현과 삶의 질적 향상을 도모하는 스포츠산업의 단면을 잘 보여준다. 또한 스포츠산업의 발전은 사회 소외계층에게도 스포츠 활동의 기회를 제공해주고 있다. 2009년부터 운영되고 있는 스포츠강좌이용권(스포츠바우처) 제도는 스포츠산업의 발전이 국민복지에 기여하는 대표적 사례라고 할 수 있다.

4
스포츠산업의 변천과 전망

1) 스포츠산업의 출현

국내 스포츠산업의 역사는 그리 길지 않다. 1990년대 후반 스포츠산업에 대한 인식이 바뀌기 시작하면서 정부가 제시한 산업분류에 특수목적 산업으로 포함되었으며, 비로소 스포츠산업에 대한 체계적 접근이 시도되었다. 하지만 당시 스포츠산업의 영역분류에 대한 기준은 학자들마다 다소 차이가 있었으며, 아직도 명확한 규정을 내리지 못하고 있는 실정이다. 스포츠 시장을 한마디로 정의하는 것은 어떤 업종을 스포츠 시장에 포함시키느냐에 따라 시장 규모를 나타내는 숫자가 크게 변동되기 때문에 어떠한 산업이 스포츠산업의 하위영역에 포함될 것인가에 대한 해답이 우선되어야 할 것으로 판단된다. 스포츠여행업, 스포츠보험업 등의 산업 영역을 포함시킨 스포츠 시장을 예측한다면 스포츠산업의 규모는 엄청나게 커질 수 있기 때문이다.

한편 스포츠 시장이 성장함에 따라 스포츠산업의 구조도 크게 변화를 보여왔다. 2012년을 기준으로 스포츠산업의 분류에 있어 큰 변화를 가져왔으나 최근 개정된 스포츠산업 특수분류에 의하면 스포츠산업은 3개의 산업영역으로 구분된 전통적인 분류체계로 회귀하였다.[8] 먼저 스포츠용품산업은 1982년 프로야구의 태동과 여타 프로스포츠 리그들이 출범하면서 확대되었다. 스포츠용품의 유통경로는 용품생산자, 도매업자, 소매업자의 전통적인 세 영역으로 구성되어 있으며, 인터넷을 기반으로 하는 생산자와 소비자의 직거래를 통해 유통채널을 배제한 거래도 활발하게 이루어지고 있다. 1988년 서울올림픽경기 개최 이후, 스포츠 용품은 두드러진 기술혁신으로 품질에 있어 글로벌 스포츠 브랜드에 버금가는 발전이 있었으나 브랜드파워가 제고된 우리나라 고유의 글로벌브랜드 개발은 아직도 미흡한 실정이다. 지난 2013년까지 진행되었던 '스포츠산업발전 중장기 계획'하에 5대 중점 추진전략과제의 일환으로 국내 스포츠용품의 10대 글로벌 브랜드 육성을 위해 국가적 차원에서 지원이 이루어졌으나 현재까지 대부분의 국내 스포츠용품업체들의 영세성으로 인해 제품의 일반적인 기술개발을 넘어선 융·복합 첨단제품 개발 및 상품화가 원활하지 않은 상황이다. 결과적으로 국내외 스포츠용품 시장점유율은 나이키와 아디다스 등의 글로벌 스포츠용품기업들에 비해 현저히 낮은 수준으로 국내 스포츠용품업체의 브랜드파워 제고 측면에서 그 실효성이 발휘되지 못하고 있는 실정이다.

또한 스포츠 서비스산업은 여타 산업에 있어서 높은 부가가치를 유발하는 산업으로서 가장 전망이 밝은 영역이기도 하다. 스포츠 활동의 장소나 기회를 제공하는 스포츠서비스업도 오래전부터 고유의 영역으로 발전되어왔으며, 오늘날에는 스포츠 서비스가 프로스포츠 조직뿐만 아니라 아마추어 스포츠 수요를 위한 비즈니스로 인식되거나 특정 개인의 필요에 대응하는 맞춤식 서비스 시스템의 확립에 이르게 되었다. 특히 프로스포츠의 양적 확대와 국내 프로축구 및 야구선수들의 해외 진출을 계기로 스포츠마케팅의 중요성이 대두되고 있다. 최근 들어 스

---

8) 문화체육관광부(2013). 2012 체육백서. 서울: 문화체육관광부.

포츠산업진흥법 개정안이 발의되면서 국내 프로구단에 대한 경기장 임대기간의 최장 25년 확대와 경기장 편의시설을 통한 수익구조 개선, 프로시민구단의 수익성 강화를 위한 제도시행, 스포츠 에이전트제도 마련을 통한 스포츠마케팅산업의 확대가 예상된다.

마지막으로 스포츠시설산업 역시 그 역사는 오래되었다. 현대사회에서 스포츠시설산업은 대중을 위한 스포츠 활동의 장을 제공한다는 차원에서 매우 중요한 요소이며, 특히 학교와 공공체육시설을 중심으로 스포츠시설의 설치와 더불어 상업 스포츠시설 운영업의 활성화는 스포츠시설산업의 빠른 성장을 주도하였다. 특히 스포츠센터, 테니스 코트와 골프 코스, 스키리조트, 테마파크, 워터파크 등이 민간 업자들에 의해 건설되었으며, 회원제를 통해 특정 클럽회원의 이용에만 한정되는 영리를 목적으로 하는 상업적 스포츠시설들이 등장하게 되었다. 또한 국민소득과 여가시간의 증대, 그리고 삶의 질에 대한 의식 변화는 스포츠시설산업에 있어 공간입지의 강조와 관련 시설의 고급화를 불러왔다.

2) 스포츠산업의 전망

오늘날의 현대인은 정치, 경제, 사회, 환경적으로 불확실성의 시대를 살아가고 있다. 정치적으로 소련이 붕괴되고 나서 공산주의와 민주주의의 이념대립적 갈등종식 이후 글로벌화라는 또 다른 패러다임이 등장하면서 이념적 동질성을 기반으로 하는 국가 간의 공조현상은 구시대적인 유물로 존재하는 듯하다. 특히 오늘날의 세계는 정치적으로 자국의 경제적 상황에 유익이 되는 방향으로 우방의 개념이 확대되고 있으며, 러시아 · 중국 · 미국 · 영국 등의 선진국들은 개발도상국들에 대한 경제적 원조를 증가시켜 자국의 정치 및 경제적 주도권을 확보하려는 경향을 보이고 있다. 또한 전 세계는 환경적으로 글로벌 온난화로 인해 유례없는 지진, 기근, 홍수, 폭설 등을 포함한 이상기후 현상들을 경험하고 있으며, 이는 국제 곡물가격의 증가와 주식시장의 불안정 등의 경제적인 혼돈을 야기하였다. 국내의 사정도 마찬가지로 정치적으로 진보와 보수의 대립, 국제 경제의 불확실성에서 기인한 국내 경제의 불안정, 사회적으로 저출산 및 인구의 초고령화 현상, 동남아시아 국가로부터 인구유입에 따른 다문화현상의 출현, 실업률과 비정규직 등과 같은 저소득층의 사회적 박탈감으로 야기된 사회적 갈등이 고조되고 있는 실정이다.[9] 따라서 스포츠산업은 스포츠가 지니는 보편적인 영향력을 활용한 다양한 정책과 스포츠이벤트를 통해 국가 간의 반목과 사회갈등을 해소하고, 불확실성의 시대를 살아가는 현대인에게 삶의 희망과 에너지를 제공할 뿐만 아니라 여타 산업들과의 융·복합을 통해 부가가치를 창조하는 생산지향적 산업으로서 그 역할이 확대될 것으로 기대된다.

산업혁명을 거치면서 지식정보화사회의 도래와 함께 전인교육, 국위선양, 국민건강 및 복지증진의 전통적인 스포츠 발전의 패러다임은 스포츠의 미디어적 가치 및 고부가가치 창출, 생산적 국민복지 등의 스포츠가 지니는 산업적 가치를 강조한 패러다임으로 전환되었다. 이는 스포츠를 교육과 국민복지 향상을 위한 활동으로서 소비지향적 문화 및 오락 활동으로 간주하던 시각에서 탈피하여 고부가가치를 창출하는 생산지향적 산업활동으로서 국가의 미래경제를 짊어지는 신성장동력이 되는 유망산업으로 인식되고 있다는 것을 의미한다.

특히 1984년 LA올림픽을 기점으로 아마추어리즘을 추구하는 전통적 스포츠 패러다임에서 산업적 가치를 강조하는 비즈니스적 패러다임으로 변화가 시도되면서 스포츠산업이 지니고 있는 미디어적 가치를 토대로 기업들의 활발한 투자

---

9) 문화체육관광부(2013). 2012 체육백서. 서울: 문화체육관광부.

가 지속적으로 이루어지고 있다. 피겨스케이팅의 김연아, 리듬체조의 손연재, 프로축구의 박지성 · 이청용 · 기성용 · 박주영, 프로야구의 추신수 · 류현진을 비롯해 해외에 진출한 선수들의 활약은 대한민국의 대외 이미지 쇄신에 첨병 역할을 하는 귀중한 민간외교 사절일 뿐만 아니라 자신들의 분야에서 뛰어난 경기력을 토대로 대중이 원하는 미디어적 가치를 가지게 된다. 따라서 국내의 기업뿐만 아니라 글로벌 기업들의 이들 스타 선수를 이용한 마케팅적 투자는 해당 산업의 규모를 확대시키는 자본유입의 관점에서 스포츠산업에 긍정적으로 작용할 것으로 예상된다.

또한 아마추어리즘에 입각한 국가 간 평화증진의 장으로 인식되어오던 올림픽과 월드컵 등의 국제 메가 스포츠이벤트는 직간접적인 생산유발 효과와 고용유발효과 등의 경제적 파급효과뿐만 아니라 국가 이미지 제고를 통해 국가 대외 신뢰도 상승과 외국인 투자 활성화 그리고 실질적인 국가 경제 활성화에 이바지하고 국민통합 및 국가적 자부심 형성, 선진 시민의식 구축 등의 무형적 가치를 창조하는 것으로 평가되고 있다. 따라서 세 번의 시도 끝에 동계올림픽 유치를 확정한 평창의 예에서 볼 수 있듯이 국제적인 메가 스포츠이벤트 유치에 대한 국가 간 경쟁이 치열해질 것으로 판단된다.

한편, 스포츠산업은 제조업, 서비스, 유통업 등 기존 산업과 연계성이 뛰어난 산업으로서 스포츠와 관광, 스포츠와 IT, 스포츠와 BT 등이 융합된 무한한 성장 잠재력을 지니고 있다. 특히 고속성장에 따른 가처분소득의 증가, 여가시간의 증대, 삶의 질을 중시하는 가치관의 변화는 스키, 골프, 해양스포츠 같은 다양한 레저 스포츠를 기반으로 하는 관광산업의 급속한 성장을 가져왔으며, 여전히 사회 전반에 영향을 미치고 있는 웰빙 현상의 여파로 스포츠와 관련된 관광산업에 대한 수요와 항공, 호텔, 요식업 등의 여타 연관 산업에 대한 꾸준한 영향력 확대가 예상된다. 또한 IT산업과의 연계를 통해 스포츠의 핵심 비즈니스 콘텐츠화가 활발히 진행되고 있다. 현재 산업규모로 보았을 때 스포츠와 접목된 컴퓨터게임은 e-스포츠의 형태로 그 시장규모가 계속해서 증가하고 있는 현실이다. 뿐만 아니라, IT산업과 연계된 가상스포츠 시장의 확대도 예상된다. 이는 가상 골프게임인 골프존의 경우에서도 찾아볼 수 있듯이, 3D와 4D의 높은 기술력을 기반으로 다양한 스포츠 종목과 연계된 가상스포츠산업이 골프존의 뒤를 이어 계속적으로 팽창할 것으로 예상된다.

뿐만 아니라 스포츠산업과 바이오산업(BT)의 활발한 연계도 예상된다. 예를 들어 미국에서 2017년에 구체화되는 베리칩의 경우, 오바마 케어의 핵심으로서 정부가 제공하는 의료보험의 적용을 받는 미국 저소득층들에게 개인의 의학정보를 담게 될 베리칩을 인간의 피부에 이식하는 것을 의무화할 것으로 예상된다. 이러한 베리칩은 개인의 의학정보를 담는 것뿐만 아니라 다양한 산업분야에서 활용될 수 있으며, 더욱이 일반 국민에게 확대될 경우, 현재 상용화되고 있는 웨어러블 기기 등의 개발 및 응용을 통해 스포츠 활동과 관련된 생리학적 · 생물학적 신체변화에 대해 즉각적인 피드백이 가능해질 수 있다. 무엇보다 이러한 웨어러블 기기와 베리칩은 어느 한쪽이 일방적으로 신호를 보내는 것에서 진일보하여 쌍방향으로 작용함으로써 일반인뿐만 아니라 심장병, 당뇨병, 고혈압 환자 등의 스포츠 활동을 용이하게 할 수 있을 것이다. 따라서 첨단기술 개발에 기반을 둔 바이오산업 및 의학과 융합된 스포츠산업의 발전이 예상된다.

마지막으로 스포츠정보업과 스포츠마케팅업의 스포츠서비스업에 대한 법적 · 제도적 정책이 미흡하였으나, 새롭게 개정된 '스포츠산업 특수분류'에서 나타난 바와 같이 이들 스포츠서비스업의 정책개발과 제도 확충이 부분적으로 이루어져 관련 산업의 고용창출 등을 포함하는 스포츠서비스업의 확대가 예상된다. 이러한 예상은 프로스포츠가 발달한 선진국의 스포츠산업과 하위산업 영역들의 규모에서 그 근거를 찾을 수 있다. 미국의 경우, 2007년 기준 전체 스포츠산업의 규모는 약 2,130억 달러로 GDP의 약 1.71%를 차지하는데, 이는 레저스포츠산업 부문을 제외한 수치이다.[10] 또한 미국 프로스포츠산업의 규모는 2007년 기준 약 1,946억 달러로 전체 스포츠산업 규모의 약 91.4%를 차지하고 있으며, 이 중 스폰서십, 스포츠광고, 선수보증광고, 라이센싱 제품, 에이전시 활동을 포함한 스포츠마케팅산업의 규모는 프로스포츠산업 규모의 31.1%로 보고되고 있다.[11] 국내 프로스포츠구단들이 독립된 법인화를 통해 미국과 영국 등의 프로스포츠 선진국들이 나타내는 구단의 브랜드 자산 강화와 수익창출의 자생력을 높일 수 있도록 구조적인 개선이 궁극적으로 이루어져야 하겠지만, 한 가지 고무적인 사실은 국내 프로스포츠구단의 수익구조 개선을 위한 경기장 임대기간의 확대(최장 25년), 경기장 편의수익시설의 운영 및 설치, 프로시민구단의 재정지원 및 선수 에이전트활동 보장 등의 새로운 제도와 정책이 발의되어 스포츠서비스산업의 확대가 예상된다.[12]

10) 문화체육관광부(2011). 2010 체육백서. 서울: 문화체육관광부.

11) Adams, S. (2014.3.23). Sports League Economic Structure and Fiscal Focus. http://www.sportsbusinesssims.com/sports.league.economic.structure.fiscal.focus.sarah.adams.htm.

12) 문화체육관광부(2013). 스포츠산업 중장기 발전 계획. 서울: 문화체육관광부.

III
스포츠이벤트와
지역사회

1
스포츠이벤트의 개념

1) 스포츠이벤트의 정의

스포츠이벤트는 일회성 혹은 주기적으로 개최되는 스포츠를 의미한다.[1] 올림픽과 아시안게임, 각종 스포츠 종목 세계선수권대회, FIFA 월드컵축구경기 등을 포함하는 스포츠이벤트는 개최 지역에 있어 사회, 문화, 환경, 경제 면에서 상당한 파급효과를 지닌 것으로 알려져 있다. 특히 장기적으로 개최 지역을 비롯한 개최국의 대외 브랜드 가치를 상승시키며, 단기적으로는 지역과 국가의 경제적인 파급효과를 통해 고용을 창출하고, 더 나아가 지역경제의 활성화를 가져다주는 긍정적인 측면을 지니고 있다.

---

1) 김은숙(2012). 강원도 국제스포츠대회 지원을 위한 자원봉사활성화방안: 2018 평창동계올림픽, 패럴림픽을 중심으로. 강원: 강원발전연구원.

2) 스포츠이벤트의 지역개발 기능

일본은 1964년 동경올림픽을 위해 총 1조 엔을 투자하여 대대적인 도시 생활기반 및 구조를 정비한 스포츠이벤트로 평가받고 있다. 대회 운영비(100억 엔)와 선수강화비(21억 엔)를 포함하는 직접비와 교통 기반시설인 신간센 건설비(3,800억 엔), 올림픽도로 건설비(1,840억 엔), 지하철 건설비(2,330억 엔)와 더불어 상하수도, 쓰레기소각시설, 하천정화시설, 동경국제공항, 호텔, 여관 등의 건설비를 포함한 간접비를 합하면 투자된 금액의 총액은 약 1조 엔이나 된다. 당시 일본에서는 도시에 대한 마케팅이라는 개념이 존재하지 않았지만, 결과적으로 전 세계에 있어 도쿄의 도시지명도는 높아졌고, 신간센이나 도시 수도권 고속도로라는 근대적인 교통망이 정비되어 국가적인 스포츠 진흥시책이 전개되는 계기가 되었다.

우리나라도 88서울올림픽 개최로 직접대회운영비 2,787억 원, 시설건설비 6,727억 원, 교통·관광·통신개발비 5,985억 원 등 총 2조 3,662억 원이 소요되었다. 2002년 한일 공동 월드컵 개최에 따른 수입은 4,788억 원이었으며, 행사운영 및 지원 등의 지출은 3,145억 원으로 1,643억 원의 흑자를 기록했다. 또한 10개 도시의 월드컵경기장 건설을 포함한 인프라시설 구축으로 도시발전의 계기가 되었으며, 월드컵을 통한 직접효과는 총 3조 1,350억 원의 지출을 통하여 부가가치 4조 8,196억 원, 고용창출에 있어 31만 7,000개의 새로운 일자리가 창출된 것으로 추정되었다.[2]

이와 같이 스포츠이벤트는 우호와 평화의 상징으로서 유치에 대한 합의를 얻기 쉽고, 유치가 결정된 뒤에는 이미 개최 일정이 결정되어 있기 때문에 장기간에 걸쳐 도시개발계획을 추진하고, 기간 내 완성하는 것이 가능하게 된다. 또한 지

---

2) 장준경(2003). 2002FIFA월드컵의 경제, 외교적 성과: 2002년 월드컵 축구대회의 경제적 효과. 한국스포츠사회학회, 129-165.

역 커뮤니티의 연대감을 고양시키고, 축제 분위기를 조성하여 국가 혹은 지역 인지도를 높이는 등 지역사회를 마케팅하는 데 유효한 수단이 된다. 따라서 지역사회 발전에 기여하는 스포츠이벤트의 기능으로는 사회자본 축적 기능, 소비유도 기능, 지역연대감 향상 기능, 도시이미지 향상 기능이 제시되고 있다.[3]

(1) 사회자본 축적 기능

먼저 사회자본이란 민간 기업의 자본에 의해 건설된 시설이 아니라 공적기금의 투자에 의해 건설되어 사회가 공유하는 시설을 말한다. 사회자본 축적 기능이란 스포츠에 이용되는 시설, 공간 그리고 녹지환경을 축적하여 공익을 위해 개방하는 것을 의미한다. 그 예로서 정부 혹은 지방자치단체가 공원이나 녹지를 포함한 스포츠 시설을 건설하고 이것을 지역 주민 혹은 대중에게 개방하여 이용하게 함으로써 주민생활의 질을 향상시키는 것이라 할 수 있다. 따라서 오늘날 환경 보호나 생활의 질적 향상이 우선시되는 가치기준의 사회적 합의와 더불어 스포츠이벤트는 사회자본의 축적을 통해 대중이 체감할 수 있는 삶의 질 향상과 더불어 건강하고 활동적인 생활을 현실적으로 가능하게 하는 스포츠나 레크리에이션을 위한 시설이나 공간을 제공한다.

(2) 소비유도 기능

스포츠는 시민에게 건전한 여가나 오락적 기능을 제공하고 활발한 소비활

---

3) 原田宗彦(2002). スポーツイベントの経済学. 平凡社..

동을 유도하는 정도에 따라 경제를 활성화시키는 기능을 가지고 있다. 참여스포츠의 경우, 스포츠에 참가하는 수요를 확대하고 시설활용 정도에 따라 입장료나 시설이용에 대한 수익을 발생시켜 결과적으로 시설운영을 안정시킴으로써 지역 활성화를 촉진하는 것이 가능하다. 또한 5만 명 이상이 참가하는 전국체육대회 등의 참여형 스포츠이벤트는 참가자와 관람자가 개최지로 유입되면서 직간접적인 경제적 파급효과를 나타낸다. 월드컵과 올림픽 같은 메가 스포츠이벤트의 경우, 입장료 수입이나 방송중계권료, 스폰서료 등의 자금유입을 통해 지역경제의 활성화를 도모할 수 있다. 이후 스포츠 스타디움이나 체육관의 수익사업 모델을 적용하여 이들 시설이 가진 복합적이고 다목적 시설로서의 기능을 최대한 활용함으로써 수익의 극대화를 꾀할 수 있다. 올림픽처럼 스포츠이벤트가 세계시장에 있어서 상품가치를 지니고 있는 경우, 국제적인 스포츠이벤트의 개최는 사회자본의 정비뿐만 아니라 해당 지역에 소비유치에 의한 지역경제의 활성화라는 효익을 제공한다.

메가 스포츠이벤트의 상품가치를 나타내는 방송권료를 보면 월드컵의 방송권료는 1998 프랑스대회의 2억 3,000만 스위스프랑, 2002년 한일월드컵대회는 13억 스위스프랑으로 약 4년 사이에 5배로 급증하였다. 올림픽의 경우도 1960년 로마대회에서 NBC가 지불한 방송권료는 겨우 60만 달러였지만, 2000년 시드니대회에서는 7억 1,500만 달러로 40년 사이에 약 1,200배가 늘어났다.

한편 스포츠이벤트의 규모가 거대화되는 것은 대회 개최에 따른 리스크도 상승하는 것을 의미하며, 개최국은 최상의 성공을 거둘 수 있도록 충분한 마케팅 활동을 전개하고 스포츠에서 생기는 효익을 효율적으로 활용해야 한다. 그러나 우리나라의 경우, 스포츠가 지니고 있는 소비유도 기능을 극대화하여 지역 활성화에 도움이 되는 정책적 마인드를 소유하고 있는 도시는 드물다고 할 수 있다. 스포츠 진흥을 중요한 정책과제로 채택하는 지방자치단체도 적으며, 스포츠와 비즈니스의 관계를 적극적으로 이용하여 지역 활성화나 도시경영에까지 시야를 넓히지 못하고 있는 것이 현실이다.

(3) 지역연대감 향상 기능

관람스포츠에서 높은 경기력을 지닌 선수들의 경기가 제공될 때, 경기가 주는 감동 외에도 이러한 감동을 같이 체험하는 다른 관객과의 소통은 지역의 사람들에게 건전한 오락 기회를 제공한다. 또한 일상생활의 대화 중에 빈번하게 등장하는 스포츠는 사회계급이나 연령 그리고 소속집단에 관계없이 소통할 수 있는 기회를 제공하고, 시간과 장소의 구애를 받지 않고 언제 어디서든 대화가 가능하다는 장점이 있다. 결과적으로 스포츠이벤트의 개최는 지역연대감의 고양이나 사회적 교류에 도움이 된다. 특히 도시 주민은 소속의식이나 자신의 정체성을 확립하기 위하여 스포츠나 특정 팀과 심리적으로 강하게 연결되고 있다. 스포츠에 의해 지역이 일체화되고, 공통의 화제가 사람들의 커뮤니케이션을 원활히 하며, 사회적 억압에서 해방됨과 동시에 사회적 교류가 활발하게 이루어질 수 있는 지역연대감 향상의 기능을 제공한다.

(4) 도시이미지 향상 기능

이미지란 사람의 마음속에서 형성되는 신념, 태도, 생각을 모두 포함하는 개념이다. 스포츠이벤트를 개최하는 도시의 경우, 단순히 특정 스포츠이벤트를 개최하는 공간적인 이미지뿐만 아니라 해당 스포츠이벤트가 지니는 감동과 함께 스포츠축제라는 이미지로서 전 세계 사람들의 마음속에 긍정적으로 각인된다. 일례로 지나친 상업주의와 폭탄테러 사건으로 인해 올림픽 관계자들에게는 상당히 부정적인 평판을 주었던 미국 애틀랜타 주는 1996년 올림픽 개최를 통해 범죄율 전미 1위라는 오명과 침체된 미국 남부 대도시라는 이미지를 일신하였다. 실제로 올림픽 개최를 통해 도시이미지를 쇄신할 수 있었으며, 지역경제를 활성화시키기 위한 기업유치 프로젝트인 오퍼레이션 레거시의 '유산활용전략'을 통해 올림픽이 끝난 다음 해인 1997년에서는 당초의 계획이었던 기업유치 목표를 거의 달성했다고 보고되고 있다.

3) 스포츠이벤트가 지역사회에 미치는 영향

많은 지자체들이 스포츠산업의 유치 타당성을 내세울 때 스포츠이벤트가 가져다주는 긍정적인 경제적 파급효과에 대해 언급한다. 실제로 메가 스포츠이벤트의 개최에 따른 파급효과는 경제뿐만 아니라 사회 · 문화 · 환경 등의 다양한 영역에서 긍정적 · 부정적으로 영향을 미치고 있으며, 스포츠이벤트가 지역사회의 다양한 영역에 미치는 영향은 다음과 같다.[4]

(1) 경제적 영향

스포츠이벤트가 개최되면서 해당 지역의 소비활동을 활성화시키고, 고용을 창출하여 지역경제 활성화에 기여한다. 이는 지역민의 소득을 증대시킴으로써

---

4) 原田宗彦(2002). スポーツイベントの経済学. 平凡社.

생활수준을 향상시킬 뿐만 아니라 자유재량소득의 증가로 다양한 여가활동에 통한 삶의 질 향상에 이바지한다. 또한 지방자치단체의 입장에서 제한된 세수를 늘릴 수 있는 기회로서 스포츠이벤트 기간 중의 관람객과 참여자의 방문을 통한 세수 확대와 더불어 중앙정부 차원의 공적자금을 지원받음으로써 지역경제 활성화를 도모할 수 있다. 하지만 이러한 스포츠이벤트의 개최는 부정적인 경제적 영향을 나타낼 수 있다. 먼저 이벤트 기간 중에 물가상승을 들 수 있으며, 부동산 가격의 상승, 관련 산업들에 대한 과잉투자, 이벤트 후 일시고용자들의 고용불안정 등 부정적인 경제효과를 지니고 있는 것도 사실이다.

(2) 물리환경적 영향

스포츠이벤트를 개최하기 위해 경기장 시설을 확충하는 것은 우선적으로 이루어져야 한다. 경기장 시설 외에 도로를 비롯한 경기장시설의 접근성을 높이는 기반시설들의 건설도 필요하다. 또한, 스포츠이벤트 관람객과 참여자들을 위해 도시 경관을 향상시키는 다양한 시설투자가 이루어짐으로써 개최지역에 물리환경적으로 긍정적인 영향을 미친다. 이와는 반대로 무분별한 개발로 인한 자연파괴와 생태계 오염, 교통체증을 비롯한 도시환경의 혼잡 등 환경적으로 부정적인 영향을 야기하는 것도 사실이다.

(3) 사회문화적 영향

스포츠이벤트를 개최함으로써 지역민과 참가선수, 임원, 관광객과의 교류가 확대되며, 이들 방문객에게 보여줄 수 있는 지역의 전통과 가치를 발전시킴으로써 지역 문화유산의 가치가 증대된다. 또한 스포츠에 대한 지역민의 관심이 증대되며, 사후 경기장을 활용한 지역민의 스포츠 참여를 증가시키는 등의 긍정적인 영향을 나타낸다. 하지만 지나친 지역 전통과 가치 개발로 인해 지역민의 사적인 활동이 상업화되고, 방문객의 증가로 인해 범죄 발생률이 증가되는 부작용도 초래될 수 있다. 또한 오늘날 이념적 · 종교적 갈등으로 야기된 테러의 위험성을 높여 사회혼란을 야기할 가능성이 있다.

(4) 심리적 영향

스포츠이벤트의 개최는 주민의 지역사회에 대한 자긍심과 해당 지역의 책임 있는 시민으로서 정체성을 고양시키는 효과를 지니고 있다. 2002년 월드컵 기간 동안 일반 시민과 붉은악마, 우리나라 국가대표 서포터즈의 성숙한 질서의식과 국민적인 자부심은 전 세계 사람에게 대한민국을 긍정적으로 각인시키는 스포츠이벤트가 될 수 있었다. 또한 세계 각국의 방문객과 교류할 기회를 가지면서 지역사회 구성원들의 편협한 지역의식을 타파하는 기회를 제공한다. 하지만 대회 기간 동안 전 세계의 다양한 문화권의 방문객과 교류하면서 문화적 충격을 나타낼 수 있으며, 지역 주민과 스포츠 관광객 간의 오해와 대립으로 이어질 수 있는 부정적인 측면이 도출도 존재한다.

(5) 정치적 영향

　　스포츠이벤트의 개최는 개최도시의 국제적 지명도와 지역 브랜드 가치를 높이고, 지방자치단체의 스포츠이벤트 개최와 관련된 지식 및 경험을 축적시킴으로써 이들 행정가들의 스포츠에 대한 이해를 증대시킨다. 한편 무분별한 스포츠이벤트 개최 혹은 대회 개최와 관련된 부풀려진 경제 · 사회 · 문화적 파급효과는 민선 지자체장들의 지역경제 사유화 현상으로 이어질 수 있으며, 이들의 입김에 따라 스포츠이벤트가 단순히 치적 쌓기를 통한 정치적 디딤돌로 이용되는 부작용을 낳을 수도 있다.

2
스포츠이벤트의 경제적 효과

스포츠이벤트는 유치 지역뿐 아니라 국가 차원의 정치 · 외교 · 경제 · 문화적인 파급효과를 지니고 있으며, 세계 인류가 하나 되는 만남의 장을 이루고, 더 나아가 국가적 이미지 제고에 영향을 미쳐 국제적 위상을 높일 수 있는 기회를 제공한다. 하지만 스포츠이벤트 유치는 도시 간 과도한 유치경쟁에서 발생하는 정치적 개입과 여러 부정적인 경제적 효과를 동반하는 것도 부인할 수 없는 현실이다. 이와 관련하여 백우열(2011)은 다음과 같이 국제 스포츠이벤트 개최의 긍정적 · 부정적 경제효과에 대해 제시하고 있다.[5)]

1) 긍정적 경제효과

현대사회에서 스포츠이벤트는 하계 및 동계올림픽, 월드컵, 아시안게임 및

---

5) 백우열(2011). 국제스포츠대회 개최와 경제적 파급효과. 남서울대학교 논문집. 17(1). 167-183.

각 종목 세계선수권대회 등이 있으며, 행사규모나 국제적인 지명도 등을 고려할 때 이러한 스포츠이벤트만큼 사회 및 경제적 파급효과를 가지고 있는 행사는 많지 않다. 국제 스포츠이벤트는 경기장 시설과 숙박, 교통 인프라 확충을 포함한 경제적인 발전에 직간접적인 영향을 미치고, 더 나아가 고용창출과 생산유발효과를 통하여 경제 활성화에 실질적으로 기여하고 있다. 또한 이러한 유형의 경제적인 파급효과와 함께 개최국의 국가 브랜드 제고와 스포츠이벤트를 통해 국민통합과 동시에 선진시민의식 구축이라는 무형의 자산들을 생산해낸다. 실제로 〈표 3-1〉에서 나타난 바와 같이 국제 스포츠이벤트에서 경제적 파급효과가 가장 크다고 볼 수 있는 올림픽경기의 경제적 효과를 살펴보면, 1984년 LA올림픽의 직간접적인 경제적 파급효과는 약 23억 달러에 달했으며, 1996년 애틀랜타올림픽은 51억 달러, 2000년 시드니올림픽은 65억 달러의 경제적 파급효과를 나타냈다.[6]

〈표 3-1〉 올림픽의 경제적 효과

구분	1984 LA	1988 서울	1996 애틀랜타	2000 시드니
경제적 효과	14억 달러	26억 달러	35억 달러	65억 달러
고용창출	7만 5,000명	33만 6,000명	8만 3,000명	9만 명

우리나라의 경우, 한국전쟁을 거치면서 세계의 많은 국가들에 전쟁 속 폐허의 모습들이 각인되어 있었다. 하지만 86아시안게임과 88올림픽을 통하여 폐허의 모습을 털어내고 발전된 사회상을 보여줌으로써 개발도상국에서 선진국으로 도약할 수 있는 계기가 마련되었다. 또한 동아시아의 이름 없는 작은 국가에서 그 인지도를 높임으로써 국가 브랜드 제고의 발판을 마련하게 되었다. 〈표 3-2〉에서 나타난 바와 같이 88서울올림픽은 유치비용 대비 엄청난 경제적 효과를 거둔 스포츠

6) 삼성경제연구원(2000). 올림픽경제학 CEO Information. 서울: 삼성경제연구원.

이벤트로서 약 4조 9,000억 원 규모의 생산유발효과와 34만 명의 고용창출을 기록하여 경제적으로 성공한 올림픽으로 기억되고 있다. 이러한 결과는 개최국가가 스포츠이벤트를 치를 수 있도록 단기적으로 경기시설 및 인프라에 투자와 관련된 생산을 유발하고, 또한 이와 결부된 영역의 소득 및 고용창출, 스포츠이벤트와 직접적으로 관련된 관광수입과 이에 따른 기타 산업의 파급효과에서 기인하는 것이다.

〈표 3-2〉 88올림픽의 경제적 효과[7]

구분	지출규모	경제적 효과(억 원, 천 명)		
		생산유발	부가가치	고용유발
투자지출 (경기장, 도로 등)	18,391	48,784	18,959	344
소비지출 (조직위 경상지출)	5,533			
총계		24,464	18,959	344

한편, 2002년 월드컵 유치전에서 일본보다 훨씬 뒤늦은 후발주자로 유치경쟁에 뛰어든 우리나라는 결국 일본과 공동유치라는 쾌거를 이루어냈다. 그러나 국내외에서는 월드컵의 한일 공동유치의 사회경제적 효과에 대해 부정적인 시각이 적잖았던 것도 사실이다. 하지만 〈표 3-3〉에서 볼 수 있듯이 2002년 월드컵의 경우에서도 약 1조 원 규모의 대회유치 관련 투자와 소비 지출, 그리고 약 1조 5,000억 원의 직간접적인 생산유발효과를 기록했으며, 약 10만 1,000명의 고용유발효과를 나타냈다. 우리나라는 2002년 월드컵 유치를 계기로 국가 브랜드를 한층 더 높이는 계기를 마련하였으며, IMF 이후 침체되었던 한국 경제에 다시 한 번 도약의 계기를 마련한 것도 사실이다.

---

7) 구정모 · 이현훈(2001). 평창동계올림픽 유치가 지역경제발전에 미치는 영향. 강원: 강원발전연구원.

〈표 3-3〉 2002 월드컵의 경제적 효과[8]

구분	지출규모	경제적 효과(억 원, 천 명)		
		생산유발	부가가치	고용유발
투자지출 (경기장, 도로 등)	23,882	81,451	36,023	220
소비지출 (조직위 경상지출)	4,000	12,703	6,327	48
소비지출 (외국인 소비지출)	7,314	22,154	11,796	88
총계	35,196	116,308	541,146	356

　　2014년 인천아시아경기대회의 경우, 대회유치를 위한 경기장 건설, 문화 및 오락공원 조성 등의 직접투자비 3조 1,599억 원과 도로 확장, 통신시설 및 교통망 확충 등의 간접투자비 1조 4,806억 원, 대회운영비 약 3,000억 원을 포함해 약 4조 9,491억 원의 비용이 소요된 것으로 추산되었다. 이를 통해 2014년 아시아경기대회가 유발한 경제효과는 토목건설은 물론 음식숙박업, 통신방송 분야 등에서 전국적으로 약 12조 9,328억 원의 생산유발효과와 5조 5,575억 원 규모의 부가가치가 발생하였으며, 이 중에서 인천시에 직접적으로 돌아온 생산유발효과는 약 10조 6,175억 원이고, 약 4조 4,239억 원의 부가가치유발효과가 창출된 것으로 추산되었다. 특히 37개의 경기를 치르기 위해 42개의 경기장이 필요한데, 현재 인천은 국비와 시정부의 경제적 지원을 통해 10곳의 경기장을 신축하고 5개의 관광지 개발과 도로 및 교통표지판 정비, 인천항 확장, 선수촌아파트 건설 등 건설 분야에만 약 8조 7,477억 원의 생산유발효과와 3조 6,660억 원의 부가가치유발효과를 발생시켜 단순한 메가 스포츠이벤트를 넘어 인천 발전의 기반시설을 확충하고 인천시의 이미지 제고와 수출상품의 부가가치와 신뢰도 향상, 투자유치 및 관관진

8) 구정모 · 이현훈(2001). 평창동계올림픽 유치가 지역경제발전에 미치는 영향. 강원: 강원발전연구원.

흥 활성화를 통해 사회경제적으로 유무형의 엄청난 파급효과를 나타낸 것으로 보고되고 있다.[9]

또한 2011 대구세계육상선수권대회 유치로 인한 대구시의 경제적 파급효과는 총 5,840억 원으로서 생산유발효과 4,075억 원, 총 부가가치유발효과 1,765억 원 등을 포함하고 있는 것으로 추산되었다. 이와 더불어 경기장 시설 개보수비와 선수촌 및 미디어 건립비 등에 3,000억 원이 소요될 것으로 보고되었다. 이 중 선수촌 및 미디어촌 건립에 드는 1,400억 원은 대회가 끝난 뒤 일반분양을 통해 회수할 수 있을 것으로 전망되고 있어 실제로 소요되는 경비는 대회시설 확충 및 보수에 736억 원, 전천후 육상 경기장 건립과 육상아카데미 설립 및 운영에 각각 800억 원과 120억 원의 비용이 소요되는 것으로 추산되었다. 이는 대구 월드컵경기장과 보조구장 등 기존 시설을 활용함으로써 신규 시설투자 없이 최소 비용으로 대회를 운영할 수 있다는 점에서 긍정적인 경제적 효과가 기대되는 것으로 보고되었다. 또한 고용창출효과도 약 6,800명으로 전망되며, 대회 관계자 7,000여 명이 9일간 대구에 머무르는 것을 포함하여 총 외국인 관람객은 3만 명에 달할 것으로 추산되어 관광객으로부터의 직접적인 관광수입도 230억 원을 넘어설 것으로 분석되었다.[10]

세 번의 동계올림픽 유치 시도 끝에 평창은 2018년 동계올림픽 유치에 성공하였다. 평창동계올림픽유치위원회(2007)에 의하면, 동계올림픽 유치 시 전국 총 생산유발효과는 20조 4,937억 원에 달했으며, 부가가치유발효과는 8조 7,546억 원, 그리고 고용창출효과도 23만 명에 달한 것으로 보고하였다. 또한 강원도 내 총 생산유발효과는 약 11조 6,038억 원으로 보고하였으며, 외국인 관람객 수와 외국

---

9) 대외경제정책연구원(2006). 2014년 아시안게임 유치타당성 조사. 서울: 대외경제정책연구원.
10) 대구경북연구원(2007). 세계육상선수권대회 대구유치 타당성 분석. 대구: 대구경북연구원.

인 관람객 소비지출액은 각각 19만 5,000명과 4,778억 원으로 추산되었다.[11] 또한 개최지를 중심으로 도로와 철도 등의 교통 인프라가 갖춰지는 계기가 될 수 있을 것으로 전망했으며, 실제로 평창이 올림픽 유치에 나서면서 원주나 강릉을 연결하는 고속전철의 설계에 들어갔다. 이는 1992년 하계올림픽 개최 이후 꾸준한 인지도 상승으로 관광수입이 4배 이상 올라간 스페인 바르셀로나 같은 파급효과를 기대할 수 있을 것으로 예상된다.

한편 국제 스포츠이벤트의 유치는 그 규모에 비해 신문, 방송업과 여행업, 요식업 같은 연관된 산업에 영향을 미쳐 전체 경제에 미치는 파급효과가 크다고 할 수 있다. 이는 경기에 직접 참가하거나 관람객이 늘어나면 여행업이 호황을 누리고 호텔과 식당 그리고 부수적인 관광산업에 영향을 미친다. 또한 경기 관련 여러 인프라시설의 확충으로 인해 건설업에도 활성화를 가져오며, 이외에도 국내 스포츠의 종목별 저변확대를 도모할 수 있고, 국내시장 확대와 레저산업 같은 연관산업의 발전을 촉진하여 궁극적으로 국내 경제 전체에 긍정적인 활성화를 가져다주는 효과를 지니고 있다. 또한 국제 스포츠이벤트 개최로 국가 이미지 제고를 통해 해외에서 한국 기업의 해외신용도를 높여 제품판매 및 해외 프로젝트 수주가 용이해지는 긍정적인 효과도 있다. 실제로 현대경제연구원(2002)에 의하면 2002년 한일월드컵 이후 개최국에 대한 투자인식 개선과 더불어 외국인의 주식인수, 국내 기업인수 등을 포함한 직접적인 경영 참여 증가 등을 포함하여 2002년 외국인 투자 실적이 7억 6,700만 달러에 달하는 것으로 보고했다.[12] 따라서 국제 스포츠이벤트의 개최는 직접적인 경제적 효과뿐만 아니라 국가 이미지 제고 및 신용도 향상을 통한 외국인 투자유치 증가 같은 간접적인 경제적 효과를 나타내 장기적으로 국가 및 지역발전에 기여하고 있다.

---

11) 평창동계올림픽유치위원회(2011.4.24). http://www.pyeongchang2014.org/html/main.html.
12) 현대경제연구원(2002). 포스트 월드컵의 발전 전략과 정책과제. 서울: 현대경제연구원.

2) 부정적 경제효과

모든 메가 스포츠대회가 개최국 혹은 지역의 경제를 활성화시키는 긍정적 측면만 지닌 것은 아니다. 많은 지자체가 전방위적인 노력을 들여 추진하는 메가 스포츠이벤트는 많은 사회경제적 문제점을 안고 있는 것도 부인할 수 없다. 메가 스포츠이벤트 유치는 중앙정부의 재정지원과 여러 직간접적 경제유발효과나 국가와 도시의 브랜드 가치 상승 같은 긍정적인 효과를 나타내는 것이 사실이지만, 국가 간 과다한 유치경쟁은 정치적 개입을 가져올 수 있으며 경제적으로 여러 부정적인 영향을 동반한다.[13]

2000년 시드니올림픽의 경우, 1996년에 비해 2003년 주택가격이 두 배로 상승했으며, 집단 거주시설 혹은 임대주택에 거주하는 주민을 강제로 이주시키는 등 지역주민의 경제적 피해가 컸다. 또한 2004년 아테네올림픽의 경우도 경기장 건설 등으로 인해 2,700명의 주민이 자신들의 거주지역에서 이주해야 했다. 2012년 런던올림픽에서는 경기장 및 관련 시설 건설을 위해 430명의 주민이 거주지에서 쫓겨났으며, 100년간 주민의 삶이 녹아 있던 마을은 4주간의 이벤트를 위해 콘크리트 도로가 되었다. 무엇보다 올림픽을 위해 9,000채의 새 집이 건설되었지만, 정작 치솟은 가격으로 인해 경제적 여력이 없는 서민들에게는 그림의 떡이 되고 말았다. 국제올림픽위원회는 아직까지 올림픽 개최국의 이 같은 행위에 대해 어떤 방안을 강구하고 있지 않으며, 환경문제를 비롯해 올림픽경기 개최를 위한 여러 기준을 제시하고 있지만, 정작 경기장 혹은 관련 기반시설이 건설되는 해당 지역 주민의 주거권을 보장해야 한다는 기준은 없다.[14]

한편, 영국의 경제학자 지맨스키(Szymanski, 2002)는 월드컵과 올림픽을 포함

---

13) 김학준(2007.7.7). 지자체들 국제행사, 마구잡이 유치경쟁. 서울신문 1면.

14) 정희준(2014.6.28). 브레이크 없는 올림픽 유치, 이제 그만. http://www.pressian.com/scripts/section/article.asp?article_num=60070718094937.

하는 메가 스포츠이벤트에 있어서 거시경제적 효과는 없다고 보아야 하며, 존재하지 않는 경제적 효과를 만들어내는 행위를 중단해야 한다고 주장한다.[15] 또한 여러 도시들이 메가 스포츠이벤트를 유치하는 과정에서 이벤트 유치의 성공확률이 매우 낮음에도 불구하고 오랜 기간 동안 금전적으로 전력을 다하는 격심한 유치과정을 거쳐야 하기 때문에 경제적 위험부담이 크다는 점을 간과하고 있다. 실제로 2014 동계올림픽 유치에 성공한 러시아의 소치가 약 3,000~7,000만 달러를 유치활동에 썼다고 하며, 두 번째 도전에 실패한 평창의 경우, 평창동계올림픽유치위원회가 주장하는 유치비용은 약 3,000만 달러이지만 외신들은 약 6,000만 달러를 지출했다고 보고하고 있다.[16]

메가 스포츠이벤트의 유치비용으로 인해 국가경제의 근간이 위험에 처한 경우도 있다. 그리스 아테네는 2004년 올림픽 개최 비용이 10조 원에 달하게 되자 책임 소재를 놓고 정치권 간의 공방이 벌어지고 대회 준비에 차질을 빚는 바람에 세계적인 뉴스거리를 제공하기도 했다. 특히 올림픽 이후 그리스는 경제적으로 상당히 어려움에 처하게 되었다. GDP 성장률은 2005년 3.7%로 전년 대비 1%나 떨어졌으며, 소비증가율도 3.0%로 전년 대비 1.2%나 하락하였다. 수출증가율 역시 3.2%로 전년 대비 약 9%나 하락하였으며, 투자에 있어서도 2003년 10.7%에서 2005년 1.5%로 곤두박질쳤다.[17] 따라서 메가 스포츠이벤트 유치를 시도하는 도시들이 대회유치를 통해 발생하는 경제적 효과를 과대포장하거나 유치과정에서 오로지 유치만을 목적으로 실제적인 직간접 유치비용의 과다출혈을 간과하는 경향이 있는 것으로 판단된다.

---

15) Szymanski, S. (2002). The economic impact of the World Cup, World Economics, 3(1), 1-9.

16) Andranovich, G., Burbank, M. J. & Heying, C. H. (2001). Olympic cities: Lesions learned from mega-event politics, Journal of Urban Affairs, 23(2), 113-131.

17) 정희준(2014.6.28). 브레이크 없는 올림픽 유치, 이제 그만. http://www.pressian.com/scripts/section/article.asp?article_num=60070718094937.

메가 스포츠이벤트를 유치하는 과정에서 도시 간 경제적인 과다출혈 경쟁은 스포츠이벤트의 경제적 성공 개최에 걸림돌로 작용한다. 2011 세계육상선수권 대회 유치에 성공한 대구의 경우, 대회유치를 통한 생산유발효과와 총 부가가치 유발효과를 포함한 경제적 파급효과가 약 5,840억 원에 달하는 것으로 보고하고 있다. 하지만 대회를 유치하는 데 있어 국제육상경기연맹에 대회 종료 후 3일간 선수 및 임원 숙박 식사 무료 제공, 미디어 관계자에게 하루 100달러의 실비 및 숙식 제공, 대회 3주 전부터 훈련장 무료 이용, IAAF 육상학교 프로그램에 150만 달러 기부, 한국 육상발전을 위해 육상사관학교에 종자돈 300만 달러 우선 투자, 국제육상아카데미 개설 및 교육비용 부담을 포함하는 과도한 제안을 통해 유치에 성공하였다.[18] 하지만 이러한 비용은 대회를 주최하는 대구 지방자치정부에 대회의 성공적인 개최를 위한 재정 부담으로 작용하고 있다. 이러한 지역 차원에서의 재정부담은 지역경제에 부정적 영향을 미치는 것은 당연한 사실이며, 이는 지역 구성원들의 피부에 와 닿는 직접적인 타격을 간과한 유치만을 생각하는 근시안적 행정일 수 있다.

올림픽과 월드컵 같은 메가 스포츠이벤트를 개최함에 있어 시설투자를 아무리 최소화한다고 가정해도 지역 차원의 재정부담은 스포츠이벤트 기간 동안 펼쳐질 경기를 치를 장소인 경기장시설의 건설에 대한 시설투자 비용에서도 나타나며, 이러한 스포츠경기시설의 사후활용 방안이 구체적으로 제시되어 실현화되지 않는다면 지역민에게 돌아가는 경제적 부담은 과중된다. 스포츠시설의 지역경제성을 볼 때, 1976년의 몬트리올올림픽은 경기장시설과 관련된 과도한 투자로 인해 몬트리올 시의 재정이 파탄에까지 이른 최악의 예로 기억된다. 유치 당시의 시장은 남자가 아이를 낳는 것 같은 이변이 없는 한 올림픽대회 유치로 인한 적자는

---

18) 박원식(2014.6.15). 대구시 '파격적 제안'으로 세계육상대회 유치, http://weekly.hankooki.com/lpage/nation/200704/wk2007041016034737070.htm.

없을 것이라고 호언장담했다.[19] 하지만 올림픽 폐막 후 몬트리올은 시의 재정이 파탄에 이르렀으며, 대회기간 중의 주경기장은 대회 이후 소를 사고파는 우시장으로 쓰이는 등 사후활용이 전혀 되지 않고 방치된 채 시의 재정에 엄청난 부담을 안겨줬다. 결국 몬트리올은 시민에게 담배세를 부과하는 등의 방편으로 30년이 지난 2006년에야 올림픽 유치와 관련된 모든 빚을 갚을 수 있었다.[20]

또한 2000년 시드니올림픽을 개최하였던 호주의 경우도 마찬가지로 1만 5,000명이 거주하도록 설계되었던 올림픽 단지와 관련 시설들의 사후활용이 전혀 이루어지지 않고 있어 올림픽 단지는 사람이 거주하지 않는 '유령마을'로 전락했다. 특히 시드니 지역을 찾는 관광객 수는 2년 만에 25%가 감소하여 당시 올림픽경기를 위해 건설되었던 지역 호텔들은 경영난에 시달리고 있다고 보고되고 있다.[21] 마찬가지로 부산은 2002 아시안게임을 치른 후 매년 30~40억 원의 시설유지에 대한 부담으로 경륜사업을 생각해냈고 아시안게임을 위해 만든 사이클경기장을 194억 원 들여 경륜경기장으로 탈바꿈시켜 개장했지만 적자가 발생해 경륜장시설 전환비용을 포함해 2004년부터 2006년까지 아시안게임 흑자 금액인 550억 원을 초과하는 약 600억 원의 지원 자금을 경륜경기장에 쏟아부어야 했다.[22]

국제 스포츠이벤트가 가져다주는 경제효과에 있어서 주요 파급효과는 관광객 유치라고 할 수 있다. 실제로 많은 스포츠이벤트 유치 도시들은 대회 유치가 불러오는 미디어 노출효과가 도시의 가시성을 높이고 지역 및 국가 브랜드를 높여 이를 통해 많은 관광객이 유입되면서 호텔 숙박이나 식사, 쇼핑, 교통 등으로 지역 주민이 얻는 소득을 기대하게 된다. 하지만 현실은 이와는 정반대가 될 수 있다. 올림픽 같은 국제 스포츠이벤트가 개최되는 기간 동안에 사람들은 개최지의 물가

19) 김효진(2007.4.24). 국제대회 유치 효과는 뻥튀기?, KBS 생방송 시사투나잇.

20) 정희준(2008). 스포츠메가이벤트와 경제효과: 그 진실과 허구의 재구성, 한국스포츠사회학회지, 21(1), 229-251.

21) 김병식·김성겸(2008). 메가스포츠이벤트 유치와 지역사회 파급효과의 관계, 한국체육과학회지, 17(2), 473-483.

22) 정희준(2008). 스포츠메가이벤트와 경제효과: 그 진실과 허구의 재구성, 한국스포츠사회학회지, 21(1), 229-251.

상승과 번잡함 그리고 테러의 위험 등으로 개최지역으로의 관광활동을 꺼려 관광객이 줄어들 수 있어 궁극적으로 이벤트 개최도시의 관광산업은 개최연도에 단기적으로 불황을 경험할 수 있다. 2004년 아테네에서 올림픽에 반대하는 시민의 반대시위가 벌어졌는데, 가장 큰 이유는 올림픽 개최로 인한 기존 관광객 유입의 감소에 불만을 표출하는 반대시위였다.

국제 스포츠이벤트 기간 동안 관광객의 감소와 관련된 사례들은 국내에서도 찾아볼 수 있다. 2002년 월드컵과 2003년 유니버시아드대회를 개최한 대구의 관광객 수는 2001년 30만 명에서 월드컵경기를 유치한 2002년 24만 명, 그리고 유니버시아드를 개최한 2003년 17만 명으로 감소한 것으로 나타났다.[23] 또한 2002년 아시안게임과 월드컵경기를 치러내면서 2000년과 2001년 각각 98만 명과 93만 명 수준이던 외국인 관광객 수가 2002년 130만 명으로 증가하였지만 다음 해에는 91만 명, 2006년에는 102만 명, 2007년에는 109만 명으로 감소하면서 국제 스포츠이벤트의 유치효과가 미미한 것으로 보고되고 있다.[24]

---

23) 대구광역시 홈페이지(2012.4.30), http://www.daegu.go.kr.

24) 부산광역시 홈페이지(2012.4.30), http://www.busan.go.kr.

3
스포츠이벤트의 경제적 효과분석

1) 경제적 효과의 개념

스포츠이벤트의 경제적 효과란 "스포츠이벤트 참가자 혹은 관람자가 개최지역을 방문하여 머무는 동안 필요한 비용을 지출함으로써 해당 지역 또는 국가경제에 미치는 파급효과"로 정의될 수 있다. 경제적 효과는 직접효과(direct impact), 간접효과(indirect impact), 유발효과(induced impact)로 구성된다. 직접효과는 관광객의 소비지출과 스포츠 경기장을 비롯한 시설과 인프라에 대한 투자와 관련하여 해당 산업 내에서 직접적으로 발생하는 경제적 효과를 의미한다. 이러한 직접효과와 관련된 사업체들은 경기장시설 건설업체를 비롯하여 호텔, 리조트, 식당, 여행서비스업체, 운송업체, 경기장 운영주체 등이 있다. 간접효과는 경기장시설 건설에 대한 투자와 관람객 및 이벤트 참여자들의 소비를 통해 부가적으로 발생하는 경제적 효과를 포함한다. 경기장시설 건설업체와 관련된 2차 산업체로는 토목시설업체, 건설자재업체, 인력서비스업체와 호텔, 리조트 등과 관련된 2차 산업체로는 시설보수업체, 식자재 납품업체, 안전관리업체 등을 포함한다. 마지막으로 유발효과는 생산유발효과, 고용유발효과 그리고 부가가치유발효과로 구성되어 있다. 생산유발효과는 앞서 언급한 산업체의 종업원이 받은 임금을 생활비, 제품구입비 등으로 지출하면서 지역 내의 여러 관련 산업들의 생산을 확대시키고, 더 나아가 이러한 생산의 확대를 통하여 관련 산업들의 고용을 창출하는 것으로 고용유발효과를 의미한다. 또한 부가가치유발효과는 피고용인의 임금증가, 기업의 이윤증가 등을 포함한다.

2) 경제적 효과분석의 중요성

오늘날 전 세계적으로 개최되는 거의 모든 메가 스포츠이벤트는 지역민과 국민에게 이벤트의 개최 타당성을 제시하기 위해 경제효과 분석을 이용한다. 스포츠이벤트의 경제적 타당성 분석의 중요성은 다음과 같이 제시될 수 있다.

(1) 스포츠이벤트의 가치 증명

대부분의 스포츠이벤트 유치 타당성의 제시는 대회유치에 따른 경제적 파급효과 분석을 토대로 이루어진다. 스포츠이벤트는 대회유치를 위한 경기장 시설과 기반시설의 건설, 그리고 대회 참가자 및 관람객의 비용지출을 토대로 직간접적 경제적 효과를 지니고 있으며, 그에 따른 광범위한 산업영역에서 생산유발효과 및 고용유발효과를 지니고 있다. 따라서 이러한 경제적 효과분석은 스포츠이벤트 개최의 당위성과 가치를 증명할 수 있는 도구로 이용되고 있다.

(2) 기업스폰서십 유치

스포츠이벤트 개최의 성공을 위해 충분한 인적 · 물적 자원의 투입이 요구된다. 경제적 타당성 분석을 토대로 대회와 관련된 방문객 수와 대회의 규모를 제시함으로써 스포츠이벤트 개최 조직은 기업들에게 스폰서십을 제안하여 대회 개최에 따른 재정적인 부담을 완화할 수 있다.

(3) 정부지원 유도

오늘날 올림픽, 월드컵축구경기 등 메가 스포츠이벤트의 개최는 개최 지역을 비롯한 국가 브랜드파워 제고, 국가의 세입증가 같은 긍정적인 효과를 지니고 있는 것으로 인식되고 있다. 따라서 스포츠이벤트 개최의 경제적 파급효과 분석을 토대로 경제적 타당성이 확보된 스포츠이벤트의 경우, 중앙정부로부터 직접적인 재정지원이나 세금의 면제 혹은 할인의 혜택을 이끌어내는 것이 용이해진다.

(4) 지역사회의 산업활성화 유도

스포츠이벤트 개최는 직간접적으로 연관 산업의 활성화를 불러온다. 스포츠이벤트의 규모에 따른 경제적 파급효과 분석은 여행산업, 관광산업 그리고 호텔, 식당을 비롯한 서비스산업 등 관련 산업의 창업 및 사업체 확대를 유도하는 데 기여한다.

3) 경제적 효과 분석

      스포츠이벤트의 경제적 파급효과 분석에는 작업계산표를 이용한 분석법, 산업연관분석법, 승수효과분석법 등의 다양한 방법들이 있으나, 올림픽, 아시안게임 등 대형 스포츠이벤트의 경제적 효과분석에 가장 빈번하게 이용되는 산업연관분석법(inter-industry analysis)을 간략하게 소개하고자 한다. 산업연관분석은 직접효과를 비롯한 간접효과 및 유발효과를 도출하는 것이 용이하며, 구체적인 스포츠이벤트의 수요·생산·고용·투자를 예측하는 데 효과적인 방법이다. 하지만 산업연관분석은 관련 산업에 대한 통계자료가 요구되고, 많은 비용과 분석자의 전문적인 지식 그리고 노력이 요구되는 경제적 파급효과 분석기법이다.

      우선 산업연관분석이란 경제부문 간의 재화와 서비스의 흐름이 비교적 안정적이라는 전제하에 국내에서 1년 동안 발생한 모든 재화 및 서비스의 산업 간 거래를 계량적으로 종합 정리한 통계표인 산업연관표를 이용한다. 우리나라 경제를 구성하고 있는 산업들은 다른 산업들과 유기적으로 연계되어 있다. 이때, 산업들은 다른 산업들로부터 원재료, 연료 등의 중간재를 구입하고 여기에 노동과 자본 등의 생산요소를 추가함으로써 새로운 재화와 서비스를 생산하여 또 다른 산업 부문에 중간재로 팔거나 최종소비자에게 소비재나 자본재 등으로 판매하게 된다. 예를 들어, 자동차를 생산하기 위해서는 엔진, 타이어 강판 등의 수많은 부품이 필요하다. 타이어의 경우, 타이어 생산업체는 원재료인 고무를 구입해서 접착제를 이용하여 타이어를 생산하고 자동차회사에 이를 판매한다. 자동차 생산업체는 동일한 형태로 타이어뿐만 아니라 강판, 엔진의 부분품 등을 각각의 생산업체로부터 구입해서 완성된 자동차를 생산하고 최종소비자에게 자본재나 소비재로 판매하게 된다. 따라서 특정산업에서 생산된 완성품이 다른 산업의 제품을 생산하기 위한 중간재로 투입됨으로써 각 산업이 관련 산업과의 관계에 있어 존재할 수 있는 직간접적인 경제적 영향을 분석하는 것이 산업연관분석이라 할 수 있으며, 산업연관표를 토대로 도출된 산업들의 생산유발계수, 부가가치유발계수, 고용유발계수를 이용하여 특정 스포츠이벤트의 개최를 통한 경제적 파급효과를 산출해내는 분석도구라 할 수 있다.

(1) 산업연관표의 구성

〈그림 3-1〉에서 나타난 바와 같이 산업연관분석의 토대가 되는 산업연관표는 크게 중간수요, 최종수요 그리고 부가가치 부문으로 이루어져 있다.[25] 먼저, 수요란 특정 재화나 서비스를 구매하고자 하는 욕구와 구매력을 의미한다. 각 산업에 있어 완성품을 만들어내기 위한 생산활동의 원료로 사용하는 중간재의 용도로 재화나 서비스를 수요하는 것을 '중간수요'라 하며, 반대로 일반 가정에서 소비재로, 기업에서 자본재로 사용하거나 외국으로 수출하는 것을 '최종수요'라 한다. 예를 들어 쌀이 일반 가정에 판매되었을 경우, 쌀에 대한 수요는 최종수요가 된다. 이와는 반대로 쌀이 피자가게에서 쌀피자를 생산하는 원료로 사용되었을 경우에는 중간수요가 된다. 이때, 중간수요와 최종수요를 합한 것을 총 수요액이라 하며, 총 수요액에서 수입(국내 산업에서 발생한 수요가 아니므로)을 뺀 것을 총 산출액이라 한다. 중요한 점은 각 산업부문의 총 산출액과 총 투입액은 항상 일치한다.

① **최종수요**
   - 민간소비지출: 일반 가계의 재화 및 서비스에 대한 최종 소비지출액
   - 정부소비지출: 정부활동에 필요한 재화 및 서비스에 대한 경상지출(국가에

---

25) 한국은행(2007). 산업연관분석해설. 서울: 한국은행.

서 매년 정기적으로 재화 및 서비스 구입에 사용되는 지출)

- 고정자본 형성: 기업, 민간비영리단체 등의 자산 취득비용(건물, 기계 등의 유

형자산 및 소프트웨어 등의 무형고정자산)

- 재고 증감: 각 산업부문에서 생산 및 판매과정에서 보유한 원재료, 반제

품, 재공품 및 완제품 등의 재고 변동

- 수출입: 상품 및 서비스의 대외거래

② 부가가치

- 피용자보수: 피고용인이 국내 생산활동에 종사한 대가로 받는 임금

- 영업잉여: 부가가치 총액에서 피용자보수, 고정자본소모, 순생산세를 공

제한 것으로서 각 산업부문의 기업이윤, 순지급이자, 토지에 대한 순지급

임료 등으로 구성

- 고정자본소모: 기계장치 등의 고정자산이 일정 기간 동안 생산에 관여하

여 발생하는 물리적 마모, 일상적인 손실에 따른 가치감소

- 순생산세: 생산세에서 보조금을 차감한 것으로 생산세는 재화 및 서비스

를 생산 · 판매 · 사용할 때 부과되는 세금이며, 보조금은 정부가 수출 진

흥이나 가격보조 등의 목적으로 지급하는 각종 지출금

(2) 산업연관표의 구조

산업연관표의 구조를 살펴보면, 세로방향(열)은 각 산업부문의 비용구성 혹
은 투입구조를 나타내고 있으며, 이는 원재료 등의 투입을 나타내는 중간투입과
노동이나 자본의 투입을 나타내는 부가가치 부문으로 나누어지며, 이 두 항목의

합계를 '총 투입액'(=중간투입+부가가치)이라 한다. 또한 가로방향(행)은 각 산업부문의 생산물 판매를 나타내는 배분구조로서 중간재(완성품을 생산하기 위한 원재료)로 판매되는 중간수요와 소비재, 자본재, 수출상품으로 판매되는 최종수요의 두 부분으로 구성된다. 이때 중간수요와 최종수요를 합한 것이 총수요(=중간수요+최종수요)가 되고, 총수요에서 수입을 뺀 것이 총 산출액(=총수요-수입)이 된다. 다시 말해, 세로방향(열)은 각 산업부문의 생산활동을 위하여 다른 산업부문으로부터 구입한 중간재와 노동, 자본 등의 본원적 생산요소에 대한 비용을 나타내는 투입(input)을 의미한다. 또한 가로방향(행)은 각 산업부문에서 생산된 재화와 서비스가 여타 산업부문에서 재화와 서비스를 생산하는 데 필요한 중간재로, 얼마만큼 판매되고 최종재로 얼마만큼 판매되었는지를 알 수 있으므로 이를 생산물의 산출(output)이라고 할 수 있다.

　　이러한 부문들은 다시 내생부문과 외생부문으로 나눌 수 있는데, 내생부문은 중간수요와 중간투입으로 구성되며, 외생부문은 최종수요와 부가가치를 포함한다. 이때 외생부문은 내생부문과 상관없이 모형 밖에서 주어지는 값으로서, 이

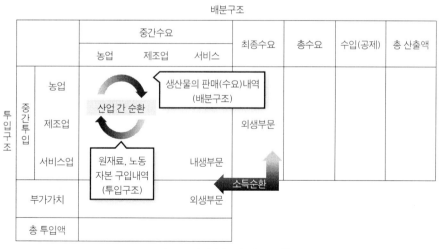

〈그림 3-1〉 산업연관표의 기본구조[26]

부문의 수치가 변동됨에 따라 국민경제에 어떠한 파급효과가 나타나는가를 예측하는 것이 산업연관분석의 주 목적이다. 이와는 반대로 내생부문은 외생부문의 수치가 모형 밖에서 주어지고 나면, 이에 따라 수동적으로 그 값이 결정된다. 예를 들어 올림픽, 월드컵축구대회 등을 위한 경기장 건설, 스포츠 관광객의 소비, 대회와 관련된 방송중계권료, 기업의 스폰서십, 대회를 통해 얻어지는 국민의 소득 등은 외생부문에 속한다고 할 수 있다.

좀 더 세부적으로 살펴보면, 〈그림 3-2〉의 산업연관표는 우리나라의 모든 산업부문으로 농림수산업, 공산품업, 서비스업의 3개 부문으로 통합한 표인데, 앞서 언급한 바와 같이 가로방향(行)은 각 산업부문에서 생산된 재화와 서비스가 다른 산업부문의 중간재로 얼마만큼 판매되고 최종재로 얼마만큼 판매되었는지를 알 수 있다. 〈그림 3-2〉에서 농림수산품의 경우, 총 산출액이 51조 480억 원을 나타냈으며, 이는 중간재로 판매된 45조 1,800억 원과 최종재로 판매된 16조 1,719

(단위: 10억 원)

		중간수요				최종수요				총수요	수입 (공제)	총 산출액
		농수산품	공산품	서비스	계	소비	투자	수출	계			
중간투입	농림수산품	2,999	35,054	7,127	45,180	15,296	76	799	16,171	61,351	10,304	51,048
	공산품	16.590	823,042	258,507	1,098,138	139,691	61,098	454,153	654,942	1,753,080	424,825	1,328,255
	서비스	4,838	172,704	406,211	583,752	591,308	218,111	79,122	888,541	1,472,293	76,620	1,395,674
	계	24,426	1,030,800	671,845	1,727,071	746,295	279,285	534,074	1,559,654	3,286,725	511,748	2,774,977
부가가치	피용자보수	3,378	119,854	370,453	493,686							
	기타	23,243	177,601	353,376	554,220							
	계	26,621	297,456	723,829	1,047,906							
총 투입액		51,048	1,328,255	1,395,674	2,774,977							

〈그림 3-2〉 산업연관표의 예시[27]

---

26) 한국직업능력개발원(2014.7.29). https://www.krivet.re.kr/ht/hp/prg_kuKDA.jsp?gn=E1%7CE120110051.

27) 허남수(2011). 2009년 산업연관표로 본 한국경제. 서울: 경제통계국.

억 원을 더한 값에서 수입부문의 10조 3,040억 원을 뺀 값과 같다. 마찬가지로 산업연관분석을 이용하여 스포츠이벤트의 경제적 파급효과를 도출할 때에도 앞서 언급한 최종수요(스포츠이벤트 관광객의 증가, 경기장 시설건설의 추가 등) 같은 외생부문의 변화에 따라 중간수요의 각 산업들에 있어 생산유발이 나타나게 된다.

(3) 산업연관분석에 이용되는 계수

산업연관분석에 이용되는 계수로는 투입계수, 생산유발계수, 부가가치유발계수 그리고 노동유발계수를 들 수 있다. 이들 계수들에 대한 세부적인 설명은 다음과 같다.[28]

① 투입계수

각 산업부문이 생산에 사용하기 위해 다른 부문으로부터 구입한 원재료 및 연료 등의 중간투입액을 총 투입액으로 나눈 것으로, 산업연관분석의 기본이 되는 계수이다. 이러한 중간투입액을 총 투입액으로 나누는 과정을 통해 산업연관표의 내생부문 같은 형태로 배열한 투입계수표를 도출한다.

② 생산유발계수

생산유발계수는 특정 재화 혹은 서비스의 최종수요가 한 단위 증가하였을 때, 이를 충족시키기 위하여 다른 산업부문에서 직간접적으로 유발되는 생산액의 정도라고 할 수 있다. 다시 말해, 앞서 언급한 투입계수는 최종수요의 발생으로 인해 이를 충족시키기 위하여 다른 산업들에 있어 중간재가 투입되는 정도를 계수

---

28) 한국은행(2011). 2009년 산업연관표. 서울: 한국은행.

로 나타낸 것을 의미한다. 예를 들어 자동차 1대를 수출하는 최종수요가 발생하면, 자동차를 생산하기 위한 생산의 파급효과는 1차적으로 엔진부분품과 타이어회사에서 1차적으로 나타나며, 2차적으로 철강, 전기, 고무, 타이어코드를 생산하는 회사, 3차, 4차로 계속되어 이러한 파급효과가 사라질 때까지 계속된다. 따라서 이러한 파급효과(중간재의 생산액)를 모두 더하면 자동차 1대를 생산(수출)하는 데 수반되는 생산유발효과로 나타난다. 산업부문 수가 많은 경우, 투입계수를 이용하여 무한히 계속되는 생산파급효과를 계측하기 어렵기 때문에 역행렬이라는 수학적인 방법으로 생산유발계수를 도출하여 이용한다.

③ 부가가치유발계수

　　부가가치유발효과는 산업연관표에서 공급이나 노동력 등이 충분히 제공된다는 가정하에 최종수요의 증가가 국내생산의 증가를 유발하고, 생산활동의 증가로 인해 새로운 부가가치가 창출되므로 결과적으로 최종수요의 증가가 부가가치 증가의 원천이라고 간주한다. 부가가치계수는 본원적 투입물의 대가인 피고용인

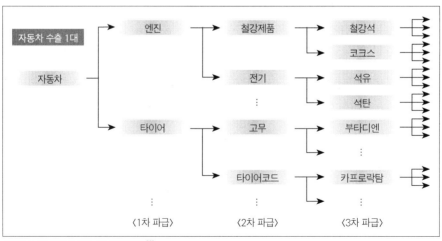

〈그림 3-3〉 최종수요와 생산유발과정[29]

의 보수, 영업잉여 등 부가가치액을 총 투입액으로 나눈 것을 의미한다. 부가가치유발계수는 어떤 산업부문의 국내생산물에 대한 최종수요가 한 단위 발생할 경우, 국민경제 전체에 직간접적으로 유발되는 부가가치 단위를 의미한다.

　④ 노동유발계수

　　노동유발계수를 도출하기 위해서는 먼저 노동계수를 산출해야 한다. 노동계수는 일정 기간 동안 생산활동에 투입된 노동량을 총 산출액으로 나눈 계수로서 특정 산업부문의 생산물 한 단위(산출액 10억 원)를 생산하는 데 필요한 노동량이라 할 수 있다. 또한 노동계수는 취업계수(피용자뿐 아니라 자영업주와 무급가족봉사자를 포함하는 취업자 수를 총 산출액으로 나눈 값)와 고용계수(임금근로자만을 포함하는 피용자 수를 총 산출액으로 나눈 값)의 두 가지 측면에서 파악할 수 있다. 결과적으로 노동유발계수는 노동계수와 생산유발계수를 기초로 산정할 수 있으며, 노동계수가 취업계수 혹은 고용계수인지에 따라 취업유발계수와 고용유발계수로 구분하여 산출할 수 있다.

(4) 경제적 파급효과 분석의 원리

　　지역별 산업규모와 구조를 반영한 다양한 유발계수를 정확히 도출해야 하므로 산업연관분석을 토대로 정확한 스포츠이벤트의 경제적 파급효과를 분석하는 것은 많은 인력과 시간 그리고 노력을 필요로 하기에 결코 단순하고 쉬운 일이 아니다. 따라서 2006년 1,302만 명을 동원한 영화 「괴물」을 예로 들어 스포츠이벤트가 지니는 경제적 파급효과 분석의 간략한 원리를 설명하고자 한다.[30] 영화 「괴

---

29) 허남수(2011). 2009년 산업연관표로 본 한국경제. 서울: 경제통계국.
30) 한국은행(2007) 산업연관분석해설. 서울: 한국은행.

물」이 국민경제에 미친 영향을 분석하기 위해 1인당 극장 입장료를 7,000원으로 가정하면 흥행수입은 약 911억 원(1,302만 명×7,000원)이 된다. 2003년 산업연관표를 이용하여 영화 「괴물」의 국내 경제에 미친 파급효과를 계산해보면, 먼저 생산유발계수는 약 1.956이므로 영화의 흥행수입이 국내 다른 산업들에 미치는 생산유발효과는 1,782억 원(911억 원×1.956)에 달한다. 또한, 부가가치유발계수는 0.852이므로 부가가치유발효과는 약 776억 원(911억 원×0.852)에 이르는 것으로 보고된다. 물론 영화 한 편을 생산하는 과정에는 다양한 비용항목들이 존재하지만, 경제적 효과분석의 이해를 돕기 위해 해당 영화의 흥행수입만 최종수요 항목으로 이용하였으며, 산업연관분석을 토대로 하는 복잡한 경제적 효과분석을 단순화하여 설명하였다.

〈표 3-4〉 인천아시아경기대회 관련 비용지출구조 및 관광객 예상규모[31]

구분	사업비 내역	사업 내용
건설비(직접)	3조 1,599억 원	각종 경기장 건설, 대체시설, 연습장, 선수촌, 문화 및 오락, 공원 신설 및 건설 등
건설비(간접)	1조 4,806억 원	공항정비보수, 도로신설 및 정비, 확장 등
대회운영비 및 기타 비용	3,086억 원	대회운영 및 식재료비 등 지출
외국인 참가자	8만 4,420명	선수, 임원 등
내국인 참가자	4만 4,462명	선수, 임원 등
일반관람객	351만 7,500명	각 종목 및 행사, 축제, 문화제 등에 유입되는 관람, 관광객 등
총 사업비(추정)	4조 9,491억 원	건설투자비+대회운영비+기타

---

31) 대외경제정책연구원(2006). 2014인천아시아경기대회의 경제적 파급효과와 타당성 분석. 서울: 대외경제정책연구원.

〈표 3-5〉인천아시아경기대회 산업별 건설투자에 의한 경제적 파급효과[32]

(단위: 백만 원, 천 명)

	건설투자		
	생산유발효과	부가가치유발효과	고용유발효과
농림어업	22,594	13,521	0.5
광업	28,050	14,864	0.3
식음료품	59,900	7,342	0.1
섬유가죽제품	33,234	4,179	0.3
목재펄프	265,182	105,682	2.8
인쇄출판	35,977	10,808	2.1
석유제품	344,693	102,008	1.1
화학제품	479,117	157,647	4.3
요업토석	216,868	71,699	1.9
1차 금속	1,079,574	363,852	4.6
금속제품	149,791	49,173	4.1
일반기계	123,504	43,981	2.7
전기전자	307,673	104,219	3.2
정밀기기	10,071	2,164	0.1
자동차 및 수송기기	26,672	9,599	0.4
기타 제조업	14,714	4,139	0.2
전력가스수도	386,681	150,437	6.0
토목건설	1,072,719	345,188	11.6
도소매업	551,589	300,296	12.8
음식숙박업	516,683	252,008	11.5
운수보관업	329,065	121,797	5.0
통신방송	233,365	115,488	3.5
금융보험	371,030	243,071	6.6
부동산사업서비스	436,277	252,127	6.9
교육보건	76,641	55,433	3.1
문화오락서비스	28,889	6,886	0.5
기타	107,645	6,1084	4.5
합계	7,308,198	2,968,690	100.75

---

32) 대외경제정책연구원(2006). 2014인천아시아경기대회의 경제적 파급효과와 타당성 분석. 서울: 대외경제정책연구원.

마찬가지로 스포츠이벤트의 경제적 파급효과를 도출하기 위해서는 먼저 대회 개최와 실제적으로 관련된 최종수요 항목을 선정해야 한다. 그렇지 않으면, 이러한 경제적 파급효과가 부풀려지는 경우가 다반사이기 때문이다. 실제로 〈표 3-4〉는 2014년 인천 아시아경기대회와 관련된 비용지출과 관광객 예상규모이다.[33] 스포츠이벤트와 직간접적으로 관련된 건설관련사업, 대회운영과 관련된 대회운영비 및 기타 비용, 외국인 참가자와 내국인 참가자 그리고 일반관람객으로 구분한 관광소비지출의 항목을 선정하여 경제적 효과분석의 외생부문인 최종수요 항목을 제시할 수 있다. 그런 다음, 한국은행의 산업연관표가 제시하는 생산유발계수, 부가가치유발계수, 노동유발계수와 외생부문인 〈표 3-4〉의 각 최종수요 항목의 투입(비용)을 토대로 〈표 3-5〉와 같이 생산유발효과와 부가가치유발효과, 고용유발효과를 도출할 수 있다. 〈표 3-5〉는 2014 인천아시아경기대회의 최종수요 항목들 중에서 건설비용(직접 및 간접건설비용)의 경제적 파급효과를 제시하고 있다. 그 외 다른 최종수요 항목들도 이와 같은 방법으로 경제적 파급효과를 제시할 수 있다.

---

33) 대외경제정책연구원(2006). 2014 인천 아시아경기대회의 경제적 파급효과와 타당성 분석. 서울: 대외경제정책연구원.

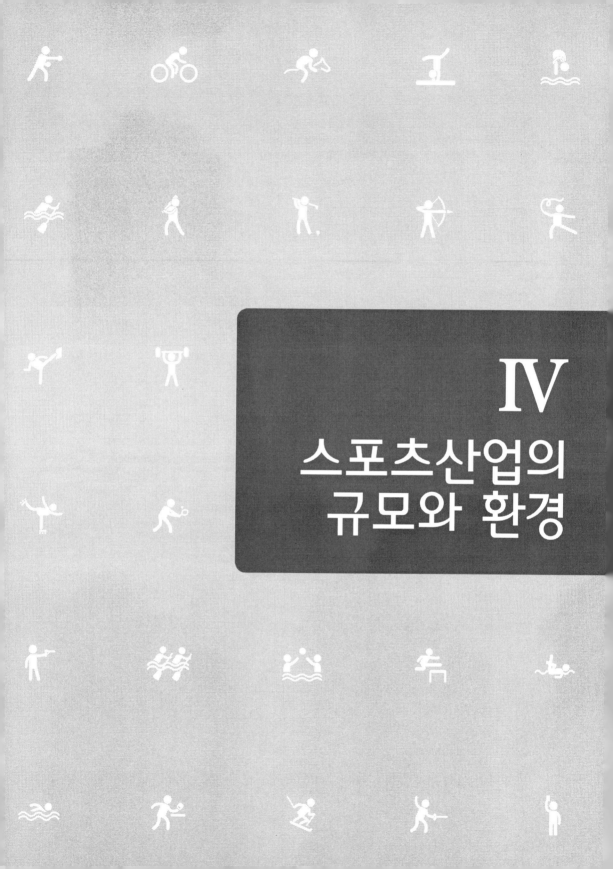

IV

스포츠산업의
규모와 환경

1
스포츠산업의 분류

1) 제품 및 구매자 유형에 따른 분류

스포츠산업은 학자들에 의해 매우 다양하게 분류되고 있다. 먼저, Pitts, Fielding & Miller(1997)는 스포츠산업을 제품과 구매자의 유형에 따라 분류하였다.[1] 〈표 4-1〉에 나타난 바와 같이 제품, 구매자, 경로, 지리를 이용하여 분류된 스포츠산업은 스포츠 행위 부문, 스포츠제품 생산 부문 그리고 스포츠 촉진 부문의 3가지 영역으로 구성되어 있다.

---

1) Pitts, B. G., Fielding, L. & Miller, L. K. (1994), Industry segmentation theory and the sport industry: Developing a sport industry segment model, Sport Marketing Quarterly, 3(1), 15-24.

〈표 4-1〉 제품과 구매자의 유형에 따른 분류

구분	의미	종류
스포츠 행위 부문	참여나 관람 제품으로서 소비자에게 제공된 제품	• 운동경기-아마추어, 프로스포츠, 민간 비스포츠사업 • 민간 비스포츠사업 • 세금이 지원된 스포츠, 비영리 스포츠 조직 • 회원제가 허가된 스포츠 조직 • 스포츠 교육, 피트니스-스포츠회사
스포츠제품 생산 부문	스포츠 경기력 생산에 필요한 제품	• 준비제품-장비, 의류 • 경기력 생산제품-피트니스 훈련자, 의료, 스포츠시설
스포츠 촉진 (promotion) 부문	스포츠 제품을 촉진시키기 위하여 제공된 제품	• 촉진 거래제품 · 촉진행사 · 미디어 • 후원-행사후원, 팀 및 개인후원, 서키트 또는 리그후원, 공동후원 • 서포트광고-개인 서포트광고, 팀 서포트광고

〈표 4-2〉 재화나 서비스의 종류에 따른 분류[2]

구분	의미	세분류
스포츠 시설업	생활스포츠에서부터 올림픽 또는 월드컵 같은 국제대회를 치를 수 있는 경기장의 건설 및 운영업	• 스포츠시설건설업-스포츠시설설치업, 경기장시설건설업 • 스포츠시설운영업-종목별 스포츠시설운영업, 리조트형 스포츠시설업, 스포츠시설임대업
스포츠 용품 제조업	엘리트선수, 순수 아마추어 및 생활체육동호인 시장을 표적으로 스포츠 활동에 필요한 장비, 의류, 신발 등을 생산 판매하는 업종	• 스포츠용품제조업-운동용구제조업, 스포츠어패럴제조업 • 스포츠용품유통업-스포츠용품도소매업, 스포츠용품대여업, 스포츠용품수리업
스포츠 서비스업	관람스포츠를 중심으로 이뤄지는 업종으로 스포츠마케팅 대행, 이벤트 기획 및 관리, 선수사업 등이 포함됨	• 스포츠경기업-프로스포츠업, 아마추어스포츠업, 경륜, 경마, 경정, 스포츠이벤트업 • 스포츠마케팅업-스포츠마케팅대행업, 스포츠에이전트업, 선수양성업 • 스포츠정보업-스포츠신문 · 출판업, 스포츠방송업, 스포츠인터넷사업, 스포츠복권 · 복표업, 회원권판매업, 스포츠소프트웨어 개발업

---

2) 김종 · 김현석 · 박영옥 · 정희윤(2000). 스포츠 산업 육성 기본계획. 서울: 문화관광부.

2) 재화 및 서비스 특성에 따른 분류

2009년까지는 제공되는 재화나 서비스의 특징과 사업단위가 수행하는 경제활동의 특성이 반영된 3가지 하위산업영역으로 분류하였다. 스포츠시설업은 스포츠건설업과 스포츠시설운영업으로 분류하였으며, 생활체육에서부터 올림픽 또는 월드컵 같은 메가 스포츠이벤트를 개최할 수 있는 경기장 및 관련 시설의 건설과 모든 운영을 포함한다. 스포츠용품업은 문자 그대로 스포츠 활동에 관련된 용품제조업과 스포츠용품의 유통을 중점으로 행하는 스포츠유통업과 임대업으로 구분된다. 스포츠용품업은 프로와 아마추어 그리고 동호회에 이르기까지 모든 스포츠 활동에 관련된 스포츠장비용품을 생산하는 것에서부터 이들의 유통 및 대여까지를 포함한다. 스포츠서비스업은 관람스포츠를 중심으로 스포츠경기업, 마케팅업, 이벤트기획 및 관리, 선수육성 사업과 미디어를 매개로 하는 사업을 포함하여 스포츠산업을 분류하였다.

3) 스포츠산업 특수분류

현재 스포츠산업의 분류체계는 국가승인통계 지정 목적에 부합하기 위하여 통계청이 2012년 12월에 발표한 기존 한국표준산업분류의 특수분류 개정안에 따른다. 〈표 4-3〉에 나타난 바와 같이 개정된 스포츠산업 특수분류에는 스포츠시설업(중분류 2, 소분류 6, 세세분류 18), 스포츠용품업(중분류 2, 소분류 6, 세세분류 26), 스포츠서비스업(중분류 4, 소분류 8, 세세분류 20)으로 구성되어 있다.[3]

---

3) 문화체육관광부(2013). 2012 체육백서. 서울: 문화체육관광부.

〈표 4-3〉 스포츠산업 특수분류 및 개정 스포츠산업 특수분류[4)]

개정 전 스포츠산업 특수분류	개정된 스포츠산업 특수분류
운동 및 경기용품 제조업(중분류 4, 소분류 17) 경기 및 오락스포츠업(중분류 7, 소분류 22) 운동 및 경기용품 유통 및 임대업(중분류 3, 소분류 5) 스포츠 및 레크리에이션 교육기관(중분류 1, 소분류 2)	스포츠시설업(중분류 2, 소분류 6, 세세분류 19) 스포츠용품업(중분류 2, 소분류 6, 세세분류 26) 스포츠서비스업(중분류 4, 소분류 8, 세세분류 20)

〈표 4-4〉 개정 스포츠산업 특수분류 항목[5)]

대분류	중분류	중분류명	소분류	세분류	KSIC	산업분류명
스포츠 시설업	101	스포츠 시설 운영업	경기장운영업	1010101	91111	실내경기장 운영업
				1010102	91112	실외경기장 운영업
				1010103	91113	경기장 운영업
			참여스포츠시설 운영업	1010201	91131	종합 스포츠시설 운영업
				1010202	91132	체력단련시설 운영업
				1010203	91133	수영장 운영업
				1010204	91134	볼링장 운영업
				1010205	91135	당구장 운영업
				1010206	91136	골프연습장 운영업
				1010207	91291	스포츠 무도장 운영업
				1010208	91292	체육공원 운영업
				1010209	91293	기원 운영업
			골프장 및 스키장 운영업	1010301	91121	골프장 운영업
				1010302	91122	스키장 운영업
	101	스포츠	수상스포츠시설 운영업	1010401	911231	낚시장 운영업
				시설 운영업	91239	기타 수상스포츠시설 운영업
			기타 스포츠시설 운영업	1019900	91139	기타 스포츠시설 운영업

4) 문화체육관광부(2013). 2012 체육백서. 서울: 문화체육관광부.

5) 통계청(2012). 스포츠 산업 특수분류 v3.0. 서울: 통계청.

대분류	중분류	중분류명	소분류	세분류	KSIC	산업분류명
스포츠 시설업	102	스포츠 시설 건설업	스포츠시설 건설업	1020001	41226	스포츠시설 조경건설업
				1020002	41229	스포츠 토목시설물 건설업
스포츠 용품업	201	운동 및 경기 용품업	운동 및 경기용품 제조업	2010101	33309 33409*	운동 및 경기용 장비 제조업
				2010202	33301	체력단련용 장비 제조업
				2010203	31991	자전거 제조업
				2010204	33303	낚시 및 수렵용 장비 제조업
				2010205	33302	놀이터용 기구 제조업
				2010206	33999	스포츠 응원용품업
				2010199	31120 25200*	기타 운동 및 경기용품 제조업
			스포츠 의류 및 관련 섬유제품 제조업	2010201	14191	스포츠의류 제조업
				2010202	13224	캠핑용 직물제품 제조업
				2010203	13229	스포츠 관련 직물제품 제조업
				2010204	14199	스포츠 관련 의류부분품 제조업
			스포츠 가방 및 신발 제조업	2010301	15129	스포츠 가방 제조업
				2010302	15219	스포츠 신발 제조업
				2010303	15220	스포츠 관련 신발부분품 제조업
	202	운동 및 경기용품 유통 및 임대업	운동 및 경기용품 도매업	2020101	46464 46463*	운동 및 경기용구 도매업
				2020102	46465	자전거 도매업
				2020103	46413	스포츠 의류 도매업
				2020104	46491	스포츠 가방 도매업
				2020105	46420	스포츠 신발 도매업
			운동 및 경기용품 소매업	2020201	47631 47640*	운동 및 경기용구 소매업
				2020202	47632	자전거 소매업
				2020203	47416	스포츠 의류 소매업

대분류	중분류	중분류명	소분류	세분류	KSIC	산업분류명
스포츠 용품업	202	운동 및 경기용품 유통 및 임대업	운동 및 경기용품 소매업	2020204	47430	스포츠 가방 소매업
				2020205	47420	스포츠 신발 소매업
				2020206	47191* 47919* 47993* 47999*	스포츠 관련 무점포 소매업
			운동 및 경기용품 임대업	2020300	69210	운동 및 경기용품 임대업
스포츠 서비스업	301	스포츠 경기 서비스업	스포츠 경기업	3010100	91191	스포츠 경기업
			스포츠 베팅업	3010201	91241	스포츠 복권발행 및 판매업
				3010299	91249	기타 스포츠 베팅업
			스포츠 마케팅업	3010301	73901	스포츠 에이전트업
				3010302	73903	회원권 대행 판매업
				3010303	71531	스포츠 마케팅 대행업
				3010399	91199	기타 스포츠 마케팅업
	302	스포츠 정보 서비스업	스포츠 미디어업	3020101	58121	스포츠 신문 발행업
				3020102	58122	스포츠 잡지 및 정기간행물 발행업
				3020103	60100	스포츠 관련 라디오 방송업
				3020104	60210	스포츠 관련 지상파 방송업
				3020105	60221	스포츠 관련 프로그램 공급업
				3020106	60222	스포츠 관련 유선 방송업
				3020107	60229	스포츠 관련 위성 및 기탕 방송업
			기타 스포츠 정보 서비스업	3029900	63991	기타 스포츠 정보 서비스업
	1303	스포츠 교육기관	스포츠 교육기관	3030001	85611	스포츠 교육기관
				3030099	85612	기타 스포츠 교육기관
	399	기타 스포츠 서비스업	스포츠 게임개발 및 공급업	3990101	58211	온라인 모바일 스포츠 게임 개발 및 공급업

대분류	중분류	중분류명	소분류	세분류	KSIC	산업분류명
스포츠 서비스업	399	기타 스포츠 서비스업	스포츠 게임개발 및 공급업	3990199	58219	기타 스포츠 게임 개발 및 공급업
			스포츠 여행업	3990200	75211* 75212* 75290*	스포츠 여행업

〈표 4-5〉 개정 스포츠산업 특수분류 항목의 스포츠시설업 상세설명[6]

대분류	중분류명	소분류	산업분류명	상세설명
스 포 츠 시 설 업	스포츠 시설 운영업	경기장 운영업	실내경기장 운영업	농구, 배구, 권투, 레슬링, 유도, 태권도, 씨름, 수영 등의 경기를 위한 관람석이 있는 실내 경기장을 운영하는 산업활동
			실외경기장 운영업	육상경기, 축구, 야구, 럭비, 하키 등 각종 필드경기를 위한 관람석이 있는 실외 경기장을 운영하는 산업활동
			경기장 운영업	경마, 자동차, 사이클, 동물 등이 경기할 수 있는 관람석이 있는 경주장을 운영하는 산업활동
		참여 스포츠 시설 운영업	종합 스포츠시설 운영업	동일 건물 내에서 복합적인 오락운동시설을 운영하는 산업활동
			체력단련시설 운영업	심신을 단련하는 시설을 운영하는 산업활동
			수영장 운영업	관람석이 없는 수영장을 운영하는 사업체의 산업활동
			볼링장 운영업	볼링장 시설을 운영하는 산업활동
			당구장 운영업	당구장 시설을 운영하는 산업활동
			골프연습장 운영업	골프연습장 시설을 운영하는 산업활동
			스포츠 무도장 운영업	주류 및 식사가 제공되지 않는 무도장, 댄스홀 등을 운영하는 산업활동
			체육공원 운영업	일반대중이 여가생활을 하면서 이용할 수 있는 경기용 코트, 운동장 등을 설치하여 건전한 신체와 정신을 배양함을 목적으로 조성된 체육공원
			기원 운영업	기원 시설을 운영하는 산업활동

---

6) 통계청(2012). 스포츠 산업 특수분류 v3.0. 서울: 통계청.

대분류	중분류명	소분류	산업분류명	상세설명
스포츠 시설업	스포츠 시설 운영업	골프장 및 스키장 운영업	골프장 운영업	골프코스 및 기타 관련 설비를 운영하는 산업활동을 말함. 이 사업체는 본질적인 산업활동을 수행하면서 부수적으로 관련 장비임대 및 강습을 수행함
			스키장 운영업	숙박시설과 독립된 스키장 및 스키리프트를 운영하는 산업활동을 말함. 이 사업체는 본질적인 산업활동을 수행하면서 부수적으로 스키강습 및 장비임대 수행
		수상스포츠 시설 운영업	낚시장 운영업	낚시장을 운영하는 산업활동
			기타 수상스포츠시설 운영업	기타 수상스포츠시설을 운영하는 산업활동
		기타 스포츠 시설 운영업	기타 스포츠시설 운영업	달리 분류되지 않은 운동시설을 운영하는 산업활동을 말함. 이 사업체는 부수적으로 강습 및 관련 장비의 임대활동 등을 수행함
	스포츠 시설 건설업	스포츠시설 건설업	스포츠시설 조경건설업	계약 및 수수료에 의하여 운동장 등의 스포츠시설 외부환경을 조성하는 토목공사를 수행하는 산업활동으로서 조경수, 잔디, 화초 등 각종 조경용 식물을 식재 또는 파종하거나 조경시설물을 설치하는 공사가 결합 수행
			스포츠 토목시설물 건설업	스포츠 토목시설물을 건설하는 산업활동

〈표 4-6〉 개정 스포츠산업 특수분류 항목의 스포츠용품업 상세설명[7]

대분류	중분류명	소분류	산업분류명	상세설명
스포츠 용품업	운동 및 경기 용품업	운동 및 경기용품 제조업	운동 및 경기용 장비 제조업	코트 및 필드 게임용구, 등산장비, 동계경기용 장비, 수중경기용 장비, 펜싱용구, 당구 장비, 볼링 장비 등을 제조하는 산업활동
			체력단련용 장비 제조업	체조용 장비, 트랙 및 육상경기 용구, 복싱용 링, 배구 및 농구장 설치 장비, 장비체력단련용 기계장치 등과 같은 장비를 제조하는 산업활동
			자전거 제조업	한 개 이상의 바퀴가 장착된 각종 비동력 자전거를 제조하는 산업활동
			낚시 및 수렵용 장비 제조업	낚시 및 수렵용 장비를 제조하는 산업활동

---

7) 통계청(2012). 스포츠 산업 특수분류 v3.0. 서울: 통계청.

대분류	중분류명	소분류	산업분류명	상세설명
스포츠 용품업	운동 및 경기 용품업	운동 및 경기용품 제조업	놀이터용 기구 제조업	놀이터에 설치되는 놀이용 장비를 제조하는 산업활동
			스포츠 응원용품업	스포츠 경기에서 이용되는 스포츠 응원용품을 제조하는 산업활동
			기타 운동 및 경기용품 제조업	달리 분류되지 않은 운동 및 경기용품을 제조하는 산업활동
		스포츠 의류 및 관련 섬유제품 제조업	스포츠의류 제조업	체육복 등 스포츠 관련 의류를 제조하는 산업활동
			캠핑용 직물제품 제조업	캠핑용 직물제품 등을 제조하는 산업활동
			스포츠 관련 직물제품 제조업	기타 스포츠 관련 직물제품을 제조하는 산업활동
			스포츠 관련 의류부분품 제조업	스포츠 관련 특수 의류 및 스포츠 관련 의류 부분품을 제조하는 산업활동을 말함(특수 의류 제조업 포함)
		스포츠 가방 및 신발 제조업	스포츠 가방 제조업	스포츠 관련 가방을 제조하는 산업활동
			스포츠 신발 제조업	운동용 신발, 경기용 신발 등 스포츠 관련 신발을 제조하는 산업활동
			스포츠 관련 신발부분품 제조업	각종 재료로 스포츠 관련 신발 제조용 재단제품 및 부속품을 제조하는 산업활동을 말함. 고무 또는 플라스틱을 성형하여 신발부분품을 제조하는 경우도 여기에 포함됨
	운동 및 경기용품 유통 및 임대업	운동 및 경기용품 도매업	운동 및 경기도구 도매업	각종 운동 및 경기용품을 도매하는 산업활동을 말함 (체력단련용 장비, 낚시용품, 텐트 등 포함)
			자전거 도매업	자전거를 도매하는 산업활동
			스포츠가방 도매업	스포츠 관련 의류를 도매하는 산업활동
			스포츠 신발 도매업	가죽, 직물, 플라스틱, 고무 등으로 제조된 각종 스포츠 관련 신발을 도매하는 산업 활동
		운동 및 경기용품 소매업	운동 및 경기용구 소매업	스포츠 및 경기 용품을 소매하는 산업활동을 말함 (체력단련용 장비, 낚시용품, 텐트 등 포함)
			자전거 소매업	자전거를 소매하는 산업활동을 말함. 자전거 소매와 수리를 병행하는 경우에는 포함함
			스포츠 의류 소매업	스포츠 관련 의류를 소매하는 산업활동
			스포츠 가방 소매업	스포츠 관련 가방을 소매하는 산업활동
			스포츠 신발 소매업	각종 재료의 스포츠 관련 신발을 소매하는 산업활동

대분류	중분류명	소분류	산업분류명	상세설명
스포츠 용품업	운동 및 경기용품 유통 및 임대업	운동 및 경기용품 소매업	스포츠 관련 무점포 소매업	일반대중을 대상으로 직접 판매할 수 있는 매장(점포)을 개설하지 않고 전자상거래 및 기타통신판매 방법에 의하여 스포츠 관련 상품을 소매하는 산업활동
		운동 및 경기용품 임대업	운동 및 경기용품 임대업	각종 운동용품을 임대하는 산업활동

〈표 4-7〉 개정 스포츠산업 특수분류 항목의 스포츠서비스업 상세설명[8]

대분류	중분류명	소분류	산업분류명	품목
스포츠 서비스업	스포츠 경기 서비스업	스포츠 경기업	스포츠 경기업	프로 및 실업 경기단체 등과 같이 스포츠 활동에 참가할 기회를 제공해주는 스포츠클럽을 운영하는 산업활동을 말함. 여기에는 게임단을 운영하는 산업활동이 포함됨
		스포츠 베팅업	스포츠 복권발행 및 판매업	스포츠 복권을 발행하거나 판매하는 산업활동
			기타 스포츠 베팅업	경마, 경륜, 경정 등 베팅 관련 시설을 운영하는 산업활동
		스포츠 마케팅업	스포츠 에이전트업	스포츠인을 대리하고 관리하는 산업활동을 말함. 이 사업체는 고객을 위하여 계약협상, 금전문제 관리, 경력홍보 등을 수행함
			회원권 대행 판매업	스포츠 관련 무형 재산권을 중개 및 알선하는 산업활동
			스포츠 마케팅 대행업	스포츠 관련 마케팅에 관하여 자문 및 지원하는 산업활동
			기타 스포츠 마케팅업	독립된 운동선수, 프로게이머, 경마 및 경주차 소유주, 코치, 스포츠 행사 기획자, 경기후원단체, 스포츠 연맹 및 규제 단체 활동, 경마 및 경주견의 훈련활동 등이 포함됨
		스포츠 미디어업	스포츠 신문 발행업	일간 및 주 3일 이상 발생하는 스포츠신문을 발행하는 산업활동
			스포츠 잡지 및 정기간행물 발행업	스포츠 관련 전문 또는 일반적인 내용에 관한 주간, 순간, 월간, 계간, 연간 등의 스포츠 정기간행물 및 잡지 등을 발행하는 산업활동

---

8) 통계청(2012). 스포츠 산업 특수분류 v3.0. 서울: 통계청.

대분류	중분류명	소분류	산업분류명	품목
스포츠 서비스업	스포츠 경기 서비스업	스포츠 미디어업	스포츠 관련 라디오 방송업	직접 제작하거나 구입한 스포츠 관련 라디오 방송프로그램을 방송시설을 통하여 송출하는 산업활동
			스포츠 관련 지상파 방송업	직접 제작하거나 구입한 스포츠 관련 텔레비전 방송프로그램을 지상파 방송시설을 통하여 송출하는 산업활동
			스포츠 관련 프로그램 공급업	직접 제작하거나 구입한 스포츠 관련 텔레비전 방송프로그램을 유선, 위성 및 기타 방송사업체에 공급하는 산업활동. 이 프로그램은 유선 및 위성방송을 통하여 시청자에게 송출함
			스포츠 관련 유선 방송업	직접 제작하거나 프로그램 공급업자로부터 공급받은 스포츠 관련 텔레비전 방송프로그램을 유선으로 송출하는 산업활동
			스포츠 관련 위성 및 기타 방송업	직접 제작하거나 프로그램 공급업자로부터 공급받은 스포츠 관련 텔레비전 방송프로그램을 위성 및 기타의 방법으로 송출하는 산업활동
		기타 스포츠 정보 서비스업	기타 스포츠 정보 서비스업	스포츠 관련 자료를 수집 및 조합하여 일정 포맷에 따라 가공된 정보를 컴퓨터에 수록하여 주문에 따라 자동응답전화, 온라인, 디스켓 등의 전자매체로 제공하는 산업활동
	스포츠 교육기관	스포츠 교육기관	스포츠 교육기관	축구, 체조, 무술 등 스포츠에 관한 교육을 하는 산업활동
			기타 스포츠 교육기관	바둑교육 등 기타 스포츠에 관한 교육을 하는 산업활동
	기타 스포츠 서비스업	스포츠 게임개발 및 공급업	온라인 모바일 스포츠 게임 개발 및 공급업	인터넷을 통하여 제공되는 스포츠를 주제로 한 게임소프트웨어를 개발, 공급하는 산업활동을 말함. 휴대폰 및 PDA 등에 사용되는 모바일 스포츠 게임소프트웨어를 개발 및 공급하는 산업활동을 포함함
			기타 스포츠 게임 개발 및 공급업	스포츠를 주제로 한 컴퓨터 패키지게임, 아케이드게임 및 비디오게임용의 소프트웨어를 개발, 공급하는 산업활동을 말함. 휴대용 게임기기에 이용되는 스포츠 게임 소프트웨어를 개발 및 공급하는 산업활동을 포함함
스포츠 서비스업	기타 스포츠 서비스업	스포츠 여행업	스포츠 여행업	국내, 국외를 여행하는 관광객을 대상으로 스포츠 여행관련 시설이용의 알선, 여행에 관한 안내, 계약체결의 대리 및 기타 여행의 편의를 제공하는 산업활동

2
국내 스포츠산업의 시장규모

1) GDP 대비 국내 스포츠산업 시장규모

2012년 국내 스포츠산업의 규모는 36조 5,130억 원으로서 국내 GDP 대비 2.91%를 보이고 있어 2005년 기준 총 2,130억 달러로 GDP 대비 1.71%로 보고되고 있는 미국의 스포츠산업 규모보다 GDP 대비에서 상대적으로 높은 수치를 나타내고 있다. 하지만 미국의 경우, 스포츠산업의 규모에 있어 레저스포츠산업이 제외된 것으로서 실제로 미국의 스포츠산업은 한국의 스포츠산업 규모를 훨씬 상회하는 수치를 나타내고 있다고 볼 수 있다. 한편 연도별 국내 GDP 대비 스포츠산업 비율을 살펴보면 2011년 2.95%에서 2012년 2.91%로 스포츠산업 성장률은 -1.4%로 다소 둔화되는 모습을 보이고 있다.

구분	2006년	2007년	2008년	2009년	2010년	2011년	2012년
스포츠산업 규모(원)	22조 3,642억	23조 2,698억	26조 3,614억	33조 4,439억	34조 4,820억	36조 5,130억	38조 6,910억
GDP(원)	915조 9,000억	901조 2,000억	1,023조 9,000억	1,050조	1,172조	1,237조	1,342조
GDP 대비 산업비율(%)	2.44	2.58	2.57	3.18	2.94	2.95	2.91
증가율(%)	13.82	4.05	13.29	26.86	2.4	6.5	-1.4

2) 하위부문별 스포츠산업 규모

앞서 언급한 바와 같이 2012년 기준 스포츠산업의 규모는 38조 6,910억 원으로 산업성장률에 있어 2011년 대비 소폭 하락한 것으로 나타났다. 또한 2012년 기준 스포츠산업 전체 매출액 중 내수가 차지하는 비중이 97%로 스포츠산업은 내수시장 의존도가 높은 산업구조를 보이고 있는 것으로 나타났다. 특히 스포츠 및 레크리에이션 교육업은 수출실적이 전무한 것으로 나타났다. 따라서 무역장벽의 완화로 시장의 글로벌화가 도래한 오늘날 세계시장에서 수출경쟁력을 높여 국내 스포츠산업이 성장하기 위해서는 국내 스포츠용품의 글로벌화, 프로스포츠의 경기력 향상을 기반으로 하는 스포츠미디어 콘텐츠 강화 및 관련 스포츠서비스업의 활성화가 요구된다.

---

9) 문화체육관광부(2013). 2012 체육백서. 서울: 문화체육관광부.

<표 4-9> 국내 스포츠산업 하위부문별 산업규모*

(단위: 억 원, %)

대분류	중분류	매출액(비중)	스포츠산업 전체 비중
운동 및 경기용품 제조업	기타 비알코올음료 제조업	–	–
	섬유제품 및 의복 제조업	35,844(53.9)	9.2
	가방 및 신발 제조업	10,713(16.1)	2.8
	운동 및 경기용구 제조업	19.972(30.0)	5.2
합계		66.529(100.0)	(18.2)
경기 및 오락스포츠업	경기장 운영업	31,730(13.5)	8.2
	기타 스포츠 서비스업 (스포츠마케팅, 스포츠미디어 등)	15,393(6.5)	4.0
	골프장 및 스키장 운영업	33,839(14.4)	8.7
	기타 스포츠시설 운영업	33.688(14.3)	8.7
	수상스포츠시설 운영업	659(0.3)	0.2
	갬블링 및 베팅업	119,477(50.9)	30.9
	기타 경기 및 오락스포츠업	309(0.1)	0.1
합계		235,095(100.0)	(60.8)
운동 및 경기용품 유통 임대업	운동 및 경기용품 도매업	43,073(58.7)	11.1
	운동 경기용품 및 자전거 소매업	29,596(40.4)	7.6
	스포츠 및 레크리에이션 용품 임대업	639(0.9)	0.2
합계		73,308(100.0)	(18.9)
임대업	스포츠 및 레크리에이션 교육기관	11,976(100.0)	3.1
합계		11,976(100.0)	(3.1)
총 합계		386,908	100.0

* 개정 전 2011년 스포츠산업분류표에 따른 스포츠산업 규모가 제시됨.

(1) 운동 및 경기 용품제조업

국내 운동 및 경기 용품제조업은 전체 스포츠산업 규모에서 약 20%를 차지하고 있으며, 이들 스포츠용품업의 전체 매출액 중 내수판매의 비중이 약 80% 이상을 기록하고 있어 내수판매에 의존하고 있는 산업구조를 지니고 있는 것으로 나타났다. 특히 스포츠의류는 내수판매에 대한 의존 비율이 약 60%이고 수입 비중도 약 70%를 상회하는 것으로 나타나 전체적인 규모가 점차 확대되고 있는 국내 스포츠의류시장에서 글로벌 브랜드 대비 국내 아웃도어의류 생산업체들의 경쟁력이 증가하고 있는 것으로 나타났다.

또한 스키, 골프, 낚시, 캠핑용 장비, 자전거 용품 등을 포함하는 기타 품목의 내수와 수입 모두가 20%를 웃도는 것으로 나타나 국내 소비자는 이들 기타 품목에 있어 브랜드 선호도가 높은 제품을 선호하는 것으로 해석할 수 있다. 그러나 국내 기타 스포츠용품 제조업체들도 이들 글로벌 브랜드기업에 견주어 경쟁력 있는 제품을 생산하고 있는 것으로 판단된다. 따라서 스포츠산업에 있어 이들 운동 및 경기용품 제조회사들의 브랜드 글로벌화를 통한 국제 경쟁력 강화가 요구된다.

(2) 경기 및 오락스포츠업

경기 및 오락스포츠업은 전체 스포츠산업에서 약 60%를 상회하는 규모이다. 경기 및 오락스포츠업에서 갬블링 및 베팅업의 규모는 약 50%를 차지하고 있으며, 경기장 운영업, 골프장 및 스키장 운영업, 기타 스포츠시설 운영업이 그 뒤를 따르고 있다. 특히 경마, 경륜, 경정의 갬블링 및 베팅업이 전체 스포츠시설업의 규모에서 차지하는 비율은 미국 갬블링산업의 규모와 비교했을 때 과도하게 큰 것으로 나타나 여타 경기 및 오락스포츠업의 비중은 상대적으로 작다고 할 수 있다.[10] 하지만 경기 및 오락스포츠업은 프로스포츠를 비롯한 관람스포츠의 발전과 함께 스포츠산업 전체의 동반성장을 유도할 수 있는 스포츠산업의 핵심선도 산업이라 할 수 있다. 특히 경기 및 오락스포츠업에서 스포츠마케팅업의 규모는 전체 스포츠산업의 약 2%를 상회하는 규모로서 여타 스포츠산업의 하위영역들과 비교하여 그 규모가 미미한 것이 사실이나 관람스포츠 제품의 소비가 높아지고 많은 스포츠 선수들의 해외진출이 증가함에 따라 향후 스포츠마케팅 대행 및 컨설팅업, 스포츠 에이전트업, 선수양성업 등 스포츠마케팅업의 활성화를 기반으로 고부가가치 창출을 통한 발전 가능성이 높기 때문에 해당 산업들의 집중적인 관리와 지원이 요구된다.

또한 경기 및 오락스포츠업의 하위영역인 기타 스포츠 서비스업의 스포츠 미디어업은 스포츠신문, 출판과 방송업, 스포츠여행업, 스포츠의학, 스포츠게임을 포함하고 있으며, 전체 스포츠산업의 약 4%를 차지하는 것으로 나타났다. 기타 스포츠 서비스업의 또 다른 하위영역인 스포츠정보업은 위성채널, 인터넷방송 등 다양한 방송매체의 등장으로 발전 가능성이 높은 스포츠산업의 영역으로 인식된다. 하지만 국내 스포츠정보업에서 프로야구를 제외한 스포츠방송 콘텐츠는 인기 스포츠방송 콘텐츠로서의 제 역할을 다하지 못하고 있으며, UFC격투기, 유럽축구, 미국 MLB, NBA, F1 자동차경주 등의 국외 스포츠 콘텐츠를 수입하는 데 의존하고 있다. 따라서 국내 인기 스포츠방송 콘텐츠의 개발이 시급한 것으로 판단된다.

---

10) Adams, S. (2014.3.23). Sports League Economic Structure And Fiscal Focus. http://www.sportsbusinesssims.com/sports. league.economic.structure.fiscal.focus.sarah.adams.htm.

(3) 운동 및 경기용품 및 임대업

운동 및 경기용품 유통업은 전체 스포츠산업 규모에서 약 20%를 차지하는 것으로 나타났으나, 내수판매의 비중이 약 96% 이상을 차지하는 내수 위주의 산업으로 판단된다. 국내 스포츠용품의 시장점유율을 살펴보면, 3대 글로벌 브랜드인 나이키와 아디다스, 휠라의 시장점유율이 가장 높은 것으로 나타나 스포츠용품의 무역수지는 10년 이상 적자를 지속하는 것으로 보고되고 있다.[11]

마찬가지로, 기타 품목의 내수(매출) 비중이 약 65%로 가장 높았으나 스키, 골프, 낚시, 캠핑용 장비, 자전거 등을 포함하는 품목의 수입의존도는 약 60%에 이르는 것으로 나타났다. 이는 국내 스포츠의류시장의 규모가 점차 확대되고 있는 것으로서 국내 소비자가 스포츠의류의 선택에 있어 글로벌 브랜드 이미지를 고려하는 경향이 높아진 것으로 해석될 수 있다. 또한 최근 소비자의 아웃도어웨어 및 골프웨어를 일상복으로 착용하는 경향을 반영하는 현상으로 판단된다.

(4) 스포츠산업 교육서비스업

스포츠 및 레크리에이션 교육업의 경우, 산업규모는 1조 1,980억 원으로 전년 대비 0.6% 소폭 상승한 것으로 나타났다. 태권도, 수영, 주말 스포츠클럽 등의 8~13세를 대상으로 하는 교육서비스업의 매출이 가장 높은 것으로 나타났다. 따라서 스포츠교육서비스업에서 청소년과 성인을 위한 스포츠교육서비스 프로그램의 개발을 통한 산업 확장이 이루어지고 있는 것으로 해석된다.

---

11) 문화체육관광부(2013). 스포츠비전 2013. 서울: 문화체육관광부.

3
스포츠산업의 환경변화

　　오늘날 많은 산업 영역에서 산업 내외적 환경변화를 경험하고 있다. 스포츠 산업도 예외는 아니며, 인구통계학적 · 기술적 · 정책적 · 물리적 환경을 포함하는 거시적 환경분석은 스포츠산업의 다양한 하위산업영역들이 지향해야 할 방향성을 제공한다. 스포츠산업에 영향을 미치는 산업 내외적인 다양한 거시환경의 변화는 다음과 같이 제시될 수 있다.[12]

1) 대외 환경변화

(1) 주 40시간 근무제 확대 실시

　　주 40시간 근무제는 법정근로시간이 주당 40시간으로 단축 개정됨에 따라

---

12) 문화체육관광부(2013). 2012 체육백서. 서울: 문화체육관광부.

2004년 7월부터 공기업과 금융, 보험 및 근로자 1,000명 이상의 사업장에 적용되어 실시하였다. 이후 2005년 7월에는 근로자 300명 이상의 사업장, 2006년 7월부터는 100명 이상, 2007년 7월부터는 50명, 2008년 7월부터는 20명, 2011년 7월부터는 근로자 20명 미만의 사업장으로 확대 실시되고 있다. 또한 2012년부터 초 · 중 · 고등학교에서 주 5일제 수업이 실시되고 있다.

주 40시간 근무제와 초 · 중 · 고 학생들의 주 5일제 수업이 실시됨에 따라 매주 2일간의 휴일이 발생하면서 프로야구, 축구, 배구, 농구 등을 포함하는 프로 스포츠산업을 위시한 관람스포츠 시장은 더욱 활성화될 것으로 예상되며, 국민의 여가 활동도 종전에 비해 더욱 세분화 · 다양화되고, 문화 활동에서도 대중화 및 보편화 현상이 두드러져 자기개발 및 취미활동에 많은 투자가 이루어지고 있다. 이에 따라 관람스포츠와 관련된 스포츠광고, 기업의 스폰서십, 스포츠마케팅 대행을 포함하는 스포츠 서비스업의 발전과 더불어 참여스포츠를 기반으로 하는 스포츠용품의 수요증대와 취미, 교육, 게임 등과 관련된 시장이 확대될 것이며, 기업 노동 대체사업, 자기개발과 사회성 개발, 가사노동 대체사업 그리고 체험형 레저산업, 관광산업 등이 빠르게 성장하고 있다.

(2) 산업의 IT화

국내 IT 관련 산업에 대한 기업투자는 1998년 이후 매년 높은 증가율을 보이고 있다. 이러한 기업들의 IT산업투자는 인터넷 인구의 기하급수적인 증가를 가져왔으며, 2012년 기준 국내 인터넷 사용자는 3,000만 명을 넘어선 것으로 보고되고 있다. 또한 스마트폰이 개발된 이후에는 우리나라 국민의 대다수가 스마트폰을 이용하고 있으며, 이를 기반으로 스포츠산업에서 인터넷과 관련된 기존 e-business

와 더불어 신규 e-business 산업화가 도래하였다. 스포츠용품 산업, 참여스포츠 관련업체, 프로스포츠 구단들은 기존 인터넷과 SNS(social network system)를 활용하고 있으며, 스포츠와 관련된 인터넷 콘텐츠를 스마트폰 애플리케이션의 형태로 제공하거나 가공하는 신규 e-business 스포츠산업이 등장하고 있다. 또한 웨어러블 디바이스 등을 포함하는 IT산업의 발전은 스포츠용품산업과 융합하여 실질적으로 스포츠용품의 IT화에 기여할 것으로 판단된다.

(3) 스포츠의 세계화

스포츠의 세계화란 전 세계 다양한 국가의 국민이 스포츠에 대한 보편적인 가치부여에서 동질화가 심화되는 것으로, 스포츠를 통한 국가 간의 상호의존성이 증가되는 것이라 할 수 있다. 실제로 이러한 스포츠의 동질화는 올림픽에 참가하는 국가의 수가 매회 증가하고 있는 사실에서도 찾아볼 수 있다. 또한 정보통신산업의 발전으로 이러한 스포츠의 세계화가 더욱 강화되고 있다. 예를 들어, 전 세계적으로 약 370억 명이 1998년 프랑스월드컵을 시청하였으며, 2002년 한일월드컵은 전 세계적으로 약 420억 명 이상이 시청한 것으로 추산된다. 따라서 월드컵이 매회 진행될 때마다 전 세계의 시청자의 숫자가 증가하는 사실은 이러한 스포츠의 세계화가 심화되고 있다는 것을 반증하고 있다. 중요한 점은 이러한 스포츠의 세계화 현상이 각국의 스포츠가 다양한 국가에서 미디어 콘텐츠로 함께 소비되는 것을 의미하며, 각국의 스포츠에 다른 나라 선수나 감독, 코치 등 경기인력이 이동하거나 스포츠산업에 투자되는 기업들의 자본이 이동하는 것을 의미한다.

한편 스포츠의 세계화는 스포츠산업에 크게 영향을 미친다. 세계화가 진전될수록 스포츠 리그, 유명 대회, 스타 선수의 미디어적 가치가 높아질 것이며, 이는 스포츠의 부가가치를 상승시키는 요인으로 작용하여 스포츠 소비자의 소비를 유도하고, 궁극적으로 스포츠산업의 전체적인 규모에 긍정적인 영향을 미치게 될 것으로 판단된다.

2) 대내 환경변화

(1) 참여 · 레저스포츠에 대한 관심 증대

가처분소득의 증가와 주 40시간 근무제 시행에 따른 여가시간의 증대는 참여스포츠 및 레저스포츠에 대한 국민적 관심을 증가시켰으며, 1990년대 후반부터 이들 관련 산업들의 빠른 성장과 더불어 레저스포츠 소비자의 다양한 욕구를 충족시키기 위해 차별화된 산업으로 변모되어왔다. 1997년 IMF 관리체제로 인해 많은 레저스포츠 업체들이 도산하거나 신규시설의 건설이 취소되는 등 어려움을 겪기도 했지만 1995~2000년 기간 동안 레저산업은 약 13.7%의 연평균성장률을 기록하였다.

주 40시간 근무제 도입, 국민소득 증가 그리고 여가시간이 확대되면서 참여스포츠 및 레저스포츠에 대한 관심이 크게 증가함으로써 레저스포츠 산업은 더욱 확장되는 경향을 보이고 있다. 뿐만 아니라 출산율의 저하로 인해 한자녀가정이 증가하고 있으며, 이는 현대인의 운동부족 현상과 맞물리면서 이들 성장기 어린이를 대상으로 하는 유아스포츠가 확산될 것으로 전망된다. 또한 2025년 이후 우리나라는 초고령사회로 진입하게 된다. 이는 실버스포츠와 관련된 산업의 성장을 예상케 하는 것으로, 이들 노인인구와 관련된 스포츠산업이 새로이 각광을 받

을 것으로 예상된다. 또한 여성인구의 경제활동 참여확대로 여성들의 경제력이 높아짐에 따라 참여스포츠를 통한 자기개발에 대한 욕구가 높아지고 있으므로 이들 여성 경제활동인구와 관련된 스포츠산업의 성장 또한 기대된다. 그 외에 신세대를 위한 X게임, 암벽 등반 등 모험스포츠 및 '자연친화적 스포츠' 그리고 이러한 분야들이 상호 결합된 스포츠 등에 대한 소비도 크게 늘어나고 있어 앞으로 더욱 발전할 것으로 기대된다.

(2) 프로스포츠 발전 기회 확대

프로스포츠 경기장 관련법의 개정으로 구단이 지방자치단체로부터 경기장을 임대할 수 있는 기간이 3년에서 25년으로 대폭 늘어남에 따라 프로스포츠 구단의 경기장 시설 투자에 대한 제도적 장치가 마련되었다. 이러한 제도가 마련되기 전에는 프로구단들이 경기장 임대를 통한 수익기간이 3년 이내로 제한적이었으므로 경기장시설 투자를 통한 마케팅활동에 소극적일 수밖에 없었다. 따라서 경기장 시설임대 관련 법 개정으로 프로스포츠 구단들의 활발한 마케팅활동이 예상된다. 또한 프로스포츠와 관련된 스포츠에이전트업에 대한 법적 근거가 마련될 것으로 예상되고 있어 이와 관련된 스포츠마케팅업이 활성화되는 기초석이 제공될 것으로 판단된다. 이는 결과적으로 기업들의 스폰서십 참여 확대와 스포츠 서비스업, 정보업, 용품업의 규모 확대로 이어져 전체 스포츠산업에 긍정적인 파급효과를 나타낼 것으로 전망된다.

(3) 스포츠용품업의 경쟁 심화

　　국내 스포츠용품 산업은 내수시장이 꾸준히 확대되고 있음에도 불구하고 국외 글로벌 브랜드와 극심한 경쟁에 처해 있다. 이를 타개하기 위해 많은 국내 스포츠용품 기업들은 중국, 베트남 등 값싼 노동력을 기반으로 하는 노동집약적인 생산이 제공될 수 있는 지역으로 생산기지를 옮기는 등의 자구책을 강구하였지만, 2000년대 이후 이들 지역에서의 노동임금의 급격한 상승은 국내 스포츠용품 기업들에 심각한 경영난을 초래하였다. 더욱이 무역장벽의 완화와 통신기술의 발달로 스포츠용품 소비자의 글로벌 소비성향을 인식하고 있는 글로벌 스포츠용품회사는 스포츠 스폰서십 같은 마케팅 영역의 강화를 통해 부가가치를 창출하고 있으며, 브랜드 인지도가 상대적으로 낮은 국내 스포츠용품 제조업체들은 이러한 글로벌 스포츠용품 브랜드와의 경쟁에 있어 열세에 놓일 수밖에 없는 현실이다. 또한, 스포츠용품에 대한 수요가 꾸준히 증가하고 있지만 약 50% 이상의 국내 스포츠용품 생산업체들이 10인 미만의 종사원으로 구성된 영세성을 지니고 있어 스포츠용품의 부가가치를 결정하는 디자인과 마케팅 경쟁력에 있어 상대적으로 크게 뒤지고 있는 실정이다. 이러한 환경변화에 대응하기 위해서는 국내 스포츠용품 업체들에 대한 정부 차원의 지원과 정책이 시급한 실정이며, 이를 통해 신소재 개발과 제품의 부가가치 창출을 위한 품질과 디자인 개발 등의 노력이 절실히 요구된다.

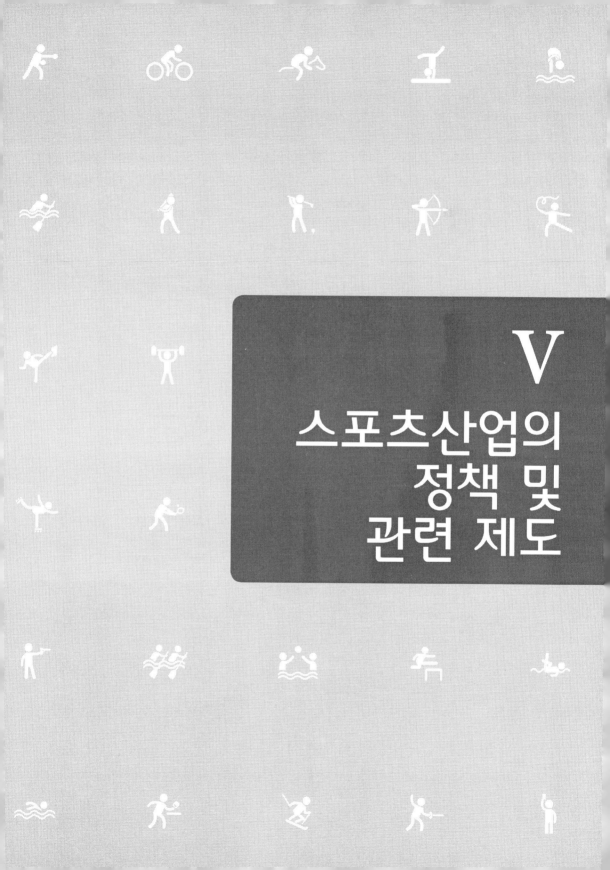

V
스포츠산업의
정책 및
관련 제도

1
스포츠산업을 위한 정책적 지원

　　1990년 초반까지 국내 스포츠산업은 '체육산업'이라는 용어로 대변되고 있었으며, 고부가가치를 지닌 산업으로서의 국가적 인식이 부족하였다. 당연히 지자체를 비롯한 정부로부터의 정책적 지원은 요원한 상태로 스포츠산업과 관련된 제조업체, 시설업체 그리고 서비스업체가 대부분 소규모의 영세업체로 운영되었다. 실제로 정부가 스포츠산업의 부가가치적 중요성을 인식하고 이에 대한 제도적인 육성정책을 제시하기 시작한 것은 1990년 후반부터라고 할 수 있다. 특히 국제무대에서 골프의 박세리와 야구의 박찬호를 비롯한 한국 스포츠 선수들의 두드러진 활약과 함께 정부와 지자체 차원의 부산아시안게임, 한일월드컵대회 등 대규모 국제경기대회 유치를 통한 사회적 · 경제적 파급효과의 극대화를 모색하면서 스포츠산업의 경제적 가치에 대한 인식이 우리 사회 전반에 확산되었다. 이러한 기류하에서 정부는 스포츠산업을 미래 성장동력이 되는 고부가가치산업으로 분류하고 스포츠산업을 보다 체계적으로 육성하고 실제적으로 지원하기 위한 인력 · 기술 · 정보 및 시스템적 기반을 마련하기 위한 다양한 정책을 수립하게 되었다.

　　이와 관련하여 정부는 1993년 발표된 제1차 국민체육진흥 5개년 계획을 필두로 2013년까지 제4차 국민체육진흥 5개년 계획(2009~2013)에 따라 체육 강국에 걸맞은 스포츠산업 선진국 도약을 위해 스포츠산업의 글로벌 경쟁력을 강화하고 대표적 융·복합 산업으로서 국가적으로 새로운 성장동력화에 기여하며 선순환구조 형성을 통해 지역경제 활성화를 유도하기 위한 다양한 시책을 추진하였다. 또한 정부는 2013년 12월 '스포츠산업 중장기 발전계획(2014~2018)'을 발표하고 '스포츠 강국'을 넘어 '스포츠산업 강국'으로의 발전을 위한 전략하에 스포츠산업의 융·복화를 통한 미래 성장동력 창출이라는 비전을 제시하였다. 따라서 국가적 차원에서 스포츠산업을 국민 삶의 질을 향상시키는 단순한 소비산업이 아니라 고부가가치를 지니고 있으며 고용창출과 외화 획득을 위한 21세기 국가 핵심 산업으로 발전시켜야 한다는 인식 아래 스포츠산업육성계획을 수립하여 추진하고 있다.[1]

1) 스포츠산업 정책의 변천

스포츠산업 정책 도입 전까지 스포츠는 건강한 삶을 위한 하나의 수단으로 이용되어왔으며, 국민 여가활동에 기반을 두는 비생산적인 측면이 부각되어 국가 발전을 주도하는 산업이라는 인식이 미흡하였다. 하지만 새로운 경제 환경이 구축됨으로써 스포츠는 21세기를 주도할 첨단산업이라는 인식과 더불어 사회적 욕구를 충족시킬 수 있는 자연친화적 산업으로 발전시킬 필요가 있는 국가 산업 정책의 주요 대상이 되고 있다. 1990년대 이전부터 정부가 시행해왔던 스포츠산업 정책의 변화는 다음과 같이 제시되고 있다.[2]

---

1) 문화체육관광부(2013). 2012 체육백서. 서울: 문화체육관광부.
2) 문화체육관광부(2013). 2012 체육백서. 서울: 문화체육관광부.

(1) 1990년 이전의 육성 정책

　　스포츠산업 육성을 위한 정책은 1965년 6월 14일 국민체육진흥법의 개정 (법률 제1698호)으로 체육 용구의 생산 장려와 민간체육시설에 대한 보조 및 면세 규정이 마련되면서 등장하였다. 국민체육진흥법 제14조의2는 "국가는 체육진흥을 위하여 각종 운동용구의 생산에 필요한 조치를 강구하여야 한다"고 규정하고, 동법 시행령(1966.2.7. 대통령령 제2404호)에서는 "운동용구 생산자에 대한 융자의 알선과 외국의 운동용구 생산기술의 도입과 보급에 대한 지원"제도를 실시하면서 스포츠 용품의 발전과 선진국의 기술 도입을 통하여 기술 발전을 추진하였다.

　　또한, 민간체육시설의 경우, 국가와 지방자치단체가 민간체육시설의 보고 · 육성을 위하여 국제 공인 기준에 충족시키고 시설 소요 경비가 1,000만 원 이상인 시설에 대해서는 경비 일부를 정부 지원을 받을 수 있도록 하였다.

　　이러한 정책은 민간체육시설업을 육성시키는 목적이 아닌 향후 국제스포츠이벤트 개최에 활용할 수 있는 선순환구조를 마련하기 위해 부족한 국제경기대회 시설의 확충을 위한 것이라고 해석될 수 있다.

　　그 후로 1982년 12월 31일 국민체육진흥법 전문이 개정되면서 "체육용구와 기자재"로 생산 장려 범위를 확충하고, 체육용구 생산우수업체를 지정하여 국민체육진흥기금을 융자할 수 있도록 하였으며, 체육시설 설치 자금에도 국민체육진흥기금을 융자할 수 있도록 하였다. 하지만 융자제도는 1990년 이전까지 실질적으로 운영되지 못하였다. 처음으로 국민체육진흥기금으로 융자를 실시한 시기는 1991년 6개 체육용구생산 업체에 9억 7,900만 원이 지원되었다.

　　민간체육시설업이 체계적으로 육성된 시기는 1989년 3월 31일 문교부, 보사부, 교통부, 농림수산부 등으로 행정이 분리되면서 체육시설 관련 업무를 일원화하는 체육시설의 설치 · 이용에 관한 법률이 제정됨으로써 기반이 잡혔다.

(2) 제1차 국민체육진흥 5개년 계획(1993~1997)

제1차 국민체육진흥 5개년 계획 기간에는 체육용구 품질수준 향상과 체육활동에 필요한 용구의 올바른 공급을 목표로 체육용구 생산업체의 투자여건 조성을 위한 금융 및 전시회 개최 지원과 체육용구 구매·사용을 적극 장려하였다. 또한 대한체육회와 현 한국스포츠개발원(구 한국체육과학연구원)에서 품질 향상 및 표준화 기술 지도를 전담하도록 하여 공인제품의 확대를 가져왔다. 이뿐만 아니라 우수체육용구업체 지정과 융자규모를 확대하여 스포츠용품업의 발전을 도모하였다.

이에 골프장, 스키장에 대한 특별소비세 감면, 체육시설 설치·운영 인허가 절차 간소화 등 법적 규제 완화를 통한 민간스포츠시설업의 발전을 위해 제도개선에 초점을 맞추었다. 이러한 제도개선으로 1996년 처음으로 60개 스포츠시설업체에 대해 51억 8,000만 원이라는 국민체육진흥기금융자가 실시되었다.

(3) 제2차 국민체육진흥 5개년 계획(1998~2002)

제2차 국민체육진흥 5개년 계획에서는 처음으로 '스포츠산업'이라는 용어를 사용하였다. 2차 계획은 민간스포츠시설을 적극 투자·지원하여 민간 영역에서 서비스 공급을 촉진함과 동시에 소비자보고를 위한 제도적 장치를 마련한다는 정책방향을 제시하였다.

또한 정부는 스포츠산업 육성을 위하여 제도적 지원 일환으로 체육시설업·용품업체 지원과 우수생활체육용구 생산업체에 대한 지정 및 산업적 지원, 경륜·경정 등 여가스포츠산업 육성, 스포츠 소비자 서비스 개선 정책을 추진하였다.

(4) 스포츠산업 육성대책(2001)

2001년 8월 '스포츠산업 육성대책'이 발표된 후 현재 추진되고 있는 스포츠 산업 육성의 기본방향과 과제를 종합적으로 제시하고 있다. 이에 따라 스포츠 자원의 상품가치 개발, 스포츠 서비스업에 대한 중점 지원, 고부가가치 실현을 위한 지식정보 기반 구축, 민간기업의 경쟁력 강화 지원 등의 기본방향을 제시하고 있으며 구체적인 내용은 다음과 같다.

- 체육시설 운영, 관리 개선
  공공체육시설 활용방안에 대한 제고 및 경영합리화를 위한 제도 개선, 공공 체육시설의 민간위탁, 체육시설 경영 전문 인력 양성
- 스포츠용품을 세계적 브랜드로 육성
  스포츠용품 인증제도 시행, 우수체육용구 생산 장려 및 융자지원 확대, 국제스포츠산업박람회 개최
- 고부가가치 창출이 가능한 스포츠 서비스업 집중 육성
  스포츠산업 정보망 구축 및 정보화 지원, 스포츠마케팅 등 전문인력 양성
- 장기발전과제
  스포츠산업육성재단 설립 및 스포츠산업지원법령 제정

(5) 제3차 국민체육진흥 5개년 계획(2003~2007)

주 5일 근무제 도입으로 여가시간의 증대와 산업의 발전에 따라 국민의 라이프스타일이 바뀌면서 스포츠에 대한 관심이 증가할 것으로 예측되면서 자기개발을 통한 국민 삶의 질 향상을 위해 다양한 스포츠 활동 수요에 부응하는 스포츠

활동 환경 조성에 기여하였다.

(6) 스포츠산업 비전 2010(2005)

2004년 문화체육관광부 하부 조직으로 '스포츠여가산업과'가 신설되면서 스포츠산업을 21세기 잠재력이 큰 유망산업으로 육성하기 위해 2005년 7월 '스포츠산업 비전 2010'이 발표되었다. 이는 스포츠산업을 국가 전략 산업으로 성장시키기 위해 스포츠산업 활성화와 국제경쟁력 강화전략과 체계적인 스포츠산업 지원을 활성화하는 것을 골자로 하고 있다. 또한 향후 스포츠산업의 경쟁력을 강화할 수 있는 특성분야에 대한 집중지원을 위해 스포츠산업 진흥 핵심 추진과제를 선정하는 근거를 마련하였다. 세부적인 추진과제는 다음과 같다.

- 고부가가치 스포츠용품 개발 및 국제경쟁력 강화

  IT활용 첨단 스포츠용품 개발, 국제수준의 품질인증(KISS) 시행 및 해외 유명 인증 획득 지원, 투자유인 및 마케팅 촉진
- 스포츠산업 진흥 추진기반 구축

  스포츠산업진흥법 제정, 스포츠산업 육성 지원조직 설립, 스포츠산업 전문인력 양성, 스포츠산업대상 및 스포츠 서비스업 공모전 확대, 스포츠산업 경영정보 체계 구축
- 레저스포츠산업 기반 확대

  레저스포츠인구 1,000만 대비 제도 완비, 민간체육시설에 대한 세제지원 등으로 시설확충, 값싸고 접근이 용이한 대중골프장 확충
- 프로스포츠산업의 성장기반 구축

  프로스포츠 마케팅 역량 제고, 야구돔구장 건설 지원 및 프로경기 단체의

운영여건 개선, 기존 국제대회 육성 및 전략종목 국제대회 유치

(7) 제4차 스포츠산업 중장기 계획(2009~2013)

2008년 문화체육관광부는 '제4차 스포츠산업 중장기 계획'을 발표하였다. 이는 현시대에 맞는 IT 기술 등을 사용하여 편리하게 스포츠 활동에 참여할 수 있는 환경조성과 기술융합을 통한 산업 기술경쟁력을 높이고 세계수준의 경기 역량과 신기술을 활용한 대표브랜드 육성, 선순환 발전구조를 통해 스포츠 콘텐츠 개발 및 스포츠 관광에 대한 인프라 구축, 스포츠와 타 분야의 융합을 통한 새로운 비즈니스 영역 창출 및 해외시장 개척이라는 발전전략을 토대로 스포츠산업 선진국 도약이라는 비전을 제시하고 있다. 또한 스포츠산업의 글로벌 경쟁력 강화, 대표적 융·복합 산업으로서 신성장동력화, 선순환구조 형성을 통한 지역 경제 활성화에 대한 기여라는 목표를 설정하였다. 이를 실현하기 위한 5대 중점 추진전략은 다음과 같다.

- 스포츠 융합 신서비스 창출

  미래형 신규 스포츠 콘텐츠 기술개발, U-스포츠 인프라 및 비즈니스 활성화, 모태펀드 조성으로 마케팅회사 육성 및 창업지원
- 스포츠용품 대표브랜드 육성

  중소브랜드 유통망 및 내수 기반 확대, 10대 글로벌 브랜드 육성 및 수출 촉진, 인증 지원체계 확립 및 상품화 지원
- 프로스포츠 경쟁력 제고

  프로구단 지역연고제 및 경기장 장기임대 도입, 시장 확대를 위한 아시아리그제 등 도입, 프로구단 마케팅 및 경영지원을 위한 제도 개선

• 지역스포츠산업 수요 창출과 인프라 구축

한류 스포츠 관광상품 육성, 지역 스포츠 관광 인프라 조성, 민간 체육시설 경영활성화

• 스포츠산업 진흥기반 구축

스포츠산업 진흥 조직체계 구축, 스포츠산업 통합정보망 구축, 스포츠산업 전문인력 양성

(8) 스포츠비전 2018(2013)

문화체육관광부는 부가가치유발계수와 노동유발계수 및 산업성장률을 근거로 하여 경제적 가치가 높은 차세대 육성 전략사업으로 스포츠산업을 선정하여 2017년 기한까지 스포츠산업을 53조 원 규모로 확대하는 것과 4만 개의 새로운 일자리 창출을 제시하였다. 이러한 목표달성을 위한 주요 추진과제는 다음과 같다.

• 스포츠 융 · 복합 시장 창출

개인 스포츠 활동정보를 DB화, 개방, 실감형 가상 스포츠 콘텐츠 개발 지원 (가상스포츠 시장 3조 5,000억 원으로 확대)으로 융 · 복합 시장 창출

• 스포츠산업 수요 창출

개방형 중계사이트(2017년까지 아마 및 비인기스포츠 3,560개 대회 중계) 구축, 컨슈머리포트 발간(스포츠용품 비교분석, 트렌드 제공 등)

• 스포츠 창업 일자리 지원

'스포츠기업 확인제'를 도입하고, 창업지원센터(2017년까지 300개 기업)를 통해 경영 · 재무 등 창업역량 제고 지원, 일자리지원센터 운영(2017년까지 2만 건 일자리 중개 및 2,000명 취업)

- 프로스포츠 활성화 지원

   프로스포츠 수익구조 개선을 위한 경기장 임대, 위탁운영 및 프로시민구단
   지원 법적 근거 마련, 스포츠대리인제도 도입
- 스포츠 관광 지원화

   지역의 기존 이벤트 중 명품스포츠이벤트 선정 지원, 레저스포츠 시설 및
   운영기준 마련, 올림픽스포츠 콤플렉스 조성
- 스포츠 서비스업의 활성화

   무형자산(방송중계권, 광고권 등)의 가치평가체계 마련 및 금융기관 협약 · 대출
   지원, 마케팅업 전문화 지원

(9) 스포츠산업 실태조사

스포츠산업 실태조사는 스포츠산업 전체의 정확한 모집단을 기초로 산출
되는 체계적이고 신뢰성 있는 자료 제공을 위해 실시되고 있으며, 세세분류에 있
어 2012년 45개, 2013년 65개로 확대하여 진행하였다. 2013년까지 총 6회가 진행
되었으며, 국가승인 통계로서는 2009년 기준조사부터 4회째 실시된 사업이다.

(10) 제5차 스포츠산업 중장기 발전계획(2014~2018)

현대인의 삶의 질 향상에 대한 욕구로 인하여 스포츠 활동에 참여하는 수
요가 급증하고 스포츠산업의 융 · 복합화 및 산업적 가치가 증가함에 따라 2013년
12월에 발표된 '스포츠 강국'을 넘어 '스포츠산업 강국'으로의 발전을 위한 전략을
제시하였다. 이에 대한 비전으로는 '스포츠산업의 융 · 복화를 통한 미래 성장동

력 창출'을 제시하였으며, 그 목표로는 스포츠 시장의 규모를 2013년 37조 원에서 2018년까지 53조 원으로 확대하는 것과 2018년까지 27만 명의 스포츠산업 일자리 창출을 제시하였다. 이를 실현하기 위한 4대 추진전략은 다음과 같다.

- 융·복합형 미래 스포츠 시장 창출
  개방형 스포츠정보 플랫폼 구축, 체감형 가상 스포츠 콘텐츠 시장 확대, 지역 특화 레저관광 복합스포츠 상품 발굴 제시
- **스포츠 참여관람 촉진으로 잠재수요 확대**
  스포츠용품 및 시설정보 접근성 제고 및 관람 스포츠 콘텐츠 다양화 모색
- 스포츠산업 선도기업 육성
  스포츠 금융 및 투자 인프라 확충, 스포츠 기업 경영역량 강화, 스포츠 전문 기업창업 촉진
- 스포츠산업 선순환 생태계 기반 조성
  스포츠산업 추진 효율성 제고를 위해 조직·제도·인력 등 추진 기반 마련, 시장 주도형 스포츠산업 생태계 조성을 위한 제반 인프라 구축

2) 스포츠산업 정책지원 관련조직

(1) 문화체육관광부 스포츠산업 관련 조직

스포츠산업이 고부가가치산업으로서의 그 가치를 인식하고 체계적으로 이를 지원 및 육성하고자 2004년 문화체육관광부 체육국의 스포츠여가산업과를 신설하여 조직을 개편하였다. 2006년 스포츠여가산업과는 문화체육관광부 조직의

팀제 전환과 맞물려 스포츠산업팀으로 명칭을 바꾸고 담당업무를 스포츠산업에 제한하여 업무의 집중도를 높였다. 이후 2009년 정부조직이 대국대과 체제로 바뀌며 체육진흥과로 통합되었다가 2013년 12월 조직개편으로 부활되어 현재 문화체육관광부 체육국 산하 스포츠산업과로 존재하고 있다. 스포츠산업과의 주요 업무는 스포츠산업의 중장기 종합계획 수립을 통하여 국민의 스포츠 관련 소비증대를 준비하고 미래의 고부가가치산업으로서의 스포츠산업이 국내 경제 성장동력으로서 역할을 잘 감당할 수 있도록 성장기반을 조성하는 데 역점을 두고 있다. 보다 세부적으로 2005년부터 '스포츠경영관리사' 자격시험 시행, 스포츠마케터 등의 전문인력 양성, 스포츠산업법 제정, 스포츠분야 R&D 지원, 스포츠산업체의 글로벌시장 진출지원, 스포츠산업융자 등 국내 중소 스포츠산업체에 대한 지원강화, 스포츠산업분야의 규제완화, 프로스포츠 육성, 그리고 레저스포츠 관련 산업의 진흥을 위한 정책적인 지원을 강구하고 있다.

(2) 국민체육진흥공단 스포츠산업 관련 조직

① 한국스포츠개발원 스포츠산업실

스포츠산업이 급속도로 성장하는 상황에서 정부는 스포츠산업에 대한 과학적이고 체계적인 연구 및 정책 및 제도개발의 필요성을 인식하고 이를 전담하는 연구조직을 마련하였다. 정부는 2001년 9월 30일 기존의 체육과학연구원 정책개발연구실과 시스템개발팀에서 담당하던 스포츠산업 관련 업무를 별개의 전문성을 지닌 스포츠산업실로 확대 개편하여 스포츠산업 진흥업무 및 연구개발을 전담하도록 했다. 이후 2014년 체육과학연구원의 명칭을 한국스포츠개발원으로 변경하면서 정책개발실, 스포츠산업실, 스포츠과학실, 행정연수실로 스포츠산업 역량 강화에 중점을 두었다.

한국스포츠개발원은 국민체육진흥을 위한 연구, 지원 및 교육을 목표로 세계 수준의 스포츠 종합과학 '싱크탱크'로서, 스포츠산업 관련 정책수립을 위한 연구개발 및 스포츠산업 전문인력 양성사업의 기획업무, 문화관광부 체육국의 스포츠산업 전반에 걸친 각종 실효성 있는 정책 수립, 스포츠용품의 기술력 향상을 위한 인증 관련 업무를 추진하고 있다. 특히 스포츠용품의 기술력 향상을 위한 인증 관련 업무를 전담하는 스포츠산업실 산하 별도의 시험소를 설치 및 운영하고 있다.

〈표 5-1〉체육과학연구원의 스포츠산업 연구 조직구조 변화

연도	1999	2000	2001~2002	2003~2010	2011~2013
연구 조직 (팀/실)	정책개발실 생활체육팀 전문체육팀 시스템개발팀 정보전산팀 국민체력센터 (5개 팀 1센터)	정책연구팀 전문체육팀 시스템개발팀 정보전산팀 (4개 팀)	정책개발연구실 전문체육연구실 정보전산연구실 스포츠산업연구실 (4개 연구실)	정책개발연구실 스포츠과학연구실 스포츠산업연구실 (3개 연구실)	스포츠과학/산업 연구실 정책개발연구실 (2개 연구실)

② 스포츠산업본부

스포츠산업의 효율적 지원을 위하여 스포츠산업 정책추진의 기반을 마련한다는 취지로 2005년 2월 국민체육진흥공단 내 스포츠산업부를 신설하였고, 스포츠산업 육성 및 지원을 통하여 관련 업계를 지원하며, 주요 업무로는 스포츠산업 육성 및 지원 관련 제도 개발과 우수체육용구, 기자재, 체육시설업, 스포츠 서비스업 등에 대한 융자지원, 스포츠산업 기술개발 등 스포츠산업체를 직접 지원하며 스포츠박람회 개최 및 참가업체 지원, 우수 스포츠산업체 마케팅 지원 등 다각도로 스포츠산업체를 지원하고 있다. 또한 신규 사업의 발전을 위하여 청소년 테마파크 조성, 친환경 대중골프장 조성 및 운영 등의 스포츠산업의 새로운 영역을 개척하여 스포츠산업의 발전에 기여하고 있다.

2
스포츠산업 정책지원 관련 제도

　　스포츠산업이 고부가가치를 지닌 국가의 미래 신성장동력으로 인식되면서 정부는 스포츠산업을 정책적으로 지원·육성하기 위하여 다음과 같이 제도적으로 지원하고 있다.[3]

1) 국민체육진흥기금 운용

(1) 법적 근거

　　국민체육진흥법 제18조에 의거 국민체육진흥에 필요한 시설 및 기타 재정적 지원을 위한 기금으로 국민체육진흥공단이 운용하며, 기금의 관리 및 운용에 필요한 사항은 대통령령으로 정한다.

---

3)　문화체육관광부(2013). 2012 체육백서. 서울: 문화체육관광부.

(2) 기금 조성

정부 및 그 밖의 출연금, 회원제 골프장 입장료에 포함되는 일정 비율과 담배 포장지를 이용한 광고 수익금, 마권에 부가되는 모금액, 기금 운용으로 발생하는 수익금 및 경기장 복권의 수익금과 기타 대통령이 정하는 수익금으로 조성된다.

(3) 기금 활용

국민체육진흥을 위한 연구 및 개발과 보급사업, 국민체육시설 확충, 우수선수 및 지도자 양성과 체육인 복지향상, 88서울올림픽대회를 기념하는 사업, 대한체육회 및 생활체육 관련 단체와 연구기관의 운영·지원, 기금조성을 위해 소요되는 경비 지출, 경기력 향상 연금지급, 체육 용기구 생산업체의 사업지원에 사용된다.

(4) 지자체의 기금 운용

지자체는 공공의 시설, 물품, 기타 재산을 고유목적에 지장을 주지 않는 범위 내에서 빌릴 수 있고, 운동장 등 체육시설의 입장료 또는 경마권에 대한 부가모금이 가능하나 이때는 문화체육관광부장관의 사전 승인이 필요하다.

2) 우수체육용구 생산업체 지정

(1) 사업 개요

국내 체육용구 생산업체의 생산 장려 및 경쟁력 확보를 지원하기 위하여 국민체육진흥법 제17조에 따라 생산장려품목 지정, 우수체육용구 생산업체 지정, 우수업체에 대한 국민체육진흥기금융자 등의 시책을 추진하고 있다.

(2) 생산장려 체육용품 및 우수체육용구 생산업체 지정

생산을 장려하는 체육용구·기자재의 경우, 국내외 각종 경기대회 경기종목, 학교체육에 사용되는 체육용구 및 기타 국민체육진흥을 위하여 필요한 체육용구 등을 포함하며, 문화체육관광부장관이 산업자원부장관과 협의에 의해 지정하고 있다.

정부는 국민체육진흥을 위해 특히 필요하다고 인정할 때에는 생산장려 체

〈그림 5-1〉 생산장려품목 및 우수체육용구 생산업체 지정 절차[4]

---

4)   문화체육관광부(2013). 2012 체육백서. 서울: 문화체육관광부 .

육용구를 생산하는 업체 중 우수업체를 지정하고, 이들 업체를 대상으로 국민체육진흥기금에서 설비자금, 연구개발자금, 원자재 구입자금을 융자하는 제도를 시행하고 있다. 우수업체로 지정받고자 하는 자는 지식경제부장관의 추천을 받아 문화관광부장관에게 신청하여야 한다.

3) 국민체육진흥기금의 스포츠산업 융자사업

(1) 체육용구 생산업체 기금융자사업

1991년 처음으로 실시된 우수체육용구 생산업체에 대한 기금융자사업은 융자대상 업체 선정에 있어 문화체육관광부장관이 지정한 우수체육용구 생산업체로 제한하고 있으며, 융자사업을 위해 먼저 생산업체의 신청을 받아 융자심의회를 개최하고 선정된 업체들에게는 설비자금, 연구개발자금, 원자재구입자금을 지원하고 있다. 설비자금은 5억 원, 연구개발자금은 3억 원, 원자재구입자금은 1억 원 한도로 융자하고 있으며, 융자이율은 2001년 6%에서 2002년과 2004년 5%와 4%로 인하하였다.

〈표 5-2〉 우수스포츠용구 생산업체 기금융자사업 개요[5]

융자대상	융자분야	융자한도액	융자기간	융자이율
문화체육관광부 지정 우수체육용구 생산업체	설비자금	5억 원	10년(거치기간 4년)	4%
	연구개발자금	3억 원	5년(거치기간 2년)	
	원자재구입자금	1억 원	3년(거치기간 1년)	

---

5) 문화체육관광부(2013). 2012 체육백서. 서울: 문화체육관광부.

| 융자계획 공고 및 업체 통지 | ⇒ | 기금융자 신청 접수 | ⇒ | 심의회 개최 융자결정 통보 (공단 → 은행 사업자) | ⇒ | 기금융자 신청 (사업자 → 은행) | ⇒ | 자금요청 및 대여 (은행 → 공단 → 은행) | ⇒ | 융자시행 (은행 → 사업자) |

〈그림 5-2〉 기금융자 시행절차

(2) 체육시설업체에 대한 기금융자

① 목적

　　정부는 국민체육진흥법 제17조 제3항에 따라 체육시설의 설치를 촉진하고 체육시설업의 서비스 질 개선을 위해 1996년부터 체육시설업체에 대한 국민체육 진흥기금융자제도를 시행하고 있다.

② 융자대상

　　체육시설업체에 대한 융자는 체육시설의 설치·이용에 관한 법률 제10조의 등록체육시설(단, 회원제체육시설은 제외), 신고체육시설 중 수영장, 볼링장, 테니스장, 골프연습장 등의 시설설치자금과 개·보수자금을 대상으로 한다. 체육시설업체 융자제도를 위해 정부는 연간 약 100억 원 규모의 예산을 편성하여 운영하고 있다. 제도 시행 초기에는 부가금 대상 시설이었던 수영장(시설설치 및 개·보수), 볼링장, 골프연습장(시설 개·보수)으로 제한하였으나 1997년 종합체육시설, 1998년 골프장, 스키장에 대한 개·보수 융자가 추가되었으며, 2004년 체력단련장까지 확대하였다. 융자이율은 우수체육용구 생산업체에 대한 융자와 같이 2004년도에 4%로 인하하였다.

　　시설설치자금은 등록체육시설의 경우 30억 원(융자기간 10년), 수영장, 볼링장, 테니스장, 골프연습장은 5억 원(융자기간 10년)이며, 개·보수자금은 등록체육시설

5억 원(융자기간 5년), 수영장, 볼링장, 테니스장, 골프연습장은 3억 원(융자기간 5년)을 한
도로 하고 있다.

<표 5-3> 체육시설업체 기금융자 기준[6]

융자대상		융자분야	융자한도액	융자기간	융자이율
체육 시설 업체	등록체육시설, 신고체육시설, 벨로드롬, 아이스하키장업을 신규 설치하고자 하는 자 (단, 회원제체육시설은 제외)	시설설치 자금	30억 원	10년 (거치기간 4년)	4%
	위를 제외한 종목 중 골프연습장, 수영장, 볼링장, 테니스장, 체력단련장 등을 신규 설치하고자 하는 자		5억 원		
	등록체육시설, 신고체육시설, 벨로드롬, 아이스하키장업을 신규 설치하고자 하는 자 (단, 회원제체육시설은 제외)	개·보수 자금	5억 원	5년 (거치기간 2년)	
	위를 제외한 종목 중 골프연습장, 수영장, 볼링장, 테니스장, 체력단련장 등을 신규 설치하고자 하는 자		3억 원		

(3) 스포츠 서비스업체에 대한 기금융자

① 목적

정부는 현재까지 체육용구생산업체 및 체육시설업체를 포함하는 스포츠산
업의 타 분야에 많은 정책적 지원이 몰린 반면 스포츠 서비스업에 대한 지원은 미
비했던 스포츠산업 융자제도의 문제점을 직시하고, 국민체육진흥법 제17조 제3항
에 따라 스포츠 서비스업체에 대한 지원을 위해 2006년부터 국민체육진흥기금을
통한 융자지원제도를 마련하여 스포츠산업 전반에 걸친 균형 있는 발전을 도모하
고 있다.

---

6) 문화체육관광부(2013). 2012 체육백서. 서울: 문화체육관광부.

② 융자대상

　　스포츠 서비스업체 융자사업의 융자대상은 개인 또는 법인을 포함하고 있으며 스포츠 서비스업 관련 회사를 설립한 후 만 1년이 경과하고 설립 이래 스포츠 서비스업 관련 실적이 있는 업체, 공고일 현재 스포츠 단체에 대한 마케팅 권리를 획득한 업체, 공고일 현재 대회조직 및 대회 자체에 대한 마케팅 권리를 획득한 업체를 대상으로 한다. 설비자금은 10억 원 이내의 융자한도 내에서 10년(거치기간 4년)으로, 연구개발자금은 3억 원 이내 융자한도 내에서 5년(거치기간 2년)으로 융자이율은 연 4%이다. 융자취급기관은 국내 15개 시중은행이 취급하고 있다.

〈표 5-4〉 스포츠 서비스업 기금융자 기준[7]

융자대상		융자분야	융자한도액	융자기간	융자이율
스포츠 서비스업체	공고일 현재 스포츠경기업, 스포츠마케팅업, 스포츠정보업을 1년 이상 운영하는 자 (스포츠마케팅업의 경우 스포츠단체, 대회조직 및 대회 자체에 대한 마케팅 권리를 획득한 자)	설비자금	10억 원	10년 (거치기간 4년)	4%
		연구개발 자금	3억 원	5년 (거치기간 2년)	

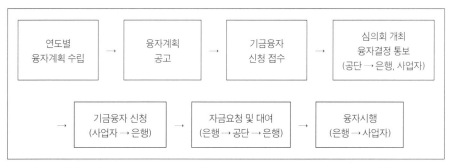

〈그림 5-3〉 스포츠 서비스업 기금융자 시행절차

7)　문화체육관광부(2013). 2012 체육백서. 서울: 문화체육관광부.

(4) 스포츠용품 인증제도

① 인증제의 개념 및 필요성

최근 들어 세계무역기구(WTO) 협정에 의한 무역자유화 추세가 전 세계적으로 빠르게 확산되면서 국내외적으로 자국 산업을 보호할 목적으로 제정되었던 산업, 무역, 금융 관련 각종 규제가 완화되거나 철폐되어가고 있다. 이러한 세계 산업여건의 변화에 따라 각국에서는 WTO의 무역기술장벽(TBT) 규제원칙을 준수하면서 표준·인증제도를 자국 산업의 기술발전을 위해 적극적으로 활용하기 위한 정책을 추구하여 궁극적으로 표준, 기술, 무역의 연계를 강화하는 산업정책을 운영하고 있다. 또한, 표준·인증제도를 활용하여 기술개발을 장려하기 위한 방법으로 다양한 지원제도를 도입하는 유인정책을 구사하고 있다.

정부는 국내 스포츠용품의 품질향상과 국제경쟁력 강화를 위해 스포츠용품을 과학적으로 평가하여 우수한 용품을 공인하는 스포츠용품 인증제도를 도입하였다. 스포츠용품 인증제도를 통해 국내 스포츠용품의 품질과 기능 향상, 스포츠용품 관련 기술 발전과 기술 개발, 국산 스포츠용품의 수출 증대와 국제적 위상 제고, 우수용품에 대한 홍보 효과, 수입대상국의 수입 제한장벽 극복의 기대효과가 있을 것으로 판단된다.

② 스포츠용품 인증제도 사업의 구성

스포츠용품 인증사업은 우수 스포츠용품에 대한 스포츠용품 품질인증제(KISS 마크)의 시행, 스포츠용품을 구성하는 재표 또는 완제품의 역학 시험 수행을 위한 스포츠용품시험소의 운영, 스포츠산업체에 국내외 인증 지원 및 자문, 기술 지원하는 스포츠산업 지원 및 자문사업, 해외인증획득지원을 통한 해외경쟁력 제고 및 국산 스포츠용품의 해외 브랜드 육성사업 등이다.

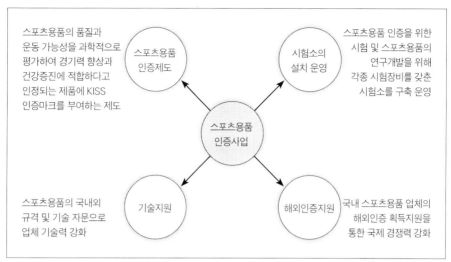

스포츠용품의 품질과 운동 가능성을 과학적으로 평가하여 경기력 향상과 건강증진에 적합하다고 인정되는 제품에 KISS 인증마크를 부여하는 제도

스포츠용품 인증제도

시험소의 설치 운영

스포츠용품 인증을 위한 시험 및 스포츠용품의 연구개발을 위해 각종 시험장비를 갖춘 시험소를 구축 운영

스포츠용품 인증사업

스포츠용품의 국내외 규격 및 기술 자문으로 업체 기술력 강화

기술지원

해외인증지원

국내 스포츠용품 업체의 해외인증 획득지원을 통한 국제 경쟁력 강화

〈그림 5-4〉 스포츠용품 인증사업 구성도[8]

(5) 스포츠산업박람회 개최

21세기 고부가가치산업인 스포츠산업의 발전을 도모하고, 국내 스포츠용품의 브랜드 인지도를 제고함으로써 해외진출 기반을 조성하기 위해 2001년부터 국민체육진흥공단 주관으로 스포츠산업박람회를 개최하고 있다. 예를 들어, 2001년 5월 1일부터 5월 6일까지 올림픽공원 한얼광장에서 국내외 28개국 139개 스포츠용품업체가 참가하여 제1회 서울국제올림픽(스포츠산업)박람회(International Olympic Fair Seoul 2001)를 개최하였다. 본 박람회는 국제스포츠용품 전시회, 국제올림픽기념품 전시회, 국제회의 및 학술행사로 구성되었다.

---

8) 문화체육관광부(2013). 2012 체육백서. 서울: 문화체육관광부.

(6) 스포츠산업 기술개발사업

산학연의 연계를 통해 스포츠과학화를 이룩하고 스포츠산업의 경쟁력 제고 및 세계적 수준의 고부가가치산업으로 육성하기 위한 연구개발사업의 일환으로 2007년부터 스포츠산업 기술개발사업을 추진하고 있다. 지원대상과제는 자유공모과제, 지정공모과제, 정책과제로 나눌 수 있으며 과제수행기간은 자유공모과제와 지정공모과는 1~2년 이내의 단기과제로서 자유공모과제는 연구를 희망하는 기관, 업체가 스스로 제안하여 과제를 수행하고, 지정공모과제는 정부가 기술수요 조사를 통해 수렴된 연구·개발이 필요한 기술의 제안서를 제시하여 이를 수행할 기관·업체를 선정 및 지원한다. 또한 정책과제는 정부가 정책적으로 필요하다고 판단한 과제를 수행할 수 있는 적정한 기관·업체에 지원하게 된다. 신청자격은 국공립 연구기관, 과학기술분야 정부출연 연구기관 등의 설립 운영 및 육성에 관한 법률에 근거하여 정부출연 연구기관, 특정연구기관육성법에 의거한 특정 연구기관, 고등교육법에 의한 산업대학 또는 기술대학, 스포츠산업 관련 기업 또는 기업 부설연구소, 국가과학기술 경쟁력 강화를 위한 이공계지원 특별법 제2조 4호에 해당하는 연구개발서비스업의 법인, 그리고 기타 문화체육부장관이 인정하는 기술 및 품질 관련법인 또는 단체를 대상으로 한다.

(7) 스포츠산업 전문인력 양성

① 전문인력 양성의 필요성

현재 우리 사회는 각 분야가 빠르게 전문화되고 있다. 이러한 전문화 시대에 요구되는 것은 특정한 분야에 대한 지식의 증진뿐만 아니라 그 지식의 효율적 활용에 있다. 또한 지역적 이동성이 현저히 증가하는 시점에서 계속적인 능력 개발을 통해 개인의 고용 가능성을 향상시켜야 한다. 특히 체육분야가 메가 스포츠 이벤트 개최 및 국민복지 향상을 위한 공공체육시설의 양적 확대와 다양한 스포츠 시설의 효율적 운영과 스포츠 조직의 다양한 경영활동까지 확장되면서 정부의 체육 및 스포츠산업을 지원할 정책결정 및 관련 경영활동의 전반적인 운영과 관리를 담당할 전문가 양성이 요구되고 있다. 결과적으로, 기존 스포츠산업 종사자 및 국가의 체육조직 관련자들이 스포츠산업의 환경변화에 적극적으로 대응할 수 있도록 직무능력향상을 위한 재교육 및 창업지원 교육이 요구되고 있는 현실이다. 이에 대비한 전문인력 양성이 대학에서 이루어지고 있으나, 현실적으로 이러한 사회적·정책적 요구에 현재 시행되고 있는 스포츠산업 영역의 전문인력 양성 프로그램의 질적인 측면에서 매우 미흡한 실정이다. 따라서 스포츠산업이 21세기 고부가가치산업으로서 국가경제의 신성장동력으로 역할을 다할 수 있도록 관련 산업의 전문인력 양성이 절실히 요구되고 있다.

② 전문인력 양성사업 교육과정

정부는 스포츠산업의 전문인력 양성을 위해 체육시설 전문인력 양성방안 연구용역을 실시(2000년 8월~2001년 1월)하였으며, 전국 공공체육시설을 관리 담당하는 공무원을 대상으로 한 체육시설관리 전문인력에 대한 특별교육을 실시(2001년 11월 현재, 총 96명의 전국 체육시설 관리 공무원)하여 스포츠산업과 관련된 전문지식을 이해하고 실용화하기 위한 교육이 이루어졌다.

스포츠산업 전문인력 양성사업은 2002년부터 한국스포츠개발원을 통해 운영되고 있다. 현재 전문스포츠 인력양성으로 개설된 과정은 스포츠마케터과정, 스포츠시설업경영관리자과정, 공공체육시설관리자과정 등으로 2013년까지 6,850명을 양성하였다. 2002년부터 시작되어 스포츠시설업과 스포츠 서비스업에 대한 전문가와 일반인의 관심 증가로 스포츠마케터 등 스포츠산업 전문인력 수요가 초기 대폭적인 증가세를 보이고 있으며, 대학 및 대학원에서 스포츠경영학과의 신설로 안정적인 교육체계 운영 및 스포츠경영관리사 국가기술자격제 도입(2005년), 스포츠아카데미 운영, 스포츠산업 전문인력 양성기관 운영 등으로 지속적으로 증가세를 보이고 있다. 2008년 스포츠산업아카데미 과정의 중단으로 양성인원이 다소 감소하였으나, 2009년부터 지역별 특성을 고려한 '스포츠산업 전문인력 양성기관'을 지정하여 운영함으로써 지역 스포츠산업 전문인력 양성인원이 대폭 증가하는 효과를 거뒀으며, 2010년에는 산업 인력의 전문성 강화를 위해 스포츠마케터과정을 장기교육과정으로 전환하는 등 다수의 교육과정 개편으로 교육의 전문성은 강화되었으나 양성인원은 다소 감소되었다. 스포츠산업 전문인력은 산업계의 수요와 현장 중심의 교육과정으로 창의적이고 수준 높은 전문인력을 양성함으로써 전문인력 부족을 해소하고 산업의 자생력과 국제경쟁력을 강화하기 위해 인력을 확대하는 등 지속적인 증가추세를 보일 것으로 판단된다.

2005년도부터는 해외연수과정을 신설하여 미국과 일본의 선진 체육시설 및 운영시스템에 대한 연수를 실시함으로써 전문 스포츠마케터 양성을 도모하고 있다. 또한 2006년에는 해외연수과정을 인원과 지역에 있어 유럽지역으로 확대함으로써 전문성을 갖춘 전문 스포츠마케터 양성을 꾀하고 있다. 2005년부터는 국가기술자격증 제도인 스포츠경영관리사 자격증 취득자들을 대상으로 스포츠산업체 인턴사원의 경험을 제공함으로써 스포츠산업 현장 실무를 익힐 수 있는 기회를 제공하여 스포츠마케팅 전문인력 부족을 해소하고, 궁극적으로 스포츠산업의 자생력과 글로벌 시대의 스포츠산업을 대비할 수 있는 경쟁력을 갖춘 전문인력 양성을 도모하고 있다. 또한 2008년부터는 스포츠산업 전문인력들의 현장실무 능력강화와 선진 스포츠마케팅 실무를 경험할 수 있도록 스포츠산업 해외연수 프로그램과 프로스포츠 마케팅 체험학습을 실시하고 있다.

③ 스포츠산업 전문인력 해외연수

2002년부터 스포츠산업의 전문인력 양성을 위한 스포츠마케터과정과 스포츠시설업 경영관리자 과정이 지속적으로 시행되어오면서 스포츠산업 현장 산업인력들의 직무교육의 역할을 수행해왔다. 특히 2005년부터는 이들 스포츠마케터과정과 스포츠시설업 경영관리자 과정의 전문인력들에게 해외 선진 마케팅 현장을 방문하여 선진 마케팅 기법과 수행에 관한 글로벌스포츠비즈니스현장체험 과정이 신설되어 2013년 178명에게 본 연수 프로그램을 통해 현장실무의 기회가 주어졌다.

교육대상자들은 체육관계 공무원, 공공체육시설 종사자, 민간체육시설 및 스포츠마케팅업체 직원들을 포함하고 있으며, 미국과 일본의 선진 스포츠시설과 스포츠마케팅 현장을 방문하여 9박 10일의 일정으로 현장체험의 기회가 주어졌다. 이러한 해외연수 프로그램은 향후 개설될 전문 스포츠마케터 전 과정의 일부로서 국제적 경쟁력을 갖춘 전문 스포츠마케터를 양성하기 위한 스포츠산업 전문인력 양성사업의 궁극적인 취지를 달성하기 위해 시행되었다.

④ 프로스포츠 마케팅 현장체험 학습

2008년 시행된 프로스포츠 마케팅 현장체험 학습은 프로스포츠 구단의 마케팅 방법에 대한 현장체험 기회를 제공하는 프로그램이다. 교육대상자는 스포츠 관련 전공 대학생들로서 각 차수별로 15명이 선발되어 선정된 프로스포츠 구단의 마케팅 기법을 현장에서 직접 보고 배울 수 있는 기회를 제공하고 있다. 교과서를 위주로 배우던 스포츠마케팅의 여러 기법을 현장에서 어떻게 활용되고 있는가를 배울 수 있는 기회를 제공하였다. 하지만 2008년 119명, 2009년 88명만이 현장체험 학습을 경험하였을 뿐 2010년 이후부터는 프로그램이 운영되지 않고 있다.

(8) 스포츠산업 기술개발사업

　　스포츠산업분야의 전략기술개발을 통한 발전 기반을 조성하고, 고부가가치산업으로의 육성을 통해 스포츠용품 대표 브랜드를 육성하여 국가 이미지 제고를 목적으로 스포츠과학에 기반을 둔 스포츠산업 분야의 발전에 기여하는 기술로서 고부가가치의 상품성과 실용화가 가능한 연구 및 개발과제에 우선 지원하는 제도이다. 지원과제는 자유공모과제와 지정공모과제, 정책과제로 구성되어 있으며, 자유공모과제의 경우, 연구 수행기간이 1~2년 이내의 단기과제로서 연구 및 개발을 희망하는 기관 혹은 업체가 스스로 연구과제를 제안하여 과제를 수행하게 된다. 지정공모과제는 수행기간이 1~2년 이내의 단기과제로서 정부가 기술수요조사를 통해 수렴된 연구 및 개발이 필요한 기술의 제안서를 제시하여 이를 수행할 기관 및 업체를 선정하여 지원한다. 마지막으로, 정책과제는 정부가 정책적으로 필요하다고 판단한 과제를 적정한 유관업체를 지정하여 지원하는 것을 골자로 하고 있다.

(9) 스포츠산업 정보망 및 연구 활성화

　　스포츠산업 정보망 구축을 위해 국민체육진흥공단, 한국스포츠개발원, 국민생활체육회, 대한장애인체육회 같은 정부산하 스포츠 관련 기관의 정보시스템과 홈페이지를 총칭하는 것으로 스포츠마케팅 기법, 첨단기술, 특허 등 산업정보 DB 구축 및 콘텐츠 개발을 포함한다. 이러한 포털 사이트를 통해 민간 스포츠 정보 제공업의 전문성 향상을 지원하고 경기기록 조사, 가공업, 선수기량 등 평가업, 스포츠팬 성향조사사업 등 산업 하위분야의 활성화를 모색하고 스포츠에이전트들의 활동을 지원하는 제도적 기반을 마련할 수 있을 것으로 예상된다. 그 외에도 스포츠산업체의 개별 홈페이지 구축 및 운영 대행, 전자상거래 활성화 등을 지원하여 스포츠산업의 전반적인 균형발전을 모색할 수 있을 것으로 판단된다.

3
스포츠산업 관련 법률

1) 스포츠산업 관련 법령

특별법을 제외하고 현존하는 스포츠산업의 진흥과 관련된 스포츠 관련 법률은 국민체육진흥법을 비롯하여 체육시설의 설치·이용에 관한 법률 그리고 스포츠산업진흥법으로 구성되어 있다.

(1) 국민체육진흥법

1962년 9월 17일 법률 제1147호로 제정되어 2011년 현재까지 26차례 개정되어온 국민체육진흥법은 국내 스포츠 관련 법의 토대를 제공하고 있으며 국내 스포츠산업의 진흥과 함께 국민체력을 증진시키고 건전한 정신을 함양함으로써 명랑한 국민생활 영위를 돕기 위한 취지로 만들어졌다. 국민체육진흥법은 문화체육관광부 소관으로 전체 6장 54조와 부칙으로 구성되었으며 체육진흥책, 국민체육진흥기금 및 체육진흥을 위한 투표권(복권) 발행, 대한체육회와 대한장애인체육회, 한국도핑방지위원회, 국민체육진흥공단 등 체육단체의 육성 등을 규정하고 있다. 주요 내용으로는 ㉠ 국가와 지방자치단체는 체육진흥에 관한 시책을 강구하여 국민의 자발적 체육활동을 보호·육성하도록 하고, ㉡ 매년 체육의 날과 체육주간을 설정하고, ㉢ 국가와 지방자치단체는 체육단체의 소요경비 일부를 보조할 수 있도록 하였다.

이와 더불어 2010년까지 26차례의 법 개정을 통해 우수체육용구 등 생산업체의 지원에 관한 사항을 정하였으며, 국가로 하여금 지방자치단체와 학교 등에 대하여 체육진흥에 필요한 경비의 일부를 보조토록 하고 체육의 과학화를 촉진하기 위하여 연구기관에 국가, 지방자치단체로 하여금 연구비, 보조금의 지급, 기타 필요한 지원을 하도록 규정함으로써 체육과 관련된 스포츠산업에 속한 재화 및 서비스 제품을 구분하는 기준이 되고 있으며, 스포츠용품제조업 육성의 토대가 되고 있다.

(2) 체육시설의 설치·이용에 관한 법률

체육시설의 설치·이용에 관한 법률은 이전 골프장, 스키장, 수영장, 체육조장 등의 스포츠시설의 설치·이용에 관한 법률적·행정적 소관이 각각 교통부, 보건사회부, 문교부에서 관리하여 비효율적이었던 시스템을 체육부로 일원화하여 체육시설의 효율적인 이용과 관리를 위하여 1989년 법률 제4106호로 제정되었다. 현재 이 법의 소관부서는 문화체육관광부로서 국민체육진흥법과 함께 국내 체육의 기본법으로 인식되고 있으며, 모두 5장 40조와 부칙으로 구성되어 있다. 2010년 현재까지 24차례의 개정을 거쳤으며, 전문체육시설, 생활체육시설, 직장체육시설을 포함하는 공공체육시설, 등록체육시설, 신고체육시설 등 체육시설업의 시설의 설치와 운영에 관한 기준을 규정하고 있어 이들 시설들의 설치 · 운영법의 법적 근거가 된다.

(3) 스포츠산업진흥법

스포츠산업진흥법은 스포츠산업 육성을 위한 정책 수립과 스포츠산업의 경쟁력 강화를 위한 조치, 스포츠산업 발전을 효과적으로 추진할 수 있는 근거가 되는 법으로서 2001년 법률 제8333호로 제정되어 2010년 기준 두 차례 개정되었다. 스포츠산업은 고부가가치산업으로 성장잠재력이 매우 큰 사업이지만, 법이 제정되기 전 스포츠산업에 대해서는 국민체육진흥법에서 체육용구의 생산 장려 및 체육시설업의 육성에 관한 사항만 규정되어 있었다. 보다 체계적인 법적 · 제도적 지원기반의 확보가 요구됨에 따라 이 법을 제정하여 스포츠산업의 진흥에 필요한 사항을 규정하고 스포츠산업의 기반 조성 및 스포츠산업의 경쟁력 강화를 도모하여 스포츠를 통한 국민의 여가선용 기회 확대와 국민경제의 건전한 발전에 이바지하는 것을 그 목적으로 하고 있다. 스포츠산업진흥법의 연혁과 주요 내용은 다음과 같다.

① 연혁
- 스포츠산업진흥법 제정 2007.4.6(법률 제8333호)
- 동법 시행령 제정 2007.9.28(대통령령 제20294호)
- 동법 규칙 제정 2008.3.6(문화체육관광부령 제1호)
- 스포츠산업진흥법 일부 개정 2010.2.4(법률 제10002호)

• 동법 시행령 일부 개정 2010.5.4(대통령령 제22153호)

② 기본계획 수립 등(제5조)

국가와 지방자치단체의 책임으로 국가 및 지방자치단체는 스포츠산업의 진흥을 위하여 필요한 시책을 수립·시행하여야 하며, 스포츠산업의 진흥을 위하여 기술의 개발과 조사, 연구사업의 지원, 외국 및 스포츠산업 관련 국제기구와의 협력체제 구축 등을 위하여 필요한 노력을 하여야 한다. 또한 문화체육관광부장관은 스포츠산업 진흥에 관한 기본적이고 종합적인 중장기 진흥 기본계획과 각 분야별·기간별 세부시행 계획을 수립·시행하여야 한다.

기본계획 수립에 포함되어야 할 사항으로는 스포츠산업 진흥의 기본방향, 활성화를 위한 기반 조성, 전문인력 양성, 진흥시설의 지정, 지역특성을 고려한 스포츠이벤트의 활성화, 스포츠산업 관련 국제회의 및 대회 등의 유치, 스포츠산업 경쟁력 강화, 재원 확보, 스포츠산업 정보망 구축 및 전자상거래 육성, 국가 간 스포츠 협력, 프로스포츠 육성, 지원에 관한 사항들과 그 밖에 스포츠산업 진흥을 위해 필요한 사항으로서 대통령령이 정하는 사항을 포함하고 있다. 또한 계획 수립·집행 시 관계 행정기관장과의 협의와 필요한 경우 관계 행정기관, 지방자치단체, 공공기관, 연구소, 대학, 민간기업 및 개인 등에게 필요한 협조 요청이 포함되었다.

③ 경쟁력 강화 조치 및 지원 등(제6조)

스포츠산업 경쟁력 강화를 위한 조치 및 지원에 있어 공공기관, 단체 및 스포츠산업 사업자가 스포츠산업의 경쟁력 강화와 관련된 조치를 취하고자 할 때에는 예산의 범위 안에서 지원할 수 있으며, 이 경우 관계 행정기관의 장과 협의하도록 하고 있다.

④ 스포츠산업진흥자문위원회(제7조)

스포츠산업진흥자문위원회 구성을 위해 문화체육관광부장관 소속하에 스포츠산업진흥자문위원회를 운영하며, 위원회는 위원장 1명, 부위원장 1명을 포함한 15명 이내의 위원으로 구성하도록 하였으며, 위원의 임기는 2년으로 연임이 가능하도록 하였고, 위원장의 임기는 2년으로 1차에 한해 연임이 가능하도록 하였다. 위원회 위원의 위촉 또는 임명조건으로는 관계 행정기관의 4급 이상 또는 고위공무원단에 속하는 공무원, 스포츠산업 관련 기관 및 단체의 임직원, 국공립 연구기관이나 정부출연 연구기관의 연구원, 대학에서 전임강사 이상 재직자, 스포츠산업 종사자, 스포츠산업에 관한 지식과 경험이 풍부한 자로 규정하고 있다. 위원회의 심의사항은 스포츠산업 정책방향의 설정 및 기본계획과 세부시행계획의 수립, 스포츠산업 정책의 조정 및 주요 시책의 평가, 스포츠산업 진흥을 위한 연구 및 조사, 스포츠산업 정책의 개발 및 자문, 스포츠산업 육성업무의 협력과 조정, 기타 스포츠산업 진흥에 관한 사항으로 문화관광부장관의 부의사항을 포함하고 있다.

⑤ 스포츠산업 전문인력 양성(제8조)

전문인력 양성의 책임으로 국가 및 지방자치단체는 스포츠산업 진흥에 필요한 전문인력을 양성하기 위하여 노력하는 것을 포함하고 있다. 또한 전문인력 양성기관 지정을 위해 문화체육관광부장관은 연구소, 대학, 기타 필요한 경우 스포츠산업 전문인력 양성기관을 지정할 수 있으며, 이에 필요한 경비의 전부 또는 일부를 보조할 수 있다. 전문인력 양성기관 지정에 따른 경비보조 내용(동법시행령 §8)으로는 양성교육 프로그램 운영에 필요한 비용, 양성교육에 대한 조사 및 연구에 필요한 비용, 양성교육에 대한 교육 자료의 개발 및 보급에 필요한 비용, 양성교육의 시행에 필요한 교육장소 임대비 및 장비 구입비에 관한 내용을 포함하고 있다.

⑥ 스포츠산업 진흥시설의 지정 등(제9조)

문화체육관광부장관은 스포츠산업의 진흥을 위하여 필요하다고 인정하는 경우, 지방자치단체의 장과 협의하여 당해 지방자치단체 소유의 공공체육시설을 스포츠산업진흥시설로 지정할 수 있으며, 이 경우 시설 설치 및 보수 등에 필요한 자금의 전부 또는 일부를 지원이 가능하도록 규정하고 있다. 또한, 지정요건 미달 시 지정해제가 가능하도록 하였다.

⑦ 국 · 공유재산의 대부 및 사용 등(제11조)

국가 또는 지방자치단체는 스포츠산업진흥시설의 지정 및 운영을 위해 필요하다고 인정하는 경우, '국유재산법' 또는 '공유재산 및 물품 관리법' 규정에도 불구하고 국 · 공유재산을 수의계약으로 대부 · 사용 · 수익하게 하거나 매각이 가능하도록 하고 있다.

⑧ 사업자단체 설립(제13조)

스포츠산업 사업자는 스포츠산업의 진흥과 상호협력증진 등을 위하여 문화체육관광부장관의 인가를 받아 업종별로 사업자단체를 설립할 수 있도록 규정하고 있다. 또한, 사업자단체 설립인가 요건으로는 사업계획서가 스포츠산업 진흥의 목적에 부합하고, 사업 수행을 위한 자금조달 방안, 업종별 사업자가 100분의 50 이상이 참여하는 것을 규정하고 있다. 사업자단체 지정요건(동법시행령 §10)으로는 문화체육관광부령으로 정하는 수 이상의 스포츠산업 사업자가 입주해야 하며, 입주하는 스포츠산업 사업자의 100분의 30 이상이 중소기업기본법에 의한 중소기업자이고 입주하는 스포츠산업 사업자가 공동으로 이용할 수 있는 공용회의실 및 공용장비실 등의 공용이용시설을 설치하도록 규정하고 있다.

⑨ 스포츠산업지원센터의 지정 등(제14조)

스포츠산업지원센터의 지정과 관련하여 국·공립 연구기관, 대학 또는 전문대학, 특정 연구기관, 그 밖에 문화체육관광부령이 정하는 기관으로 규정하고 있다. 스포츠산업지원센터의 지정요건으로는 스포츠산업 사업자가 10명 이상 입주, 단 특별시의 경우 20명 이상(시행규칙 §3), 30% 이상의 중소기업 사업자가 입주, 회의실·장비실 등의 공용시설 구비를 규정하고 있다. 스포츠산업지원센터의 기능으로는 스포츠산업 발전을 위한 지방자치단체와의 협조에 관한 사항과 스포츠산업체 발전을 위한 상담 등 지원에 관한 사항을 포함하고 있다.

⑩ 국제교류 및 해외시장 진출지원(제15조)

스포츠산업의 경쟁력 강화와 스포츠산업 관련 상품의 해외시장 진출 활성화를 위하여 외국과의 공통제작, 방송, 인터넷 등을 통한 해외마케팅 홍보활동, 외국자본의 투자유치, 수출 관련 협력체계 구축 등의 사업에 대한 지원이 가능하며, 이에 필요한 비용보조가 가능하도록 규정하고 있다. 지정대상기관으로는 국민체육진흥공단, 대한무역투자진흥공사, 사업자단체 및 스포츠산업지원센터를 포함하고 있다(동법시행령 §15).

⑪ 프로스포츠의 지원(제16조)

프로스포츠 육성과 관련하여 국가는 스포츠산업의 발전을 도모하고, 국민의 건전한 여가활동을 진작하기 위하여 프로스포츠 육성에 관하여 필요시책을 강구하도록 규정하고 있다. 지방자치단체는 공공체육시설의 효율적 활용과 프로스포츠의 활성화를 위해 필요하다고 인정하는 경우, '공유재산 및 물품 관리법'의 제21조 제1항에도 불구하고 25년 이내의 기간을 정하여 공유재산을 그 목적 또는 용도에 장애가 되지 않는 범위에서 사용·수익하게 할 수 있으며, 이때 해당 공유재산을 사용·수익하고자 하는 자와의 계약에 따라 사용료를 정할 수 있으며, 사용·수익의 내용 및 조건을 부과하여야 하는 것으로 규정하고 있다.

〈표 5-5〉 국민체육진흥법 조 목록[9]

제1장 총칙
　　제1조 목적
　　제2조 정의
　　제3조 체육진흥시책 및 권장
　　제4조 기본시책의 수립 등
　　제5조 지역체육진흥협의회
　　제6조 협조

제2장 체육진흥을 위한 조치
　　제7조 체육의 날과 체육주간
　　제8조 지방체육의 진흥
　　제9조 학교체육의 진흥
　　제10조 직장체육의 진흥
　　제11조 체육지도자의 양성
　　제12조 부정행위자에 대한 자격취소 등
　　제13조 체육시설의 설치
　　제14조 선수 등의 보호 및 육성
　　제15조 도핑방지 활동
　　제16조 여가체육의 육성
　　제17조 체육용구의 생산장려 등
　　제18조 지방자치단체와 학교 등에 대한 보조

제3장 국민체육진흥기금
　　제19조 기금의 설치 등
　　제20조 기금의 조성
　　제21조 올림픽휘장사업
　　제22조 기금의 사용 등
　　제23조 부가금의 징수
　　제38조 잉원의 결격사유
　　제39조 회계감독 등
　　제40조 자금의 차입 등
　　제41조 조세의 감면 등
　　제42조 유사명치의 사용금지
　　제43조 감독

제4장 체육진흥투표권의 발행
　　제24조 체육진흥투표권의 발행사업 등
　　제25조 체육진흥투표권 발행사업의 위탁 등
　　제26조 유사행위의 금지
　　제27조 환급금
　　제28조 위탁운영비
　　제29조 수익금의 사용
　　제30조 체육진흥투표권의 구매제한 등
　　제31조 사업계획의 승인과 감독 등
　　제32조 체육진흥투표권 발매의 무효 등

제5장 체육단체의 육성
　　제33조 대한체육회
　　제34조 대한장애인체육회
　　제35조 한국도핑방지위원회의 설립
　　제36조 서울올림픽기념 국민체육진흥공단
　　제37조 임원

제6장 보칙
　　제44조 보고, 검사 등
　　제45조 권한의 위임, 위탁
　　제46조~제49조 벌칙
　　제51조 몰수, 추징
　　제52조 자격정지의 부과
　　제53조~제54조 벌칙
　　제55조 과태료
　　부칙

---

9) 손석정(2011). 스포츠와 법 이론과 실제. 서울: 태근문화사.

V. 스포츠산업의 정책 및 관련 제도　**167**

〈표 5-6〉 체육시설의 설치 · 이용에 관한 법률 조 목록[10]

제1장 총칙	제21조 체육시설의 이용질서
제1조 목적	제22조 체육시설업자의 준수사항
제2조 정의	제23조 체육지도자의 배치
제3조 체육시설의 종류	제24조 안전, 위생기준
제4조 국가와 지방자치단체의 의무	제25조 농약사용 및 검사
	제26조 보험가입
제2장 공공체육시설	제27조 체육시설업 등의 승계
제5조 전문체육시설	제28조 다른 법과의 관계
제6조 생활체육시설	제29조 휴업 또는 폐업통보
제7조 직장체육시설	제30조 시정명령
제8조 체육시설의 개방 및 이용	제31조 사업계획승인의 취소 등
제9조 체육시설의 위탁운영	제32조 등록취소 등
	제33조 청문
제3장 체육시설업	제34조 체육시설업협회
제10조 체육시설업의 구분 및 종류	
제11조 시설기준 등	제5장 보칙
제12조 사업계획의 승인	제35조 보조
제13조 사업계획승인의 제한	제36조 시책수립에 필요한 사항 등의 보고
제14조 대중골프장의 병설	제37조 수수료
제15조 대중골프장 조성비의 관리 및 사용	
제16조 등록체육시설업의 시설 설치기간	제6장 벌칙
제17조 회원모집	제38조 벌칙
제18조 회원의 보호	제39조 양벌규정
제19조 체육시설업의 등록	제40조 과태료
제20조 체육시설업의 신고	부칙

〈표 5-7〉 스포츠산업진흥법 조 목록[11]

제1조 목적	제11조 국 · 공유재산의 대부, 사용 등
제2조 정의	제12조 자금지원
제3조 다른 법률과의 관계	제13조 사업자단체 설립
제4조 국가와 지방자치단체의 책임	제14조 스포츠산업지원센터의 지정 등
제5조 기본계획 수립 등	제15조 국제교류 및 해외시장 진출지원
제6조 경쟁력강화 조치 지원 등	제16조 프로스포츠의 육성
제7조 스포츠산업진흥자문위원회	제17조 청문
제8조 스포츠산업 전문인력의 양성	제18조 권한의 위임, 위탁
제9조 스포츠산업진흥시설의 지정	제19조 포상
제10조 스포츠산업진흥시설의 지정해제	부칙

---

10) 손석정(2011). 스포츠와 법 이론과 실제. 서울: 태근문화사.

11) 손석정(2011). 스포츠와 법 이론과 실제. 서울: 태근문화사.

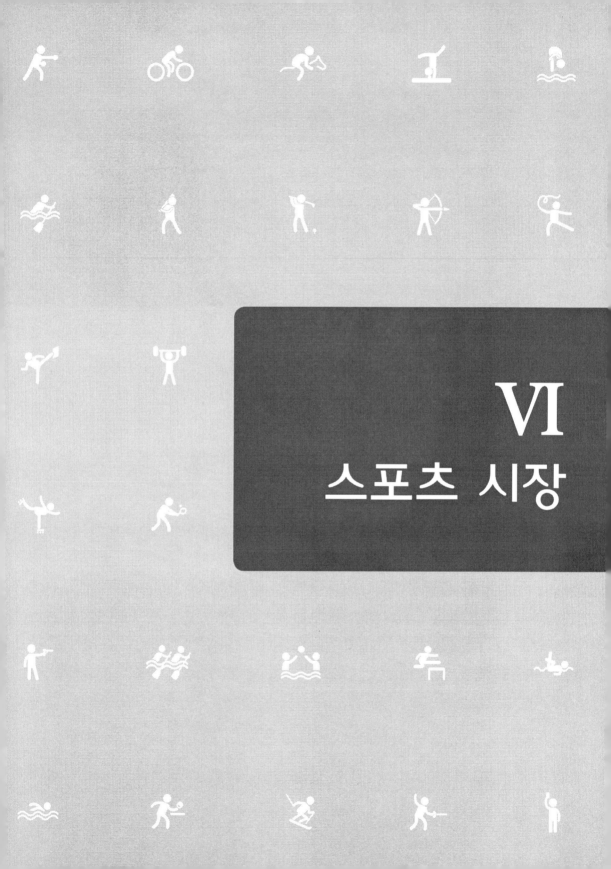

VI
스포츠 시장

1
스포츠 시장의 개념

　　스포츠 시장이란 스포츠와 관련된 재화 혹은 서비스 형태의 제품을 사고파는 행위가 일어나는 장소를 말하며, 구성요소로는 스포츠 제품, 제품생산자, 소비자를 포함하고 있다. 특히 스포츠 시장에 있어 스포츠생산자는 재화의 성격을 지닌 물리적 제품을 생산하는 스포츠기업뿐만 아니라 경기, 스포츠 강습 같은 서비스 스포츠 제품을 생산하는 조직을 포함한다. 또한 스포츠 소비자는 스포츠팬에 국한된 것이 아니라 기업 혹은 TV방송국과 같이 다양하게 분류될 수 있다.

1) 스포츠 시장의 분류

　　일반적으로 스포츠 시장은 경기인과 참여스포츠의 참여자 시장을 의미하는 참가자 시장과 경기관람자, 미디어 관람자 시장을 포함하는 관람자 시장, 그리고 스포츠이벤트의 자원봉사자 시장, 스포츠용품, 장비 및 설비의 수요와 공급에 관련된 용품시장으로 구성되어 있는 협의적 1차 시장과 스포츠와 관련된 광고의 수요와 공급과 관련된 광고시장, 스포츠스폰서와 관련된 무형의 서비스제품의 수요와 공급을 담당하는 스폰서 시장, 그리고 스포츠와 관련된 교육, 라이센싱, 스포츠와 관련된 정보를 제공하는 컨설팅의 수요와 공급을 나타내는 기타 관련 시장을 포함하는 보다 넓은 의미의 광의적 2차 시장으로 분류될 수 있다.[1]

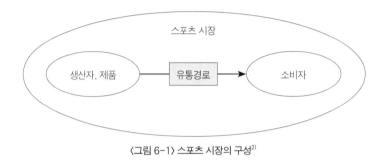

〈그림 6-1〉 스포츠 시장의 구성[2]

(1) 1차 시장

시장(market)이란 수요와 공급이 끊임없이 발생하여 재화 및 서비스가 거래되고 가격이 결정되는 장소로서, 제품의 매매가 일어나는 실제적 혹은 가상적인 공간이다. 많은 스포츠마케팅 전문가들은 스포츠와 관련된 시장의 확대를 위해 스포츠만이 가지고 있는 특성인 감동을 주는 제품, 수천수만 명이 한 곳에서 환호하는 메가이벤트라는 특성 그리고 신문, 잡지, TV 등 매스미디어의 주목을 받을 수 있다는 점을 고려하여 수익 극대화 및 소비자의 욕구를 충족시킬 수 있는 제품을

1) Brooks, C. M. (2004). Sports Marketing: Competitive business strategies for sports. Englewood Cliffs, NJ: Prentice Hall.
2) 백우열(2013). 스포츠 산업론. 충남: 남서울대학 출판국.

개발하기 위해 노력하고 있다. 1차 시장은 경기인(참가자) 시장과 관람객 시장, 자원봉사자 시장을 포함하며, 용품 및 장비, 설비 등도 스포츠 생산에 직간접적으로 연관되므로 1차 시장에 포함된다.

① 경기인 시장

스포츠 참가자 및 경기인은 경기를 생산하는 데 있어 중요한 구성요소가 된다. 이러한 구성요소를 통하여 시장이 활성화되려면 학교체육, 생활체육, 엘리트체육이 포함된 경기인 및 스포츠 참가자 수를 증가시켜 시장이 확대되어야 한다. 예를 들어, 프로야구 선수들이 구단과의 계약을 통해 특정 프로구단에 입단하게 되면, 프로스포츠 구단은 이들의 계약금과 연봉을 제공하면서 자연스럽게 경기인 시장이 형성된다. 결과적으로 경기인 시장의 공급자는 아마추어 스포츠 조직, 선수 개인 등이 될 수 있으며, 구매자는 프로스포츠 구단 그리고 제품으로는 경기력을 지닌 선수가 될 수 있다.

② 관람객 시장

스포츠 시장의 핵심은 특정 스포츠팀을 응원하는 스포츠팬, 즉 관람객의 규모로서 스포츠와 관련된 모든 비즈니스 활동의 규모는 특정 스포츠 종목 혹은 스포츠이벤트에 관심을 갖는 사람들의 숫자에 따라 시장의 규모가 결정되기 때문이다. 예를 들어 기업이 특정 스포츠리그와 스폰서십 계약을 체결하기를 원하는 것은 해당 스포츠리그가 지니고 있는 미디어적 가치, 즉 얼마나 많은 팬을 확보하고 있는가에 따라 교환가치 혹은 금전적 가치가 매겨진다. 대다수의 기업들은 특정 스포츠리그를 후원함으로써 소비자와 자사의 제품 혹은 브랜드에 대해 최대한 소통하기를 원하기 때문이다. 결과적으로 관람스포츠에 있어 스포츠 조직의 마케팅 전문가들은 관중 증대 및 스포츠팬 확대를 핵심 사업으로 꼽고 있다.

광의적 의미의 관람객을 분류할 때 경기장의 관람객뿐만 아니라 TV 시청자, 라디오 청취자, 신문 독자 등 매스미디어 스포츠 소비자도 포함된다. 다양한 이유로 경기장을 방문할 수 있겠지만, 스포츠 경기 관람객의 주요 관람 동기는 아래의 3가지로 분류할 수 있다.

- 경기력에 대한 관심: 경기에 참여하는 선수가 구사하는 기술
- 연대의식 및 사회적 교감: 특정 팀 또는 선수에 대한 연고지의식 혹은 인맥, 학맥 등의 연대의식 강화
- 경기장의 긍정적인 분위기: 치어리더, 밴드, 음악을 포함하는 스포츠팬 프로모션 프로그램을 의식하여 적당한 음주 및 고성방가 허용 등 스포츠 경기장 특유의 분위기

③ 자원봉사자 시장

자원봉사자들의 역할이 간과되고서는 성공적인 스포츠이벤트가 될 수 없다. 특히 규모가 큰 메가 스포츠이벤트일수록 최대한 많은 인원의 자원봉사자를 동원함으로써 해당 대회의 채산성을 맞출 수 있다. 국제마라톤대회의 통역봉사자, 운영봉사요원, 무보수로 꿈나무들을 지도하는 코치들, 올림픽 혹은 아시아경기대회의 수많은 안내요원 등은 스포츠단체에 큰 재정적 뒷받침이 된다.

④ 용품 및 장비 · 설비 시장

스포츠상품 생산에 필요한 인적 자원과 서비스를 제외한 물적 자원들이 연관된 시장을 스포츠용품 및 장비 · 설비 시장이라 한다. 스포츠 활동과 관련된 용품이나 장비 · 설비 시장은 스포츠에 참여하는 참여자의 수에 따라 그 규모가 결정되며, 특히 사회인 스포츠와 생활체육 인구가 이 시장을 크게 좌우한다. 오늘날 주

5일제 시행과 자유재량소득의 증가로 레저인구가 크게 늘어나면서 레저스포츠 활동과 관련된 의류, 용품, 장비, 강습프로그램 등의 시장이 크게 활성화되고 있다.

(2) 2차 시장

2차 시장은 스포츠를 매개로 하는 이익추구 집단들에 의해 형성되는 시장으로서 광고시장, 스폰서십 시장, 관련 상품 시장 등을 포함한다.

① 광고시장

광고시장이 형성된 이유는 광고주의 관점에서 우리 삶에 보편적으로 영향을 미치는 스포츠를 통한 광고가 전통적인 매체를 통한 광고보다 더 광범위한 파급효과를 지닌 것으로 인식되고 있기 때문이다. 특히 오늘날 정보의 홍수시대를 살아가는 현대인은 광고에 대한 부정적 이미지를 가지고 있는 것도 사실이다. 결과적으로 기업들에 있어 스포츠가 제공하는 보편적 가치와 경기력을 통한 심미적 이미지를 지닌 스포츠를 후원하여 발생하는 후광효과, 즉 스포츠가 지니는 긍정적 이미지의 전이는 상당한 이점을 지니고 있는 것으로 인식되고 있다. 따라서 스포츠마케팅 전문가들은 이들 광고주를 스포츠이벤트에 투자하도록 유도하기 위해 특별한 이벤트와 다양한 공간적·시간적 이점을 부각시킬 수 있는 광고전략을 개발해야 할 것이다.

② 스폰서십 시장

스폰서십이란 특정단체나 이벤트로부터 상업적인 이윤을 추구하기 위해 해당 단체에 지불되는 현금이나 그에 상당하는 현물을 의미한다. 스폰서 회사들은 관람객(특정 소비자집단)에게 쉽게 접근하는 데만 목적이 있는 것이 아니라 스포츠가 제공하는 긍정적 이미지를 자사 제품과 기업이미지에 전이시킴으로써 산업 내 경쟁 브랜드 및 제품과의 차별화를 유도하는 데 그 목적이 있다.

③ 관련 상품 시장

관련 상품 시장은 클럽팀 비즈니스를 비롯한 스포츠와 관련된 교육시장, 라이센싱 시장, 기술개발과 시설 향상을 위한 스포츠 컨설팅 시장을 의미한다. 이러한 관련 상품 시장이 크게 활성화되는 이유는 스포츠가 지닌 특성에서 기인하는 것으로서 스포츠의 특성이 잘 표현된 귀여운 로고나 심벌이 찍힌 상품들은 그렇지 못한 제품들보다 소비자의 구매 욕구를 상대적으로 더 많이 충동하는 경향이 있다. 실제로 메이저리그는 관련 상품을 8개 범주로 분류한 후 400여 개 업체에 그 판권을 판매하였다. 메이저리그의 심벌이 부착됨으로써 해당 제품에 대한 부가가치를 높여 업체들의 이익이 증가한 것은 의심의 여지가 없다.

〈표 6-1〉 스포츠 시장의 일반적 분류[3]

구분	특징
1차 시장 (협의적)	• 경기인 시장: 경기에 참가하는 선수, 참여스포츠와 관련된 참여자 등이 만드는 시장 • 관람객 시장: 스포츠 경기를 관람할 목적으로 입장권을 구입하여 관람하는 시장을 말하며, 광의적으로 해석하면 TV, 신문, 잡지 등의 미디어를 통한 관람자를 포함한다. • 자원봉사자 시장: 스포츠 경기를 지원할 목적으로 자원봉사자를 모집하거나 이에 참여하는 시장 • 용품 및 장비 · 설비 시장: 스포츠에 필요한 용품, 장비 및 설비 등의 자원봉사자를 모집하거나 이에 참여하는 시장
2차 시장 (광의적)	• 광고시장: 스포츠와 관련된 광고의 수요와 공급이 일어나는 시장 • 스폰서십 시장: 스포츠와 관련된 스폰서십의 수요와 공급이 일어나는 시장 • 관련 상품 시장: 스포츠와 관련된 교육시장, 라이센싱 시장, 기술개발 혹은 시설의 기능 향상을 위한 컨설팅 시장 등

한편 스포츠산업에는 스포츠와 관련된 다양한 집단이 존재하며 이들 집단

---

3) Brooks, C. M. (2004). Sports Marketing: Competitive business strategies for sports. Englewood Cliffs, NJ: Prentice Hall.

의 유기적인 상호작용으로 인해 스포츠산업의 다양한 하위영역에서 엄청난 규모로 팽창하고 있다. 국내 스포츠산업이 미국, 영국 등의 선진국형으로 성장하기 위해서는 정부의 정책적인 뒷받침과 각 스포츠단체의 노력이 뒤따라야 할 것이다. 스포츠산업의 발전은 국민의 육체건강과 정신건강을 포함하는 보편적 복지의 확대라는 점을 감안할 때 스포츠경영이나 스포츠마케팅이라는 용어가 정부의 정책입안자들 및 단위단체의 구성원들에게 친숙해져야 할 것이다.

2) 스포츠 시장의 특성

스포츠 시장이 지닌 공통적인 특성으로서 스포츠산업이 지니는 복합적이고 다양한 산업구조를 반영하여 제품, 생산자 그리고 소비자에 이르기까지 다차원적인 특성을 내재하고 있다. 특히 스포츠 시장에서 거래되는 제품은 재화와 서비스를 포함하고 있으며, 이러한 유·무형의 제품 시장이 혼재하는 것은 전통적으로 제품의 교환이 일어나는 유형의 시장뿐만 아니라 무형의 시장도 존재하는 것을 의미한다. 예를 들어, 오늘날 인터넷 기술의 발달은 전통적인 시장의 형태를 벗어나 온라인상에서 경기티켓판매 대행업체를 통해 경기장 관람권을 사고파는 것이 가능하게 되었다. 즉, 스포츠 시장은 그 구성에 있어 스포츠용품 전문숍, 백화점 등의 스포츠 재화가 교환되는 유형의 시장뿐만 아니라 인터넷 등의 무형적 시장형태로서 재화와 서비스의 교환이 가능한 시장이 존재하고 있음을 의미한다.

스포츠 시장의 또 다른 특성은 높은 수요탄력성을 지니고 있다는 것이다. 일반적으로 제품의 가격이 떨어지면 해당 제품을 구매하고자 하는 소비자의 수 혹은 수요는 증가하게 된다. 이와는 반대로 가격이 상승할 경우, 해당 제품에 대한 수요는 감소하게 된다. 가격이 하락하거나 증가했을 경우, 수요가 크게 증가하거나 감소되면 수요는 탄력적이라 할 수 있다. 특히 스포츠 제품의 경우, 강한 수요탄력성을 지니고 있다고 할 수 있는데, 이는 고부가가치를 지닌 스포츠 제품에 있어서 가격의 변동에 대해 스포츠 소비자가 민감하게 반응하는 높은 수요탄력성을 나타낸다.

전문가 수준의 소비자집단의 존재는 스포츠 시장의 또 다른 특성이라 할 수 있다. IT기술의 발달로 인하여 인터넷을 기반으로 하는 지식정보화사회가 도래하면서 소비자는 관심 있는 제품군에 대해 전문가 못지않은 지식을 소유하게 되었다. 이에 스포츠 소비자는 많은 대안을 고려하는 대안 평가를 통해 특정 제품에 대한 정보를 소유하게 되고, 이러한 지식들은 인터넷 공간을 통해 다른 소비자와 공유함으로써 전문가 수준의 지식을 갖춘 소비자집단이 등장하게 되었다. 따라서 오늘날 스포츠기업들은 생존을 위해 경쟁에서 우위를 점하기 위해 끊임없는 기술개발과 제품 차별화를 시도하고 있다. 이는 스포츠 관련 산업들의 기술적 혁신을 불러오는 긍정적인 측면으로 작용하게 되었다. 마지막으로 스포츠산업은 산업 내 조직 간의 경쟁과 협력이 적절히 조화를 이루어야 한다는 것이다. 예를 들어, 프로야구 팀들에 있어 상대팀은 경쟁에서 승리해야만 한다. 하지만 상대팀의 존재는 경기라는 제품을 생산하는 데 꼭 필요한 존재이다.

프로야구경기 도중 빈볼시비가 종종 일어나 양팀 간 벤치클리어링 장면이 연출될 때에도 실제로 선수들이 심하게 다치는 일이 발생하지 않도록 하는 것이 이들 선수, 코치, 감독 간의 불문율이라 할 수 있다. 물론 이러한 갈등 연출조차 관중을 위한 팬 프로모션의 일환이라는 것을 인지하는 스포츠 관람객은 많지 않은 듯하다. 따라서 스포츠 시장에 있어서 스포츠 조직은 경쟁과 협력을 통해 서로 공존하는 특성을 지니고 있다.

2
스포츠 제품

　　스포츠 제품이란 스포츠 소비자, 스포츠 관람자, 스포츠 참여자, 스폰서 등의 스포츠 관련 소비자에게 편익을 제공하기 위해 만들어진 재화 및 서비스를 통칭한다.[4] 다시 말해, 스포츠 제품은 이들 다양한 소비자의 욕구를 충족시킬 수 있는 유형재, 서비스, 사람, 장소, 조직, 아이디어 등을 포함하는 물리적 제품의 속성과 서비스 제품의 속성을 모두 지니고 있는 독특한 제품이라 할 수 있다. 결과적으로 스포츠 제품을 정의하는 데 있어 고객에게 무엇을 제공할 수 있는가와 관련된 생산자 중심의 접근보다는 소비자가 어떤 이유로 기업이 제공하는 제품을 구매하기 원하는가와 관련된 고객의 편익 중심적인 접근이 요구된다. 따라서 소비자가 특정 제품을 구입함으로써 얻을 수 있는 가장 근본적인 혜택이나 효용을 의미하는 핵심제품(core product), 소비자가 실제로 지각할 수 있는 유형제품이나 서비스를 의미하는 실제제품(actual product), 그리고 핵심제품과 실제제품 외에 부가적으로 소비자에게 제공될 수 있는 혜택을 의미하는 확장제품(augmented product)의 3가지 차원으

---

4)　백우열(2013). 스포츠 산업론. 서울: 남서울대학교 출판국.

로 설명할 수 있다.

　　참고로 경제학적 관점에서 대부분의 스포츠 제품은 사치재라고 할 수 있다. 일반적으로 재화를 정상재(normal goods)와 열등재(inferior goods)로 분류할 수 있는데, 정상재는 소득이 오르면 수요가 증가하는 재화를 의미하며, 이와는 반대로 열등재는 소득이 증가하면 수요가 감소하는 재화를 뜻한다. 특히 정상재는 다시 필수재(necessary goods)와 사치재(luxury goods)로 세부적으로 나눌 수 있다. 필수재는 소득의 증가율보다 수요증가율이 낮은 재화를 의미하며, 쌀, 커피, 내비게이션 등을 포함할 수 있다. 사치재는 명품백, 골프클럽 등 소득증가율보다 수요증가율이 높은 재화를 뜻한다. 특히 스포츠 제품은 소득이 증가하면 가파른 수요증가를 보이는 사치재가 대부분을 차지하고 있다. 하지만 시간의 경과에 따라 이러한 사치재와 필수재의 개념이 바뀔 수 있다. 예를 들어, 보리밥 같은 경우 1970년대와 1980년대의 보리밥은 소득이 증가하면서 그 수요가 감소하는 열등재였으나, 오늘날 소득과 건

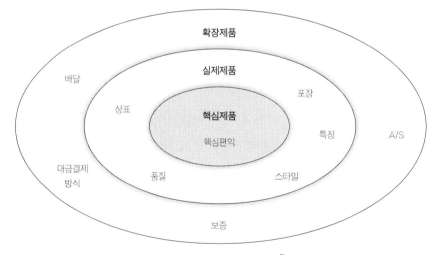

〈그림 6-2〉 제품의 3차원적 구성[5]

---

5)　Kotler, P. (1997). Marketing Management. Prentice-Hall. p. 433.

강한 삶에 대한 소비자의 가치관이 변화되면서 서서히 그 수요증가율이 소득증가율을 뛰어넘는 사치재로 변모하였다. 마찬가지로 스포츠 제품에 있어서도 소득이 증가함에 따라 소비자의 의식 및 기호가 다양해지는 것이 당연하므로 스포츠 제품은 소득 변화와 수요 변화에 관련하여 골프용품, 스포츠화 등과 같이 사치재에서 필수재로 변모하거나 이와는 반대로 변화되는 특성을 지닌다.

1) 유형 스포츠 제품

유형 스포츠 제품은 서비스 형태를 제외한 모든 유형제품이라 할 수 있으며, 스포츠신발, 스포츠웨어, 스포츠용기구 등을 포함한다. 일반적으로 물리적 스포츠 제품은 욕구에 의해 구매되는 기호성이 높은 상용품이라 할 수 있는데, 소비자는 스포츠용품 구입에 있어 품질, 가격, 스타일, 기능, 브랜드, 유행 등의 요소를 중시한다. 예를 들어 스포츠화 같은 유형 스포츠 제품에 있어 상표, 포장, 스포츠화 자체는 소비자가 지각할 수 있는 실제 제품에 해당하며, 스포츠화를 구매하여 착용함으로써 얻는 편안함, 자아감, 자기표현 등의 편익은 핵심제품을 의미하고, 핵심제품과 해당 스포츠화 구매에 부가적으로 제공되는 보증(warranty), 배달, A/S 등은 확장제품에 해당한다.

또한 모든 제품은 교환을 목적으로 생산되는 생산물을 의미하므로 사용가치와 교환가치를 동시에 가진다. 특정 제품의 사용가치는 소비자의 다양한 욕구를 충족시킬 수 있는 가치 혹은 편익을 의미하며, 교환가치는 다른 상품과 교환될 수 있는 화폐적 가치를 말한다. 예를 들어 자동차를 구입하여 여행할 때 자동차의 힘을 빌려 먼 거리를 무리 없이 여행하게 된다. 이때, 자동차의 금전적 가치가 3,000

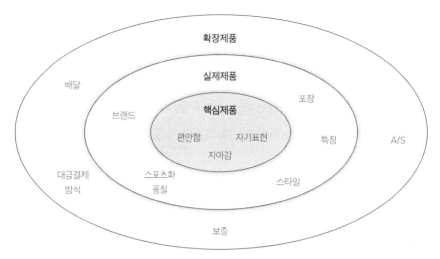

〈그림 6-3〉 스포츠화 제품의 3차원적 구성

만 원이고, 유명 화가의 그림 또한 3,000만 원의 화폐적 가치를 지니고 있다면 우리는 자동차와 유명 화가의 그림이 교환될 수 있을 것으로 간주하고, 해당 자동차의 교환가치를 확정한다. 유형 스포츠 제품의 경우도 마찬가지로 스포츠 소비자의 욕구를 충족시키기 위한 사용가치와 교환가치를 지니고 있다. 특히 화폐적 가치와 더불어 특정 스포츠 브랜드가 지니고 있는 사용가치는 해당 브랜드의 심벌, 로고가 내포하고 있는 상징적 사용가치와 제품을 사용함으로써 얻어지는 기능적 사용가치를 모두 포함한다. 다시 말해, 유형 스포츠 제품이란 스포츠 소비자가 인식하고 있는 상징적이고 기능인 사용가치와 교환가치를 지니는 재화로 정의될 수 있다.

2) 서비스 스포츠 제품

　　서비스 스포츠 제품은 참여스포츠와 관람스포츠 제품의 관점에서 개념정의가 이루어질 수 있다. 스포츠 제품을 참여스포츠 제품과 관람스포츠 제품으로 구분하는 것은 스포츠 소비자가 능동적 혹은 수동적으로 스포츠 활동에 참여하는 것에 의해 결정된다. 먼저 참여스포츠 제품은 스포츠 소비자가 스포츠 제품의 생산과 소비에 직접적으로 참여하는 것으로서, 예를 들어 스포츠센터에 회원으로 등록한 스포츠 소비자는 스포츠센터가 제공하는 운동 프로그램을 선택하여 개인 트레이너로부터 개인강습을 제공받음과 동시에 해당 스포츠 활동에 참여하여 소비하는 스포츠 서비스 제품이라 할 수 있다. 이와는 반대로 관람스포츠 제품의 경우, 스포츠 소비자가 해당 제품의 생산에 관람 형태의 간접적인 참여를 통해 제품을 소비하는 서비스 스포츠 제품이다. 특히 스포츠 경기는 관람스포츠의 대표적인 제품으로서 이와 관련된 모든 연관 제품을 포함하고 있다. 스포츠 소비자가 특정 스포츠 경기를 관람하기 위해 구입하는 경기관람권에서부터 TV방송국이 특정 스포츠 경기를 독점중계하기 위한 TV중계권, 기업이 자사의 제품을 촉진할 목적으로 스포츠 경기를 후원하는 스폰서십 등이 관람스포츠 제품의 범주에 속한다.

(1) 참여스포츠 제품

　　먼저 참여스포츠 제품의 경우, 유형 스포츠 제품과 마찬가지로 교환을 목적으로 생산되어 상징적 · 기능적 사용가치와 교환가치를 동시에 지닌다. 앞서 언급한 스포츠센터가 제공하는 강습프로그램의 예를 들어보면, 스포츠 소비자가 스포츠센터에 등록하기 위해 지불하는 입회비는 교환가치에 해당하며, 강습프로그램

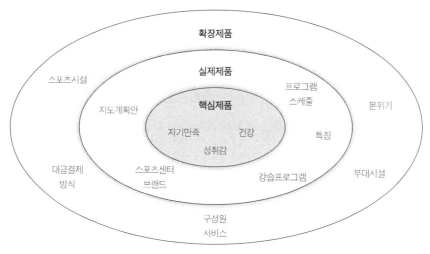

확장제품

실제제품

스포츠시설

프로그램
스케줄

핵심제품

지도계획안

분위기

자기만족   건강

성취감

특징

대금결제
방식

스포츠센터
브랜드

강습프로그램

부대시설

구성원
사비스

〈그림 6-4〉 스포츠센터 제품의 3차원적 구성

에 참여하여 얻는 사회성 함양, 건강, 성취감, 자존감 등의 혜택은 상징적 · 기능적 사용가치에 해당된다.

또한 스포츠클럽 회원이 헬스클럽을 찾는 궁극적인 목적은 운동 자체라기보다는 헬스라는 운동을 통해 얻을 수 있는 건강이나 즐거움이라는 운동효과적 편익 때문에 제품을 구입한다. 하지만 스포츠센터 같은 참여스포츠 제품을 구매하는 스포츠 소비자는 자기만족, 즐거움, 성취감, 건강 등의 심리적 혜택을 의미하는 핵심제품뿐만 아니라 실제로 지각할 수 있는 스포츠센터 브랜드, 강습프로그램 같은 실제제품과 스포츠센터 직원들의 서비스, 스포츠시설, 센터의 분위기 등을 포함하는 확장제품을 구매하는 것이라 할 수 있다.

(2) 관람스포츠 제품

관람스포츠산업의 대표적인 제품인 스포츠 경기의 핵심제품은 경기를 관람하면서 얻을 수 있는 스트레스 해소, 오락, 일상탈출, 성취감 등을 포함하고 있으며, 실제제품으로는 경기 그 자체와 선수의 경기력, 팀의 경기력이 제시될 수 있다. 또한 관람스포츠의 확장제품으로는 경기장 시설, 종업원의 서비스, 팬 프로모션, 응원, 경기장 분위기 등이 해당된다.

한편 관람스포츠 제품은 교환가치와 더불어 유형 스포츠 제품과 참여스포츠 제품이 지니고 있는 사용가치에 해당하는 정보가치를 가진다. 예를 들어 프로야구 경기를 관람하기 위해 스포츠 관람자가 1만 원의 입장권을 구입하여 경기장에 입장해서 경기를 관람한다면, 이때 경기를 관람함으로써 얻는 지적 욕구와 오락적 욕구를 충족시키는 혜택은 정보가치를 지니고 있으며, 1만 원의 대가를 지불한 것은 교환가치로 나타낼 수 있다. 결과적으로 서비스 스포츠 제품은 일반 스포츠 재화가 지니는 사용가치와는 달리 소비자 입장에서는 정보가치를 지니고 있다. 특히, 정보가치를 지닌 서비스 스포츠 제품이 시장에서 거래될 경우, 대부분이 권리의 개념으로 거래가 이루어진다. 예를 들어, 우리가 책을 구입할 때 맨 첫 장 혹은 마지막 장에 '판권소유'라는 글을 접할 수 있다. 이때 '판권'이란 도서출판에 관련된 모든 권리를 의미한다. 따라서 이러한 권리는 정보물이 '권리'라는 개념으로 거래가 이루어진다는 것을 나타낸다. 이와 마찬가지로 고부가가치를 지닌 서비스 스포츠 제품일수록 이러한 '권리'라는 개념으로 거래되는 것이 일반적이다.

관람스포츠 제품의 정보가치를 보다 세부적으로 살펴보면, 스포츠 경기의 중계권을 구입하기 원하는 TV방송국은 스포츠 경기를 독점적으로 중계할 수 있도록 TV중계권을 해당 종목의 협회나 조직으로부터 구입하게 되는데, 이러한 스포츠 경기 중계권은 권리의 개념으로 교환이 이루어진다고 할 수 있다. 또한 선수의 초상권을 구입하여 자사제품의 광고에 이용하기를 원하는 기업은 선수의 초상권을 이용할 수 있는 권리를 구입하여 합법적으로 선수의 사진 혹은 이름을 자사 제품의 광고에 이용하여 판매를 촉진한다. 마찬가지로 스포츠 소비자가 스포츠 경기

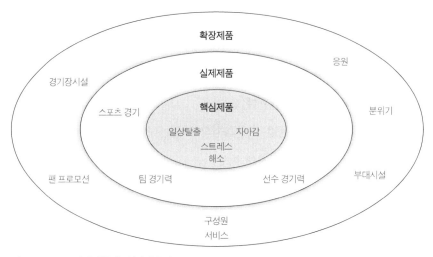

확장제품

응원

경기장시설

실제제품

스포츠 경기

핵심제품

일상탈출   자아감
스트레스
해소

분위기

팬 프로모션   팀 경기력   선수 경기력   부대시설

구성원
서비스

〈그림 6-5〉 스포츠 경기 제품의 3차원적 구성

를 관람하기 위해 구입하는 경기티켓의 경우도 소비자는 스포츠 경기를 관람하기 위해 경기가 이루어지는 동안 해당 경기장 좌석을 소유하는 권리를 구입하는 것이라 할 수 있다. 따라서 대부분의 관람스포츠 제품은 권리의 형태로 거래가 이루어지고 있으며, 이러한 제품은 정보가치와 교환가치를 가진다고 할 수 있다.

3) 스포츠 제품의 분류

스포츠 시장에 있어 스포츠 제품은 크게 서비스 형태와 재화 형태로 나눌 수 있다. 특히 스포츠산업에서는 스포츠 서비스 제품이 고부가가치를 형성하게 되는데, 이것은 앞서 언급한 바와 같이 '권리'라는 개념으로 교환이 이루어진다. 스포츠 제품의 분류를 살펴보면, 여러 가지 분류법이 있을 수 있으나, 크게 '브룩스(Brooks)의 분류'와 '멀린(Mulline) 외 2인의 분류'로 제시될 수 있다.

(1) 브룩스의 분류

브룩스(1996)에 의한 스포츠 제품 분류에 의하면, 스포츠 제품은 크게 유형제품, 스포츠 프로그램, 아이디어 혹은 기술, 스포츠 경기로 구성되어 있다.[6]

- 유형제품

  스포츠산업에 있어 유형제품은 가장 보편적인 제품으로서 스포츠용품, 스포츠화, 아웃도어웨어 등이 이에 해당된다.

- 스포츠 프로그램

  스포츠 프로그램의 경우, 스포츠 강습과 같이 스포츠 소비자에게 제공되는 모든 프로그램이 이에 해당된다.

- 아이디어 혹은 기술

  아이디어 혹은 기술은 스포츠에이전트가 스포츠 스타의 해외 이적을 대행하는 데 필요한 모든 정보와 지식을 제공하는 경우, 이때 에이전트가 제공할 수 있는 지식 혹은 정보는 아이디어적인 스포츠 제품이 된다.

- 스포츠 경기

  마지막으로 스포츠 경기는 스포츠 조직들이 리그에 참가하여 상대 팀과의 경기를 펼치는 가운데 경기라는 서비스 제품을 스포츠 소비자에게 제공하게 된다.

(2) 멀린 외 2인의 분류

멀린 외 2인(2000)이 제시한 스포츠 제품의 분류를 살펴보면, 스포츠 제품은

---

6) Brooks, C. M. (1994). Sports Marketing: Competitive business strategies for sports. Englewood Cliffs, NF: Prentice Hall.

크게 스포츠 경기와 관련된 제품, 팀과 관련된 제품, 선수와 관련된 제품 그리고 기타 제품으로 나눌 수 있다.[7]

- **경기 관련 제품**

  스포츠 경기에 관련된 제품에는 경기관람권, 특정 조직이 스포츠 경기를 개최할 수 있는 권리인 경기개최권, 스포츠 경기를 방송하는 TV중계권, 그리고 기업들이 자사 제품 혹은 브랜드를 촉진하기 위한 명칭사용권을 포함한다.

- **팀 관련 제품**

  스포츠팀과 관련된 상품으로는 팀 명칭 사용권, 팀의 로고와 선수 유니폼 광고권, 초상권, 캐릭터 등을 포함한다. 팀의 명칭 사용권의 경우, 중국 프로축구 명문인 베이징궈안과 계약을 맺고 2003년부터 3년간 '베이징 현대자동차팀'이라는 명칭으로 경기에 나가게 되었다. 또한, 2011년 7월 맨체스터시티(Manchester City FC)가 아부다비의 에티하드항공(Etihad Airways)과 10년간 홈경기장 명칭권 계약을 체결하여 기존의 '시티 오프 맨체스터 스타디움(City of Manchester Stadium)'이란 명칭은 계약 체결 즉시 '에티하드 스타디움(Etihad Stadium)'으로 바뀌었다. 또한, 삼성전자는 2003년부터 13시즌 후반까지 첼시(Chelsea FC)의 유니폼 스폰서를 하였다.

- **선수 관련 제품**

  선수와 관련된 상품으로 엔도스먼트(endorsement)가 있다. 이는 특정 기업이 유명 선수를 금전적 혹은 물질적 보상을 통하여 선수의 초상권을 구입하는 것을 의미한다. 유명 스포츠 스타와 계약한 기업은 해당 선수의 초상권을 지면광고, 프로모션 이벤트를 포함하는 모든 형태의 광고 혹은 촉진활동에 이용할 수 있다. 또한 초상권의 개념에 있어 선수의 캐릭터도 이에 해당된다. 스포

---

7) Mullin, B. J., Hardy, S. & Sutton, W. A. (2000). Sport Marketing(2nd ed.). Champaing, IL: Human Kinetics.

츠산업의 관점에서 스포츠 선수가 FA 신분을 얻어 다른 팀으로 이적할 경우 선수가 스포츠 제품이 될 수 있다.

- 기타 제품

스포츠용품, 기구, 스포츠화 등과 같이 형태를 지니고 있는 모든 유형의 제품은 기타 제품으로 분류된다. 일반적으로 유형의 스포츠 제품의 경우, 서비스 제품보다는 상대적으로 낮은 부가가치를 형성한다. 예를 들어 박지성 선수의 초상권은 나이키 신발과 비교했을 때 형태를 지니지 않는 무형의 제품임에도 굉장한 부가가치를 지니고 있다. 하지만 유형의 스포츠 제품이 높은 부가가치를 형성하는 경우도 있다. 예를 들어 1980년 후반부터 2000년 초반까지 나이키는 자사 농구화에 마이클 조던의 심벌을 부착하여 기존 농구화보다 몇 배의 가격을 책정하여 판매하였다. 이는 마이클 조던 선수의 초상권과 농구화가 만나면서 서비스 제품이 아닌 물리적 스포츠 제품으로 엄청난 부가가치를 형성하여 판매되었다.

4) 스포츠 제품의 특성

앞서 언급한 바와 같이 스포츠 제품에는 스포츠용품 및 기구를 포함하는 유형제품뿐만 아니라 퍼스널 트레이닝이나 프로야구 경기관람권, 스폰서십, TV중계권 같은 스포츠 강습프로그램이나 권리개념의 서비스 제품도 스포츠 제품에 포함된다. 스포츠 제품은 다음과 같은 특성을 지닌다.[8]

---

8) Mulline, B. J., Hardy, S. & Sutton, W. A. (2000). Sport Marketing(2nd ed.). Champaing, IL: Human Kinetics.

- 무형 및 주관적 제품

  스포츠 서비스 제품은 형태가 없는 무형성을 지니고 있으며, 소비자 개인의 주관적 경험에 의존한다. 또한 소비자의 다양한 서비스 구입에 따라 혜택이나 만족도가 다양하게 나타나며, 주변의 환경과 개인의 내적 상황에 따라 주관적 경험에 의해 판단된다.

- 소모성 제품

  스포츠 서비스 제품은 생산함과 동시에 소멸되는 소모성 제품이다. 영구적 혹은 반영구적으로 저장할 수 없는 특성이 있기 때문에 매출이 높은 성수기와 상대적으로 매출이 감소하는 비수기에 발생하는 수요변동을 보완하기가 쉽지 않다. 따라서 성수기에는 가용능력을 최대한 활용하여 고객유치에 힘쓰고, 비수기에도 유휴화된 시설을 다른 용도로 활용하여 수익을 창출하는 마케팅적 융통성이 발휘되어야 한다.

- 대중적 소비제품

  스포츠 서비스 제품은 일반적으로 집단적으로 소비되는 경향이 있다. 프로야구의 경우, 관객은 경기관람권을 구입하여 경기장을 찾아 경기를 즐기며, 사교, 스트레스 해소 등의 혜택을 누리게 된다. 이는 스포츠 서비스 제품이 집단적으로 소비되는 전형적인 예로서, 경기장시설이 수용한계능력에 가까울수록 스포츠 소비자의 구매만족은 커질 것이다. 따라서 스포츠 서비스 제품은 특정 장소에서 다수의 사람과 함께 소비되므로 서비스에 대한 즐거움이나 만족은 상대적 상호작용에 따라 달라질 수 있다.

- 예측불허의 제품

  프로야구 경기와 스포츠센터의 스포츠 강습 프로그램 같은 스포츠 서비스 제품의 소비는 예측이 불가능하며, 소비자의 구매만족 같은 결과는 항상 일치하지 않는다. 예를 들어 특정 팀을 응원하는 스포츠팬의 경우, 경기관람권을 구매해서 재미있게 경기를 관람했다고 하더라도 선호하는 팀의 승패는 해당 스포츠팬의 구매만족에 영향을 미칠 수 있다. 또한 스포츠센터의 스포츠 강습의 경우에도 마찬가지로 똑같은 장소에서 같은 강사에게 스포츠 강습의 서비스를 제공받았다 하더라도 스포츠 소비자, 즉 강습자의 구매만족은 다를 수 있다.

- 통제 불가능한 핵심제품

스포츠 서비스 제품의 경우, 핵심제품은 통제가 불가능한 것이 대부분이다. 프로스포츠 경기의 경우, 실제제품인 경기의 승패에 따라 핵심제품인 소비자의 만족, 스트레스 해소 등의 핵심제품이 영향을 받는다. 다시 말해, 경기의 결과가 선호하는 팀이 승리하면 스포츠 소비자는 구매만족 혹은 스트레스 해소 등의 핵심제품에 대해 긍정적으로 평가할 것이며, 그렇지 못한 경우는 반대의 상황이 될 것이다. 따라서 스포츠 제품의 핵심제품 및 실제제품은 제어가 불가능하거나 제한적으로 통제할 수 있는 제품에 속한다.

- 통제 가능한 확장제품

스포츠 경기에 있어 경기 같은 핵심제품은 마케터에 의해 조정될 수 없으나 시스템적이고 조직적인 통제를 통해 핵심제품을 부각시킬 수 있다. 이러한 핵심제품의 불확실성을 오히려 확장제품으로 만회할 수 있다. 예를 들어 스포츠 경기의 팬 프로모션 같은 부대행사는 스포츠 조직이 제어할 수 있는 확장제품으로 이를 통해 스포츠팬에게 즐거움과 볼거리를 제공하고 경기, 즉 핵심제품의 결과에 상관없이 스포츠 소비자의 관람만족을 높이는 결과를 이끌어낼 수 있다.

- 소비재와 산업재

스포츠 제품은 소비재인 동시에 산업재이다. 예를 들어 헬스머신이 가정에서 개인의 건강을 위해 이용되면 소비재라 할 수 있으며, 반대로 동일한 헬스머신이 수익을 목적으로 하는 헬스클럽에서 여러 회원과 다른 헬스클럽 이용객에 의해 사용되면 산업재가 된다. 즉, 형태나 내용이 동일하더라도 구입하는 소비자의 형태와 용도에 따라 소비재 혹은 산업재로 분류된다.

- 소구력제품

  스포츠는 보편적인 가치를 제공하고 인간 삶의 다양한 영역에서 영향력을 끼치고 있다. 특히 스포츠의 긍정적인 이미지가 지니는 보편적 소구력 때문에 세계시장을 공략하려는 기업들은 메가 스포츠이벤트 혹은 스포츠 경기의 스폰서로서 스포츠를 통한 마케팅을 시도하고 있다.

5) 서비스 스포츠 제품의 특성

대부분의 부가가치가 높은 서비스제품의 경우 권리라는 개념의 형태로 나타난다. 미국마케팅협회(American Marketing Association)는 무형의 서비스 제품에 대해 "서비스란 판매목적으로 제공되거나 상품 판매와 연계하여 제공되는 제 활동"이라고 정의하였다. 이처럼 서비스란 무형의 활동으로 이해할 수 있다. 즉, 스포츠 소비자에게 경기를 관람할 수 있는 권리를 제공하거나 스포츠 활동에 참여할 수 있는 기회를 제공하는 것이 서비스로서의 정의에 부합된다고 할 수 있다. 일반 재화와는 달리 형태가 없는 서비스 스포츠 제품이 지니는 특성은 다음과 같다.[9]

- 무형성

  서비스의 기본 특성은 만지거나 볼 수 없는 것으로 형태가 없다. 따라서 서비스라는 가치를 파악하여 평가하기는 어렵다. 다시 말해, 제품의 실체를 보거나 만질 수 없기에 각 개인마다 주관적인 성향을 나타낼 수 있다. 예를 들어

---

9) 강호정·이준엽(2008). 현대 스포츠 경영학. 경기: 학현사.

피트니스센터에서 퍼스널트레이닝 프로그램의 경우 프로그램을 경험하기 전에는 프로그램이 얼마나 계획성 있게 진행될 것인지 또는 프로그램을 경험한 후 참여자의 평가는 보거나 만질 수 있는 객관적인 평가를 도출하기 어렵기 때문에 참여자의 만족도에 대한 평가는 상당히 주관적이라 할 수 있다.

- 비분리성

서비스 제품은 생산과 소비가 함께 발생한다. 예를 들어 프로야구 관람자는 현장에서 서비스 제품이 바로 생산되는 것을 인지하지 못한다. 또한 관람객에 의해 분위기가 형성되는데, 이러한 분위기는 소비자가 인지하는 서비스 제품의 질에 상당한 영향을 미치게 된다. 일반제품의 경우, 생산된 제품은 유통 단계를 거쳐 소비자에게 전달되는 방식으로 이루어진다. 따라서 소비자가 구입한 제품에 대해 불만족할 경우, 반품할 수 있다. 하지만 스포츠는 일반 제품과는 달리 생산과 소비가 동시에 이루어지는 특성으로 구매에 대해 불만족할 경우 일반제품처럼 반품할 수 없다.

- 이질성

서비스의 생산 및 전달 과정에는 여러 변수가 작용한다. 예를 들어 특정 고객 A가 경험한 스포츠 서비스 제품과 다음 고객인 B에게 제공된 서비스 제품의 품질이 다를 수 있다. 예를 들어 스포츠센터에서 동일한 스포츠 강습프로그램이라 하더라도 강사에 따라 제공되는 강습서비스 제품의 품질은 달라질 수 있다. 또한 동일한 강사라 할지라도 그날의 신체 컨디션 혹은 무드에 따라 제공되는 강습서비스 제품의 품질이 달라질 수 있다. 따라서 서비스 제품으로서 스포츠 제품은 제품 품질의 관점에서 이질성을 포함하고 있다.

- 소멸성

서비스 제품은 물리적 형태가 없는 무형적 특성을 지니고 있기에 이를 보관할 수 있는 방법이 없다. 또한 구매된 서비스라 하더라도 일회성으로 소멸되며, 부가적으로 따라오는 편익 또한 사라지게 된다. 예를 들어 판매되지 않는 프로야구 관람권은 시간이 지나면 판매할 수 없게 되며, 스키리조트의 객실도 투숙객에게 지정된 날짜에 판매하지 않고 재고로 보관한 경우 판매할 수 없는 경우가 생긴다. 이처럼 스포츠 제품은 소멸성을 가지고 있다.

6) 스포츠 프로퍼티

(1) 프로퍼티의 개념

앞선 언급한 바와 같이 스포츠 서비스 제품은 정보가치를 지닌 '권리'라는 개념으로 교환이 이루어진다. 이는 다른 말로 프로퍼티(property)의 개념으로 설명할 수 있다. 법률적 의미로 재산권, 금전적 가치를 지닌 물건, 상표권, 특허권 등의 물적 재산을 의미하는 프로퍼티는 마케팅적인 관점에서 살펴보면 법적 보호를 받는 선수 이름, 팀의 로고, 사인, 초상 등에 부여되는 재산권을 의미한다. 현행 우리나라에서 프로퍼티는 저작권법, 의장법, 상표법, 부정경쟁방지법, 불공정 무역행위 조사 및 산업 피해구제에 관한 법률 등의 법에 의해 보호를 받는다.

(2) 프로퍼티의 종류

프로퍼티는 무형 프로퍼티와 유형 프로퍼티로 구분할 수 있다. 유형 프로퍼티는 동산, 부동산 등 형체를 지니고 있는 재산권을 의미하며, 상표, 브랜드 심벌, 특허, 아이디어, 예술 창작물 등 지적재산권(intellectual property right)을 의미하는 무형 프로퍼티로 구분한다. 예를 들어 피카소의 그림 같은 아트 프로퍼티, 마이클 잭슨 같은 저명인사 프로퍼티, 샤넬 같은 패션 프로퍼티, 베트맨 같은 캐릭터 프로퍼티, 비틀즈 같은 뮤직 프로퍼티, 그린피스 같은 비영리단체 프로퍼티, 「보그(vogue)」 잡지 같은 출판 프로퍼티, 삼성전자 같은 상표 및 브랜드 프로퍼티, NBA 같은 스포츠 프로퍼티, 장난감 브랜드인 레고 같은 완구 프로퍼티, 닌텐도 같은 게임 프로퍼티 등이 존재한다.

(3) 지적재산권

무형 프로퍼티의 대부분은 지적재산권이라고 할 수 있다. 지적재산권은 크게 상표권과 저작권 그리고 초상권으로 구성되어 있다.

① 상표권

상표권은 특정 제품을 다른 제품과 구별할 수 있는 제품 식별표시로서 제품의 독특성과 고유성을 나타내는 문자, 도형, 기호 등을 포함하는 브랜드의 중요한 구성요소이며, 제품의 출처, 품질, 성능을 나타낸다. 따라서 소비자는 상표를 통해 제품의 상징적이고 기능적인 품질을 연상하고 여타 제품들과 구별하게 된다. 즉, 다양한 생산자가 존재하는 경쟁시장 환경에서 상표는 생산자와 소비자를 연결하는 수단이 되며, 상표권을 가지고 있는 개인 혹은 조직은 특정 제품에 부여된 상표를 사용하여 소비자와 소통할 수 있는 권리를 가지게 된다.

② 저작권

저작권이란 "문학, 음악, 미술을 포함하는 예술과 스포츠의 영역에서 발생하는 창작물의 소유와 사용에 대한 배타적이고 독점적인 권리"라고 할 수 있다. 일반적으로 문학작품이나 조각, 그림, 사진, 영상 등을 포함하는 창작물의 소유와 이용에 관한 권리가 저작권에 속한다.

③ 초상권

초상권이란 유명인의 이름, 얼굴, 목소리 등을 포함하는 재산적 권리로서 기업이나 제3의 조직이 이러한 개인의 인격적인 권리를 대가를 지불하고 자사의 이익을 위해 이용한다. 유명 연예인을 이용한 광고가 초상권을 이용한 대표적인 예라고 할 수 있다.

(4) 스포츠 프로퍼티

스포츠산업에 있어 대부분의 프로퍼티는 스타 선수의 초상권, 팀의 명칭 및 로고, 스포츠이벤트 등의 무형 프로퍼티의 성격을 가지고 있다. 스포츠 프로퍼티의 경우, 기업들은 스포츠 자체가 지니고 있는 긍정적 이미지와 더불어 선수, 팀, 스포츠이벤트가 지니고 있는 호의적인 이미지를 자사의 제품이나 브랜드에 전이하여 자사 브랜드 및 제품의 이미지 제고와 매출을 확대하기 위해 스포츠 프로퍼티를 구매한다. 결과적으로 기업들은 선수, 팀, 스포츠이벤트, 스포츠 조직 등에 재원, 물품, 기술적 노하우 및 서비스를 제공하고 프로퍼티의 대상인 소비자에게 인식된 긍정적이고 호의적인 신념, 믿음, 가치 등을 활용하여 자사의 매출 증대, 이미지 제고, 충성고객 확보 등의 반사이익을 추구한다.

(5) 스포츠 영역의 지적재산권

① 스포츠 상표권

스포츠 상표권의 사례로는 팀, 리그, 이벤트 스포츠 브랜드 로고, 엠블램, 마스코트, 배지 등의 상징적인 표시와 팀, 리그, 이벤트 명칭, 트로피, 경기장, 선수 또는 팀 사진, 초상화, 선수의 애칭 혹은 별명, 스포츠 팀 및 선수 관련 홈페이지의 인터넷 도메인을 포함한다.

② 스포츠 저작권

스포츠 영역에 있어 저작권은 경기 대진표, 경기 스케줄, 스코어와 통계 기록, 경기 중계 및 경기 관련 동영상, 이벤트의 휘장과 팀 마스코트, 로고송, 선수와 팀 사진, 스포츠 관련 규칙과 규정, 스포츠 영상을 포함한다.

③ 스포츠 초상권

초상권은 선수의 얼굴, 이름, 목소리 등을 포함하며 지적재산권인 선수의 초상은 기업의 광고, 캐릭터 상품 등의 이미지로 사용되고 있다.

(6) 스포츠 프로퍼티의 교환

앞서 언급한 바와 같이 대부분의 스포츠 프로퍼티는 지적재산권의 형태를 가지고 있으며, 스포츠마케팅의 관점에서 선수 엔도스먼트(endorsement), 머천다이징(merchandising), 라이센싱(licensing), 스폰서십(sponsorship) 등의 형태로 판매된다.

① 라이센싱(licensing)

라이센싱은 스포츠 상표권을 가지고 있는 개인 혹은 조직이 타인에게 해당 상표권의 상업적 사용에 대한 권리를 제공하는 계약이라고 할 수 있다. 프로스포츠 팀의 로고나 마스코트를 기업이나 개인이 모자, 티셔츠 등 이미 개발된 제품에 부착하여 생산 및 판매하는 형태가 라이센싱이라고 할 수 있다.

② 머천다이징(merchandising)

머천다이징이란 스포츠 조직 혹은 개인으로부터 획득한 스포츠팀 명칭, 로고, 마크, 선수의 캐릭터, 이름 등의 지적재산권을 이용한 새로운 상품을 개발하여 판매하는 계약을 의미한다. 선수의 캐릭터 상품이나 팀의 마크를 이용한 응원도구 등의 새로운 상품을 개발하여 상품화하는 것을 말한다. 나이키에서 출시한 '에어 조던' 시리즈의 농구화가 좋은 예라고 할 수 있다.

③ 엔도스먼트(endorsement)

엔도스먼트는 기업이 자사의 마케팅 커뮤니케이션을 극대화하기 위해 자사제품의 광고에 유명 스포츠 선수의 얼굴, 이름, 목소리 등의 초상권을 이용할 수 있는 권리를 획득하는 계약이라고 할 수 있다.

④ 방송중계권(media broadcasting right)

방송중계권이란 방송국이나 스포츠마케팅 조직이 스포츠리그 혹은 연맹으로부터 해당 스포츠 경기를 중계하고 이를 확대 재생산할 수 있는 배타적인 독점권을 획득하는 계약이라고 할 수 있다. 예를 들어 A라는 방송국이 특정 스포츠리그의 중계권을 구매하고, 이를 자사의 스포츠뉴스를 통해 확대 생산하여 광고수입 등 자사 방송국의 수익을 창출하고 확대하는 것이라 할 수 있다.

⑤ 스폰서십(sponsorship)

스폰서십이란 기업이 스포츠팀 혹은 스포츠리그의 명칭, 심벌 등의 지적재산권을 이용하여 자사의 마케팅 커뮤니케이션을 극대화할 수 있는 권리를 획득하는 계약을 의미한다. 'ㅇㅇ프로야구 리그'와 같이 기업의 브랜드 이름이 들어간 스포츠리그의 명칭이 그 좋은 예라고 할 수 있다.

(7) 스포츠 프로퍼티의 교환구조

스포츠 프로퍼티의 교환구조를 설명하기 위해 선수 엔도스먼트의 예를 들어보자. 골프황제 타이거 우즈의 경우, 이 선수의 엔도스먼트 계약을 비롯한 마케팅과 관련된 계약을 대행하는 대행사는 IMG(International Management Group)로서, 글로벌 스포츠 브랜드인 나이키가 수년간 선수 엔도스먼트의 형태로 타이거 우즈의 초상권을 구매하고 있다. 나이키는 라이선시(Licensee)의 자격으로 라이센서(licensor)인 타이거 우즈에게 사용료를 지불하고 얼굴, 이름, 목소리를 포함하는 초상권의 사용 허락을 얻는다. 하지만 이들 두 집단 간의 거래는 직접적으로 이루어지는 것이 아니라 일반적으로 타이거 우즈의 에이전시인 IMG를 통해 이루어진다. 타이거 우즈는 앞서 언급한 모든 거래의 위탁관리를 의뢰함과 동시에 계약과 관련된 대행료를 IMG에 지불하고 라이선시인 나이키는 타이거 우즈의 초상권의 사용 허락을 IMG를 통해 획득하게 되는 구조를 지니게 된다.

또한 기업들은 스포츠 프로퍼티 사용에 대한 대가로 금전적 혹은 물질적 보상지불방식을 정하게 되는데, 정해진 금액을 지불하는 정액제(fixed royalty), 엔도스먼트하는 제품의 판매이익금 일부를 지급하는 정률제(running royalty) 혹은 정액제와 정률제를 혼합한 형태의 로열티를 선택하게 된다. 예를 들어 A라는 선수가 특정 브랜드의 러닝화를 엔도스먼트하는 계약의 대가로 총매출의 10%를 러닝 로열티로 지불받기로 하고, 예상 매출액의 10%는 미리 보장받는 계약 조항이 있었다고 가정해보자. 만약 예상 매출액은 50억 원이었으며, 계약기간에 발생한 총 매출은 실제 80억 원이었다면 A라는 선수가 계약과 동시에 받는 5억 원과 계약이 종료되면서 받을 수 있는 3억 원을 합해 총 8억 원의 로열티를 엔도스먼트의 대가로 받을 수 있다.

3
스포츠 소비자

　　스포츠 소비자란 스포츠 활동과 관련된 욕구 혹은 니즈를 충족시키기 위해 스포츠 재화 혹은 권리개념의 서비스 제품을 구입함으로써 기능적·심리적·경제적·사회적 편익을 체험하거나 구입한 제품을 확대 재생산하는 주체라고 정의할 수 있다. 일반적으로 시장은 소비자, 생산자 그리고 제품의 3요소로 구성되어 있다. 마찬가지로 스포츠 시장은 스포츠와 관련된 제품, 생산자, 고객을 포함한 구조를 지니고 있다. 하지만 스포츠 시장이 일반적인 시장의 개념과 구별되는 두드러진 특징은 다원화된 소비자집단으로 구성되어 있다는 것이다. 예를 들어 스포츠웨어, 스포츠신발, 스포츠용구를 포함하는 재화 개념의 물리적 스포츠 제품을 소비하는 주체인 경우, 여타 산업이 규정하는 일반 소비자집단으로 인식될 수 있다. 하지만 프로스포츠 경기 같은 서비스 제품의 경우, 경기를 관람할 수 있는 권리개념의 경기관람권(경기티켓)을 구매하는 일반 스포츠 소비자뿐 아니라 스포츠 경기를 후원할 수 있는 권리를 구매하는 기업, 경기를 방송으로 중계할 수 있는 권리를 구매하는 TV 혹은 라디오 방송국, 그리고 스포츠 경기와 관련된 TV방송중계, 신문, 잡지, 컴퓨터게임을 구매하는 주체도 스포츠 소비자집단에 포함될 수 있다. 특이한 점은 경기 중계권을 구입하는 TV방송국은 소비자의 입장에서 스포츠 리그 혹은 팀으로부터 경기를 중계할 수 있는 권리를 구매하여 이를 다시 스포츠중계라는 제품으로 확대 재생산함으로써 생산자의 입장에서 수익을 창출하는 소비자와 생산자의 이차원적인 역할을 수행한다. 스포츠 경기와 관련이 없는 일반 기업의 경우도 스포츠 경기를 후원할 수 있는 권리를 구매하는 소비자의 역할과 해당 스포츠 경기의 로고, 명칭, 심벌 등을 자사의 제품판매를 촉진하거나 자사 브랜드를 제고하는 데 이용하는 생산자의 이중적인 위치를 가진다. 결과적으로 스포츠 시장에서의 소비자집단을 규정하기 위해서는 재화의 성격을 지닌 스포츠 제품과 더불어 스포츠 경기 같은 서비스 제품을 구매하는 소비 주체로서 다차원적인 소비자집단을 포함하는 포괄적인 접근방법이 요구된다. 다음은 스포츠 시장을 구성하고 있는 스포츠 소비자를 보다 세부적으로 소개하고 있다.[10]

1) 스포츠팬

　　스포츠산업에 있어 여타 산업과 구별되는 두드러지는 특징 중의 하나는 스포츠산업의 핵심이 스포츠 경기라는 스포츠 서비스 제품이라 할 수 있다. 더욱이 스포츠 경기에 있어 스포츠팬은 스포츠 경기를 관람하는 주체로서 스포츠 경기라는 제품의 핵심이 된다. 다시 말해, 관람스포츠에 있어 소비자로 정의되는 스포츠팬 없이는 스포츠 경기라는 제품의 생산 그 자체가 무의미해진다고 할 수 있다. 이러한 스포츠팬은 경기를 관람하면서 힘든 삶의 스트레스를 해소할 뿐만 아니라 좋아하는 팀 혹은 선수의 경이로운 플레이에 감동하고, 같은 팀 혹은 선수를 응원하

---

10) 백우열(2013). 스포츠 산업론. 충남: 남서울대학교 출판국.

는 스포츠팬들과는 동질감을 형성하기도 하며, 심지어는 선호하는 팀의 승리가 자기의 성공인 것으로 대리만족함으로써 자존감을 회복하기도 한다. 따라서 스포츠팬은 스포츠 경기라는 서비스 제품의 구매를 통해 스트레스 해소, 사회적 교감, 대리만족 등의 심리적인 편익을 추구하는 스포츠 소비자를 의미한다.

2) 기업

스포츠 시장에 있어 스포츠와 관련된 제품을 생산하는 기업뿐만 아니라 일반 제품을 생산하는 기업들도 스포츠 소비자의 역할을 하고 있다. 특히 스포츠 서비스 제품의 핵심이 되는 스포츠 경기를 구매하는 경우가 이에 해당한다. 예를 들어 기업은 스포츠 소비자의 위치에서 스포츠 경기를 후원하는 스폰서십의 권리를 해당 시장에서 일반적으로 통용되는 교환가치를 제공하고 구매한다. 이때, 스포츠 경기를 생산하는 리그 사무국이나 팀은 해당 기업과 중복되는 동종 제품을 생산하는 기업의 스폰서십 구매를 제한하여 스폰서십을 구입한 기업의 독점적 스폰서십 권리활동을 보장하게 되며, 이들 스폰서십 권리를 구매한 기업은 생산자의 입장에서 해당 스포츠 경기와 관련된 심벌, 로고, 대회 명칭 등을 이용한 광고활동을 통해 일반 소비자집단에게 자사의 제품판매 촉진 및 브랜드 이미지 제고를 극대화하기 위해 노력한다.

일반 산업의 관점에서 자동차회사가 소비자의 입장에서 중간재인 철판과 타이어를 구입한 후, 이들을 사용하여 완성 제품인 자동차를 생산 및 판매하는 생산자의 입장을 취하는 것과 그 맥을 같이한다. 따라서 기업들이 교환가치를 제공하고 스포츠 경기를 후원하는 주된 이유는 스포츠 경기 제품 자체를 구매한다기보다는 스포츠 경기와 관련된 심볼, 로고 등의 추상적인 이미지를 광고를 통해 자사의 제품 및 브랜드에 전이시킴으로써 제품매출 및 브랜드 이미지 강화에 이용하기 위함이라 할 수 있다. 프로스포츠 리그에서 볼 수 있는 '○○프로야구 리그' 혹은 '○○프로축구 리그' 등과 같이 메인 스폰서 기업의 이름으로 시작되는 대회 혹은 리그 명칭이 그 좋은 예라고 할 수 있다.

3) 매스미디어

오늘날 스포츠산업에 있어 TV와 위성방송을 포함한 매스미디어가 중요한 소비자의 역할을 해왔음을 부인할 수 없다. 더욱이 국가경제 발전의 신성장동력으로 인식되는 스포츠산업의 영역에서 TV방송을 포함하는 매스미디어는 스포츠팀과 리그의 안정적인 수익원으로 자리 잡고 있다. 예를 들어 TV방송국은 먼저 적절한 교환가치를 제공하고 스포츠 경기의 중계권을 구입함으로써 스포츠팀과 리그의 중요한 소비자집단이 될 뿐만 아니라 구입한 스포츠 경기를 경기 중계, 스포츠 뉴스 프로그램 등으로 확대재생산하여 미디어 스포츠 소비자에게 제공하는 생산자로 변모한다. 무엇보다 TV방송국이 미디어 스포츠 소비자의 관심이 높은 스포츠 경기의 방송중계권을 획득한 경우, 수요와 공급의 법칙에 따라 스포츠 시장 내에서 우월한 교섭력을 지닌 생산자로서 미디어 스포츠 소비자에게 소구할 수 있는 스포츠중계방송 전후 혹은 중간광고 시간을 일반 기업들에게 판매하게 된다. 2014년 미국 폭스TV가 중계권을 획득한 미식축구 슈퍼볼 경기 중계의 중간광고료가 30초당 약 43억 원으로 책정되었다는 뉴스는 TV방송국이 스포츠 소비자로서 스포츠 경기 중계권을 구입하고 스포츠 경기 중계 프로그램이라는 정보적 가치를 지닌 스포츠 제품으로 확대재생산하여 판매함으로써 자사의 이익을 추구하는 생산자로 변모하는 좋은 예라고 할 수 있다.

4) 미디어 스포츠 소비자

미디어 스포츠 소비자란 경기장을 직접 방문하여 스포츠 경기를 관람하기보다는 공중파TV, 위성TV, 라디오 등의 미디어 채널을 통해 스포츠 경기 중계를 시청 혹은 청취하거나 스포츠 경기의 결과와 스포츠 관련 정보를 신문, 잡지 등을 통하여 구매하는 소비자를 의미한다. 특히 정보기술의 진보와 함께 지식정보화 사회가 도래하면서 바쁜 일상을 살아가고 있는 현대인은 휴대폰, 스마트폰, 태블릿PC 등의 휴대용 정보기기를 통해 언제 어디서나 스포츠 경기 중계를 포함하는 다양한 정보가치를 지닌 스포츠 관련 서비스를 구매할 수 있는 '스포츠 유비쿼터스' 시대를 살아가고 있다. 결과적으로 바쁜 일상을 살아가는 오늘날의 스포츠 소비자는 시간적 여유가 주어지지 않거나 함께 스포츠 경기를 관람할 수 있는 동반자 결여 등의 구조적 혹은 사회적 제약이 발생하는 경우, 가정에서 TV스포츠 중계를 시청하거나 이동 중이라도 DMB핸드폰, 스마트폰 혹은 태블릿PC 등의 정보기기를 통해 경기 중계라는 스포츠 서비스를 구매하는 경향을 보이고 있다.

5) 스포츠용품 소비자

스포츠용품 소비자는 여타 산업에서 정의하는 소비자 같은 성격을 지니고 있으며 "스포츠 관련 용품, 장비 등을 구매 또는 사용하는 소비자"로 정의될 수 있다. 특히 일반 마케팅의 영역에서 소비자를 정의하는 데 요구되는 시간(time)의 소비, 비용(cost)의 부담, 노력(effort)의 필요, 그리고 편의(convenience)의 희생이라는 4요소의 관점에서 볼 때 이들 요소를 모두 충족시키고 있는 스포츠용품 소비자는 시간소비, 비용부담, 노력요구, 편의희생 중 하나 이상의 요소가 결여된 스포츠 접촉자와 구별된다.

4
스포츠 제품 생산자

일반 산업의 관점에서 개인이나 기업은 우리 인간이 지니고 있는 욕구와 니즈를 충족시킬 수 있는 재화와 용역을 제공함으로써 사회적 효용을 증대시킨다. 이때, 이들 개인이나 기업의 성장에 필요한 자본형성에 토대가 되는 활동의 총체를 '생산(production)'이라 한다. 또한 과학기술의 진보에서 기반을 둔 물질문명사회에 있어 소비의 주체가 되는 소비자의 복잡하고 다원화된 욕구를 충족시킴으로써 재화와 용역의 궁극적인 생산동기인 이윤을 극대화시키고 개인과 조직의 성장을 도모하는 주체를 '생산자(manufacturer)'로 정의할 수 있다.

오늘날 모든 산업의 영역에 있어 생산에 관여하는 개인이나 기업은 단순히 자사의 이익만을 도모하는 전통적인 가치추구에서 탈피하여 획득한 이익의 사회 환원 차원의 다양한 이해관계자들의 이익을 대변해야 한다는 사회적 목소리가 높아지고 있는 것이 사실이다. 하지만 생산자로 정의되는 개인이나 조직의 궁극적인 생산동기는 조직의 이윤추구를 통한 성장에 있다. 이를 좀 더 구체적으로 자본과 노동으로 구성된 생산요소의 상위개념으로 제시될 수 있는 '생산의 기본요소'의 개념을 들어 설명하면, 미국의 록히드마운틴 같은 비행기 생산회사가 비행기를 생산하기 위해서는 첨단기술이 접목된 엔진, 강화유리섬유 재질의 외장재, 타이어 등의 각종 부속품을 비롯한 생산설비 그리고 실제적으로 생산 작업에 참여하는 근로자가 필요하다. 여기서 엔진, 강화유리섬유 재질의 외장재, 타이어 등의 부속품은 비행기의 생산량이 많아질수록 반복적으로 구매되어야 하는 소모품으로서 중간재라고 할 수 있다. 또한 비행기의 부품을 조립하기 위한 생산설비는 일회성의 소모품이라기보다 또 다른 비행기를 조립하여 완성된 제품을 생산하기 위해 반복적으로 사용되는 자본재로 볼 수 있다. 따라서 일반 경제학에서 제시된 자본과 노동을 포함하는 생산요소는 생산주체, 생산동기와 함께 '생산의 기본요소'를 구성하고 있으며, 이들 자본과 노동을 포함하는 생산요소들의 효율적인 분배와 통제를 통해 소비자가 요구하는 제품을 생산 및 공급함으로써 이윤의 극대화라는 생산동기를 실현해나가는 기업이나 개인을 생산주체, 즉 생산자로 정의할 수 있다.

〈표 6-2〉 생산의 기본요소

기본요소			비행기	스포츠화	프로야구경기
생산요소	노동		근로자	근로자	선수, 감독, 심판
	자본	중간재	엔진, 강화유리 외장재, 타이어	가죽, 고무	프로야구 용품
		자본재	공장, 생산설비	공장, 공장설비	경기장, 경기시설
생산주체			비행기회사	신발회사	프로야구연맹, 구단
생산동기			이윤 극대화	이윤 극대화	이윤 극대화

마찬가지로 스포츠 소비의 주체가 되는 스포츠 소비자의 복잡하고 다원화된 욕구를 충족시키기 위한 스포츠 재화 혹은 서비스를 제공함으로써 궁극적인 생산동기인 이윤을 극대화시키고 개인과 조직의 성장을 도모하는 주체를 '스포츠 생산자(sport manufacturer)'로 정의할 수 있다. 또한 앞서 언급한 일반 산업의 영역에서 제시된 '생산의 기본요소' 개념이 스포츠 재화와 서비스의 생산에도 적용된다. 예

를 들어 스포츠 신발 생산업체가 스포츠화를 생산하기 위해서는 고무, 천연가죽 혹은 합성가죽, 합성섬유 재질의 신발 끈 등의 중간재와 완성된 신발을 생산하기 위한 생산설비를 의미하는 자본재, 그리고 스포츠화 생산에 직접적으로 관여하는 근로자들이 제공하는 노동을 포함하는 생산요소와 함께 생산주체가 되는 스포츠 신발회사, 그리고 이윤추구라는 생산동기는 스포츠 제품생산의 기본요소가 된다. 따라서 이들 노동과 자본의 생산요소를 효율적으로 분배 및 통제하여 스포츠 소비자의 욕구를 충족시킬 수 있는 재화와 서비스를 생산 및 공급함으로써 이윤추구라는 궁극적인 생산동기를 추구해나가는 스포츠기업이나 개인을 생산주체, 즉 스포츠 생산자라고 정의할 수 있다.

1) 스포츠 경기 생산의 기본요소

(1) 노동

스포츠 서비스 제품의 핵심이 되는 스포츠 경기를 생산하는 데 필요한 노동력을 제공하는 주요 원천은 선수, 감독, 심판, 스포츠 에이전트, 선수협회 등으로 구성되어 있다. 특히 스포츠 선수는 핵심제품인 경기를 생산하기 위한 직접적인 노동을 제공할 뿐만 아니라 스포츠 경기의 품질에도 영향을 미친다. 또한 감독과 코치도 경기에 필요한 선수 라인업 및 전략을 구상하고 선수의 경기 중 부상, 심판의 편파판정 등과 관련된 여러 돌발변수를 통제함으로써 스포츠 경기의 생산에 직접적인 노동을 제공할 뿐만 아니라 선수들이 가지고 있는 최대한의 경기력을 펼칠 수 있도록 조력함으로써 스포츠 경기의 품질에 간접적으로 영향을 미친다.

골프의 박세리와 야구의 박찬호, 그리고 피겨스케이팅의 김연아를 통해 그 실체가 잘 알려진 스포츠 에이전트(sports agent)는 국내 프로리그들이 제시하는 규약에서의 문제점과 법적인 제약으로 아직까지 이들의 활동이 미미한 것이 현실이다. 하지만 미국을 비롯한 스포츠산업 선진국의 사례에서 볼 수 있듯이, 스포츠 에이전트는 프로선수 혹은 직업선수가 가진 고도의 경기력을 필요로 하는 사람들에게 판매 대행을 해주는 개인 혹은 기업으로서 스포츠 경기의 생산과 품질관리에 있어 중요한 역할을 한다. 이들은 경기력, 초상권 등 스포츠 선수 개인이 지니고 있는 제품의 판매와 선수의 자산관리를 대행하고 선수가 지닌 경기력을 최대한 발취할 수 있도록 조력함으로써 스포츠 경기의 품질에 간접적으로 영향을 미친다. 대표적인 에이전트로는 박세리의 에이전시였던 미국의 IMG(International Management Group)사와 박찬호와 추신수 그리고 류현진의 에이전트로 활동하고 있는 스콧 보라스(Scott Boras)가 있다.

또한 주로 프로스포츠 같은 단체종목에서 볼 수 있는 선수협회는 산업화가 진행된 스포츠리그에 있어 핵심제품인 스포츠 경기를 생산하는 데 가장 중요한 노동력을 제공하는 선수들의 권익을 보호함으로써 스포츠 경기 품질에 간접적으로 영향을 미친다. 현재까지 완전한 독립법인체로서 실제적인 수익을 창출하는 데 미온적인 국내 프로스포츠 리그의 현실에 비추어볼 때, 프로야구를 제외한 다른 여타 프로리그는 선수들의 목소리를 반영할 수 있는 선수협회의 결성이 요원한 것으로 보인다. 하지만 프로리그가 활성화된 선진국의 사례를 살펴보면, 미국 프로야구(MLB)에서의 선수협회에 해당하는 선수노조(MLBPA)가 1885년 발족하여 연봉조정신청제도, 자유계약선수제도(FA), 선수연금, 최저연봉제 보장, 선수초상권 보장 등의 제도를 도입함으로써 선수들의 권익을 보호하고 궁극적으로 이들이 경기에만 집중할 수 있는 여건을 제고했다고 할 수 있다. 국내의 경우, 2000년 1월에 선수협회가 발족하였으나, 당시 협회 창설의 중심에 있던 대부분의 선수들이 구단에서 방출되는 등 상당한 문제를 야기했다. 이후 2000년 1월 프로야구선수협회는 프로야구 규약상의 스포츠 에이전트 제도와 관련된 규정이 불공정하다고 판단하여 이를 공정거래위원회에 제소하여 2001년 11월에 이에 대한 시정명령을 받아내긴 했지만, 변호사 자격이 있는 개인에게 에이전트의 자격을 부여하는 것으로 제한적인 규약의 개정이 이루어짐으로써 현실적으로 국내 프로야구에 있어서 스포츠에이전트의 활동은 유명무실한 것으로 판단된다. 다행스럽게도 2013년 12월에 발표된 스포츠산업진흥법 개정안에서 프로스포츠선수협의회의 활동보장과 스포츠 에이전트 제도의 도입을 포함하고 있어 스포츠 경기에서 가장 중요한 노동력을 제공하는 선수들의 권익을 보호할 수 있는 제도의 토대를 마련할 것으로 보인다.

또한 스포츠 경기를 생산하는 데 노동력을 제공하는 집단으로 심판들이 존재한다. 스포츠 경기에서 이들의 판정은 스포츠 경기의 제품을 구성하고 있는 중요한 요소로서 경기라는 핵심제품의 품질에 직접적으로 영향을 미친다. 심판은 선수들이 지니고 있는 경기력이 극대화될 수 있도록 공정한 판정을 내림으로써 핵심제품인 스포츠 경기에 간접적으로 영향을 미친다. 한편 스포츠 경기의 생산에 직간접적으로 관여하고 있는 이들 심판들의 노동력에 대한 평가가 선수, 감독, 코치 등의 다른 노동력 제공집단에 비해 저평가된 경향을 보인다. 하지만 스포츠 경기의 품질 향상을 위해서는 스포츠 경기 생산에 필수불가결한 요소인 심판들의 노동력에 대한 새로운 가치 인식이 필요할 것으로 판단된다.

(2) 자본

경제학에서 제시하는 생산요소의 하위요소인 자본은 생산이 지속될수록 소모되는 중간재와 생산설비에 관련된 자본재를 포함한다. 마찬가지로 스포츠 서비스 제품으로서 스포츠 경기에 필요한 자본은 경기를 생산하는 설비에 해당하는 경기장을 의미하는 자본재와 스포츠 경기를 생산하는 데 반복적으로 요구되는 스포츠용품을 의미하는 중간재를 포함한다. 다시 말해, 스포츠 조직은 선수, 감독, 심판이 제공하는 노동력과 스포츠용기구의 중간재 그리고 경기장시설의 자본재를 이용하여 스포츠 경기라는 서비스 제품을 생산하여 조직의 이윤을 극대화한다.

(3) 스포츠 경기 생산주체

스포츠 서비스로서 경기를 생산하는 주체는 경기운영 주체라고 할 수 있으며, 자본·노동과 함께 스포츠 경기 '생산의 기본요소'를 구성하고 있으며, 스포츠 팀과 리그를 위시한 스포츠 단위단체와 스포츠연맹의 형태로 조직되어 있다.

① 단위단체
스포츠 경기에 있어 생산의 주체가 되는 단위단체는 생활체육협회 같은 아마추어 조직과 프로스포츠 구단을 포함하는 집단뿐만 아니라 프로테니스 선수나 프로골퍼와 같이 선수 개인이 단위단체의 역할을 할 수 있다. 이들 스포츠 단위단체의 운영은 주로 기업을 의미하는 영리단체나 국가, 지자체 등의 비영리단체 혹은 재력가 개인으로부터 재정적 지원을 받아 이루어진다. 특히 프로스포츠 구단과 같이 조직의 주된 운영목표가 이윤의 추구에 있는 경우, 단위단체의 특징으로는 일반 기업 같이 이윤증대, 매출확대, 시장점유율 증가 등의 조직목표를 정하고 조직과 주주를 포함하는 모든 이해관계자들을 위한 경제적 가치추구가 우선순위가 된다. 하지만 아마추어 스포츠 단위단체들은 그 존재가치가 공익성을 추구하는 데 있기 때문에 이윤의 극대화 등의 조직목표를 내세우기는 다소 무리가 있다. 뿐만 아니라 프로스포츠 구단은 다양한 수익원을 통해 수익을 창출하고 재정자립도 확보라는 마케팅 차원의 운영목표가 존재할 수 있으나 이들 프로구단의 목표는 리그 우승 같은 스포츠가 지니는 본연의 가치를 강조한 조직의 목표를 전면에 내세우는 것이 이들 프로스포츠 단위단체의 특징이다.

여기서 한 가지 흥미로운 것은 스포츠산업 선진국의 경우, 프로스포츠 구단의 기업과 방송국들의 자산가치 확대와 기존 사업의 수익성을 높이는 데 이용된다. 일례로 버드와이저 맥주를 생산하는 벨기에 안호이저 부시(Anheuser-Busch)사는 매출증대를 위해 미국 세인트루이스 카디널스 팀을 소유했으며, 시카고 컵스를 소유하고 있는 WGN방송사는 전국적인 시청률을 높이기 위해 프로야구 경기를 활용하였다.[11] 현재 미국 프로야구 메이저리그 구단의 절반 이상이 기업들이나 방송사가 소유하거나 지분을 가지고 있는 것으로 알려져 있다.

또한 일반기업 같은 영리조직은 해당 산업시장 내에서 시장점유율을 높여 수익을 극대화하거나 생존하기 위해 생산설비의 자동화를 통한 원가절감이나 규모의 경제를 실현한 가격경쟁을 통해 경쟁기업을 시장 내에서 도태시키거나 아예 퇴출시키기도 하지만 스포츠 경기를 생산하는 스포츠 서비스산업에서는 핵심제품인 경기를 생산하기 위해 경쟁상대가 반드시 존재해야 하므로 수익을 추구하는 단위단체인 프로스포츠 구단은 경기 자체에서는 선의경쟁을 통해 최고의 품질을 지닌 경기를 생산하기 위해 경쟁팀들과 협력한다. 또한 비영리단체의 재정적 후원을 받는 생활체육협회 같은 단위단체의 경우, 해당 스포츠 종목의 지역별 혹은 권역별 하위 단위단체가 많을수록 정부와 지자체의 재정적 지원이 높아지고 성공한 스포츠 단위단체로 평가된다.

---

11) 백우열(2013). 스포츠 산업론. 충남: 남서울대학교 출판국.

② 연맹

　　스포츠 경기를 생산하는 또 다른 주체인 연맹은 그 특성에 따라 특정 종목의 팀이나 구단들로 구성될 수 있고 상황에 따라 법인 형태로서 리그연맹, 선수연맹 그리고 관리단체로 구성된다. 연맹의 대표적인 예는 대학야구연맹, 프로야구위원회(KBO), 국제올림픽조직위원회(IOC) 등이 있다. 특히 프로스포츠 리그연맹은 커미셔너가 리그운영의 권한을 가지며 정규시즌, 올스타전, 챔피언십시리즈 등의 운영과 방송중계권 및 스폰서십 유치협상, 분쟁조정 등의 업무를 맡는다.

　　프로골프나 프로테니스 같은 개인종목의 경기생산 주체는 주로 선수 개인들의 집합인 선수연맹으로 존재한다. 선수연맹은 먼저 일반 기업들로부터 재정적 후원을 이끌어내고 투어, 서키트대회를 통해 선수들의 경기성적에 따라 공정하게 상금을 분배하며, 가능한 한 많은 선수들에게 금전적인 보상이 주어질 수 있도록 한다. 대표적인 선수연맹인 미국프로골프(PGA)투어는 250명의 선수와 800명 이상의 종업원으로 구성되어 있으며 약 5,500만 달러의 자산을 보유하고 있는 미국 내 최대 규모의 단위단체라 할 수 있다. 일례로 미국 PGA '투어챔피언십'은 총상금 800만 달러의 규모를 가진 대회로서, 이 대회를 후원하는 페덱스사는 PGA 스타들이 시즌 막판 투어에 불참하는 것을 막기 위해 대회 상금과는 별도로 선수들에게 보너스를 지급하고 있다. 2014년 9월에 열린 플레이오프 최종 4차전 '투어스챔피언십'에서는 30명의 참가선수에게 성적에 따른 상금(총상금 800만 달러)이 차등 지불되고 이와 더불어 총 3,500만 달러의 천문학적인 보너스가 PGA투어 점수에 따라 참가선수를 포함한 150명의 선수들에게 지급되었다.

　　마지막으로 스포츠 경기의 생산주체로서 관리단체는 국제올림픽조직위원회(IOC)나 대한체육회(KOC) 같은 조직을 의미하며, 스포츠 종목에 따라 국가별, 지역별 혹은 권역별로 하위조직이 존재한다. 국내의 경우, 대한체육회, 생활체육협회 등의 단위단체는 비영리조직인 정부와 지방자치단체 등으로부터 재정적 후원을 얻어 운영되며, 이들 조직의 특징은 대부분의 경우 스포츠를 통한 국가 이미지 제고 혹은 스포츠 활동을 통한 국민 삶의 질 향상에 기여 같은 공익을 운영목표로 제시한다. 관리단체가 시행하는 사업으로는 대한체육회의 경우 올림픽, 아시안게임 등과 같은 국제대회의 유치, 국가대표선수의 육성 및 관리, 국가대표선수의 파견, 기업의 스폰서십 유치를 포함하는 각종 스포츠대회 관련 수익사업의 추진 등을 들 수 있다.

2) 스포츠 경기 생산 관련 집단

스포츠의 산업화가 진행되면서 정보가치와 교환가치를 지닌 스포츠 경기가 소비되는 1차 시장과 더불어 스포츠 경기와 관련된 재화와 서비스가 소비되는 2차 시장이 엄청난 규모로 확대되고 있는 배경에는 스포츠 경기의 생산과 관련된 다양한 이익집단들이 존재하고 있기 때문이다. 이러한 스포츠 경기 생산에 간접적으로 관련된 집단은 지역사회집단, 인허가집단, 중개집단, 경쟁집단, 후원집단, 종사자집단, 공급집단, 유통대행집단 그리고 소비자집단이 존재한다.[12]

(1) 지역사회집단

올림픽경기나 월드컵대회 같은 메가 스포츠이벤트가 개최한 국가나 도시의 이미지 제고, 직접적인 소득유발 등의 엄청난 유·무형의 경제적 효과를 발생

---

12) Brooks, C. M. (1994). Sports Marketing: Competitive business strategies for sports. Englewood Cliffs, NF: Prentice Hall.

시킨다는 것은 부인할 수 없는 사실이다. 또한 프로스포츠팀의 연고를 확보하고 있는 지방자치단체의 경우, 프로리그 경기와 관련된 세수 확대, 소득유입, 도시 이미지 제고 등의 경제적·사회적 반사이익은 상상을 초월한다. 지역 기업들은 스포츠팀 혹은 리그를 후원함으로써 지역 내에서의 자사 브랜드에 대한 인지도를 포함한 이미지 제고와 매출향상을 도모할 수 있으므로 많은 스포츠팬을 확보한 스포츠리그나 팀에 대한 후원에 적극적으로 참여하고 있다.

(2) 인허가집단

스포츠정책과 관련된 제도를 도입하고 실행하는 집단으로서 정부 혹은 지방자치단체가 있다. 이들은 큰 틀에서 스포츠 경기 생산과 관련된 스포츠정책의 방향을 결정함으로써 실제적으로 스포츠 조직의 수익성에 가장 큰 영향력을 행사할 수 있다. 또한 산업화가 진행된 국제적인 메가 스포츠이벤트의 경우, 국제올림픽조직위원회(IOC)나 월드컵집행부(FIFA) 등의 조직은 개최도시의 선정 등에 관여하여 국가 및 도시 간의 이해관계를 유발할 수 있는 영향력 집단으로 작용한다.

(3) 중개집단

스포츠 경기 생산에 관련된 가장 영향력 있는 중개집단으로는 스포츠 에이전트가 존재한다. 선수의 마케팅활동을 대행하는 스포츠 에이전트는 선수 개인의 이익뿐만 아니라 스포츠구단의 재정 및 전력보강에 영향을 미칠 수 있으므로 궁극적으로 스포츠 경기의 생산에 영향을 준다. 또한 스포츠마케팅 대행사는 자사가 보유하고 있는 전문화된 마케팅 지식을 토대로 스포츠 선수와 팀 그리고 스포츠리그의 지적재산권을 이용한 엔도스먼트 혹은 라이센싱의 실행, 기업 스폰서 및 광고주 유치, 관중 증대 방안 마련 등의 마케팅 활동을 통해 스포츠 조직 및 선수의 수익을 극대화하여 이들의 재정자립도 향상에 기여한다.

(4) 경쟁집단

스포츠 경기 생산에 관련된 경쟁집단으로는 모슨(Mawson)과 콘(Coan)[1994]이 예견한 바와 같이 스포츠산업 영역 내의 여타 스포츠 종목과 더불어 영화, 연극, TV 오락프로그램 등의 엔터테인먼트 생산조직들을 포함하고 있으며, 스포츠리그나 팀은 이들 집단들과 관람객 확보, 기업 스폰서 유치, TV중계 시간대의 확보에 있어 치열한 경쟁을 벌이고 있다.[13)

(5) 후원집단

스포츠 경기를 생산하는 데 있어 대표적인 후원집단으로는 자원봉사자집단을 들 수 있다. 이들 자원봉사자집단은 스포츠 경기의 생산에 직접적으로 관여하지는 않지만 스포츠 경기의 관람객에게 경기장 안내, 통역 등 경기생산의 보조적인 역할을 수행함으로써 스포츠 경기가 원활히 생산·소비될 수 있도록 보조한다. 특히 재정자립도가 높지 않은 스포츠리그 혹은 이벤트의 경우, 이들 자원봉사

---

13) Mawson, M. & Coan, E. (1994). Marketing technics used by NBA franchises to promote home game attendance. Sport Marketing Quarterly, 3(1), 37-45.

자집단의 역할은 채산성의 관점에서 필수적이라 할 수 있다. 결과적으로 이들 자원봉사자들은 스포츠 경기 관람객에게 최대한의 편의를 제공함으로써 스포츠 경기 생산조직의 브랜드 이미지 같은 무형자산을 제고하는 데 영향을 미칠 수 있으며, 더 나아가 이들 후원집단은 스포츠 경기와 관련된 재화의 소비에 있어서도 충성고객으로 변모하여 스포츠팀 혹은 리그의 재정자립도에 기여한다.

(6) 종사자집단

스포츠 경기의 생산에 관련된 종사자집단은 선수와 감독 같이 직접적으로 경기의 생산에 관여하지는 않지만 경기가 원활하게 생산될 수 있도록 조력하는 집단이라 할 수 있다. 예를 들어 스포츠구단에 있어 선수를 수급하는 구단 스카우터나 팀의 마케팅부서 직원들이 이에 해당하며, 이들의 전문화된 마케팅적 지식을 통해 스포츠 경기 생산과 관련된 프로모션이 계획되고 실행된다. 특히 오늘날 많은 프로스포츠 리그들이 리그의 산업적 자생력 강화를 위해 MLBP(Major League Baseball Property)와 같이 스포츠 리그의 재원이 투자된 스포츠마케팅 자회사를 설립하여 마케팅활동을 강화하고 있다.

(7) 공급집단

스포츠 경기 생산에 관여하는 공급집단은 스포츠 경기가 원활하게 생산될 수 있는 토대를 마련하기 위해 모든 인적 · 물적 · 재정적 자원을 공급하는 개인, 기업, 자선단체의 집단을 포함한다. 국내 프로스포츠 리그의 경우, 공급집단은 각 팀의 모기업과 자회사들이 이러한 공급집단으로 존재하고 있다. 일례로 미국의 프로 야구 피츠버그 파이레츠의 매각설이 돌자, 피츠버그 시는 채권발행을 통해 2,000만 달러를 조달하고, 지역의 10개 기업에서 각 200만 달러, 그리고 개인 재력가 3명으로부터 각각 200만 달러씩 출연하여 총 4,600만 달러의 재원으로 파이레츠를 지킬 수 있었으며, 이 경우 시와 기업 그리고 개인이 재원공급자 역할을 하였다.[14]

(8) 유통대행집단

스포츠 경기를 생산하고 유통하기 위해서는 경기를 직접적으로 생산하는 데 관여하는 선수를 수급하고, 이와 동시에 경기를 유통시킬 수 있는 대행사가 필요하다. 이러한 관점에서 스포츠 경기와 관련된 유통대행집단으로는 스포츠 에이전트 같은 스포츠 선수 공급과 TV방송국, 경기티켓 판매대행사 등을 포함하는 스포츠 경기의 유통을 담당하는 집단으로 크게 나눌 수 있다. 특히 스포츠 경기를 생산하는 스포츠 선수와 경기를 소비하는 스포츠 소비자의 규모는 산업적으로 해당 스포츠의 존폐에 큰 영향을 미치므로 이들 유통대행집단을 통한 선수 수급과 스포츠팬의 확보는 매우 중요하다.

또한 스포츠 경기의 유통대행집단은 경기 관람권의 효율적인 판매뿐만 아니라 경기장의 관중 수용 규모를 초과하거나 잠재적 스포츠 관람객의 거주지와 경기가 직접적으로 소비되는 경기장 간의 거리가 멀어 경기 관람을 포기하는 거리조락현상 같은 제약요인을 극복할 수 있는 효과적인 마케팅활동을 수행한다. 가장 대표적인 유통대행집단으로 TV방송국을 들 수 있는데, 경기장에 직접 방문하는 관람객을 모두 수용할 수 없거나 거리조락현상으로 인해 경기장 방문을 포기하

---

14) 백우열(2013). 스포츠 산업론. 충남: 남서울대학교 출판국.

는 스포츠 경기의 잠재적 수요들은 궁극적으로 스포츠 경기 유통대행사인 TV방송국이 제공하는 스포츠 경기 중계를 시청하는 미디어 스포츠 소비자로 전환될 수 있으며, 이는 스포츠 경기 생산조직이 잠재적 스포츠 소비자를 효과적으로 관리할 수 있는 대안이 될 뿐만 아니라 방송중계권 판매수익을 통해 경제적 자생력을 강화하는 토대를 제공한다. 하지만 TV방송국을 위시한 유통대행집단의 판단에 의해 충분한 스포츠팬 층을 확보하지 못한 스포츠 경기는 수익성의 관점에서 중계권 구입을 회피하기 마련이므로 현실적으로 모든 스포츠 경기 생산조직이 TV방송국을 통한 제품의 유통이 가능한 것은 아니다.

(9) 소비자집단

스포츠 경기를 소비하는 소비자집단은 광의적 관점에서 스포츠팬으로 정의할 수 있으나, 보다 세부적으로 스포츠 '행위자'와 '비행위자' 집단으로 분류될 수 있다. 행위적 소비자집단은 스포츠 강습 같은 취미활동과 스포츠 동호회 활동 등을 비롯한 생활체육 수준에서 특정 종목의 스포츠 활동을 영위하는 아마추어 스포츠 행위자를 의미하며, 이와는 반대로 비행위자 소비자집단은 스포츠 활동에 참여하지는 않지만 스포츠 경기를 구매하는 소비자집단으로 정의할 수 있다. 특히 행위적 소비자는 스포츠 경기의 소비뿐만 아니라 해당 스포츠 종목의 참여에 필요한 스포츠 장비와 용품의 소비를 통해 스포츠산업 전체적인 발전에 기여하는 소비자집단이다.

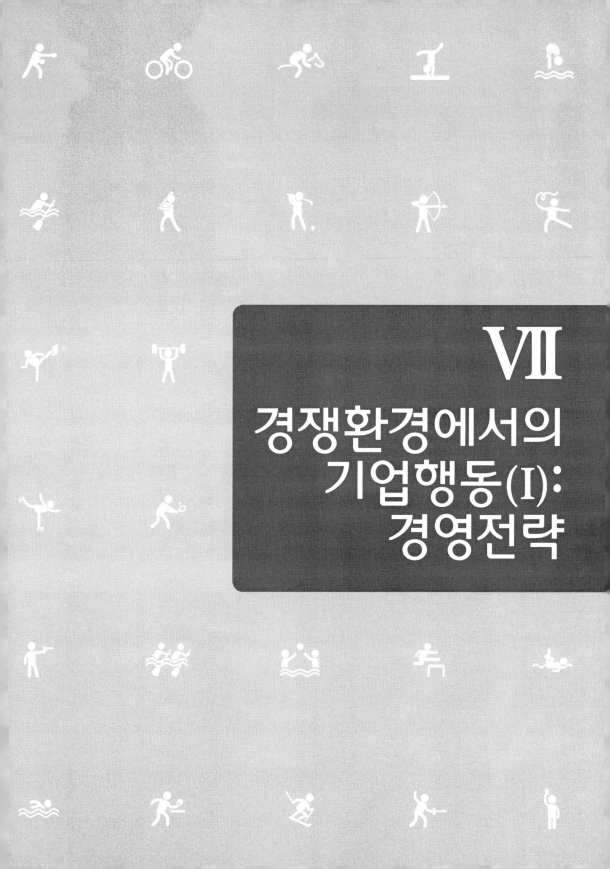

VII

경쟁환경에서의
기업행동(I):
경영전략

경쟁시장 환경에서 스포츠 조직이 취할 수 있는 기업행동을 분석하기에 앞서 이들 기업행동의 동기가 되는 국내 소비시장의 변천을 살펴볼 필요가 있다. 이와 관련하여 백우열은 2013년에 발간한 그의 저서『스포츠 산업론』에서 국내 소비시장의 변화를 다음과 같이 소개하고 있다.[1] 먼저 국내 기업들은 1980년대와 1990년대를 거치면서 듀젠베리(James Deusenberry)의 전시효과(Demonstration Effect)와 갤브레이스(John Kenneth Galbraith)의 의존효과(Dependence Effect)를 적절히 이용한 매스마케팅을 적용하여 국내 소비자로 하여금 생산된 제품의 대량소비를 효과적으로 이끌어낼 수 있었다. 하지만 2000년대에 들어 정보기술의 발달로 인해 전문가 수준의 스마트 컨슈머(smart consumer)의 등장과 국가 간 자유무역협정(Free Trade Agreement: FTA)을 통한 완전 시장경쟁 체제의 출현으로 기업들은 기존의 전시효과와 의존효과를 넘어서 국내 소비시장을 체계적으로 분석한 시장세분화(market segmentation)를 통해 자사 제품을 목표 고객집단에게 차별화된 브랜드로 각인시킬 수 있는 경영전략이 요구되고 있다.

미국의 경제학자 듀젠베리가 제시한 전시효과에 의하면 인지도가 증가하

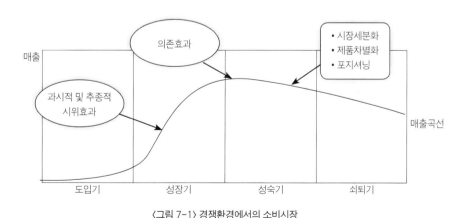

〈그림 7-1〉 경쟁환경에서의 소비시장

---

1) 백우열(2013). 스포츠 산업론. 충남: 남서울대학교 출판국.

는 성장기에 진입한 제품의 경우, 소비자는 주체적이고 합리적인 소비의 범위를 넘어 주변 타인들의 소비성향에 영향을 받아 과시적인 측면이 강한 소비를 나타내는 과시적 전시효과와 소득수준이 낮은 소비자가 일정 수준 소득이 상승하는 과정에서 소득수준이 상대적으로 높은 소비자의 생활양식을 본받아 과도한 소비를 추구하는 추종적 전시효과에 기반을 둔 소비성향을 나타낸다. 또한 경제학자 갤브레이스에 의해 소개된 의존효과에 의하면 소비자는 많은 대중에게 보편적으로 구매되는 시기인 성숙기에 들어선 제품에 대해 소비자 본인의 자주적 욕망에 의존하는 것이 아니라 TV 혹은 신문 같은 매스미디어의 광고, 선전 등에 의존하여 구매하는 성향을 보이게 된다. 결과적으로 1980년대와 1990년대를 거치면서 국내 많은 기업들은 생산력 향상을 통해 대량 생산된 자사의 제품을 TV를 위시한 매스미디어를 통해 소비자의 욕구를 자극함으로써 이러한 전시효과와 의존효과를 적절히 활용하여 국내 소비시장을 효과적으로 촉진시킬 수 있었다.

한편 국내 소비시장에서 전시효과와 의존효과를 이용한 마케팅 커뮤니케이션이 가능했던 배경으로는 먼저, 1980년 후반 국내 부동산시장의 자율성이 부여되면서 부(wealth)의 재분배를 통해 내수시장의 소비를 확대시키는 결과를 불러왔다. 또한 1990년대 들어 TV, 신문, 잡지, 라디오 같은 매스미디어의 발달 및 보급으로 수요자와 공급자 사이의 커뮤니케이션이 용이해지면서 광고주는 특정 매체를 통해 단기간에 소비자의 AIDA(주의환기: attention, 흥미: interest, 욕구: desire, 구매행동: action)를 효과적으로 자극할 수 있었다.

하지만 2000년대에 들어서면서 국민소득의 증가와 주 5일제의 전면적 시행은 이들 소비자의 소비활동에 일대 변혁을 가져왔다. 소비자의 물질적 풍요로움이 포화수준에 도달했으며, 소비활동에 대한 가치관과 기호가 다양화됨에 따라 이러한 전통적인 마케팅 커뮤니케이션의 효율성을 떨어뜨리는 결과를 가져왔다. 또한 인터넷으로 대변되는 정보기술의 발달은 기업들의 핵심기술에 대한 정보 접근성을 높여 제품의 기능적 차별화를 저하시키는 결과를 초래했을 뿐만 아니라 소비자의 제품에 대한 깊이 있는 정보탐색을 통해 능동적 소비를 가능하게 했다. 따라서 제한적인 시장규모와 FTA를 통한 글로벌 기업들의 국내 시장 잠식으로 조직 간의 경쟁이 더욱 심화된 시장환경에서 기업들은 복잡하고 다양하게 변모한 스마트 소비자의 욕구와 니즈를 효과적으로 충족시켜 궁극적인 존재 목적인 이윤의 극대화를 모색할 수 있는 생산적인 경영전략의 필요성이 대두되고 있다.

1
경영전략 모델

　국민소득의 증가와 여가시간의 확대는 소비자의 소비욕구도 개인이 지니는 가치관에 따라 다양하게 표출되는 결과를 불러왔다. 소비자는 의식주 해결을 위한 단순한 차원의 욕구가 아니라 물질적 풍요를 통해 개인에게 내재된 자아실현을 이루고 궁극적으로 삶의 질을 향상시키기 위한 선택적 구매가 증가하게 되었다. 또한 글로벌 경제위기로 인해 대부분의 산업에 있어 성장이 둔화되고 국가 간 무역장벽의 완화로 인한 글로벌 기업의 유입은 국내 시장에서의 기업 간 경쟁을 더욱 심화시켰다. 더욱이 치열해진 시장경쟁 환경에서 복잡하고 다양화된 소비자의 욕구를 효과적으로 충족시킬 수 없는 기업들은 수익의 감소 차원이 아닌 기업 존폐의 위기에 직면하게 되었다. 결과적으로 오늘날 산업 전반의 경쟁환경은 기업들로 하여금 전시효과와 의존효과에 기반을 둔 전통적인 커뮤니케이션에서 진일보하여 시장환경변화에 효과적으로 대응할 수 있는 과학경영의 개념을 도입하고 있다.

　시장경쟁 환경하에서 기업이 나아가야 할 방향을 제시하는 과학경영은 기업이 설정한 장기적 혹은 단기적으로 제시된 목표를 달성하기 위해 보유한 인적 ·

물적 자원을 효율적으로 분배하고 통제하는 포괄적인 계획을 제시함으로써 시장 내 여타 기업들과 차별되고 독특한 브랜드 가치를 이끌어내고, 궁극적으로 시장경쟁환경에서 경쟁우위의 지위를 창출하는 과정이라 할 수 있다. 과학경영에 기반을 둔 기업의 경영전략은 일반적으로 〈그림 7-2〉의 과정을 통해 도출될 수 있다.

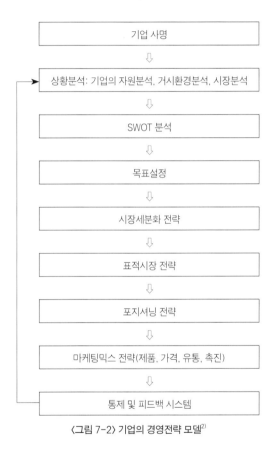

〈그림 7-2〉 기업의 경영전략 모델[2]

---

2) 백우열(2013). 스포츠 산업론. 충남: 남서울대학교 출판국.

2
기업 사명

　　기업의 경영전략 도출에 있어 가장 먼저 고려되어야 할 기업 사명(mission)은
기업이 추구하는 경영가치 혹은 경영이념의 의미로서 기업이 존재해야 하는 가치
진술과 궁극적으로 가까운 혹은 먼 미래에 기업이 추구할 수 있는 사업영역의 방
향성을 제시할 수 있으며 추상적인 용어를 사용하여 진술하는 경향이 있다. 좀 더
구체적으로 기업의 경영이념에는 고객집단, 제공되는 제품 혹은 서비스, 목표 시
장, 기업이 보유한 기술, 성장 및 수익성, 기업철학, 기업의 자아상, 대중 이미지 그
리고 조직 구성원에 관련된 내용을 포함할 수 있다. 예를 들어 나이키의 기업이념
인 'To Bring Inspiration and Innovation to Every Athlete in the World(세계의 모든 스포
츠인에게 영감과 혁신 제공)'은 고객(스포츠를 즐기는 모든 사람), 제품(혁신제품), 목표시장(글로벌 마
켓), 기술(혁신에 기반을 둔 최신 기술), 기업철학(모든 스포츠 소비자를 가치 있는 고객으로 인식), 기업
자아상(경쟁기업과 차별화되는 혁신성을 제공하기 위해 동기부여된 기업)을 서술하고 있는 좋은 예
라고 할 수 있다.

3
상황분석

〈표 7-1〉 상황분석의 세부구성

기업자원분석	재무성과	매출액, 시장점유율, 수익성 등
	기업성과	고객의 브랜드 충성도, 고객만족도, 인식된 품질, 브랜드 이미지, 상대적 원가, 종업원의 역량
	핵심역량	경쟁사 대비 차별적 우위, 가치창조에 대한 기여, 낮은 모방성, 다른 사업으로의 적용 가능성 등
	사업 포트폴리오	BCG매트릭스 혹은 GE/McKinsey 분석
거시환경분석	인구통계적 환경, 기술적 환경, 자연친화적 환경, 사회문화적 환경, 경제적 환경, 정치(법)적 환경	
시장분석	수요	현재 시장의 규모, 시장잠재력, 시장성장률, 시장의 주기성 및 계절성, 주요 구매자의 구매동기, 미충족 욕구, 소비패턴 등
	공급	산업 내 제공되는 제품 및 하위제품의 구성, 가격 및 원가구조, 판촉활동의 수준(광고매체, 비용 등), 유통경로(집약적, 전속적, 선택적), 주요 공급자의 성과(시장점유율, 수익성 등), 공급자들의 대형화 및 집중화, 새로운 공급자 및 신제품의 등장 여부 등
	경쟁	거시적 경쟁 분석: 마이클 포터의 5가지 경쟁요인 분석(5-forces model)을 이용한 경쟁분석 및 핵심성공요인의 파악
		미시적 경쟁 분석: 직접 및 간접 경쟁 수준의 파악, 전략집단군 분석을 이용한 직접경쟁자 파악 및 경쟁자의 목표, 전략, 강·약점 분석, 자사의 경쟁우위 도출 등

기업사명에 대한 명확한 설정이 이루어지면 기업의 조직 내 · 외적 환경을 분석하는 상황분석(situation analysis)이 요구된다. 이러한 상황분석은 시장 내에서 기업이 직면할 수 있는 조직 내 · 외부의 모든 환경을 포함하는 개념으로 기업자원분석, 거시환경분석, 시장분석으로 구성되어 있다.

1) 기업자원분석

기업자원분석은 자사분석을 의미하며 재무성과, 기업성과, 핵심역량 그리고 사업포트폴리오 분석으로 이루어져 있다.

(1) 재무성과

기업의 재무성과분석에는 시장 내에서의 자사 매출액, 시장점유율 그리고 수익성을 포함한다. 특히 기업의 수익성은 총자산수익률(return on assets: ROA)과 총자본순이익률(return on investment: ROI)에 의해 평가될 수 있다. 총자산수익률은 기업의 수익성을 대표하는 비율로서 기업이 얼마나 효율적으로 자산을 운용하였는가를 보여준다. 자사의 손익계약서 상에 제시된 당기순이익을 대차대조표의 전년도 총자산과 당해 연도 총자산의 평균으로 나누어 백분율(%)로 나타낸 비율이다. 또한 총자본순이익률은 당기순이익을 대차대조표에 제시된 총자본으로 나누어 백분율로 나타낸 값으로서 총자본순이익률의 값이 높을수록 수익성이 높다는 의미이다. 이러한 분석지표에서 제시된 결과는 경쟁기업과 비교하여 현재 전략을 유지하거나 기업의 성장을 위한 새로운 장·단기 전략도출에 이용될 수 있다.

(2) 기업성과

상황분석에 있어 기업성과를 분석하는 것은 자사제품의 고객만족도와 충성고객의 규모, 브랜드 이미지 인식, 제품 혹은 서비스 품질평가, 상대적 원가, 임직원의 역량 등을 포함하고 있다.

① 충성고객의 규모

먼저 고객만족도를 파악하기 위해서는 이탈인터뷰(exit interview)를 통해 타 브랜드 혹은 제품으로 바꾸기로 결정한 고객으로부터 불만족의 원인을 파악하거나 경쟁 브랜드의 불만족 원인을 파악하여 그 규모를 비교하는 등의 노력이 필요하다. 하지만 무엇보다 충성고객의 규모를 파악하는 것이 중요하다.

② 평가된 품질

기업이 제공한 제품 품질에 대한 성과를 분석하기 위해서는 소비자가 원하는 탁월한 기능, 내구성 그리고 A/S를 제공하는가를 평가할 수 있다. 서비스 품질의 경우, 물리적 시설, 설비, 비품, 종업원의 외모 같은 유형성, 응답의 신속성, 유능성, 일정한 서비스에 대한 기대 가능성, 솔직성, 의사소통의 명확성, 정중함의 영역에서 분석할 수 있다.

③ 브랜드 이미지 인식

자사의 브랜드 이미지에 대한 성과분석을 위해서는 자사 브랜드가 해당 제품 영역에서 전문성, 혁신성, 고급 이미지를 지니고 있는가를 평가할 필요가 있다. 이러한 브랜드 이미지는 장기적으로 경쟁기업이 모방할 수 없는 희소성을 지닌 기업의 핵심역량이 된다. 이온음료를 떠올리면 '게토레이'라는 제품이 연상된다. 이는 게토레이가 수년간 소비자에게 포지셔닝한 핵심 브랜드 개념인 '달지 않아야 한다. 흡수가 빨라야 한다'의 결과이기도 하다.

④ 상대적 원가

상대적 원가분석은 경쟁사에 비해 원가우위를 확보했는가를 평가하는 것이다. 일반적으로 이러한 원가우위의 원천으로는 광고비, 관리비 등의 고정비가 일정한 상황에서 생산량이 많아질수록 생산효율성은 높아져 단위당 원가가 낮아지는 규모의 경제와 일부 산업에서 기업이 특정 제품의 생산경험을 축적할수록 단위당 생산비용이 하락하는 경험곡선이 제시될 수 있다. 또한 상대적 원가우위는 기업의 핵심역량을 통한 전략제시에 중요한 역할을 한다. 예를 들어 특정 스포츠관광 상품이 상대적 원가우위를 지니고 있으나 거리적으로 접근성이 떨어지는 경우에는 경제적인 제품으로 포지셔닝하는 전략도출의 근거가 된다. 결론적으로 이들 자사성과 영역들을 분석한 결과를 토대로 기업 내부의 강점과 약점을 파악하여 강점은 부각시키고 약점은 보완함으로써 효과적인 전략도출에 이용할 수 있다.

(3) 핵심역량

기업성과 분석을 실행한 후에는 기업이 보유하고 있는 핵심역량(core

competency)을 분석하는 것이 필요하다. 기업 내부의 핵심역량이란 경쟁우위를 창출할 수 있도록 하는 기업 내부의 독특한 유·무형의 자원과 조직능력의 조합을 의미하는 것으로 다양한 기능(skills), 기술(technologies)과 지식흐름(knowledge streams)의 집합체로서 경쟁사 대비 해당 기업만이 가지는 독특한 차별적 우위와 희소성을 갖추고 있어야 할 뿐만 아니라 고객가치창조에 기여하고 다른 사업으로의 적용 가능성이 높은 조건을 충족시킬 수 있어야 한다. 일반적으로 유형의 자원은 기업의 자금능력, 공장설비, 유통망 등과 같은 기업의 물적 자산과 금융자산을 포함하며, 무형자원은 기업이 보유하고 있는 특허, 저작권, 기업비밀 같은 기술과 노하우, 브랜드 네임, 고객 데이터베이스 등 형태가 없는 자산을 의미한다. 또한 조직능력이란 신제품 개발능력, 효율적인 생산능력, 마케팅능력, 기업경영전략 등 기업이 보유하는 독특하고 구체화된 능력을 의미한다. 특히 기술이나 브랜드 같은 무형자산과 조직능력은 그 가치를 정량적으로 파악할 수 없으나 경쟁사가 쉽게 모방할 수 없는 차별화된 경쟁우위의 원천으로 작용할 수 있다. 예를 들어 글로벌 스포츠기업 나이키(Nike)는 운동화를 직접 생산하지 않는다. 이는 아웃소싱을 통해 한국과 중국을 비롯한 아시아 국가에 기반을 둔 제조사들에게 제품생산을 전담케 하여 연구개발(혁신적 디자인과 제품기능의 향상)과 마케팅활동(스타 선수 마케팅을 통한 전문화되고 혁신적 브랜드 이미지 제고) 그리고 유통시스템(유럽지역의 신속한 제품유통을 위한 유통망 단일화 확보)에 기업자원을 투입함으로써 원가절감의 차원을 넘어 철저한 생산 전후 단계에 집중하여 기술과 마케팅, 유통 그리고 브랜드자산의 무형자산과 조직능력의 영역에서 경쟁사가 모방할 수 없는 차별화된 기능적·심리적인 가치제공의 핵심역량을 확보하고 있다. 결과적으로 고객에게 제품이 제공하는 차별화된 편익을 확실히 인식시키고, 다양한 사업에 폭넓게 적용시킬 수 있으며, 경쟁사가 모방하기 어려운 자사의 핵심역량을 파악하는 것은 시장 내 경쟁우위를 창출하는 기업전략의 핵심이 된다.

한편 기업의 핵심역량을 파악하기 위한 도구로는 마이클 포터(Michael Porter)

가 제시한 가치사슬(value chain) 분석이 이용될 수 있다. 기업의 부가가치 창출에 직접 혹은 간접적으로 관련된 일련의 활동, 기능, 과정 등의 연계를 의미하는 가치사슬은 주요 활동(primary activities)과 지원활동(support activities)으로 분류된다. 주요 활동은 제품의 물류투입(조달물류), 작업활동(생산활동), 물류산출(재고 및 유통물류), 마케팅 판매 활동(영업활동), 서비스(A/S 및 고객만족활동) 등과 같이 현장에서 부가가치를 직접 창출하는 기업활동을 의미하고, 지원활동은 기획, 재무, 마케팅정보시스템, 법무, 총무로 구성된 기업 내부구조와 조직 구성원의 직무, 보상, 평가, 조직관리와 관련된 인적자원관리, 연구, 설계, 개발, 디자인을 포함하는 기술개발, 그리고 비생산 및 관리분야 전반에 걸친 투입요소 같은 경영활동에 필요한 물적 자원의 획득을 의미하는 요소획득 영역으로 구성되어 있다. 이러한 가치사슬에 의한 기업 하위영역 분류의 목적은 기업의 부가가치 창출을 위한 직접활동 부분의 가치창출요인 분석과 단계별 부가가치 창출과 관련된 핵심활동에 대한 규명, 활동별 원가요인을 분석함과 동시에 조직 내부핵심역량 분석으로 활용되어 궁극적으로 기업이 시장 내 경쟁우위 구축을 위한 전략도출의 분석도구로 이용된다. 가치사슬 분석은 기업의 단위활동들에 있어 경쟁사 대비 차별화 원천을 파악하는 데 유용하지만, 스포츠용품 제조기업이 아닌 유통 및 서비스 기업의 경우에는 해당 산업에 맞도록 변용하는 것이 요구된다.

〈그림 7-3〉 기업의 가치사슬 모형

⟨글로벌 스포츠화 생산업체 N사의 가치사슬 분석의 예⟩

	주요 활동(primary activities)		지원활동(support activities)
물류 투입	• 낮은 생산비용 • 제품기술, 디자인, 마케팅에 집중 • 효율적인 재고관리시스템 • 효율적 원자재 공급(Nike IHM)	기업 내부 구조	• 최상위 경영자의 경영능력 확보 • 낮은 부채와 재정운영능력 확보 • 강력한 브랜드, 제품, 유통, 지원시스템 확보 • 전략적 지식을 갖춘 효율적인 전략운용능력 확보
생산 활동	• 연구개발의 집중투자 • 100% 생산활동의 아웃소싱화 • N사 직원의 생산공장경영 지원 • 효율적 생산활동 네트워크 수립 • 제품 패키징의 일률화	인적 자원 관리	• 정직, 경쟁력 확보, 팀워크를 강조하는 기업 핵심가치를 지닌 인적자원 • 최소한의 위계조직 구성 • 글로벌 시장에 있어 강력한 경영능력과 효율적 기업전략 실행능력을 갖춘 인적자원 • 조직원들의 높은 도덕적 가치강조 • 노동환경에 대한 정기적 분석/대처
물류 산출	• 자사 물류시스템을 통한 유통제어 • 유통업체와의 원만한 관계구축 • 전방통합(유통망 확보) 능력의 확보 • 효율적인 공급사슬을 위한 서버시스템 확보	기술 개발	• 동작 분석, 기초대사량 분석, 족부압력 분석, 발목 회전범위 분석, 혈액분석, 심박수 모니터링을 토대로 시장 내 신제품 개발 선도 • AIR쿠션의 핵심기술 보유 • 매장 내 터치스크린 기술 제공 • e-commerce를 통한 매출확대
마케팅/ 판매	• 강력한 브랜드 인지도 및 명성 확보 • 스포츠 선수보증광고의 실행 • 높은 마케팅 예산 • 두터운 충성고객층 확보 • 온라인상의 다양한 제품 제공	요소 획득	• 약속된 시간에 완제품 공급 • 위급한 상황에 대비한 제고물량 및 능력확보
서비스	• 최상의 고객서비스를 위한 IT시스템 확보 • 고객만족을 통한 제품품질 인식 확보 • 터치스크린을 이용한 소비자 스포츠화 선택기회 제공		

* 글로벌 스포츠기업 N사는 스포츠화 생산에 있어 아웃소싱을 통해 한국과 중국을 비롯한 아시아 국가에 기반을 둔 제조사들의 제품생산을 전담케 하여 연구개발(혁신적 디자인과 제품기능의 향상)과 마케팅활동(스타 선수 마케팅을 통한 전문화되고 혁신적 브랜드 이미지 제고) 그리고 유통시스템(유럽지역의 신속한 제품유통을 위한 유통망 단일화 확보)에 기업자원을 투입함으로써 원가절감의 차원을 넘어 철저한 생산 전후 단계에 집중하여 기술개발과 마케팅, 유통시스템의 효율적 운용과 제품 및 브랜드 차별화를 통해 경쟁사가 모방할 수 없는 독특한 기능적 · 심리적인 가치를 소비자에게 제공하는 핵심역량을 확보하고 있는 것으로 판단된다.

(4) 사업 포트폴리오 분석

기업자원분석의 마지막 단계는 기업의 하위 사업영역, 즉 전략사업단위 (strategic business unit: SBU)별로 사업성과를 분석한 포트폴리오를 도출할 수 있다. 사업 포트폴리오 분석의 핵심은 시장점유율과 시장성장률을 토대로 경쟁력 있고 시장 매력도가 높은 전략사업단위는 더 많은 자원을 투입하여 성장을 유도하고, 경쟁력 이 낮고 시장매력도가 낮은 사업단위는 처분하는 등의 전략을 수립하여 최적의 사 업 포트폴리오를 구성하는 데 있다. 일반적으로 가장 널리 사용되는 사업 포트폴 리오 분석방법으로는 보스턴컨설팅그룹(Boston Consulting Group)의 BCG매트릭스 분 석(BCG Growth-Share Analysis)과 매킨지(Mckinsey)의 산업매력도 분석(Industry Attractiveness-Business Strength Analysis)이 있다. 특히 BCG매트릭스의 경우 〈그림 7-4〉에 제시된 바와 같이 상대적 시장점유율과 시장성장률을 X축과 Y축의 2차원 공간 상에 표시하여 각 전략사업단위의 매력도를 나타낼 수 있다.

① 시장성장률

먼저 미래에 시장 내 전체 기업들이 달성할 것으로 예상되는 총 매출액을 의미하는 시장성장률(market growth rate)은 해당 시장의 연성장률로 표시되는데, 통상 적으로 10%나 15% 이상이면 고성장 시장으로 그 이하이면 저성장 시장으로 구분 할 수 있다. 시장성장률을 구하는 다양한 방법들이 존재하나 일반적으로 연평균복 합성장률(compound annual growth rate: CAGR)을 이용하여 도출할 수 있다. 연평균복합성 장률은 당해 연도 시장규모(매출액)로부터 분석에 포함되는 시작 연도의 시장규모(매 출액)를 뺀 값을 1/n승(n은 당해 연도에서 시작 연도까지의 연수)하여 1을 빼준 값을 백분율(%) 로 나타낸다. BCG매트릭스 분석에 시장성장률을 시장매력도에 도입한 배경에는 시장성장률이 높은 산업은 브랜드 인지도가 높지 않기 때문에 대부분의 소비자가 신규 사용자들로 구성되므로 시장점유율을 늘리기가 상대적으로 용이하고, 수요가 공급을 초과하는 경향을 보이므로 기업들은 고가격을 통해 수익을 창출하기가 용이하기 때문이다.

② 상대적 시장점유율

기업의 경쟁력을 나타내는 상대적 시장점유율(relative market share: RMS)은 자사 전략사업단위의 매출액을 업계 선두업체의 매출액으로 나눈 값으로 나타낸다. 일반적으로 1.0 혹은 1.5를 상대적 시장점유율로 분류할 수 있다. 예를 들어 상대적 시장점유율이 0.1이라는 것은 자사 전략사업단위의 시장점유율이 선두기업 시장점유율의 10%라는 것을 의미한다. 기업의 시장점유율은 주로 시장조사 기관으로부터 제공될 수 있는데, AC닐슨, 한국전산원, 리스피알 등의 시장점유율 조사기관이 존재한다. 결과적으로 BCG매트릭스가 상대적 시장점유율을 전략단위사업의 경쟁적 강점을 나타내는 요소로 선정한 이유는 시장점유율이 높을수록 규모의 경제, 브랜드 인지도, 유통 지배력, 원자재구매에 대한 높은 교섭력 확보를 통해 제품 생산량을 늘림으로써 생산원가, 광고비, 유통비 등을 포함한 전반적 비용이 감소되는 경험곡선효과(experience curve effect)를 누릴 수 있기 때문이다.

③ BCG매트릭스의 4영역

기업의 전략사업단위는 BCG매트릭스를 구성하고 있는 물음표(question marks), 별(star), 자금젖소(cash cows) 그리고 개(dogs)의 영역에 표시될 수 있다. 먼저 물음표 영역은 높은 시장성장률과 낮은 상대적 시장점유율을 나타내고 있어 수익이 낮고 불안한 특징을 나타내며, 많은 현금을 투입하여 시장점유율을 높이는 확대전략(build) 혹은 사업단위를 처분하는 철수전략(divest)을 취할 것인지 결정해야 한다. 둘째, 별은 높은 시장성장률과 상대적 시장점유율을 의미하며 시장점유율을 유지

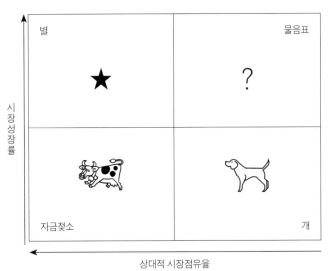

시
장
성
장
률

별

★

물음표

?

자금젖소

개

상대적 시장점유율

〈그림 7-4〉 BCG매트릭스

하거나 성장시키기 위해 많은 자금이 필요한 것이 특징이다. 셋째, 자금젖소는 낮은 시장성장률과 높은 상대적 시장점유율을 지니고 있어 신규 설비투자 등의 비용이 발생하지 않으므로 기업의 수익원 역할을 하며, 기업은 현재 시장점유율을 유지하는 유지전략(hold)을 취하는 것이 일반적이다. 특히 기업은 자금젖소에 속한 사업단위에서 발생한 수익을 시장점유율은 낮지만 시장성장률이 높은 문제아에 속한 사업단위에 배분할 수 있다. 마지막으로 개에 속한 전략사업단위는 낮은 시장성장률과 상대적 시장점유율을 지니고 있어 많은 수익을 발생시키지는 못하지만 투자를 위한 자금수요도 높지 않다. 하지만 수익성이 낮고 시장전망이 밝지 않으므로 철수전략(divest)을 펼치는 것이 바람직할 수도 있다.

- 글로벌 스포츠기업인 N사는 스포츠의류, 신발, 스포츠가방을 포함하는 3개의 전략사업단위(SBU)를 보유하고 있다. 각 전략사업단위의 포트폴리오 분석을 통해 사업전략을 도출하기 위해 BCG매트릭스 분석을 실시하기로 했다. 먼저 스포츠신발 사업단위의 BCG분석은 다음과 같다.
- 2011년(1조 원), 2012년(2,900억 원), 2013년(2조 1,600억 원)의 3년간 스포츠화 산업의 전체 매출규모를 고려한 결과 시장성장률은 29.2%로 나타났다. 참고로 시장성장률이 10~15% 이상이면 해당 산업의 시장성장률이 높은 것으로 간주한다. 스포츠화 산업의 시장성장률을 도출하기 위해 연평균복합성장률(Compound Annual Growth Rate: CAGR)을 이용하였으며, CAGR을 구하는 공식은 아래와 같다.

---

*연평균복합성장률(CAGR) = [(기말매출액 − 기초매출액)$^{1/n}$] − 1
*n = 기말(2013년)에서 기초(2011년)까지의 년수
(예를 들어 2011년부터 2013년까지의 CAGR을 구하면, n = 3이 된다)
*0.292 = [(216 − 100)$^{1/3}$] − 1 따라서 CAGR=29.2%

- 상대적 시장점유율(relative market share: RMS)을 구하기 위해 업계 1위인 A사와 자사의 시장점유율을 조사하였다. 조사를 진행한 결과, 스포츠화 시장의 시장점유율은 자사(N사)가 10%, 산업 리더인 A사는 36%를 각각 나타냈다. 따라서 N사가 보유한 스포츠화 전략사업단위의 상대적 시장점유율은 0.28로 도출되었다.

---

*상대적 시장점유율(RMS) = 자사 SBU의 시장점유율/업계 1위 기업(SBU)의 시장점유율
*0.28 = 10%/36% 따라서 RMS = 0.28

- 결론적으로 스포츠용품 기업인 N사가 보유한 스포츠화 사업은 BCG매트릭스 상에서 물음표(questions) 영역에 속하는 것으로 나타났다. N사는 스포츠화 사업의 시장점유율을 높이고 궁극적으로 별(stars)의 영역으로 진입할 수 있도록 신규자금을 투입하는 확대(build)전략을 펼치기로 결정하였다.

2) 거시환경분석

오늘날 기업은 끊임없이 변화하는 외부 시장환경에 직면하고 있다. 이러한 외적 환경은 기업의 경영활동에 영향을 미쳐 해당 시장의 수익성을 결정짓는 요인으로 작용한다. 특정 산업의 외부 환경요인들이 다수 존재하고 그 변화가 급격하게 나타난다면 해당 산업의 시장매력도는 그다지 높지 않은 것으로 판단할 수 있

다. 일반적으로 기업의 경영활동에 영향을 미칠 수 있는 외부환경은 경제적 · 기술적 · 정치적 · 사회문화적 · 인구통계적 환경으로 구성되어 있다.

(1) 경제적 환경

기업의 경영활동에 영향을 미치는 경제적 환경으로는 경제성장률, 저축률, 이자율, 물가상승률, 환율, 실업률, 소득분포, 부동산가격 등이 있다. 특히 스포츠산업에 있어 경제적 환경은 소비자의 소비행동에 가장 밀접하게 관련되어 있다. 소비가 감소하는 경제 불황기에는 대다수의 소비자가 스포츠를 의식주와 관련된 필요에 의한 소비활동과는 거리가 먼 것으로 간주하여 스포츠 경기, 용품, 강습프로그램 등의 스포츠 제품에 대한 소비를 줄이는 경향을 보인다. 실제로 지난 2010년 그리스, 포르투갈, 스페인을 비롯한 유럽 국가들이 국가 실행예산을 축소한 긴축재정의 여파로 은행금리와 실업률의 상승과 함께 경기침체를 야기했으며, 소비자의 제품구매가 감소하는 소비위축으로 이어졌다. 결과적으로 유럽 국가들의 경기침체는 매출의 32%를 유럽시장에 의존하던 스포츠용품회사인 아디다스(Adidas)의 매출감소를 야기하는 위기요인으로 작용했으며, 매출감소에 효과적으로 대응하기 위해 중국과 미국을 비롯한 글로벌시장에서의 매출확대방안을 모색해야 했다. 한편 지난 2012년 12월 대외 수출확대와 시설투자 증가로 인해 제조업이 활성화됨에 따라 중국 내의 시장경기가 회복되어 소비가 확대될 것이라는 전망이 각 언론을 통해 흘러나왔다. 글로벌마켓에 있어 가장 큰 시장이라 할 수 있는 중국의 경기회복 같은 경제적 환경변화는 스포츠기업 아디다스에게 중국시장의 매출확대를 통한 수익성 향상의 경제환경적 기회요인으로 작용하였다.

(2) 기술적 환경

　　오늘날 기술혁신은 대다수의 산업분야에서 진행되고 있으며, 이러한 기술적 환경변화는 기업의 원자재 확보, 제품생산, 유통, 마케팅활동 등의 기업 경영활동 전반에 영향을 미치고 있다. 특히 정보통신기술의 발달은 스포츠용품 기업이 생산한 제품에 대한 정보획득의 용이성을 토대로 제품의 기능적 대안평가에 능통한 이른바 똑똑한 소비자를 양산시켰다. 스포츠용품 기업들은 이러한 스마트 소비자의 능동적 소비에 적절히 대응하기 위해 연구개발(R&D)에 대한 투자를 높이고 IT산업을 비롯한 여타 산업과의 연계를 통해 새로운 개념의 제품을 생산함으로써 자사 브랜드의 기능적 차별화를 시도하게 되었다. 하지만 스포츠신발 산업에 있어 특정 기업이 기술개발을 통해 제품 차별화를 이루어냈다 할지라도 이러한 경쟁우위는 수개월 내에 또 다른 기술력에 의해 도태되는 진부화를 경험하게 되므로 나이키, 아디다스 등의 스포츠기업들은 거의 대등한 기술력을 보유하고 있다고 볼 수 있다. 결과적으로 스포츠화 산업에서의 급격한 기술진부화는 기업들에게 있어 기술환경적 위협요인으로 작용하여 기술개발 및 수용에 매우 민감하게 반응하도록 유도함으로써 기술개발(R&D)에 대한 과도한 투자를 야기하기도 한다. 한편 뉴미디어의 등장은 대부분의 산업에 있어 기술적인 기회요인으로 작용하여 기업의 다양한 판촉활동에 영향을 미친다. 일례로 현재 127개국에서 온라인 마케팅 공간으로 각광받고 있는 페이스북(Facebook)은 아시아 지역에서만 약 2억 7,800만 명이 이용하고 있어 아시아 시장을 비롯한 글로벌마켓으로 진출을 모색하는 스포츠용품 기업들에게 있어 새로운 시장 확대를 위한 기회요인을 제공하고 있다.

(3) 정치적 환경

　　기업의 경영활동은 국가와 정부의 정책 및 법률에 의해 규제될 뿐만 아니라 정치적 상황에 의해 영향을 받는다. 특히 스포츠기업의 경영에 영향을 미칠 수 있는 정치적 환경은 정부의 각종 규제와 정책변화뿐만 아니라 근로환경과 관련된 근로자 인권문제, 특허침해, 생산기지 국가의 정치환경, 무역관세 등 다양하게 존재한다. 예를 들어 정부정책에 의해 2007년 전면 시행된 주 40시간 근무제는 스포츠 활동을 비롯한 국민 여가시간을 크게 증가시키는 결과를 가져왔으며, 이는 스포츠관람, 용품, 강습서비스를 포함한 전반적인 스포츠 제품 수요를 확대시키는 기회요인으로 인식되었다. 또한 2013년에 발생한 광물, 목재 등의 원자재(raw materials) 확보와 관련된 독일 정부의 중국에 대한 공격적 외교정책은 중국 정부가 독일 제품들에 대해 보이콧하거나 독일산 제품에 대한 중국 국민의 부정적 인식으로 인한 매출감소가 우려되므로 전체 매출의 20%를 중국 시장에 의존하는 아디다스의 입장에서는 매우 심각한 정치환경적 위협요인이 될 수 있다. 한편 스포츠용품 산업에 있어 제품기술과 관련된 특허침해소송은 기업의 대외 이미지 하락과 소송비용이 요구되므로 기업에 있어 또 다른 위협요인으로 작용할 수 있다.

(4) 사회문화적 환경

　　사회문화적 환경은 많은 산업에 있어 기업의 경영활동에 영향을 미치고 있다. 특히 스포츠산업에 있어 기업 활동에 영향을 미치는 사회문화적 환경요인으로는 웰빙 현상 확대를 포함하는 가치관의 변화, 사회이슈에 대한 관심 증가, 출산율 저하, 여성의 사회참여 비율 증가, 라이프스타일의 변화 등을 포함한다.

먼저 범세계적인 웰빙 현상의 확대는 국내 소비자에게도 영향을 미쳐 스포츠 활동을 비롯한 레저활동 전반에 대한 관심과 관련 제품에 대한 수요확대로 이어지면서 스포츠용품 기업들의 시설투자를 통한 수익성 향상에 긍정적인 영향을 미친다. 뿐만 아니라, 단순함과 간결함의 추구를 의미하는 미니멀리즘(minimalism)은 스포츠화 시장에도 적용되어 소비자는 가볍고 심플한 디자인에 쿠션의 내구성이 가미된 스포츠화에 대한 선호가 높아지고 있다. 스포츠용품 기업들에 있어 이러한 가치변화에 따른 새로운 소비트렌드의 등장은 산업 내 경쟁을 심화시켜 가벼운 소재의 원자재, 색상, 디자인을 포함하는 연구개발 비용과 생산설비 투자에 대한 전반적인 비용에 대한 부담을 야기하는 위협요인이 된다.

또한 사회이슈에 대한 국민적 관심고조는 기업에게 기회요인으로 작용할 수 있다. 예를 들어 고무와 가죽을 비롯한 원자재를 대량으로 사용할 수밖에 없는 스포츠화 산업은 리사이클링 원자재를 거의 사용하지 않는 것이 특징이나 최근 환경문제에 대한 소비자의 관심증가로 인해 나이키와 아디다스를 비롯한 스포츠용품 기업들은 리사이클링 원자재의 사용비율을 높여 자사의 브랜드 이미지를 제고하고 매출을 확대하려는 노력을 보이고 있다.

한편 스포츠산업에 있어 진보적 노동조합의 등장은 실제로 스포츠용품 기업들로 하여금 자사의 생산기반시설을 중국, 베트남, 라오스 등 노동집약적이고 노동조합의 영향력이 상대적으로 낮은 동남아시아 국가로 이동시키는 빌미를 제공하고 있다. 무엇보다 이러한 생산시설의 이동은 생산설비투자 비용의 증가뿐만 아니라 열악한 근로환경, 법적 취업연령 미만의 어린이 노동자 고용 등의 근로자 인권과 관련한 또 다른 사회문제를 야기할 수 있어 기업의 입장에서 부담스러운 사회환경적 위협요인으로 작용할 수 있다.

(5) 인구통계적 환경

　　스포츠 시장에 있어 기업의 경영활동에 영향을 미치는 인구통계적 환경요인은 성별, 연령 또는 세대, 교육수준, 소득, 인종뿐만 아니라 연령별 및 지역별 인구구성비, 인구증가율, 가족구조의 변화 등을 포함한다. 특히 2020년까지 전체 인구 대비 65세 이상의 비경제활동인구의 비율이 20%를 차지하는 초고령화 사회로

〈글로벌 스포츠화 생산업체 N사의 거시환경분석 예〉

	위협(threats)	기회(opportunities)
경제적 환경	• 글로벌 경기침체로 인한 소비위축 • 외환시장의 불안정화 • 소비자물가지수(CPI)의 상승	• 국내 GDP의 꾸준한 성장 • 국민소득의 꾸준한 성장 • 경제전문가의 경제회복에 대한 긍정적 예측
기술적 환경	스포츠화 산업 내 혁신기술의 수명주기의 단축(6개월) → 연구 및 개발비용 증가	• 신소재개발로 인한 제품의 경량화 추진용이 • SNS 이용자 확대로 이를 통한 제품 판매 및 촉진환경 대두 • IT산업과의 연계를 통한 꾸준한 제품확장의 여건제공
정치적 환경	• 미국 및 유럽 국가들의 소비자보호법 강화 • 제품 디자인을 포함한 특허분쟁의 증가로 인한 소송비용 증가 및 대외 이미지 하락 • 중국 및 인도 등의 국가에서는 지적재산권 보호에 대한 법이 존재하지 않음	• 국가 간 자유무역협정(FTA)의 확대 • 중국과 미국의 정치적 화해모드 • 한국, 중국 등의 국가들에서의 해외 직접구매 규제완화
사회문화적 환경	• 한국과 중국을 비롯한 동남아 국가에서의 노동조합활동의 강화 • OEM기업들에서의 어린이노동 및 작업장환경과 관련된 인권문제의 대두	• 웰빙(well-being)의 확산으로 인한 스포츠 활동에 관심고조 → 스포츠용품 판매확대 • 삶의 질에 대한 가치강조로 인한 스포츠 활동의 증가 → 스포츠용품 매출확대
인구통계적 환경	베이비부머 세대(현재 50대 중·후반)의 러닝을 비롯한 스포츠 활동에 대한 관심 감소	• 스포츠 활동에 관심이 높은 Y세대의 스포츠 시장 진입 • 평균 자유재량소득의 증가로 인한 프리미엄 가격대를 형성한 스포츠용품에 대한 소비확대 가능성이 높음
자연적 환경	• 지진, 쓰나미 등의 자연재해로 인한 인구감소 • 자사 생산기지가 있는 동남아 지역의 빈번한 자연재해로 인해 제품생산의 어려움에 대한 가능성 대두	평균 기온의 상승으로 인해 온화한 날씨가 지속되는 경우, 스포츠용품에 대한 소비확대 가능성

의 진입이 예상되고 있어 실버스포츠 산업에 있어 시장 전체의 평균 수익률을 높여 시장매력도가 제고되는 기회요인으로 작용할 것으로 전망된다. 또한 인구증가율의 둔화는 특정 시장에 있어 위협요인으로 작용할 수 있다. 예를 들어 스포츠화 산업의 주요 목표고객집단은 14~20세 이하의 소비자집단으로서 국내 출산율 저하로 인한 이들 소비자집단의 감소는 스포츠화 산업에 전체에 있어 시장수익성을 떨어뜨리는 위기요인으로 작용하고 있어 30대와 40대를 포함하는 다른 연령대 소비자집단의 관심을 유도할 수 있도록 제품개발과 마케팅 노력 등의 효과적인 대응방안이 요구될 수 있다. 한편 여타 산업과 마찬가지로 경기침체로 인한 국민의 가처분소득 감소는 스포츠기업들의 수익성을 떨어뜨리는 위협요인으로 작용한다.

(6) 자연적 환경

기업경영에 영향을 미치는 자연적 환경은 제품의 생산을 위한 투입물로서 요구되거나 마케팅활동에 영향을 받는 자연자원을 포함한다. 특히 생산에 필요한 투입물로서의 천연자원, 즉 원자재 확보의 어려움은 기업의 제품생산에 직접적으로 영향을 미칠 뿐만 아니라 에너지 비용 상승으로 인해 원가 상승의 위협요인으로 작용한다. 또한 환경오염을 비롯한 지구온난화 현상은 자연환경의 보전과 공해방지를 위한 정부규제와 간섭이 증대되어 간접적으로 기업경영에 부정적인 영향을 미친다. 이와는 반대로, 지구온난화로 인해 평균기온의 상승과 온화한 날씨가 지속되는 경우, 소비자들의 스포츠 활동에 대한 욕구와 스포츠용품에 대한 소비를 증가시킴으로써 스포츠용품 기업의 입장에서 경영활동의 기회요인으로도 작용할 수 있다.

3) 시장분석

특정 산업에 있어 기업이 존속 혹은 성장하기 위해서는 자원의 효율적이고 합리적인 분배와 통제를 통한 경쟁우위의 창출 및 유지가 요구된다. 시장분석은 기업이 진출한 시장상황에 대한 효과적이고 깊이 있는 분석을 통해 경쟁우위 창출을 위한 실제적인 경영전략 수립을 위한 유용한 정보를 제공한다. 기업이 수행할 수 있는 시장분석은 다음과 같이 시장 내 공급, 수요 그리고 경쟁에 관련된 분석을 포함한다.

(1) 공급분석

공급분석에서는 산업 내 제공되는 제품 및 하위제품의 구성, 가격 및 원가구조, 광고를 포함한 판촉활동의 수준, 유통경로, 시장점유율을 포함하는 주요 공급자의 성과 그리고 공급자들의 대형화 및 집중화 정도 등을 분석한다. 예를 들어 레저스포츠산업의 하위영역인 테마파크 시장을 분석한다면 먼저 주제별로 놀이기구를 제공하는 전통적 개념의 놀이동산과 물을 테마로 하는 워터파크로 구분될 수 있다. 또한 테마파크 규모의 대형화 및 집중화 정도와 하위시장에 따라 테마파크와 사파리 혹은 동물원의 조합, 워터파크와 골프 및 스키리조트의 복합형태 혹은 접근성을 고려해 대도시 근교에 위치하고 있으며 규모가 상대적으로 작지만 찜질방 등과의 복합시설을 갖춘 소규모의 테마파크로 하위시장을 구분한다. 또한 이들 하위시장별로 어떠한 세부시설로 구성되어 있는지, 그리고 입장료와 시설 내 기구 등의 이용료를 포함한 가격구조의 조사가 요구된다. 특히 이들 대형화된 워터파크와 기존의 테마파크들의 광고를 비롯한 판촉활동의 수준과 주로 이용하는 광고매체를 체계적으로 분석할 필요가 있다. 또한 유통경로에 대한 조사도 필요한데, 현장구매, 인터넷쇼핑몰 등 소비자의 주요 유통경로에 대한 조사가 필요하다. 실제로 기존의 테마파크들은 카드회사와의 전략적 제휴를 통해 특정 카드를 이용하여 싼 가격으로 시설을 이용할 수 있게 하므로 현장구매가 가장 빈번하게 이용되는 유통경로로 대두될 수 있다. 마지막으로 이들 산업 내 주요 기업들의 성과들을 조사할 필요가 있다. 이러한 성과들에는 기업들의 시장점유율 등과 같은 재무성과 그리고 소비자에게 인식되고 있는 브랜드 이미지 등이 포함될 수 있다.

(2) 수요분석

수요(demand)란 특정 제품이나 서비스에 대한 욕구가 구매능력에 의해 뒷받침되는 것을 의미하며, 수요분석이란 시장 내 이러한 수요의 전반적인 동향을 분석하는 것이라 할 수 있다. 일반적으로 수요분석은 현재 시장의 규모, 시장 잠재력, 시장성장률, 판매의 주기성 및 계절성, 그리고 기존 기업의 수익성을 분석한 현재 시장 수익성, 구매자의 주요 구매동기와 구매패턴 등을 포함한다.

① 현재 시장규모

현재 시장의 규모는 시장 내 자사와 경쟁 기업들의 전체 매출액을 의미하며, 정부, 협회, 민간연구소 등이 제공하는 데이터를 기초로 추정할 수 있다. 보다 세부적으로 기업 외부에서 제공되는 2차 자료의 원천으로는 통계청 · 한국은행 · 공정거래위원회 · 기획재정부 등을 포함하는 중앙 행정기관, 대한상공회의소 · 전국경제인연합회 · 중소기업협동조합중앙회 등을 포함하는 경제단체, 한국신용평가와 한국기업평가 등의 신용평가회사, 주간지 · 경제신문을 포함하는 일간지, 인터넷뉴스, LG와 삼성경제연구소를 포함하는 경제연구소, 마케팅조사회사 등의 조사대행사와 광고대행사를 포함한다. 특히 스포츠산업 규모를 파악하기 위해서는 문화체육관광부가 매년 발행하는 체육백서를 이용할 수 있다.

② 시장 잠재력

시장 잠재력(market potential)은 특정 시장 내에서 모든 기업이 일정 기간 동안 최대의 마케팅 노력을 기울임으로써 달성할 수 있는 최대 매출액을 의미하며, 시장 잠재력 중에서 특정 기업이 차지할 수 있는 최대 매출액을 의미하는 판매 잠재력(sales potential)과는 구별된다. 다시 말해, 특정 시장에서 제한된 기간 동안 소비자의 욕구를 충족시킬 수 있도록 제품을 개선하고, 생산과정의 원가구조를 개선하여 제품가격을 최대한으로 낮추고, 소비자의 구매욕구를 자극할 수 있는 촉진활동을 최대한으로 전개하고, 제품에 대한 소비자의 접근성을 최대한 높인 유통구조를 제공했을 때 달성 가능한 매출액이다. 하지만 현실적으로 기업들이 최대한의 마케팅 노력을 기울이지 않으므로 시장 잠재력은 해당 기간 동안 실제 기업들에 의해 달성되는 매출총액보다는 훨씬 큰 수치로서 경제상황, 실업률, 소득변화 등의 시장 상황에 따라 변화할 수 있다. 특히 시장 잠재력의 추정은 실제 매출액과 시장 잠재력을 비교하여 기업의 시장기회를 파악하거나 특정 제품의 미래 판매량이 시장 잠재력에 의해 달라질 수 있으므로 해당 제품의 마케팅 목표를 세우는 데 유용한 정보를 제공한다.

한편 시장 잠재력을 추정하기 위해서는 사슬비율법(chain ratio method)을 이용할 수 있다. 사슬비율법을 이용하여 시장 잠재력을 추정하기 위해서는 먼저 정부의 각종 통계자료, 협회나 민간연구소의 통계자료를 이용하여 잠재구매자의 규모와 유사 제품의 현재 구매자 혹은 사용자들의 평균 구매량 또는 사용량을 의미하는 잠재 구매량을 추정한 다음, 이들 잠재 구매자의 규모와 잠재 구매량을 곱하여

〈사슬비율법을 이용한 시장 잠재력 분석의 예〉

- 가상의 스포츠용품 기업인 N사에서 새롭게 출시하는 스포츠화 X의 시장 잠재력과 판매 잠재력을 사슬비율법을 이용해 추정하는 과정은 다음과 같다.

  - 먼저 잠재 구매자의 규모를 파악하는 것이 필요하다. 이때 잠재 구매자는 해당 제품에 대한 욕구가 있고, 가격을 지불할 경제적 능력이 있는 모든 사람을 포함시킨다. 예를 들어, 국내에서 스포츠화를 구매할 욕구가 있고 가격을 지불할 경제적 능력이 있는 15~64세의 남녀를 잠재 구매자로 규정할 수 있다. 잠재 구매자의 규모를 파악하기 위해서는 지식경제부 등의 정부자료, 통계청 자료, 각종 협회나 민간연구소의 통계자료를 이용할 수 있다.

  - 다음은 잠재 구매량을 파악하기 위해 현재 구매자 또는 사용자들의 평균 구매량이 이용될 수 있는데, 앞서 언급한 시장조사 자료나 마케팅 관리자의 주관적 판단에 근거하여 추정할 수 있다. 예를 들어 지식경제부나 한국신발산업협회 등의 시장조사 자료에 근거한 국내 인구 1인당 보유 스포츠화의 수는 잠재 구매량이 될 수 있다.

  - 추정된 잠재 구매자의 규모와 잠재 구매량을 곱하여 시장 잠재력을 도출한다. 하지만 실제로 시장점유율을 추정하는 데 영향을 미치는 모든 요인을 포함시킬 필요가 있다. 아래는 스포츠화 X의 시장 잠재력을 추정하기 위해 지식경제부, 통계청, 신발산업협회, 신문과 뉴스를 비롯한 미디어자료, 시장조사 자료 등에 근거한 15~64세 남녀를 포함한 잠재 구매자의 규모, 1인당 보유 스포츠화 수를 의미하는 잠재구매량, 스포츠화 X의 단가, 1인당 연평균 스포츠화 구매량을 곱하여 스포츠화 X의 시장 잠재력을 산출한 예시이다. 결론적으로 약 2조 4,000억 원의 시장 잠재력을 가지고 있다.

---

* 스포츠화 X의 시장 잠재력 = 15~64세 인구수(잠재구매자 규모, 2011년)×1인당 스포츠화 보유수(잠재구매량)×스포츠화 X의 단가×1인당 연평균 스포츠화 구매횟수
* 2,364,222,043,162원 = 34,779,121명(통계청)×1.14켤레(지식경제부)×89,000원×0.67회(한국신발산업협회)

  - 마케팅 관리자의 주관적 판단 혹은 자사의 유사 제품에 대한 시장점유율을 토대로 추정된 스포츠화 X의 잠재 점유율을 앞서 도출된 시장 잠재력에 곱하여 자사의 판매 잠재력을 도출한다. 스포츠화 X의 잠재 점유율을 25%라고 가정하면 약 5,900억 원의 판매 잠재력이 도출된다.

---

* 판매 잠재력 = 시장 잠재력×잠재 점유율
* 591,055,510,790 = 2,364,222,043원×0.25(25%)

시장 잠재력을 도출한다. 시장 잠재력이 추정되면 마지막 단계로 마케팅 관리자의 주관적 판단이나 자사의 유사제품 판매량 등을 근거로 추정된 자사의 잠재 점유율에 시장 잠재력을 곱하여 판매 잠재력을 추정할 수 있다.

③ 시장성장률

수요분석에 있어 시장 잠재력과 함께 시장의 성장률을 예측할 필요가 있는

데, 이는 미래에 시장 내 전체 기업들이 달성할 것으로 예상되는 매출액을 의미하는 시장예측(market forecast)과 자사가 달성할 수 있을 것으로 예상되는 판매예측(sales forecast)을 포함한다. 먼저 시장예측은 시장성장률을 예측하는 것으로 인플레이션, 환율, 증시, 실업률, 소비자의 소비 정도, 정부와 기업의 투자, 정부정책의 변화 등을 포함하는 거시환경 요인들과 국민총생산(gross domestic product: GDP)을 토대로 산업 전체의 매출액을 예측하는 것을 의미한다. 그런 다음, 특정 기업이 일정 수준의 시장점유율을 차지한다는 가정에 근거하여 자사의 판매액을 예측하는 판매예측을 실행하게 된다. 시장분석에 있어 시장성장률을 예측하는 것은 기업의 성공적인 전략수립에 필수적이므로 예측의 정확성을 높이는 노력이 필요하다. 특히 시장성장률을 예측하는 데 많은 요인을 분석에 포함시켜야 하므로 이들 요인을 다각적으로 고려한 비관적인 상황, 중립적인 상황 그리고 낙관적인 상황 모두에 대한 시장성장률 예측치를 도출하는 것이 바람직하다. 예를 들어 스포츠화 시장의 시장성장률을 예측하는 데 있어 매년 가정이 소비하는 제품과 서비스 가격의 변동을 의미하는 소비자물가지수(consumer price index: CPI)와 가계소득이 영향을 미친다고 가정할 수 있다. 먼저 소비자물가지수가 현 상태를 유지하고 가계의 소득이 올라가는 낙관적인 상황에서 스포츠화 시장성장률은 20% 이상으로 예측할 수 있으며, 이와는 반대로 소비자물가지수가 높아지고 소득이 낮아지는 비관적인 상황에는 시장성장률이 10% 미만으로 추정한 결과를 도출할 수 있다. 또한 소비자물가지수와 소득의 변동이 없는 중립적인 상황에서 스포츠화 시장성장률은 15% 정도일 것이라는 예측을 도출하는 것이 바람직할 것이다.

시장성장률을 추정하기 위한 방법은 다양하며, 마케팅 관리자나 업계 전문가의 의견에 근거하여 추정하는 판단적 기법, 신상품을 개발하는 과정에서 소비자조사를 통해 잠재구매자들의 반응에 기초한 매출액 예측을 의미하는 고객반응 조사기법 그리고 매출액과 높은 상관관계를 가지고 있는 변수들을 고려하여 미래의 매출액을 예측하는 상관관계 기법을 포함한다. 시장성장률을 분석하기 위해 어떤 기법을 사용하는 것이 마땅할 것인가 하는 문제의 대답은 하나의 예측에 의존하기 보다는 여러 분석기법을 이용하여 성장률을 예측하고 그 결과를 비교분석하여 현명한 판단을 내리는 것이 바람직할 것이다. 참고로 BCG매트릭스 분석에 필요한 시장성장률을 추정할 때 사용될 수 있는 연평균복합성장률(compound annual growth rate: CAGR)은 이 장의 'BCG매트릭스 분석의 예'에 제시되어 있다.

④ 시장 주기성 및 계절성

　　　다음으로는 시장의 주기성(cyclicity)과 계절성(seasonality)을 분석할 필요가 있다. 주기성과 계절성은 유사한 개념을 설명하고 있지만, 주기성은 1년 이상의 기간에, 계절성은 1년 이하의 기간에 적용된다. 주기성이 높은 시장은 호황인 해와 불황인 해의 매출의 급격한 차이를 보이며, 일반적으로 주기성이 높은 산업은 조선, 반도체, 자동차 등과 같은 장치산업들을 포함한다. 특히 주기성이 높은 시장에서는 판매가 감소하는 해에 기업 간 가격경쟁이 치열하여 손실을 초래할 수 있다. 한편 스포츠산업은 계절성이 강한 산업으로서 스키, 골프 등의 서비스산업은 비수기와 성수기의 매출액 차이가 큰 산업으로 분류될 수 있다. 계절성이 높은 스포츠산업은 성수기와 비수기에 있어 여러 가지 추가적인 비용이 요구된다. 예를 들어 스키리조트의 경우 성수기에는 많은 인력을 필요로 하기 때문에 추가적인 인건비가 지출되는 반면 비수기에는 이들 유휴화된 시설들을 기업 세미나 혹은 기관의 워크숍 등의 이벤트 공간으로 활용하기 위해 별도의 촉진비용이 지출되며 여타 스키리조트, 골프리조트와 치열한 가격경쟁을 벌이게 된다.

⑤ 핵심 구매동기

　　　수요분석에 있어 중요한 영역인 시장 내 주요 구매자의 핵심 구매동기를 파악하는 것은 기업이 추구해야 하는 고객에 대한 가치제안을 결정하는 데 필요한 정보를 제공한다. 예를 들어 스포츠화 시장의 주요 구매자인 10~40대의 소비자는 심리묘사적 세분화 도구인 SRI Consulting Business Intelligence(SRI-CBI)의 VALS™ 프레임워크를 이용하여 혁신자(innovator), 성취자(achiever), 경험자(experiencer), 노력자(striver) 집단으로 분류될 수 있다. 이들 중 높은 가처분소득수준과 상대적으로 고급 제품을 구매하며 높은 사회적 신분과 독립적이며 성공한 이미지를 중요시하는 혁신자 집단이나 개인의 경력과 가족을 중시하고 타인에게 성공을 표출하는 고가 제품을 선호하는 특징을 지닌 성취자 집단의 스포츠화 구매결정에 영향을 미치는 주요 동기는 제품이 제공하는 전문성, 혁신성, 고급성을 포함하는 브랜드 이미지가 될 수 있다. 이에 반하여 다양함을 추구하고, 젊고 열정적이며 충동적인 사람으로 상대적으로 패션, 오락 및 사교활동에 소득의 상당 부분을 지출하는 경험자 재미를 추구하며 유행에 민감한 스타일시한 제품을 선호하는 노력자 집단은 스포츠화의 가격과 디자인이 주요 구매동기로 작용할 수 있을 것이다.

⑥ 미충족 욕구

또한 수요분석에 있어 시장 내 핵심 구매자들의 미충족 욕구를 파악하는 것이 중요하다. 특히 시장의 외적 환경이 급변하는 오늘날에 있어 이러한 미충족 욕구를 파악하는 것은 기업으로 하여금 경쟁우위를 창조하고 유지하는 원천이 된다. 예를 들어 연구개발(R&D) 영역의 활발한 투자를 통해 최신기술이 접목된 고기능성 제품이 강조되는 스포츠화 산업에 있어 간결함과 단순함을 강조하는 소비트렌드인 미니멀리즘(minimalism)이 등장하고 있다. 이러한 미니멀리즘 소비트렌드를 지닌 스포츠화 구매자들에 있어 단순하고 간결한 디자인과 내구성을 강조한 제품에 대한 욕구, 즉 미충족 욕구가 존재할 수 있다.

⑦ 소비패턴

　　산업 내 주요 구매자들의 소비패턴을 분석하는 것은 기업의 마케팅을 비롯한 기업의 전략수립에 영향을 미친다. 이러한 산업 내 주요 구매자들의 소비패턴은 언제 그리고 얼마나 자주 구매하는가에 관한 특정 구매시기와 횟수, TV, 라디오 등의 정보획득 원천, 제품의 구매에 필요한 대안평가의 정도, 구매 시 선호하는 유통경로, 카드·현금 등의 구매결제 방법 등이 포함된다. 예를 들어 스포츠화 시장의 경우 20대 주요 스포츠화 구매자의 연평균 스포츠화 구매횟수는 2켤레 이상이며, 날씨가 따뜻해지는 3월이나 휴가철을 앞두고 야외활동을 대비하는 7월과 10월에 스포츠화 구매가 두드러지는 경향을 보인다.

⑧ 시장 수익성

　　시장분석에 있어 수요분석의 마지막 단계로 특정 시장의 현재 수익성을 분석할 수 있다. 이는 기업이 특정 시장에 진출했을 때, 얻을 수 있는 이익의 규모 혹은 이익 잠재력이라고 한다. 시장 수익성 분석에 있어 가장 단순하고 정량적인 방법은 기존 시장에 진출한 기업들의 수익성을 분석하는 것이며, 해당 시장의 이익 잠재력을 예상할 수 있는 중요한 정보를 제공한다. 보다 깊이 있는 시장 수익성을 분석하기 위해서는 시장 내 공급자, 소비자, 생산자, 잠재적 진입자 등을 포함하는 모든 관여집단 간의 시장 내 경쟁을 분석할 필요가 있다. 다음 절의 '경쟁분석'에 제시된 '5가지 경쟁요인 분석(Five-Forces Model)'을 통해 보다 깊이 있는 시장 수익성을 살펴볼 수 있다.

(3) 경쟁분석

기업이 경영활동을 통해 수익을 창출하는 시장에는 다양한 경쟁이 존재한다. 이러한 경쟁에는 기업의 수익성에 영향을 미치는 다양한 주체들의 활동과 활동의 정도를 의미하는 거시적 경쟁(macro-competition)과 제품수준에서 관련 기업들의 활동과 활동 정도를 의미하는 미시적 경쟁(micro-competition)을 포함한다.

① 거시적 경쟁분석

거시적 경쟁분석이란 특정 시장의 전반적인 경쟁을 분석함으로써 기업이 얻을 수 있는 잠재적 이익의 크기인 시장 수익성을 파악하는 것을 의미하며, 이는 해당 시장의 매력도 정도를 나타낸다. 즉, 시장 매력도는 현재 시장규모, 시장 잠재력, 시장성장률 등의 외형적 요인들뿐만 아니라 시장에 직접 혹은 간접적으로 관여하는 기업, 소비자, 원자재 공급업자, 협력업체 등을 포함하는 구성원들의 활동과 활동의 정도에 의해 결정된다는 것이다. 따라서 기업 간 경쟁이 치열한 시장의 경우, 해당 시장의 시장매력도는 낮을 수밖에 없으며, 시장 내 여러 주체들의 활동과 그에 따른 경쟁강도를 분석함으로써 해당 시장의 전반적인 수익성, 즉 매력도를 평가할 수 있다.

일반적으로 전반적인 시장 매력도를 분석하는 도구는 마이클 포터(Michael Porter)의 '5가지 경쟁요인 분석(Five Forces Model)'이 있으며, 산업구조분석이라고도 한다. 이는 전통적으로 특정 산업의 구조가 그 산업 내 구성원들의 활동을 결정하고, 이러한 활동들은 다시 해당 산업의 수익성을 결정한다는 경제학의 산업조직론(industrial organization)이 제시하는 '구조-행동-성과(structure-conduct-performance)'의 패러다임에서 발전되었다. 다시 말해, 특정 산업의 구조를 분석하면 해당 산업 구성원들의 활동과 산업의 수익성을 파악할 수 있다는 것을 의미한다. 마이클 포터의 5

가지 경쟁요인 분석은 잠재적 진입자의 위협(threat of new entrants), 구매자의 교섭력 (bargaining power of buyers), 공급자의 교섭력(bargaining power of suppliers), 대체재의 위협(threat of substitute products), 기존 기업들 간의 경쟁(rivalry among existing competitors)으로 구성되어 있으며, 이들 5가지 영향요인이 산업 내 경쟁을 높여 시장 매력도를 낮추는 위협은 다음과 같다.

- 잠재적 진입자의 위협

    잠재적 진입자의 위협이란 시장 내 새로운 기업의 진출로 인해 경쟁이 심화되면서 시장의 전반적인 수익성을 악화시킬 수 있는 위협을 의미한다. 일반적으로 기업이 새롭게 시장에 진출할 수 있는 가능성의 정도를 의미하는 진입장벽 (entry barrier)이 낮으면 경쟁이 높아져 시장의 전반적인 수익성이 낮아진다. 먼저 이러한 진입장벽에 영향을 미치는 요인으로는 정부의 정책을 들 수 있다. 예를 들어, 스포츠산업에 있어 골프장, 스키장, 요트장시설 운영사업은 등록 체육시설사업으로서 정부의 허가를 받아야 하기 때문에 새로운 경쟁자의 진입이 어려워 상대적으로 체육도장, 체력단련장 등의 정부허가가 필요 없는 신고체육시설사업보다 산업 내 경쟁이 낮을 수 있다. 또한 특정 시장에 진입하는 기업이 신규로 투자하는 금액은 해당 시장의 진입장벽에 영향을 미친다. 앞서 언급한 골프장이나 스키장 운영사업은 부지매입, 시설건설 등에 많은 초기 투자비용이 소요되는 사업으로 신규 진입자의 진입장벽이 높아 경쟁이 낮은 시장이라 할 수 있다. 한편 신규 진입자가 기존 기업보다 제품을 생산하는 데 있어 더 높은 원가를 지불해야 한다면, 이는 해당 시장에 있어 높은 진입장벽으로 작용한다. 특히 기존 스포츠용품 기업들은 그동안 쌓인 생산경험을 토대로 새롭게 시장에 진출하는 기업보다 낮은 원가로 제품을 생산할 수 있어 가격경쟁에서 우위를 점할 수 있다. 뿐만 아니라 고객에게 각인된 기존 기업의 높은 인지도와 호의적인 브랜드 이미지는 시장의 높은 진입장벽으로 작용한다. 또한 기존 기업들이 공장 혹은 점포의 입지, 재료 및 부품, 기술, 유통경로 등과 같이 새롭게 사업을 진행하는 데 필수요소를 확보하고 있다면 해당 시장의 진입장벽은 높다고 할 수 있다. 예를 들어 나이키는 자사의 스포츠화 제품 전량을 아시아를 비롯한 여러 국가들의 생산 아웃소싱 네트워크를 통해 글로벌 시장에 공급하고 있으며, 이는 아웃소싱 파트너를 통한 원가절감의 차원을 넘어 철저한 기술개발과 유통 및 마케팅 등의 생산 전후 단계에 집중하여 자사의 핵심역량을 확보함으로써 잠재적 진입자의 신규 시장 진입을 막고 있다. 또한 소비자가 특정 제품 대신 다른 대안제품을 구매하여 이용하는 데 따르는 비용, 시간, 노력 등을 포함하는 전환비용이 많이 요구되는 산업은 시장 매력도가 높다고 할 수 있는데, 높은 전환비용으로 인해 신규 진입자의 시장진입이 용이하지 않은 닌텐도 위(Nintendo Wii), 플레이스테이션(Playstation)의 스포츠게임기산업이 좋은 예라고 할 수 있다.

- **구매자의 교섭력**

특정 시장에서 구매자의 힘이 세다면 해당 시장의 매력도는 높지 않다. 특히 구매자는 최종소비자뿐만 아니라 유통업자나 다른 제조업자가 될 수 있으므로 구매자의 성격에 따라 교섭력이 달라질 수 있다. 먼저 구매자가 소수이거나 조직화된 경우에는 구매자의 교섭력은 올라가며, 대부분의 경우 제조업자들에게 가격인하의 압박이 가해짐으로써 시장 수익성을 떨어뜨린다. 예를 들어 나이키는 과거 다수의 소매업자들에게 제품을 공급함으로써 유리한 위치에 있었으나, 미국과 유럽, 호주를 비롯한 전 세계에 매장을 두고 있는 풋락커(Foot Locker)와 같이 취급품목을 신발 등의 단일 종목으로 제한한 유통업체, 즉 '카테고리 킬러'가 등장함으로써 'Buy one, get one half off(하나를 구입하시면, 반값으로 하나를 더 구입하실 수 있습니다)' 같은 가격압박에 직면하게 되었다. 또한 구매자가 제조업체로부터 구매하던 제품을 직접 생산하는 것을 의미하는 후방통합(backward integration)을 통해 자사가 직접 유사한 제품을 생산할 가능성이 클수록 구매자의 교섭력이 높아져 시장 수익성은 낮아진다.

- 공급자의 교섭력

공급자의 교섭력은 공급자가 산업 내 기업들에게 공급하는 원자재나 부품의 가격 또는 품질을 통제할 수 있는 힘의 정도를 의미하며, 공급자의 교섭력이 높을수록 시장의 수익성은 위협을 받아 시장 매력도는 낮아진다고 할 수 있다. 일반적으로 소수의 공급자가 존재하거나 구매자가 가격에 민감하지 않은 경우 혹은 공급자가 제품을 직접 생산할 수 있는 생산시설을 비롯한 능력을 갖추게 되는 전방통합(forward integration) 가능성이 높을수록 공급자의 교섭력이 높아져 시장의 매력도는 떨어진다. 예를 들어 미국 메이저리그(Major League Baseball: MLB)는 총 30개 팀이 존재하며, 한 팀당 경기에 실제로 띌 수 있는 25명을 비롯해 총 40명이 등록된다. 전체 MLB에 등록되는 선수는 1,200명 정도인 데 반해 공급자인 5개 하위리그의 트리플A와 더블A리그에만 76팀이 존재한다. 즉, 경기력이라는 제품을 제공하는 공급자인 선수의 숫자가 경기라는 스포츠 서비스 제품을 생산하는 제조업체인 메이저리그 구단이 요구하는 공급 수준을 훨씬 초과하므로 공급자의 협상력 관점에서 미국 프로야구산업의 시장 매력도는 높다고 할 수 있다.

- 대체재의 위협

대체재란 특정 제품과 다른 제품군에 속한 제품이지만, 소비자에게 유사한 기능이나 혜택을 제공하는 것으로 인식될 수 있는 제품을 의미하며, 해당 제품에 대한 대체재가 많이 존재할수록 시장의 수익성과 매력도는 낮아질 수밖에 없다. 일반적으로 대체재의 위협이 높은 경우에는 대체재의 존재로 인해 제품에 대해 높은 가격을 책정하기가 어려워 수익성을 떨어뜨리고 시장 매력도는 낮아질 수밖에 없다. 프로스포츠를 포함하는 관람스포츠산업은 영화, 콘서트, 연극 등의 다수의 문화상품이 대체재로 존재하며 프로스포츠산업에 있어 수익성을 떨어뜨리는 위협으로 존재한다.

• 기존 경쟁자의 위협

기존 경쟁자는 현재 시장 내에서 경쟁을 벌이고 있는 모든 기업을 의미하며, 경쟁자들 간의 경쟁이 치열한 시장은 시장 매력도가 낮다고 할 수 있다. 기존 경쟁자의 위협에 영향을 미치는 요인은 경쟁기업의 수, 경쟁기업의 상대적 크기, 시장성장률, 제품의 원가에서 고정비용이 차지하는 비율, 철수장벽 등이 있다. 먼저 특정 시장에서 기존 경쟁자의 수가 많으면 많을수록 해당 시장의 매력도는 떨어진다. 하지만 경쟁자의 수가 많다고 해서 경쟁의 강도가 시장 내 모든 기업에게 동일하게 작용하는 것이 아니며, 기업의 규모에 따라 규모가 작은 중소기업은 대기업보다 시장 내 경쟁 강도가 훨씬 더 강하다고 할 수 있다. 예를 들어 국내 스포츠화 시장에서 글로벌 스포츠용품 기업인 나이키와 상대적으로 규모가 작은 국내 브랜드가 체감하는 경쟁의 강도는 다를 수밖에 없을 것이다. 또한 시장의 규모가 거의 변화가 없어 성장률이 낮은 경우, 해당 시장에서 기업들이 성장할 수 있는 유일한 방법은 시장점유율을 높이는 것이므로 치열한 가격경쟁이 발생한다. 한편 원가에서 고정비가 차지하는 비중이 높아 전기세와 시간이 지남에 따라 생산설비들의 가치가 하락하는 감가상각비 등의 변동비라도 건질 수 있도록 설비를 가동하는 것이 유리하다. 경쟁자들 간의 제품 차별화 정도가 낮은 경우에도 가격경쟁이 빈번하게 발생하여 시장 수익성은 낮아진다. 예를 들어 스포츠센터 같은 종합체육시설 운영사업은 원가 대비 고정비의 비율이 높고 스포츠센터들이 제공하는 스포츠 강습 프로그램의 제품 차별화가 낮은 것으로 소비자에게 인식되기 때문에 구매결정을 할 때 가격을 가장 중시하는 소비행동을 보여 센터들 간의 과도한 가격경쟁으로 인해 전반적인 시장 수익성을 떨어뜨리는 결과를 가져온다. 마지막으로 기업이 초기투자 비용을 회수하고 시장을 떠날 수 있는 용이성의 정도를 의미하는 퇴거장벽(exit barrier)이 높을 때에도 시장의 수익성은 악화된다.

결과적으로 기업은 포터의 산업구조분석을 통해 산업 내 경쟁의 강도를 분석하여 시장경쟁 상황에 있어 힘의 균형이 어디로 향하고 있는지를 알 수 있을 뿐만 아니라 시장 내 기업의 수익률에 영향을 미치는 핵심영역을 의미하는 핵심성공요인(key success factor: KSF)을 파악하여 미시적 경쟁분석에 있어 자사 및 경쟁사의 강점과 약점을 분석할 수 있는 핵심영역을 제시할 수 있다. 특히 핵심성공요인은 특정 시장에서 기업의 성공과 실패를 결정하는 요소를 의미하는 것으로서, 시장에서 성공적으로 경쟁하는 토대가 되는 브랜드자산과 기업의 역량을 포함하고 있으며 두 가지 유형으로 나눌 수 있다. 첫째는 타 경쟁자가 보유하고 있기 때문에 이것이 있다고 해서 경쟁우위를 확보하는 것은 아니지만, 만일 이것이 없다면 기업의 입장에서 치명적인 약점이 되는 자산과 역량으로서 전략적 필요조건(strategic necessities)이라고 할 수 있다. 예를 들어 스포츠용품회사들은 충분한 유통망을 확보하는 것이 핵심성공요인(KSF)이라고 할 수 있지만 전략적 필요조건에 지나지 않는다. 둘째, 자사가 지니는 핵심성공요인이 경쟁자보다 탁월하면 이러한 핵심성공요인은 경쟁우위를 가져오는 자산과 역량이라고 할 수 있으며, 이를 '전략적 강점(strategic strengths)'이라고 한다. 앞선 스포츠용품회사의 경우, 핵심성공요인으로 충분한 유통망을 확보하였다면 전략적 필요조건을 갖추었다고 할 수 있다. 여기에 더하여 자사 유통채널을 통해 고객에게 탁월한 체험(플래그십 스토어 등)과 혜택(가격할인)을 전달한다면 자사가 보유한 유통망은 경쟁우위로 작용한다고 볼 수 있다. 다시 말해, 포커게임에서 우승하기 위해서는 기술, 배짱, 자금이 요구된다. 상대방의 포커 패를 확인하기 전 본격적인 베팅을 하기 위해서는 일정한 액수의 돈을 거는 분담금이 요

〈글로벌 스포츠화 생산업체 N사의 '5가지 경쟁요인 분석'의 예〉

5가지 경쟁요인 분석의 예:
가상의 스포츠용품기업 N사

잠재적 진입자의 위협
(낮음)

공급자의 교섭력
(낮음)

시장 내 경쟁자의 위협
(높음)

구매자의 교섭력
(높음)

대체재의 위협
(낮음)

- 시장 내 경쟁자의 위협

 스포츠화 시장 내 기존 기업들 간의 경쟁은 상당히 높은 것으로 판단된다. N사와 A사, R사를 비롯한 시장 선도자들의 규모는 거대화되고 스포츠화 시장 내에서의 위치를 견고히 하고 있다. 이들 시장 선도자들은 글로벌마켓에서의 인지도가 높으며, 충성고객층도 두터운 편이다. 유럽과 미국을 비롯한 프로스포츠 스폰서십과 선수보증광고를 통한 공격적인 마케팅으로 브랜드 이미지 차별화 전략을 펼치고 있으며, 연구개발에 많은 재원을 투자하여 신제품 개발을 통한 제품 차별화도 도모하고 있다. 따라서 경쟁자들의 동일한 전략추구로 시장 내 경쟁은 상당히 높다.

- 대체재의 위협

 스포츠 시장에 있어 대체재의 위협은 낮은 것으로 판단된다. 시장 내 기존 기업에서 생산하는 스포츠화에 대한 대체상품으로는 하이킹화, 등산화, 캐주얼화, 샌들 등이 존재할 수 있으나, 스포츠 활동의 특성상 이들 대체상품들은 스포츠화를 대신할 수 없으므로 스포츠화 시장에서의 대체재의 위협은 상당히 낮다고 할 수 있다.

- 잠재적 진입자의 위협

 N사를 비롯한 시장 내 선도기업들과 기존 생산업체들의 높은 시장점유율을 통한 규모의 경제를 실현할 수 있는 여건이 충분하며, 이들 시장 선도기업들은 이미 공격적인 마케팅전략을 통하여 강력한 브랜드 이미지를 구축하여 전 세계적으로 두터운 충성고객층을 확보하고 있다. 또한, 제조업의 특성상 생산시설을 포함한 높은 초기투자비용이 요구되고 있어 잠재적 진입자의 위협은 높지 않은 것으로 판단된다.

- 공급자의 교섭력

 스포츠화 산업의 원자재는 고무, 가죽, 면을 포함하고 있으며, 이러한 산업 내에 상당히 많은 공급자들이 존재하고 있다. 실제로 N사의 경우, 500여 개의 중소 공급업자들과 하청계약을 맺고 있어 실제로 이들 공급자들은 대량으로 원재료를 구매하는 스포츠화 기업들에게 수익을 대부분 의존하고 있는 실정이다. 따라서 스포츠화 시장에 있어 공급자의 교섭력은 낮은 것으로 판단된다.

- 구매자의 교섭력

 구매자는 일반 소비자와 유통집단으로 나뉠 수 있다. 먼저 유통업자들의 경우, 풋락커(Foot Locker), ABC마트 같은 강력한 카테고리 킬러들이 존재하지만, N사를 비롯한 기존 시장 선도기업들은 자사의 유통채널을 보유하고 있어 이들 유통집단의 교섭력은 높지 않은 것으로 판단된다. 하지만 일반 소비자의 경우, 대부분의 시장 내 기업들이 기술개발을 통한 혁신적이고 새로운 제품을 생산하여 경쟁우위 창출 및 유지하려는 노력을 기울이고 있다. 특히, 현재 점진적으로 증가하는 온라인 소비자는 가격민감도가 높으며, 스포츠화 제품의 구매에 있어 경쟁제품을 구매하는 전환비용이 낮아 이들 일반 소비자의 교섭력은 높은 것으로 판단된다. 특히, N사는 높은 브랜드 이미지와 품질을 기반으로 프리미엄 가격전략을 펼치고 있어 이들 구매자들의 교섭력은 높은 것으로 판단된다.

결과적으로 5가지 경쟁요인 분석을 토대로 산업 내 경쟁이 치열하며 구매자의 교섭력이 높은 스포츠화 산업의 핵심성공요인(KSF)은 중요한 순서대로 브랜드 차별화를 위한 공격적인 마케팅활동, 혁신적인 제품 및 디자인을 위한 연구개발 활동, 규모의 경제를 실현할 수 있는 생산활동과 효율적인 유통활동 등이 제시될 수 있다.

구된다. 이와 같이 핵심성공요인은 해당 시장에서 경쟁에 참여할 수 있는 자격을 획득하기 위한 분담금의 성격을 지닌다고 할 수 있다. 스포츠화 산업에 있어 아디다스의 우수한 품질은 1990년대 초반까지 차별화요인으로 작용하여 경쟁우위(전략적 강점)가 되었으나 나이키, 뉴발란스, 리복 등의 기업들이 품질개선을 위해 노력한 결과 품질영역은 모든 스포츠화 기업의 경쟁우위 요소가 아닌 기본적인 핵심성공요인으로 자리 잡게 되었다. 이와 같이 핵심성공요인은 경쟁에서 이기는 수단이 아니라 경쟁을 위한 자리(시장)에 동참하기 위해 자릿세를 내는 것이라 할 수 있다.

일반적으로 철강 혹은 제지산업은 원자재 가공활동의 영역이 핵심성공요인으로 제시되며, 맥주산업은 생산설비의 가동률, 도매상 네트워크, 효과적인 광고가 핵심성공요인으로 인식된다. 또한 스포츠화 산업에 있어 기업들의 수익성에 영향을 미치는 핵심성공요인으로는 중요한 순서대로 혁신적인 제품 및 디자인을 위한 연구개발 활동, 브랜드 차별화를 위한 마케팅활동, 규모의 경제를 실현할 수 있는 생산활동과 효율적인 유통활동 등이 제시된다. 일반적으로 특정 산업에서의 핵심성공요인은 2~3개의 영역이 제시될 수 있으며, 이들 중에서 1~2영역의 우선순위가 되는 중요한 핵심성공요인들이 존재한다. 따라서 다음 절에서 제시되는 미시적 경쟁분석 수준에서 경쟁사와 자사의 강점과 약점을 분석하기 위해서는 이들 2~3개의 주요 핵심성공요인들에 대해 가중치를 부여하여 분석에 이용할 수 있으나 그 외에 중요하지 않은 요인들에 대해서는 평가기준에서 제외시키는 것이 바람직할 것으로 보인다. 이러한 과정을 통해 기업들은 시장 내 경쟁에서 지속적으로 우위를 점할 수 있는 경쟁우위(competitive advantage) 요인들을 도출할 수 있다.

② 미시적 경쟁분석

산업 내에 제공되는 제품수준의 경쟁에 대한 분석을 의미하는 미시적 경쟁분석에서 기업들은 직접경쟁과 간접경쟁에 직면하게 된다. 기업은 미시적 경쟁분석을 실행하기에 앞서 자사의 실제적인 경쟁사를 확인하는 과정을 필요로 한다. 특히 기업이 경쟁사를 확인하는 일은 간단하게 보일 수 있으나, 실제적이며 잠재적인 경쟁사의 범위는 광범위할 수 있다. 예를 들어 나이키의 경쟁상대는 아디다스, 리복 등을 떠올릴 수 있으나 이종 제품을 생산하는 닌텐도(Nintendo)라는 비디오 게임 회사가 경쟁상대가 될 수 있다.[3] 나이키가 경쟁사를 규명하는 데 있어 이러한 이종 제품계열로의 확장은 소비자의 시간점유율(time share)로 설명될 수 있다. 나이키의 주요 소비자인 청소년과 20대 고객이 닌텐도 게임에 몰두하면 상대적으로 스포츠를 포함한 신체활동에 관여하는 시간이 줄어들므로 운동화의 매출이 줄어들 수 있으므로 스포츠용품 기업인 나이키의 경쟁상대는 전혀 무관한 것으로 여겨질 수 있는 이종 산업영역의 게임업체가 될 수 있다. 따라서 스포츠 기업은 산업 내 경쟁자를 선정하는 데 있어 간접경쟁과 직접경쟁의 이분법적 접근이 요구된다.

먼저 간접적 경쟁은 자사와 동일하거나 유사한 혜택을 고객집단에게 제공하는 기업들과의 경쟁을 의미하며, 자사의 제품을 대체할 수 있는 대체 가능성(substitutability)이 높은 제품을 생산하는 기업을 경쟁자로 규정할 수 있다. 앞서 언급한 나이키의 경쟁상대로 제시된 닌텐도가 이에 해당된다. 또한 직접적 경쟁은 자사와 유사하거나 동일한 제품을 생산하는 기업과의 경쟁을 의미하며, 나이키의 경쟁사로서 확인된 아디다스나 리복이 이러한 경우에 해당한다. 특히 동일한 계열의 경쟁자가 다수 존재하는 경우, 기업이 자사와 보다 직접적으로 경쟁하는 경쟁자를 파악하는 도구로서 '전략집단(strategic group)' 분석이 이용될 수 있다. 다시 말해, 특정 산업 내 동일하거나 유사한 경영전략(유통전략, 마케팅전략, 영업전략 등)을 추구하거나, 유사한 기업특성(기업규모, 기업정서 등)을 보유하거나, 유사한 핵심역량을 가진 기업들을 전략 집단군으로 분류하여 경쟁사를 파악할 수 있다. 예를 들어 스포츠화 시장에 있어 다수의 직접적인 경쟁자들이 존재하지만 캐주얼화 혹은 전문 스포츠화로 구분

---

3) 정재윤(2006). 나이키의 상대는 닌텐도다. 서울: 마젤란.

된 제품라인과 기업 마케팅활동의 결과물인 브랜드 인지도 정도를 토대로 전략집단 분석을 실행했을 때, 글로벌 스포츠기업인 나이키의 실제적인 경쟁자는 아디다스와 리복이 될 수 있다. 한편 기업이 경쟁사를 파악한 후에는 경쟁자의 마케팅 목표를 포함한 마케팅 전략, 강점과 약점 그리고 경쟁자의 미래 마케팅전략을 분석할 필요가 있다. 보다 세부적인 경쟁사 분석에 포함될 내용은 다음과 같다.

- 경쟁사의 목표 분석

  먼저 기업은 경쟁자가 무엇을 추구하는지와 관련된 경쟁 기업의 목표를 분석할 필요가 있다. 이를 토대로 경쟁사가 미래에 어떤 전략을 펼칠지에 대한 예측이 가능하다. 특히 경쟁자의 목표는 회사의 규모, 역사, 현재의 경영자, 재무적 상황 등 기업 내부의 다양한 요인들에 의해 결정되며, 크게 기업의 성장과 수확을 나타내는 두 가지 목표로 제시된다. 일반적으로 성장목표를 가지고 있는 기업은 가격인하와 광고 및 판촉활동 비용의 확대 중 일부 혹은 모두를 실행하는 경향을 보이며, 이와는 반대로 수확목표를 가지고 있는 기업은 가격인상, 광고비 및 판촉비의 삭감 등의 행동을 보일 수 있다. 예를 들어 경쟁자가 주식시장에 상장되지 않은 비상장 경쟁자의 경우, 장기적으로 수익을 추구하는 목표를 가지는 경향을 나타내며, 재무재표 상에 빚이 많은 재무구조를 가진다면 기업목표로서 성장을 택할 가능성이 낮다. 또한 경쟁자의 판매원들이 회사의 수익이 아니라 매출액을 기준으로 성과급을 받는다면 해당 기업은 성장을 목표로 하는 기업일 가능성이 높다.

- 경쟁자의 전략분석

  기업은 경쟁자의 전략을 분석하는 데 있어 앞서 실행한 전략집단분석을 이용할 수 있다. 이러한 경쟁자의 전략을 분석함으로써 기업은 가장 큰 위협으로 작용하는 경쟁사를 파악하고 경쟁의 강도를 예측할 수 있다. 즉, 다수의 경쟁자들이 자사와 같은 전략을 가지고 있다면 해당 시장은 경쟁이 높은 것으로 판단할 수 있다. 일반적으로 기업 간 가격경쟁보다는 차별화 경쟁이 높은 시장은 경쟁이 상대적으로 낮은 시장이라 할 수 있다. 예를 들어 소비자가 브랜드나 제품차별화가 낮은 것으로 인식하는 종합스포츠시설 운영사업의 경우, 가격경쟁이 치열한 시장으로 인식된다. 또한 원가나 브랜드 혹은 품질 등의 다양한 요소들에서 차별화가 나타나는 시장에서는 다수의 경쟁자가 공존할 가능성이 높고 차별화 요소가 적은 시장보다 상대적으로 경쟁이 낮다. 마지막으로 경쟁자의 전략을 분석하기 위해서는 이들의 표적시장과 마케팅믹스 요소들에 대한 파악이 필요한데, 경쟁자의 광고, 브로슈어 같은 판촉자료, 사보, 신문기사, 시사주간지 등의 정보원천으로부터 필요한 정보를 비교적 쉽게 획득할 수 있다.

• **경쟁자의 강 · 약점 분석**

경쟁사의 강 · 약점 분석은 경쟁제품의 수준에 머무는 것이 아니라 현재 경쟁제품을 생산하는 기업 수준의 분석을 포함한다. 특히 원자재의 확보, 생산활동, 유통경로, 포지셔닝을 포함하는 마케팅활동, 서비스영역의 주요 활동과 기업내부구조, 기술개발, 요소획득, 인적자원을 포함하는 지원활동의 가치사슬(value chain)이 제시하는 모든 영역에서 경쟁사의 강점과 약점을 분석하는 것이 요구된다. 하지만 산업 내에는 많은 경쟁자들이 존재하므로 실제로 모든 경쟁사를 대상으로 가치사슬의 모든 영역에서 자사와 경쟁사의 강점과 약점을 분석하는 것은 현실적으로 어려움이 따를 수 있다. 이러한 문제는 앞서 언급한 산업 내에 동일하거나 유사한 전략을 추구하는 기업들을 직접적인 경쟁자들로 분류하는 전략집단 분석을 통해 경쟁자들을 규명하고 마이클 포터의 '5가지 경쟁요인 분석'에서 제시된 해당 산업에서의 핵심성공요인(KSF) 영역에서 자사와 경쟁사들의 강점과 약점을 분석하여 결과를 도출할 수 있다. 결과적으로 경쟁분석을 실행한 후에 넘쳐나는 정보로 인한 혼동을 미연에 방지하기 위해서는 앞서 제시된 핵심성공요인별로 경쟁사 대비 자사의 강점과 약점을 요약할 필요가 있다. 중요한 순서에 따른 2~3개의 핵심성공요인을 중심으로 경쟁사와 자사의 강점과 약점에 대한 리스트를 작성할 수 있으며, 영역별로 10점 만점의 기준을 제시하고 단순 혹은 가중점수(총점 100점)를 부여하여 평가할 수 있다. 특히 자사와 경쟁사의 강·약점을 파악하기 위해서는 각 핵심성공요인들을 세분화할 필요가 있다. 예를 들어 제품개발, 생산능력, 마케팅활동 영역이 특정 산업의 핵심성공요인으로 도출되었다면 상품개발 영역에서는 특허의 수와 기술개발 단계를 포함하는 기술수준, 핵심인물과 외부인력 활용 여부 등의 인적자원, 연구개발비 총액, 매출액 대비 연구개발비, 연구개발 원천 등을 포함하는 제품개발 영역과 생산시설의 총규모, 공장규모, 생산의 자동화 정도, 공정의 독특성과 유연성, 품질, 생산에 필요한 핵심인물, 근로자의 기술 수준 및 노조결성 여부를 포함하는 생산영역, 마케팅활동에 있어서 판매조직의 능력, 크기, 종류, 위치, 유통경로의 능력 및 종류, 서비스 및 판매정책, 광고 능력 및 종류, 마케팅 인적자원과 이직률, 마케팅 예산총액, 매출액 대비 마케팅비용 등의 하위영역들을 세분화하여 자세히 분석할 필요가 있다. 그 외에도 경쟁사의 강약점 분석에 포함되는 기업의 재무능력으로는 장단기 부채의 종류와 규모, 유동성, 외상 매출금과 재고 회전율을 포함하는 현금흐름, 재무부서의 핵심인물 및 이직률, 예산수립, 예측 및 통제를 포함하는 재무시스템을 포함한다. 마지막으로 관리능력으로는 핵심인물의 목표와 우선순위, 가치관, 계획수립의 종류, 강조점 및 기간 인력충원과 관련된 이직률, 충원정책, 그리고 조직구조와 조직의 집중화 정도 등의 영역에서 자사와 경쟁사의 강·약점을 분석한다.

4) 경쟁우위의 파악

기업은 자사와 경쟁사들의 목표, 전략 그리고 핵심성공요인(KSF) 영역에 있어 강·약점 분석을 토대로 경쟁사 대비 경쟁우위 영역을 도출할 수 있다. 일반적으로 기업이 도출할 수 있는 경쟁우위의 영역은 제품생산과 관련된 생산공정 및 기술의 개선, 규모의 경제 및 경험곡선효과로 인한 원가의 감소, 낮은 원자재 구입 비용에서 기인하는 원가우위(cost advantage)와 높은 제품사양 및 다양한 제품을 제공하는 제품믹스의 확대, 혁신적 기술을 통한 품질개선, 높은 마케팅능력, 높은 브랜드 이미지에서 비롯된 차별화우위(differentiation advantage)의 두 가지 영역으로 제시될 수 있다. 예를 들어 스포츠화 시장의 경우, 글로벌 스포츠용품 기업인 나이키(Nike)사는 전략집단분석(strategic group analysis)을 통해 유사한 수준의 제품라인(X축)과 높은

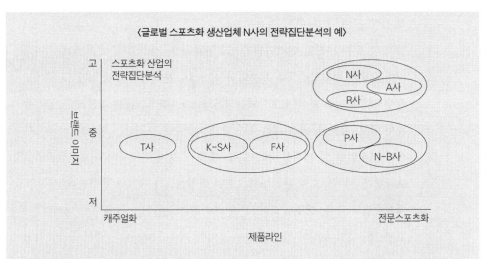

〈글로벌 스포츠화 생산업체 N사의 전략집단분석의 예〉

- 스포츠화 시장에서의 전략집단분석을 위해 직접경쟁자를 대상으로 X축에는 제품라인을, Y축에는 브랜드 이미지(brand identification)를 기준으로 제시하여 전략집단분석을 실행하였다.

- 전략집단분석의 결과, 글로벌 스포츠화 생산업체 N사의 직접적인 경쟁사는 유사한 제품라인전략을 가지고 있으며, 브랜드 이미지도 높게 인식된 A사와 R사로 결정되었다.

브랜드 이미지(Y축)를 지니고 있는 아디다스(Adidas)사와 리복(Reebok)사를 시장 내 직접적인 경쟁자로 도출하고, 마이클 포터의 '5가지 경쟁요인 분석'을 통해 산업 내 경쟁이 치열하며 구매자의 교섭력이 높은 스포츠화 산업의 핵심성공요인으로 브랜드 차별화를 위한 공격적인 마케팅 활동, 혁신적인 제품 및 디자인을 위한 연구개발 활동, 규모의 경제를 실현할 수 있는 생산활동을 도출할 수 있다. 그런 다음, 미시적 경쟁분석을 통해 자사와 아디다스, 리복의 목표, 핵심전략, 핵심성공요인별 세분화된 하위영역에서 강점과 약점을 비교분석할 수 있다. 이러한 일련의 과정을 거친 후, 나이키는 경쟁사 대비 자사의 경쟁우위 요소로서 경쟁사와 유사한 스포츠화 제품을 전량 아웃소싱을 통해 낮은 원가로 생산하는 원가우위와 스포츠 스타를 이용한 공격적 마케팅에서 기인하는 강력한 브랜드 이미지와 가격 프리미엄의 실현 및 매출 대비 높은 연구개발 투자의 결과물인 혁신성을 띠는 하이엔드 제품(high-end product)의 생산을 통해 경쟁사가 모방할 수 없는 차별화 우위를 제시할 수 있을 것이다.

4
SWOT분석

      기업은 자사의 내부자원분석과 거시환경분석 및 시장분석을 포함한 상황분석의 결과를 토대로 외부환경의 기회(opportunities)와 위협(threats) 그리고 기업 내부의 강점(strengths)과 약점(weaknesses)으로 구성된 SWOT분석을 수행할 수 있다. 특히 기업의 외부환경은 기업 차원에서 통제할 수 있는 영역이 아니므로 기업외부 환경요인들을 파악하여 기회와 위협의 측면에서 분석할 수 있다. 이와 더불어 기업이 지니고 있는 내부의 자원과 역량들을 강점과 약점의 관점에서 분석할 수 있다. 다시 말해, SWOT분석은 이들 기업의 외부환경요인으로부터의 기회와 위협요인들을 파악하고, 이와 더불어 기업 내부의 기업자원 및 역량의 강·약점을 분석하여 시장 내 경쟁에 있어 경쟁우위를 창출할 수 있는 전략적 대안을 도출하기 위한 근거를 제시한다. 또한 기업이 신규 사업을 모색하는 데 있어 기업 외부의 환경적 요인들을 다각적으로 예측 및 검토하여 기업이 보유하고 있는 강점을 효율적으로 이용하고 약점은 최소화하는 전략을 펼칠 수 있도록 전략의 틀을 제시한다. 결과적으로 SWOT분석은 기업으로 하여금 당면한 시장경쟁 환경에 있어 필연적인 외부환경에 대한 분석과 함께 자사가 지니고 있는 핵심자원 및 역량을 효율적으로 이용할 수 있는 전략적 사고를 가능하게 한다.

〈표 7-2〉 SWOT분석[14]

Strength(강점)	⇨	기업이 잘할 수 있는 것
Weakness(약점)	⇨	기업이 잘할 수 없는 것
Opportunity(기회)	⇨	강점을 살릴 수 있는 외부환경
Threat(위협)	⇨	현재의 약점과 관련한 외부환경

〈글로벌 스포츠화 생산업체 N사의 SWOT분석의 예〉

Strengths	Weaknesses
• 높은 브랜드 인지도 • 인터넷 판매 증가 • 글로벌 브랜드 인지도 증가 • 제품연구 및 개발의 강세 • 원활한 재정흐름(financial returns) • 강력한 기업문화 • 스타 보증인 • 자재 자동공급 시스템 • 철저한 OEM생산(생산공장의 미보유) • 성공적인 마케팅활동 역량보유	• 스포츠 활동이 활발한 여성고객을 타깃으로 하는 점포(store)의 미비 • OEM공장 생산직원에 대한 부적절한 처우로 인한 부정적 인식 • 신발제품에 대한 매출의 과도한 의존 • 스포츠신발 도매유통업체(카테고리 킬러)인 'Foot Locker' 문제로 인한 부정적 이미지 대두
• 제품기능보다 디자인을 중요시하는 수요 증가 • 자유무역협정(FTA) 체결국의 증가 • 6,000만 명에 이르는 Y세대(1979~1994년에 태어난 세대) • 레저활동에 필요한 의류/신발 제품의 꾸준한 수요 증가 • 인터넷을 기반으로 하는 e-commerce 수요의 꾸준한 증가(웹사이트를 통한 수요 증가) • 스포츠신발 및 의류에 대한 여성수요의 증가	• 자사(N사) 비즈니스 모델에 대한 경쟁사의 모방(high value branded product manufactured at a low cost) • 204개 직영매장을 보유한 Reebok의 강력한 입지 • Adidas-Salomon AG 같은 유럽지역의 강력한 경쟁사들의 등장 • 세계시장의 환율, 금리 및 정치적 불안정 • 공급자 국가들의 노동 및 정치적 불안정(멕시코, 중국, 인도네시아, 말레이시아, 한국) • 가격민감도가 높은 소비자의 증가 vs. 나이키사의 higher-end market 공략 전략
Opportunities	Threats

---

4) 백우열(2013). 스포츠 산업론. 서울: 남서울대학교 출판국.

1) SWOT분석에 의한 마케팅 전략

기업이 SWOT분석을 토대로 경영전략을 수립하기 위해서는 먼저 외부환경의 기회 및 위협요인의 분석을 통해 기업의 전략수립에 긍정적으로 작용하는 기회요인과 부정적으로 영향을 미치는 위협요인을 파악하는 것이 요구된다. 외부환경적 기회요인에 대해서는 시장의 잠재적 수익성, 즉 매력성과 기업의 전략실행의 성공확률로 평가하는 것이 요구되며, 위협요인에 대해서는 이들 위협요인이 시장수익성에 영향을 미칠 수 있는 잠재적 심각성의 정도와 도출된 위협요인의 실제 발생확률의 크기로 평가할 수 있다. SWOT분석에 근거한 보다 세부적인 마케팅 전략도출은 다음과 같다.

- SO전략(강점-기회전략)

  자사가 내부적으로 지니고 있는 강점과 시장의 기회를 적극 활용할 수 있으므로 전략상 가장 좋은 위치 상태이다.

- ST전략(강점-위협전략)

  자사의 강점을 이용하지만 조직 외부적인 시장상황은 별로 좋지 않은 상태이다. 좋지 않은 시장상황에서의 위협요인을 피하기 위해서는 자사 내부에서 확인된 강점을 최대한 이용하는 전략을 선택하는 것이 바람직하다.

- WO전략(약점-기회전략)

  자사가 지니고 있는 불리한 약점이 많지만 전체적으로 기업 외부적인 시장의 환경은 양호한 상태이다. 이때 자사의 약점을 극복하여 장점으로 살리고 시장의 기회를 적절히 이용하는 전략이 바람직하다.

- WT전략(약점-위협전략)

  자사가 지니고 있는 내부적인 능력도 약하고 시장의 기회도 나쁜 상태로 4가지 유형 중에서 가장 어려운 상황이다. 이러한 경우, 조직의 약점을 최대한 강점으로 살려서 위험을 회피하는 전략을 사용해야 한다.

〈표 7-3〉 SWOT분석에 의한 마케팅 전략[5]

S	SO	ST
W	WO	WT
	O	T

〈글로벌 스포츠화 생산업체 N사의 SWOT분석을 이용한 마케팅전략 도출의 예〉

	SO	ST
S	• FTA협정을 통한 국제무역 촉진 • 패션브랜드로서의 N사의 입지강화 • Y세대 대상 마케팅전략 수립/실행	• 신제품 개발 및 여성 소비자를 목표로 하는 매장의 오픈 • 글로벌 시장에서의 자사 이미지 제고를 위한 고용환경 및 고용전략 수립 • 신발제품 외에 제품개발에 투자확대
	WO	WT
W	• 경기력 및 건강한 대외이미지를 지닌 스포츠 스타를 통한 보증광고전략 추진 • 사회적 기업으로의 기업이미지 제고 • 유럽연합 국가들에서의 자사제품 촉진전략 추진	• 유통업체(Foot Locker)의 위협을 최소화하기 위한 자사 유통센터(N*** Town, N*** Factory)를 극대화하는 촉진전략 추진 • 보다 많은 고객에게 구매유도를 위한 보다 다양한 제품을 제공전략으로 추진 • 경쟁자들의 위협이 커지기 전에 여성전담 부서를 설치하여 여성시장의 선점전략 추진
	O	T

---

5) 백우열(2013). 스포츠 산업론. 서울: 남서울대학교 출판국.

5
목표설정

        기업은 SWOT분석을 수행한 후, 특정 기간 동안에 달성할 수 있는 구체적인 목표를 수립하게 된다. 대부분의 기업들은 수익성, 매출성장, 시장점유율 향상, 혁신성 및 브랜드 이미지 제고 등을 포함한 목표를 제시할 수 있다. 이때 기업은 목표를 제시하는 데 있어 가장 중요한 것에서부터 덜 중요한 것으로 단계적으로 설정할 수 있다. 예를 들어 특정 사업단위에 있어 가장 중요하게 고려되는 것이 수익률의 향상에 있다면, 수익률은 수입을 증가시키거나 비용을 줄임으로써 가능하며, 수입은 시장점유율을 높임으로써 확대될 수 있다. 또한 사업단위의 목표는 정량적으로 제시하는 것이 바람직하다. 목표달성의 기간과 목표치를 정량적으로 명시하지 않는 것은 기업의 목표를 모호하게 하여 목표설정 자체를 무의미하게 만드는 주요 원인이 된다. 예를 들어 스포츠용품 기업이 '투자수익률의 증가'라는 목표를 제시하기에 앞서 기간과 목표치를 숫자로 명시한 '2년 이내 투자수익률(ROI)의 15% 증가'라고 서술하는 것이 기업구성원들에게 동기를 명확히 부여하는 바람직한 방법이라고 할 수 있을 것이다. 한편 기업은 목표제시에 있어 기업 외부영향에서 기인하는 기회와 위협 그리고 자사가 보유하고 있는 강점과 약점을 고려하여 실현 가능한 목표설정을 제시하는 것이 바람직할 것이다. 마지막으로 단일 전략사업부를 가진 중소기업이 아닌 다수의 전략사업단위를 보유하고 있는 기업의 경우, 기업수준의 목표와 각 전략사업부별로 포트폴리오 분석(BCG매트릭스 분석)을 토대로 하는 사업부 목표, 그리고 전략사업부 산하의 생산부서, 마케팅부서, 재무부서, 인사부서, 기술개발부서를 포함하는 각 기능부서별로 목표가 제시되어야 한다.

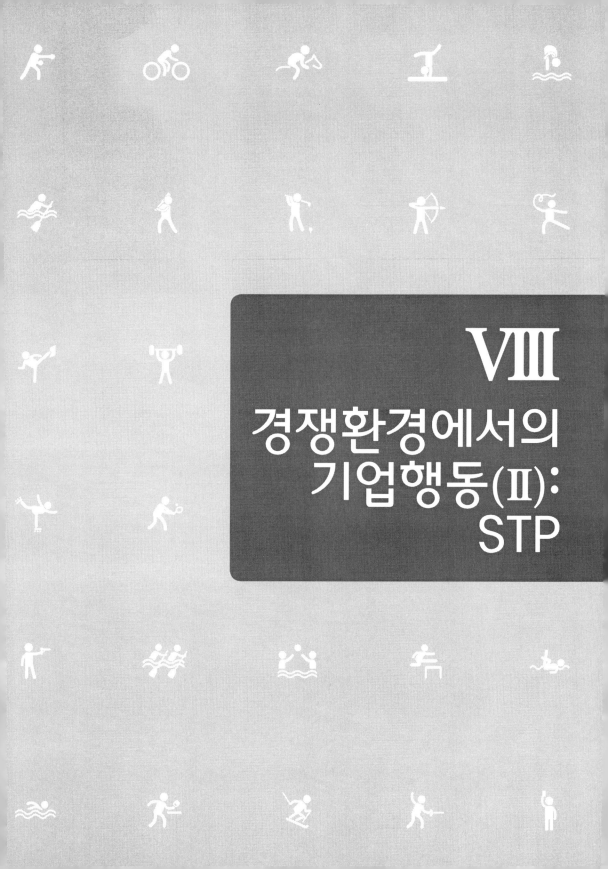

VIII
경쟁환경에서의 기업행동(Ⅱ): STP

경쟁환경에 있어 기업은 조직의 내외적 상황분석을 토대로 목표를 설정한 후, 다음 단계로서 자사의 목표를 달성하기 위한 마케팅 전략의 개발의 토대를 제공하는 시장세분화(market segmentation), 표적시장(targeting) 설정, 포지셔닝(positioning)을 의미하는 STP전략의 과정을 거치게 된다.

1
시장세분화

1) 시장세분화의 개념

시장세분화(market segmentation)란 다양성을 지닌 전체 시장을 유사한 욕구를 가진 몇 개의 고객집단으로 구분하는 과정이다. 시장세분화는 생산자가 주문자와 일대일로 대면하여 주문자의 필요가 무엇인지 혹은 어떤 욕구를 가지고 있는지에 대한 정확한 파악이 쉬운 일대일 마케팅(one-to-one marketing)으로 대변될 수 있는 산업혁명 이전이나 오직 질 좋은 제품을 대량으로 생산·유통·촉진하는 매스마케팅(mass marketing)의 관점에서는 불필요한 기업 활동이라 할 수 있을 것이다. 특히 매스마케팅은 오직 하나의 동일한 제품을 생산하기 때문에 기업의 입장에서 생산원가와 마케팅비용 절감을 통해 낮은 가격으로 시장을 공략할 수 있어 규모의 경제나 경험효과를 실현시킬 수 있는 매력적인 마케팅방법이라 할 수 있다. 하지만 오늘날의 기업들은 대부분의 산업 영역에서 다수의 경쟁자들이 출현함으로써 이전에는 경험하지 못한 무한경쟁시대를 맞이하고 있으며, 보다 다양해진 고객욕구를 충족시키기 위해 핵심기술을 기반으로 차별화된 제품을 제공하려는 노력뿐만 아니라 전체 시장에 있어 복잡하고 다원화된 소비자의 욕구를 모두 수용하는 것은 불가능하다는 것을 인식하고 비슷한 욕구를 지닌 몇 개의 고객집단으로 나누는 시장세분화를 통해 자사의 핵심역량을 집중하는 토대를 마련하고 있다.

일반적으로 시장세분화는 도입기, 성장기, 성숙기, 쇠퇴기로 이루어진 제품수명주기(product life cycle: PLC)에 있어 성장기 후기 혹은 성숙기에서 효과적으로 적용될 수 있으며, 다음과 같은 이점을 지닌다.

- 시장세분화는 기업이 전체 시장을 세분화하여 시장을 구성하고 있는 수요의 욕구변화를 세밀하게 파악하고 이들 수요의 니즈에 적절히 반응할 수 있는 다양한 제품 및 서비스를 개발하여 제공할 수 있는 토대를 마련한다는 것이다. 즉, 시장세분화는 기업으로 하여금 동일 제품영역(product category)에 있어 제품의 질, 형태, 크기 등의 차이를 보이는 제품을 생산하여 공급함으로써 소비자의 다양한 욕구를 경쟁자보다 더 잘 충족시킬 수 있도록 한다. 결과적으로 경쟁자들보다 앞서 세분시장(market segment)의 욕구를 파악한 다양한 제품을 제공함으로써 시장 내 경쟁우위를 확보할 수 있다. 예를 들어 오늘날 아웃도어용품 기업들이 산행의 종류에 따라 발목이 짧고 가벼운 특징을 지니고 있어 트래킹 등 산행에 신을 수 있는 경등산화, 발목이 길고 가죽제품이 주를 이루는 종주코스나 1박 이상의 장기산행을 위한 중등산화, 암벽등반을 위해 밑창이 특수한 고무로 제작된 릿지화(암벽화), 여름철 강과 계곡 등을 다닐 때 유리한 아쿠아슈즈 등을 생산하고 있는데, 이는 아웃도어용품 기업들이 등산화의 종류를 다양화하여 등산화 시장에서 경쟁우위를 확보하려는 시도로 볼 수 있다.

- 기업은 시장세분화를 통해 경쟁기업들이 간과한 고객의 욕구를 파악하여 새로운 마케팅 기회를 발견할 수 있다. 국내 스포츠신발의 대표브랜드인 프

로스펙스는 글로벌 스포츠화 브랜드인 나이키, 뉴발란스, 리복 등의 기업들에 비해 낮은 인지도를 보이고 있으며, 국내 스포츠신발 시장에서의 점유율이 이들 글로벌 브랜드에 비해 높지 않은 실정이다. 하지만 프로스펙스는 기존의 스포츠화 제품들이 지니고 있는 러닝 기능 대신 스포츠화 시장세분화를 통해 국내 걷기운동으로 관심이 고조되고 있는 워킹화 시장을 공략하는 전략을 펼치고 있다. 이는 시장세분화를 통해 기존 스포츠화 시장의 쟁쟁한 경쟁자들이 간과해온 새로운 마케팅 기회를 발견하여 해당 시장에서의 효율적이고 효과적인 마케팅 노력을 시도하는 좋은 예라고 할 수 있다.

• 기업은 시장세분화를 실행함으로써 소모적인 가격경쟁을 최대한 피할 수 있다. 이러한 가격경쟁의 회피는 대기업과 비교하여 상대적으로 제한적인 인적 · 물적 자원을 효율적으로 활용해야 하는 중소기업들에 중요한 시사점을 제공하는 것으로서 스포츠 이온음료시장을 양분하고 있는 게토레이와 포카리스웨트가 그 좋은 예라고 할 수 있다. 게토레이는 격렬한 운동 후에 마시는 스포츠 이온음료로서 이미지화되어 있으나, 포카리스웨트는 일상적인 삶의 갈증상황에서 마실 수 있는 용도에 초점을 맞추고 있어 동일한 소비자집단을 놓고 직접적인 경쟁을 피할 수 있으므로 무리한 가격경쟁이 줄어들 수 있다.

2) 시장세분화 변수

특정 시장을 세분화하는 기준이 되는 요인을 '시장세분화 변수'라고 한다. 시장을 세분화하는 데 있어 이러한 시장세분화 변수가 일률적으로 적용되기보다는 시장별 특성에 맞는 세분화 변수가 적용되어야 한다. 예를 들어 골프채 같은 스포츠 제품의 경우에는 소득이 매우 중요한 세분화 변수가 될 수 있지만, 이온음료 제품에 있어서는 음용량이나 음용횟수가 시장을 명확하게 구분하는 변수가 될 수 있다. 따라서 기업은 시장을 세분화하는 데 있어 해당 시장구조를 가장 잘 대변할 수 있는 세분화 변수를 적용할 필요가 있다.

일반적으로 기업이 행하는 시장세분화의 과정은 먼저 소비자의 구매행동과 밀접하게 관련되어 있는 추구편익, 사용상황, 사용량, 상표애호도, 반응단계 등을 포함하는 소비자행동변수를 이용하여 시장을 세분화한 다음 연령, 성별, 소득, 직업 등의 인구통계적 변수와 라이프스타일, 성격 등의 심리묘사적 변수를 포함하고 있는 소비자특성변수를 이용하여 세분시장을 파악할 필요가 있다. 특히 소비자행동변수는 소비자의 구매행동과 관련되어 전체 시장을 비슷한 욕구를 지니고 있는 세분시장으로 구분하는 데 효과적으로 이용될 수 있다. 또한 기업은 소비자행동변수로 일차적으로 시장을 세분화한 다음, 소비자특성변수를 이용하여 각 세분시장을 구성하고 있는 소비자는 누구인지를 파악하여 이들 각 세분시장에 효율적으로 마케팅활동을 펼칠 수 있다. 예를 들어 성별, 나이와 같은 인구통계적 특성은 기업이 각 소비자집단에게 효과적으로 자사의 제품을 알릴 수 있는 광고매체의 선택에 영향을 줄 수 있으며, 가격결정에 있어서도 소비자의 소득수준은 기업의 가격전략 수립에 영향을 미친다. 따라서 기업이 효과적으로 전체 시장을 세분화하기 위해서는 1차적으로 소비자 행동특성에 따라 유사한 욕구를 보이는 소비자집단들을 도출하고, 2차적으로 소비자특성변수를 이용하여 각 세분시장의 전반적인 특성을 파악하여 구분할 필요가 있다.

(1) 소비자행동변수

① 추구편익(benefits sought)

　　소비자가 제품이나 서비스를 구매함으로써 얻고자 하는 혜택 혹은 편익을 세분화의 기준으로 삼는 추구편익 변수는 러닝화 구매자를 쿠션·내구성 등의 기능 중시 고객, 색감·디자인을 중요시하는 패션 중시 고객, 브랜드의 이미지를 중시하는 브랜드 중시 고객으로 특정 지을 수 있다.

② 사용상황(usage occasions)

　　소비자가 특정 제품을 구매할 때는 사용상황을 염두에 두고 구매행동을 보이게 된다. 스포츠음료 시장에서 게토레이의 스포츠 활동에 있어서 이온음료를 소비하는 소비자집단과 포카리스웨트의 일상생활에서 이온음료를 찾는 소비자집단으로 세분화하는 것이 그 좋은 예라 할 수 있다.

③ 사용량(usage rate)

　　많은 산업 영역에서 소수의 고객이 기업의 대부분의 매출을 담당하는 파레토법칙(약 20%의 고객이 기업 매출의 약 80%를 담당하는 현상)을 발견할 수 있다. 대량 구매자와 소량 구매자의 욕구는 차이를 보일 수 있다. 일반적으로 대량 구매자들은 소량 구매자들에 비해 가격에 민감한 반응을 보인다. 예를 들어 프로스포츠 시장에 있어 경기장티켓 구매빈도에 따라 시즌티켓 구매자, 때때로 구입하는 고객, 비사용자로 구분하고 있다. 시즌티켓 구매자들은 가끔 경기장을 방문하는 소비자나 경기 비관람 스포츠 소비자에 비해 가격민감도가 높기 때문에 프로스포츠 구단들은 이러한 가격민감도를 완화할 수 있도록 티켓 디스카운트를 제공하거나 시즌티켓 구입자 감사이벤트 초대 및 포스트시즌 티켓구입에 대한 우선권을 부여하는 등의 혜택을 제공하는 별도의 판촉활동을 벌이고 있다.

④ 브랜드 충성도(brand loyalty)

브랜드 충성도란 특정 브랜드를 계속해서 구입하려는 소비자의 성향이라 할 수 있다. 기업에 있어 이러한 브랜드 충성도가 높은 소비자집단은 자사의 매출을 유지하는 데 매우 중요한 소비자집단으로서 골프클럽 제조업체들은 이러한 브랜드 충성도를 이용하여 자사 골프클럽 브랜드에 대한 충성도에 따라 핵심충성자, 이동적 충성자, 전환자로 구분하고 있다.

⑤ 반응단계

기업은 전체 시장을 소비자가 특정 제품에 대해 인지(awarness)하고, 제품에 대한 자세한 지식(knowledge)을 습득하며, 제품에 대한 호의적인 태도를 가지는 호감(liking)을 가질 뿐 아니라 많은 대안 중에서 해당 제품을 가장 선호(preference)하여 해당 제품을 구매하는 것이 바람직하다는 확신(conviction)의 단계와 실제로 구매(purchase)를 실현하는 심리적 상태에 따라 세분화할 수 있다. 기업들은 이러한 소비자의 심리상태를 파악하여 각 단계에 적합한 마케팅활동들을 계획하고 실현할 수 있다. 예를 들어 새롭게 출시된 스포츠화의 경우, 기업은 해당 제품의 존재를 아직 모르는 소비자를 위해 단순한 메시지를 활용하여 제품의 존재를 각인시키는 노력이 필요할 것이다. 이러한 인식의 단계를 거친 다음, 신문을 포함한 인쇄매체와 대면접촉을 통해 소비자에게 제품이 지니는 기능적이고 상징적인 브랜드 이미지를 강조하여 소비자의 호감을 자극할 뿐만 아니라 궁극적으로 이들 소비자의 선호 및 확신의 단계를 넘어 구매의사를 나타낼 수 있도록 하는 마케팅활동이 필요할 것이다.

(2) 소비자특성변수

① 인구통계학적 변수

인구통계학적 세분화 변수로는 소비자의 연령, 성별, 가족 수, 생애주기, 소득, 직업, 교육수준, 종교, 인종 등을 포함한다. 예를 들어 나이키는 남성의 작은 발을 이용하여 여성용 스포츠화를 제작하였으나, 2000년 이후 여성형 발을 이용하여 여성 스포츠화를 생산하기 시작하였다. 또한 스포츠의류에서도 보다 몸매가 드러나고 색감이 화려한 이른바 패션성을 중시한 스포츠의류를 생산하기 위해 '나이키우먼(Nikewomen)'이라 불리는 여성용 의류라인을 가동하기 시작하였으며, 현재 미국의 주요 도시들에서 여성고객만을 위한 나이키우먼 매장을 개점하여 운영 중이다.

또한 소득은 구매력을 의미하기 때문에 시장을 세분화할 수 있는 확실한 세분화 변수로 작용한다. 예를 들어 회원제 골프클럽의 경우 가장 중요한 세분화 변수는 골프클럽 회원권을 구매할 수 있는 구매력이라 할 수 있다. 결과적으로 골프클럽 회원권 시장에 있어 일정 수준 이상의 소득을 나타내는 소비자만이 회원제 골프클럽들의 잠재고객이 될 수 있다.

생애주기는 유아기, 청소년기, 청년기, 장년기, 노년기로 구분될 수 있는데 시장세분화에 있어 가장 실수를 범하기 쉬운 변수이기도 하다. 특정 시장에 있어 기업의 수익을 보장하는 핵심 고객집단은 심리적으로 젊은 집단일 수 있기 때문에 단순히 생애주기를 토대로 세분화된 시장들에서 목표고객 집단을 도출하는 것은 무의미하게 보일 수 있다. 예를 들어 스포츠 관광 시장에 있어 극한의 자연환경에서 헬리콥터를 이용한 산악스키, 산악자전거, 급류래프팅 등을 즐기는 익스트림(extreme) 스포츠 관광의 주요 고객은 비교적 젊은 20~30대의 청년기에 속하며 고소득을 올리는 전문직 소비자집단이 주를 이루었으나, 최근 들어 심리적으로 젊음을 과시하고자 하는 50대 중반 이상의 장년층의 꾸준한 수요증가가 두드러지고 있어 익스트림 스포츠 관광 시장의 시장세분화에 있어 이러한 생애주기적 세분화 변수 는 그 활용도가 점차 사라지고 있다.

② 지리적 변수

지리적인 변수는 국가 내 지역에 따라 소비자집단을 구분하거나 국가별 지 리적 구분을 토대로 국내 혹은 국외 소비자로 구분할 수 있다. 예를 들어 스키관광 객의 경우, 국내 스키관광객과 중국을 비롯한 동남아시아 지역에서 스키관광을 즐 기러 오는 동남아시아 스키관광객으로 구분할 수 있다.

③ 심리묘사적 변수

심리묘사적 세분화 변수는 라이프스타일, 성격 등을 포함한다. 〈표 8-1〉에 서 나타난 바와 같이 시장세분화 변수로서 소비자의 라이프스타일 같은 개인적인 특성이 제시되고 있으며, 플러머(Plummer)가 제시한 AIO분석이 빈번히 사용되고 있 다.[1] 실제로 AIO분석은 사람들의 활동(activity), 관심(interest), 의견(opinion)에 관한 질

〈표 8-1〉 AIO분석의 차원

활동영역 (activity)	관심영역 (interest)	의견영역 (opinion)	인구통계학적 특성
일	가족	자기 자신	연령
취미	가정	사회문제	교육
이벤트	직업	정치	소득
장기휴가	지역사회	사업	직업
접대	레크리에이션	경제	가족 수
클럽활동	패션	교육	거주
지역사회활동	음식	제품	지역
쇼핑	매스컴	미래	도시규모
스포츠	성취	문화	생활단체

---

1) Plummer, J. T. (1974). The concept and application of life style segmentation. Journal of Marketing, 138, 33-37.

문에 응답하도록 고안되었는데, 구체적인 내용으로는 나이, 직업 등의 인구통계적 특성과 더불어 활동은 사람들이 어떻게 여가시간을 보내는가, 관심은 당면한 주위 환경에서 무엇을 중요하게 여기는가, 그리고 의견은 사회문제, 제도 및 자신에 대한 태도를 측정하는 문항으로 구성되어 있다.

특히 시장세분화의 관점에서 AIO분석을 구성하고 있는 활동은 특정 제품을 구입하는 명확한 행동과 연관되어 있을 뿐만 아니라 관심은 어떤 제품 혹은 서비스에 흥미를 느끼는 것과 관련이 있으며, 의견은 소비 상황에서 발생하는 여러 문제에 대한 소비자의 응답으로 해석될 수 있다. 예를 들어 AIO분석을 이용하여 30대 초반의 고소득을 올리는 한 전문직 종사자의 라이프스타일을 분석해보면 전문직 종사자로서 과중한 업무로 인해 여가시간을 갖기 어려우며(행위), 해당 분야의 전문적인 정보를 제공받기를 원하며(관심), 합리적인 소비행태를 지닌 진보적인 성향을 나타낸다(의견)와 같이 제시할 수 있다.[2] 한편 AIO분석은 소비자의 행위, 관심, 의견에 대한 수치화가 가능하므로 세분시장에 대해 많은 정보를 파악할 수 있으나, 세분화의 경계가 모호한 단점이 있다.

한편 시장세분화에 있어 라이프스타일을 이용한 또 다른 측정도구로서 SRI(Stanford Research Institute) Consulting Business Intelligence(SRI-CBI)의 VALS(Value and Life Style)가 이용되고 있다. VALS는 미국 소비자를 대상으로 개발되었기 때문에 다른 국가나 지역의 소비자에게 적용하는 데 다소 무리가 있다는 부정적인 시각이 있는 것도 사실이나 시장세분화의 관점에서 소비자의 가치를 가장 중요한 요소로 보고 소비자의 동기(motivation)와 재원(resources)을 이용하여 8개 집단으로 분류하였다. 특히 동기는 소비자의 태도를 설명하고 행동을 예측할 수 있는데, 이상(ideals), 성취(achievement), 자기표현(self-expression)으로 구성되어 있다. 이상에 의해 동기부여가 일어나는 소비자는 지식과 원칙을 추구하고, 성취에 의해 동기가 부여되는 소

---

2)　노주환(2003). 사용하기 쉬운 웹사이트 이렇게 만들어라. 서울: 비비컴. p. 24 참조.

비자는 동료들에게 자신의 성공을 표출할 수 있는 제품과 서비스를 구매하는 경향이 있으며, 자기표현적 동기를 지닌 소비자는 사회적·신체활동, 다양성, 위험을 갈망하는 집단으로 표현될 수 있다. 또한 활력, 자기과신, 지성주의, 새로움의 탐구, 혁신성, 충동성, 리더십 욕구, 허영심 등의 소비자에게 내재된 제품이나 서비스를 구매하는 경향성은 나이, 소득, 학력 등의 인구통계학적 특성과 결합하여 높은 재원(high resources)과 낮은 재원(low resources)을 결정한다. VALS를 구성하고 있는 8가지 유형은 다음과 같다.

- **혁신자**(motivator): 자존심이 강하고, 성공적이며, 세련되고, 활동적이며, 책임감이 강한 사람이다. 상대적으로 고급품을 구매하며, 독특하고 잘 알려지지 않은 제품들을 선호한다.

- **사고자**(thinker): 이상에 의해 동기가 부여되고 질서, 지식 및 책임을 가치 있는 것으로 여기며 성숙하고 자기 삶에 만족하는 사람이다. 이들은 보수적이고 실용적인 소비자로서 제품의 기능성, 내구성 그리고 제품 자체의 가치를 중요시한다.

- **성취자**(achiever): 자신의 성취에 의해 동기가 부여되는 전형적인 부류로서 경력과 가족 중심적이다. 성공을 중요시하는 목표 지향적이며 동료들에게 성공을 표출하는 고가 제품을 선호한다.

- **경험자**(experiencer): 자기표현적 동기에 의해 삶의 다양함과 흥분, 위험을 즐기는 타입이다. 자신의 열정을 운동, 스포츠, 레저활동, 타인들과의 상호작용을 통해 발산하며, 소득의 대부분을 패션, 오락 사교에 사용한다. 자신을 돋보이게 하는 제품을 구매하는 경향이 있다.

- **신봉자**(believer): 이상에 의해 동기가 유발되며, 보수적이고, 관습적이며, 전통적인 사람이다. 기능이나 브랜드가 잘 알려진 제품을 선호한다.

- **노력자**(striver): 성취에 의해 동기가 유발되며, 이들에게 돈은 성공을 의미한다.

더 많은 돈을 소유하고 있는 사람들의 구매행동을 모방하여 경제적 능력이 허락하는 데까지 충동적인 구매를 통해 스타일리시한 제품을 선호한다.

- 제조자(maker): 자기표현적 동기를 지닌 사람들로서 자기 손으로 집을 짓거나 차를 고치는 것을 선호한다. 실용적이고, 자기충족이 우선이며, 자신이 원하는 기능을 지닌 제품을 선호한다.
- 생존자(survivor): 가장 낮은 재원을 지니고 있으며, 변화를 좋아하지 않는 조심스러운 소비자이다. 자신이 선호하는 브랜드에 대해 충성도를 나타낸다.

예를 들어 스포츠화 시장을 VALS분석을 이용하여 세분화하는 경우, 혁신자, 성취자, 경험자, 노력자 집단으로 분류할 수 있다. 이들 중 높은 가처분소득 수준과 상대적으로 고급 제품을 구매하며 높은 사회적 신분과 독립적이며 성공한 이미지를 중요시하는 혁신자 집단이나 개인의 경력과 가족을 중시하고 타인에게 성공을 표출하는 고가 제품을 선호하는 특징을 지닌 성취자 집단의 스포츠화 구매결정에 영향을 미치는 주요 동기는 제품이 제공하는 전문성, 혁신성, 고급성을 포함하는 브랜드 이미지가 될 수 있다. 이에 반하여 다양함을 추구하고 젊고, 열정적이며 충동적인 사람으로 상대적으로 패션, 오락 및 사교활동에 소득의 상당 부분을 지출하는 경험자 집단과 재미를 추구하며 유행에 민감한 스타일시한 제품을 선호하는 노력자 집단은 스포츠화의 가격과 디자인이 주요 구매동기로 작용할 수 있을 것이다.

3) 시장세분화의 조건

앞서 언급한 바와 같이 시장을 세분화하는 데는 다양한 세분화 변수들이 존재한다. 스포츠마케터가 효과적으로 특정 스포츠 시장을 세분화하기 위해서는 먼저 산업별 특성을 고려한 올바른 시장세분화 변수를 적용시켜야 할 뿐만 아니라 세분시장들이 측정 가능성(measurability), 접근 가능성(accessibility), 실체성(substantiality), 차별화 가능성(differentiability), 실행 가능성(actionability)의 조건이 충족되어야 한다.

① 측정 가능성

세분시장의 크기, 구매력, 기타 특성들이 측정 가능해야 한다. 예를 들면 스포츠화 시장에 있어 패션성을 중요시하는 소비자집단과 스포츠화 제조사의 브랜드파워를 토대로 구매하는 소비자집단이 존재하는 경우, 이들 각 집단의 규모와 구매력을 정량적으로 측정할 수 있어야 한다. 이러한 세분시장의 규모와 구매력을 파악하는 것은 표적시장을 선택하는 데 있어 중요한 기준이 될 수 있으며, 기업은 세분시장의 규모에 기반을 둔 수요예측을 통하여 정확한 생산계획을 세울 수 있다.

② 접근 가능성

각 세분시장에 속한 소비자의 특성을 파악할 수 있어야 하며, 마케팅적 관점에서 이들에게 효과적이고 효율적으로 접근할 수 있어야 한다. 예를 들어 특정 세분시장에 속한 소비자는 어떤 매체를 주로 보는지, 주로 어느 지역에 거주하는지 등과 같은 정보의 획득을 통해 기업이 생산한 제품에 대한 광고메시지가 이들 소비자에게 전달될 수 있어야 한다.

③ 실체성

특정 세분시장을 목표고객 집단으로 하여 기업이 신상품 개발, 광고, 판매 촉진 등의 마케팅활동을 수행했을 때 수익을 발생할 수 있을 정도의 규모를 가지고 있어야 한다. 예를 들어 스포츠화를 생산하는 기업이 발 크기가 300mm 이상의 세분시장을 목표고객 집단으로 하여 마케팅활동을 펼치는 것은 수익이 보장되지 않는 무모한 일이 될 수도 있다.

④ 차별화 가능성

세분시장은 개념적으로 차별성을 지니고 있어야 한다. 즉, 특정 세분시장에 속한 소비자는 최대한의 동질성을 가지고 있어야 하며, 타 세분시장 소비자와 최대한의 이질성이 확보되어야 한다. 만일 기혼여성과 미혼여성의 스포츠화 구매 시 디자인, 가격, 브랜드파워 등의 고려하는 요인이 유사하다면, 이는 서로 다른 세분시장으로 구분되지 않는다.

⑤ 실행 가능성

기업은 세분시장을 공략할 수 있는 효과적이고 효율적인 마케팅 프로그램을 갖추고 있어야 한다. 특정 기업이 몇 개의 세분시장을 도출했다고 하더라도 해당 기업의 여건상 각각의 세분시장에 적합한 마케팅 프로그램을 수행할 수 있는 인적·물적 자원 등의 역량이 부족하다면 이러한 세분화는 무의미해진다.

2
표적시장 설정

기업은 전체 시장을 세분화한 다음 각 세분시장을 평가하여 몇 개의 세분 시장을 공략할 것인지, 어떤 세분시장을 목표고객집단으로 선정할 것인지를 고려 해야 한다.

1) 세분시장의 평가

일반적으로 기업이 목표시장을 평가하기 위해서는 각 세분시장의 규모와 성장률, 매력도를 의미하는 세분시장의 구조, 기업이 보유한 목표와 자원 등의 요 인들을 살펴보아야 한다.

(1) 세분시장의 규모와 성장률

　　기업이 세분시장을 평가하는 것은 각 세분시장의 규모와 성장성, 기대되는 수익 등과 관련된 자료를 분석하는 데서 시작할 수 있다. 특히 기업은 수익을 보장할 수 있는 충분한 규모와 시장성장률을 지니고 있는 세분시장에 관심을 가지게 된다. 하지만 모든 기업에게 충분한 규모와 성장성을 지닌 시장이 매력적일 수 없다. 소규모의 기업은 규모가 큰 시장을 공략하는 데 기술과 자원이 부족할 수 있다. 또한 기존 시장 내 경쟁자들의 경쟁이 너무 치열해 기대하는 수익을 보장할 수 없을 수도 있다. 따라서 기업은 상대적 개념의 적정 시장규모와 성장성을 갖춘 세분시장을 선정하는 노력이 필요하다.

(2) 세분시장의 매력도

　　기업은 또한 장기적인 관점에서 세분시장을 평가하기 위해 시장 수익성을 의미하는 시장 매력도를 분석할 필요가 있다. 마이클 포터의 5가지 경쟁요인 분석(5-forces model)이 제시하고 있는 시장 내 위협요인들의 예를 들어 설명하면, 특정 세분시장 내에 다수의 경쟁자가 존재하여 경쟁의 강도가 높거나 강력하고 공격적인 경쟁자들이 존재하는 경우, 수익성을 제한하는 요소가 되므로 해당 세분시장의 매력도는 높지 않다고 볼 수 있다. 또한 기업은 시장 수익성에 영향을 미칠 수 있는 세분시장 내 공급되고 있는 제품의 대체재 출현 가능성과 구매자의 교섭력, 원료, 자재, 노동력, 서비스 등의 공급자의 교섭력이 높은지 혹은 낮은지에 대해서도 분석할 필요가 있다. 특정 세분시장의 대체품의 출현이나 구매자 및 공급자의 힘은 기업이 세분시장에서 가격을 결정하는 것과 획득할 수 있는 수익에 영향을 미친다.

(3) 기업의 이념, 목표 및 자원

특정 세분시장이 수익성을 보장하기에 충분한 규모와 성장성을 지니고 있으며, 구조적으로 매력적이더라도 기업은 자사가 지니고 있는 목표와 자원을 고려할 필요가 있다. 이는 특정 세분시장이 기업의 입장에서 매력적이라 하더라도 기업이 제시하는 이념과 주요 목표에 부합하지 않으면 해당 세분시장을 선택할 수 없을 것이다. 예를 들어 경쟁기업에 비해 혁신과 선도자적인 기업문화를 지니고 있는 스포츠용품 기업은 경쟁자들이 이미 선점한 시장에 진입하는 것에 대해 상당한 거부감을 지니고 있을 것이다. 또한 기업이 당면할 수 있는 사회적 · 정치적 · 환경적 책임의 시각에서 특정 세분시장에 진입하는 것을 꺼릴 수도 있다. 예를 들어 스포츠 관광서비스 기업이 새로운 스포츠 관광 상품을 출시하여 수익이 보장된 매력적인 특정 스포츠 관광 시장에 진입하려는 계획이 환경적으로 문제가 대두되면 해당 시장에 진출하는 것을 포기할 수도 있다.

또한 특정 세분시장이 기업의 이념, 목표 등에 부합한다 하더라도 자사의 기술과 자원을 충분히 검토해야 한다. 특히 해당 세분시장에서 경쟁할 수 있는 충분한 자원과 기술을 보유하고 있다고 하더라도 시장 내에서의 경쟁우위를 차지할 수 있는가를 신중히 고려해야 한다. 결과적으로 기업은 경쟁우위를 토대로 경쟁사에 대비 우월한 가치를 소비자에게 제공할 수 있는 경우 해당 세분시장에서의 성공을 이끌어낼 가능성이 높다고 할 수 있다.

2) 표적시장의 선택

또한 기업은 특정 시장 전체를 목표고객 집단으로 선택할 것인지 혹은 몇 개의 특정 세분시장만 공략할 것인가에 관해 기업 내부적인 전략을 도출할 필요가 있다. 많은 기업들이 세분시장을 선택할 때, 너무 작은 시장규모라는 문제점에 직면하게 되며 상대적으로 수익을 보장할 수 있는 보다 넓은 세분시장을 선택하고자 한다. 일반적으로 기업은 공략할 시장을 선택하는 데 있어 비차별적 · 차별적 · 집중적 마케팅의 수준에서 선정할 수 있다.

실제로 기업이 어떤 수준에서 경쟁을 펼칠 것인가를 결정하기 위해서는 기업이 지닌 자원과 시장 내 공급되는 제품질의 차별성 정도, 제품의 도입기, 성장기, 성숙기, 쇠퇴기를 포함하는 수명주기상의 위치, 경쟁자의 마케팅전략 요인들을 고려해야 한다. 예를 들어 기업의 자원이 한정적일 때는 집중적 마케팅 전략이 바람직할 것이며, 제품 간의 차별성이 떨어지는 시장에서는 무차별적 마케팅이 보다 적절할 수 있다. 또한 제품의 구색이 다양한 경우에는 차별적 혹은 집중적 마케팅이 보다 적합할 수 있으며, 단일 종류의 신제품을 시장에 소개할 때는 무차별적 혹은 집중화 마케팅 전략을 선택하는 것이 보다 유리할 수 있다. 한편 강력한 경쟁자가 비차별적 마케팅 전략을 구사하고 있다면 기업은 효과적으로 경쟁을 회피할 수 있는 차별적 혹은 집중적 마케팅전략을 통해 수익성을 확보할 수 있을 것이다.

(1) 비차별적 마케팅

비차별적 마케팅 전략을 수립한 기업은 자사 제품을 통해 세분시장이 지니고 있는 차이를 무시하고 특정 시장 전체를 공략한다. 특히 기업은 시장 내 고객

욕구의 차이점보다는 공통점에 주목함으로써 대다수의 소비자에게 소구할 수 있는 제품의 공급과 마케팅 프로그램을 개발하고자 노력한다. 즉, 자사 제품의 대량 유통과 대량광고의 방식을 선택하고 호의적인 제품이미지를 심어줄 수 있도록 기업의 역량을 집중한다. 비차별적 마케팅은 전체 시장을 대상으로 하나의 제품으로 공략하므로 기업 차원에서의 단순한 생산라인은 제조, 재고관리, 유통 등의 비용을 절감할 수 있을 뿐만 아니라 광고비용, 마케팅비용 등을 절감할 수 있는 장점이 있다. 하지만 오늘날 복잡하고 다양한 욕구를 지닌 소비자를 단일 제품으로 만족시키는 데는 한계가 있기 때문에 틈새시장(niche market)이나 몇 개의 세분화된 시장들을 공략하는 기업들과의 경쟁에는 한계가 있을 수 있다.

(2) 차별적 마케팅

차별적 마케팅 전략을 구사하는 기업은 시장세분화를 통해 규명된 여러 세분시장을 대상으로 각각의 세분시장의 욕구를 충족시킬 수 있는 제품을 개발하고 마케팅계획을 수립한다. 예를 들어 글로벌 스포츠용품 기업인 나이키(Nike)는 소비자의 성별과 연령에 따라 세분화하고 각 세분시장의 특성에 맞는 스포츠화를 제공한다. 각 세분시장에 적합한 제품을 생산하여 마케팅활동을 펼침으로써 기업은 세분시장 내에서 높은 매출을 기대할 수 있으며, 긍정적 브랜드 이미지 제고를 통해 소비자로 하여금 높은 재구매를 유도할 수 있다. 하지만 각 세분시장에 적합한 제품을 생산하기 위한 다수의 생산라인은 기업으로 하여금 제조·재고관리·유통 등의 비용을 높이며, 각 세분시장을 대상으로 하는 마케팅전략은 마케팅조사·기술개발·촉진·유통 등을 포함하는 관련 활동의 비용을 증가시키는 단점이 있다. 결과적으로 기업이 차별적 마케팅을 선택하기 위해서는 증가된 비용과 예상되는 수익의 득과 실을 고려한 결정을 필요로 한다.

(3) 집중적 마케팅

집중적 마케팅 전략은 기업의 자원이 제한적일 때 이용될 수 있다. 일반적으로 시장의 규모가 크고 수익성이 높은 시장일수록 공격적이고 강력한 경쟁자들이 존재할 수밖에 없다. 제한적인 자원으로 규모가 크고 성장성이 높은 여러 개의 시장에서 낮은 시장점유율을 확보하기보다 상대적으로 크기가 작고 경쟁이 낮으며 다수의 대규모 경쟁자들이 간과하고 있는 틈새시장에서 높은 시장점유율과 브랜드 경쟁력을 확보하기 위한 전략이라 할 수 있다. 즉, 기업은 특정 세분시장의 욕구를 정확히 파악하여 이에 최적화된 제품 · 가격, · 촉진의 마케팅 프로그램을 통해 효과적으로 매출을 극대화시킬 수 있으며, 해당 세분시장에서 강력한 브랜드 이미지를 구축하기가 용이해진다. 또한 단일화된 제품라인과 마케팅계획을 통해 비차별적 혹은 차별적 마케팅 전략보다는 상대적으로 낮은 비용으로 수익을 추구할 수 있는 이점이 있다. 하지만 집중마케팅을 선택한 기업들은 상대적으로 작은 규모의 시장을 공략하기 때문에 해당 세분시장에 있어 소비자 욕구나 구매행동의 변화에 민감하게 대처하지 못하면 수익을 보장할 수 없다는 단점이 있다. 결과적으로 많은 기업들이 하나의 세분시장에 대한 집중적 마케팅 전략을 펼치기보다는 몇 개의 세분시장을 목표로 하는 차별화 전략을 선호하는 이유가 된다.

3
포지셔닝

　　포지셔닝(positioning)이란 특정 시장 내에서 기업이 자사의 이익을 극대화하기 위해 잠재 소비자의 마음에 기업제품 혹은 브랜드를 경쟁회사의 제품과 비교하여 보다 호의적으로 구별될 수 있도록 위치화하는 것을 의미한다. 이러한 위치화의 최종목표는 잠재고객에게 기업이 제공하는 제품을 구매하는 이유인 가치제안(value proposition)을 효과적으로 창조하는 행위라고 할 수 있다. 만약 기업이 경쟁제품과 구별될 수 있는 탁월한 가치를 제공하는 것을 소비자에게 인식시킬 수 있다면 시장 내에서 선도적 위치를 확고히 하는 경쟁우위(competitive advantage)를 창출할 수 있다. 예를 들어 스포츠용품 기업인 나이키(Nike) 하면 떠오르는 이미지는 아마도 '혁신적인 제품'일 것이다. 스포츠화를 포함한 스포츠용품 시장에서 아디다스(Adidas), 리복(Reebok)을 비롯한 많은 나이키의 경쟁사들이 연구개발에 많은 자원을 투자하고 있으며, 실제로 나이키보다 더 앞선 기술을 도입한 제품을 출시하고 있는 것도 사실이나 소비자는 여전히 나이키를 혁신의 대명사로 인식하고 있다. 나이키는 자사 스포츠화의 최신기술이 접목된 혁신적 제품이라는 가치제공을 근거로 경쟁사 제품 대비 약 5~10%의 가격 프리미엄을 실현하고 있다. 이처럼 나이키가 소비자의 마음에 뚜렷하고 명확한 이미지를 가질 수 있는 비결은 무엇일까? 아마도 수십 년 동안 나이키는 광고, PR, 판매촉진, 인적판매 등의 고객 커뮤니케이션 과정에서 일관되게 '혁신적인 제품'을 포지셔닝해온 결과물일 것이다.

특히 오늘날 현대인은 IT기술을 비롯한 정보통신기술의 발달로 인해 광고와 브랜드의 홍수시대에 살고 있다고 해도 과언이 아니다. 더욱이 현대인은 일상생활 속에서 TV, 라디오, 스마트폰 등의 다양한 정보매체를 통해 능동적 혹은 수동적으로 수많은 정보에 노출되고 있을 뿐만 아니라, 기업들이 생산하는 수많은 제품을 접하게 되므로 제품 혹은 브랜드 선택의 어려움에 당면하게 되었다. 따라서 포지셔닝은 기업의 관점에서 경쟁사와 대비된 자사제품의 확연히 구별되는 긍정적 차별화를 통한 경쟁우위를 확보할 수 있는 마케팅 수단으로 인식되고 있으며, 실제로 스포츠 시장의 많은 기업들은 자사 제품 혹은 브랜드가 지니고 있는 차별성을 강조한 포지셔닝 전략을 기획하고 실행하고 있다.

1) 포지셔닝의 대상

스포츠 시장에 있어 스포츠 기업이 생산하는 제품 혹은 브랜드를 비롯해 포지셔닝의 대상은 실로 다양하게 존재하고 있다. 먼저 기업이 자사의 제품이나 브랜드를 포지셔닝하는 경우는 정보화시대를 살고 있는 우리에게는 흔한 일이라고 할 수 있다. 예를 들어, 나이키가 스포츠 스타들을 등장시킨 광고에서 'JUST DO IT' 같은 캐치프레이즈로 광고의 끝을 장식하는 것은 소비자에게 '자신의 한계에 도전하라'는 숨겨진 메시지를 전하는 것으로, 이는 나이키가 혁신적이고 도전적인 이미지로 자사 브랜드를 포지셔닝하는 좋은 예라고 할 수 있다. 또한 2013

년 평창스페셜올림픽을 공식 후원한 코카콜라는 스페셜올림픽 참가자들의 영상과 함께 "우리는 매일 8억 잔의 행복을 나누고 있습니다"라는 메시지를 전달함으로써 사회적 책임을 다하는 이미지를 강조하였는데, 이는 코카콜라라는 제품 자체를 포지셔닝하기보다는 사회적 기업으로서의 이미지를 부각시키는 기업 자체를 포지셔닝한 사례라 할 수 있다. 한편 지방자치단체를 포함한 도시 자체가 포지셔닝의 대상이 될 수 있는데, 평창은 2018년 동계올림픽을 유치하는 과정에서 TV광고를 통해 평창이 가진 매력을 선보이며 동계올림픽의 유치에 있어 여타 개최후보지역들과는 차별화된 최적의 환경을 제공하는 이미지를 포지셔닝하고자 시도하였다. 마지막으로 스포츠 선수의 경우에도 포지셔닝의 대상이 될 수 있는데, 포지셔닝의 매개체로 일반적으로 사용되는 광고를 이용하기보다는 신문, 뉴스기사를 이용한 홍보적 성격의 포지셔닝이라고 할 수 있다. 예를 들어 김연아 선수의 동계올림픽 홍보대사활동이나 전쟁피해 아동과 청소년들을 돕는 기구인 유니세프 홍보대사로 활동하는 뉴스는 자신의 분야에서 전문성을 지닌 스포츠 스타의 이미지 외에 사회적 책임을 다하는 신뢰할 수 있는 인간적인 매력을 지닌 이미지를 포지셔닝한 사례라 할 수 있다. 실제로 미국 경제전문지 「포브스(Forbes)」가 2014년 발표한 자료에 의하면 김연아 선수는 상금과 광고수입을 통해 167억 4,300만 원을 벌어들여 세계에서 네 번째로 많은 수입을 올린 여성 스포츠 선수로 이름을 올렸으며, 선수생활을 마감한 현재도 여전히 한국에서 가장 인기 있는 광고스타로 소개했다.[3] 김연아 선수가 이러한 광고수입을 기록할 수 있었던 배경에는 자신의 분야에서 최고의 전문성뿐만 아니라 사회문제에 지속적인 관심과 뉴스미디어를 이용한 홍보를 통해 기업 광고주들이 원하는 대중적인 매력성과 신뢰성을 포지셔닝한 결과라고 할 수 있다.

---

3) http://www.forbes.com/pictures/mli45ekgkk/4-kim-yuna

2) 포지셔닝 전략

스포츠 기업들은 자사 제품 혹은 브랜드를 포지셔닝하는 데 있어 다양한 접근방법을 이용하고 있다. 첫째, 기업은 자사제품이 지니고 있는 특정한 차별적 속성에 따라 소비자에게 포지셔닝을 시도하고 있는데, 예를 들어 2000년대 초반 한국에 오픈한 외국계 피트니스 프랜차이즈 '발리토탈피트니스(Bally Total Fitness)'는 당시 스포츠센터들이 생각하지 못한 "For people who love fitness and live a healthy lifestyle(건강한 삶과 피트니스를 즐기는 모든 사람들을 위해)"라는 슬로건을 통해 고객의 욕구를 고려한 개인 트레이닝(personal training)의 개념을 소개하여 건강한 삶을 추구하는 개인에서부터 직업적 보디빌더 고객의 니즈를 충족시킬 수 있는 전문화된 운동처방(exercise prescription) 시스템을 제시함으로써 기존 스포츠센터와 차별화된 제품 속성을 강조하는 포지셔닝 전략을 시도하였다. 둘째, 기업은 시장 내 소비자가 추구하는 편익에 따라 자사 브랜드의 포지셔닝을 시도할 수 있다. 스포츠 이온음료의 대표적인 선두주자인 게토레이(Gatorade)는 스포츠 소비자가 가장 중요하게 여기는 스포츠음료의 체내 빠른 흡수를 통한 경기력 향상 혹은 신체적 회복이라는 혜택을 강조하기 위해 기존 스포츠음료 시장의 여타 경쟁자들에 비해 더 많은 연구개발 비용투자를 통해 개발된 스포츠음료라는 개념을 부각시키려고 시도하였는데, 이는 스포츠기업의 차별화된 편익을 이용한 포지셔닝의 좋은 예라고 할 수 있다. 셋째, 기업이 생산한 제품은 사용상황에 의해 포지셔닝될 수 있다. 일례로 포카리스웨트(Pocari Sweat)는 이온음료가 스포츠 음료로서 운동 전후에 적합하다는 상식적 틀을 깨고 '내 몸에 흐르는 이온'이라는 도시의 일상적 삶 속에서 몸이 원하는 충분한 수분을 공급하는 음료라는 것을 강조함으로써 기존의 스포츠 음료와는 사용상황적으로 차별화된 포지셔닝을 구축하였다. 실제로 포카리스웨트는 사용상황에 의한 포지셔닝을 통해 2000년대 초반 국내 스포츠음료 부분에서 50%에 육박하는 시장점유율을 기록하였으며, 특히 여성 소비자층에 있어 꾸준한 인기를 누리고 있다. 넷째, 기업은 자사 제품을 특정 사용자 집단을 위한 제품으로 포지셔닝하고 있다. 예를 들어 스포츠용품 기업 리복(Reebok)이 생산하는 구두 브랜드인 락포트(Rockport)는 실제로 정장차림의 남성들이 자사의 구두를 착용하고 마라톤을 완주하는 모습을 보여주면서 오늘날 활동량이 많은 직장인에게 적합한 구두라는 이미지를 강조하였는데, 이는 기업이 특정 사용자 계층에 적합한 제품으로 포지셔닝한 전형적인 사례라고 할 수 있다.

〈그림 8-1〉 포지셔닝 전략개발 과정

3) 포지셔닝 전략 수립과정

효과적인 포지셔닝 전략을 개발하기 위해 기업은 먼저 세분시장들에 있어 자사가 목표로 하는 표적시장을 결정한 후, 해당 표적시장의 소비자가 추구하는 편익과 미충족 욕구를 파악하는 것이 요구된다. 앞서 시장세분화에 이용되었던 소비자행동변수와 소비자특성변수를 토대로 분석할 수 있다. 또한 기업은 자사의 포지셔닝 전략을 수립하기 위해서는 표적시장 내 경쟁자와 경쟁제품을 규명하고, 경쟁사 대비 강점 파악, 적절한 경쟁우위의 선택, 포지셔닝 전략 개발 과정을 거친다.

(1) 경쟁사 대비 강점의 파악

포지셔닝 전략수립의 관점에서 기업은 소비자가 가장 중요하게 생각하는 가치를 제공할 수 있어야 한다. 소비자에게 제품에 관련된 최고의 가치제공을 통해 기업은 자사 제품의 판매를 촉진하고 궁극적으로 충성고객으로 전환시킬 수 있을 것이다. 결과적으로 포지셔닝은 기업이 자사 제품이 특정 시장 내 소비자에게 제시할 수 있는 가치제안을 전달하는 것으로 경쟁제품에 비해 자사제품이 경쟁우위를 확보할 수 있도록 효과적이고 효율적인 포지셔닝 전략을 결정하는 것이 요구된다. 포지셔닝 전략수립의 첫 단계로서 기업은 경쟁회사의 제품 혹은 브랜드와의 차별화될 수 있는 강점을 파악하는 것이 요구되는데, 제품, 서비스, 인력(종업원), 이미지의 영역을 고려할 수 있다.

① 제품 차별화(product differentiation)

기업은 제품이 가진 성능, 디자인, 기능 등의 물리적 특성을 강점으로 도출하고 경쟁회사의 제품과 차별화할 수 있는 강점을 파악할 수 있다. 스포츠용품 기업 나이키(Nike)는 1980년대 후반 기존 스포츠화의 폼타입 밑창에서 진일보한 압축공기를 주입하는 나이키에어 쿠셔닝 시스템을 적용한 스포츠화를 출시하고 '레볼루션(Revolution)'이라는 광고를 통해 아디다스, 리복 등의 경쟁회사 제품들과의 차별성을 강조하였다. 나이키는 이러한 물리적 제품차별화를 강조한 포지셔닝을 통해 현재까지 소비자에 의해 가장 혁신적인 브랜드 이미지를 지닌 것으로 평가받고 있다.

② 서비스 차별화(service differentiation)

제품의 물리적 특성과 더불어 기업은 신속함, 편리함, 애프터서비스 등의 서비스 영역에서도 자사의 강점을 찾을 수 있다. 예를 들어 글로벌 피트니스 프랜차이즈 '발리토탈피트니스'는 프랜차이즈 기업의 이점을 살려 자사의 피트니스 회원으로 가입하면 가입 클럽뿐만 아니라 국내 타 지역에 위치한 모든 발리 클럽을 동시에 이용할 수 있는 회원권 호환서비스를 제공하여 트렌드 변화에 민감한 회원들의 욕구를 충족시킬 수 있는 여타 경쟁자들과의 서비스 차별화를 모색하였다.

③ **인적 차별화**(personnel differentiation)

기업은 자사의 직원 선발 및 교육을 통해 인적 차별화를 모색할 수 있다. 이는 해당 기업이 여타 경쟁회사보다 더 나은 경쟁적 우위를 누릴 수 있는 원천이 되기도 한다. 일례로, 세계 최대 규모를 자랑하는 월트디즈니월드(Walt Disney World)에는 매년 전 세계에서 수천만 명이 방문한다. 무엇보다 디즈니월드 방문객의 재방문율은 60%가 넘는다. 이러한 높은 재방문율을 기록할 수 있는 힘은 디즈니월드만의 차별화된 인적자원에 있는데, 자사의 인력개발부서에 해당되는 디즈니대학(Disney University)에서 시간제 직원을 포함한 모든 직원이 디즈니의 미션과 비전, 리더십, 경영, 고객서비스(안전, 친절, 재미)는 물론 맞춤형 현장학습에 관한 다양한 프로그램들을 제공하여 직원들 모두 디즈니월드라는 쇼 무대에서 공연하고 있는 배우로서 관람객에게 최고의 만족을 제공할 수 있는 인적자원을 확보하여 여타 테마파크들과는 차별화된 서비스를 제공한다.

④ **이미지 차별화**(image differentiation)

시장 내 제공되는 제품의 차별화가 요원한 상태에서 기업들은 소비자에게 자사의 브랜드 이미지나 상표이미지의 차별화를 시도한다. 기업이 단기간에 단지 몇 편의 광고를 통해 호의적이고 기억에 남는 이미지를 각인시키기에는 무리가 따르므로 소비자의 마음속에 강력한 이미지 차별화를 실현하기 위해서는 지속적이고 일관된 이미지를 포지셔닝할 필요가 있다. 한편 이러한 이미지 차별화에 자주 이용될 수 있는 수단으로는 기업의 심벌, 로고, 색상, 슬로건, 패키지 등이 제시될 수 있다. 예를 들어 나이키의 브랜드 네임은 '승리(victory)'라는 의미인데, 페르시아 전쟁에서 승리를 전하기 위해 42.195km를 달렸던 그리스 병사가 기도를 올린 승리의 여신 '니케(Nike)'의 영어발음에서 유래되었다. 나이키의 로고 역시 Victory(승리)의 첫 글자인 V를 부드럽게 뉘어놓은 것으로, 현재의 나이키 로고는 소비자에게 스포츠정신과 승리의 대명사로서 각인되어 있으며 이것의 경제적 가치는 100조 원에 이른다. 또한 유명 스포츠 스타를 이용하여 브랜드 차별화를 시도할 수 있다. 나이키는 1980년대부터 자사의 광고에 마이클 조던, 타이거 우즈 같은 스포츠 스타들을 등장시켜 'JUST DO IT'이라는 일관된 메시지를 전달함으로써 혁신과 도전으로 브랜드 이미지 차별화를 이루어낼 수 있었다.

(2) 경쟁우위의 선정

기업의 브랜드가 타 경쟁사들에게서는 찾아볼 수 없는 편익을 소비자에게 제공할 수 있는 경우, 이러한 편익을 해당 브랜드의 '차별점(point of difference: POP)'이라고 할 수 있다. 나이키에게 있어 제품의 혁신성이 타 경쟁사 대비 차별점에 해당한다. 이와는 반대로 시장 내 경쟁사들에게 있어 공통적으로 나타나는 편익을 '평형점(point of parity: POP)'이라고 한다. 소비자가 나이키의 포장, 디자인, 유통, A/S 등이 아디다스, 리복, 뉴발란스 같은 경쟁브랜드와 비슷하다는 인식을 가지고 있다면 이는 경쟁사 대비 나이키가 지니고 있는 평형점이라고 할 수 있다. 결과적으로 나이키가 소비자에게 자사의 제품을 구매하도록 유도하기 위해서는 자사의 차별점(POD)과 더불어 평형점(POP)도 명확히 정의하고 제시해야 하는데, 이처럼 특정 기업이 소비자에게 제공할 수 있는 혜택들을 근거로 창조된 자사 브랜드 이미지의 총체를 '브랜드 개성(brand identity)'이라고 부른다. 앞서 언급한 나이키는 혁신적 제품기능, 세련된 디자인, 편리한 A/S, 신속한 유통 등의 브랜드 개성을 보유하고 있다면, 혁신적 제품기능은 차별점에 해당되고, 나머지는 평형점이라고 할 수 있다.

① 포지셔닝에 사용할 차별점의 수

기업이 자사의 제품 혹은 브랜드를 포지셔닝하기 위한 차별점을 고려하는 데 있어 정보와 제품의 홍수시대를 살아가는 소비자는 시장 내 1등 브랜드를 상대적으로 더 잘 기억하는 경향을 나타내므로 많은 마케팅관리자들은 소비자가 특정 제품을 구매하는 데 가장 중요하게 고려하는 혜택 중 한 가지를 선택하여 포지셔닝의 차별점으로 이용할 것을 제시한다. 한편 시장 내 경쟁자들에 의해 유사한 차별점이 제시되고 있다면 기업은 두 개 이상의 차별점을 제시하여 포지셔닝할 필요가 있다. 특히 많은 세분시장에서 차별적으로 여러 세분시장을 공략하기 위해서는 다수의 차별점을 제시하는 것이 필수적으로 보인다. 예를 들어 나이키는 혁신적 제품이라는 차별점과 더불어 '승리'라는 이미지적 차별점을 소구하고 있다. 하지만 기업들이 자사 브랜드에 대해 차별점의 수를 늘릴수록 브랜드에 대한 신뢰가 낮아질 수 있는 위험성을 감수해야 한다.

② 차별점의 선택

포지셔닝에 있어 기업이 규명할 수 있는 모든 차별점이 의미가 있는 것은 아니다. 소비자에게 독특하고 강력한 편익을 제공할 수 있는 차별점은 경쟁우위적 가치를 지님과 동시에 그것에 상응하는 비용의 증가를 야기할 수 있다. 따라서 포지셔닝의 관점에서 기업이 경쟁우위적 가치를 창출할 수 있는 차별점은 다음과 같은 조건을 충족시켜야 한다.

- 중요성(importance): 고객에게 가치 있는 혜택을 제공한다.
- 차별성(distinctive): 경쟁사가 제공하지 못하거나 경쟁사보다 더 독특한 방법으로 차별점을 제시한다.
- 우월성(superior): 혜택을 제공하는 데 있어 가장 탁월한 방법이다.
- 전달성(communicable): 소비자에게 쉽게 전달될 수 있다.
- 선점성(preemptive): 경쟁사에 의해 쉽게 모방될 수 없다.
- 가격 적정성(affordable): 소비자가 구매를 주저할 만큼의 가격인상을 초래하지 않는다.
- 수익 가능성(profitable): 기업에게 수익을 가져다준다.

(3) 포지셔닝 전략개발

기업은 포지셔닝에 이용될 차별점을 선택한 후, 표적고객집단들을 위한 효과적인 포지셔닝의 수단을 강구해야 한다. 이를 위해 기업은 우선 자사의 포지셔닝 전략에 적합한 브랜드네임, 로고, 슬로건, 색상 등의 브랜드 요소를 도출할 필요가 있다. 예를 들어 나이키는 승리의 여신 니케를 어원으로 하는 자사의 브랜드네임과 Victory(승리)의 첫 글자를 의미하는 스워시(swoosh) 로고를 개발하여 자사의 혁신적 제품기능 이미지와 더불어 소비자로 하여금 나이키의 제품을 착용하는 것은 경기력(performance)을 보장하는 이미지로 효과적인 포지셔닝을 실현할 수 있었다. 둘째, 기업이 선택한 포지셔닝 전략을 효과적으로 구현하기 위해서는 이를 뒷받침할 수 있는 일관되고 실제적인 제품, 가격, 촉진, 유통 등의 마케팅믹스를 개발하고 실행하는 것이 요구된다. 예를 들어 나이키가 자사 브랜드의 혁신성을 포지셔닝하기 위해서는 제품이 최신기술을 접목한 혁신적 제품을 제공하는 것과 더불어 프리미엄 가격전략과 스포츠 스타들을 등장시켜 혁신적이고 도전적인 이미지를 부각시키는 TV, 잡지, 라디오, 빌보드 광고를 포함한 촉진활동, 자사 플래그십 스토어와 유통망을 통해 최신기술이 접목된 혁신적인 이미지에 대한 포지셔닝을 뒷받침할 수 있어야 한다. 넷째, 기업이 자체적으로 행하는 포지셔닝 전략만으로는 부족한 경우, 기존의 강력한 브랜드 이미지를 구축한 타 브랜드와 연합하는 것이 필요하다. 기업이 가장 빈번하게 이용하는 연합의 형태는 스포츠 스타를 자사의 광고에 등장시키는 엔도스먼트(endorsement)와 월드컵축구경기, 올림픽게임 같은 스포츠 이벤트를 후원하거나 프로스포츠팀을 후원하는 스폰서십(sponsorship)이 제시된다. 실제로 나이키는 자사의 혁신적이고 도전적 이미지를 포지셔닝하기 위해 1980년대부터 마이클 조던, 타이거 우즈를 비롯한 다양한 스포츠 종목의 유명 선수들을 자사의 제품광고에 등장시켜왔으며, 미국과 유럽의 다수 프로스포츠팀들에 대한 스폰서십을 통해 자사의 포지셔닝 전략을 실행해왔다.

또한 기업이 자사의 포지셔닝 전략을 성공적으로 실행하기 위해서는 일관성을 유지하는 것이 요구된다. 먼저 포지셔닝에 있어 일관성을 유지하는 것이 중요하다. 나이키는 지난 수십 년간 자사 브랜드의 혁신성과 기능(performance)을 강조하는 일관된 포지셔닝 전략을 펼쳐오고 있다. 결과적으로 스포츠용품 시장 내에서 혁신적이고 기능성을 갖춘 제품이라는 브랜드 이미지를 구축할 수 있었다. 이와는 반대로 일관성을 유지하지 못해 실패한 포지셔닝의 사례로 1980년대 리복은 패션성을 강조한 포지셔닝으로 미국 내 스포츠화 시장점유율에서 나이키를 앞지르기도 했지만, 이후 나이키에게 시장 내 선도자 자리를 빼앗기면서 나이키와 유사한 기능성(performance)을 강조한 포지셔닝으로 전환하고자 시도하였으나 결과적으로 패션성과 기능성의 중간에서 타사와 구별되는 리복만의 고유한 브랜드 이미지 구축에 실패하였다. 둘째, 앞서 언급하였듯이 성공적인 포지셔닝을 위해서는 이를 뒷받침하는 브랜드 요소, 마케팅믹스 등에 있어 일관성이 요구된다. 셋째, 성공적인 포지셔닝 전략실행을 위해서는 포지셔닝과 관련된 비용투자의 일관성이 요구된다. 특히 기업의 브랜드가 소비자의 마음에 호의적이고, 독특하게 연상되기 위해서는 지속적인 포지셔닝 전략의 실행이 요구되므로 호경기와 불경기를 막론하고 포지셔닝을 위한 비용투자에 있어서도 일관성이 요구된다.

한편 기업이 자사 브랜드의 포지셔닝을 위해 일반적으로 사용할 수 있는 도구로서 포지셔닝맵(positioning map), 지각도(perceptual map) 등이 제시되고 있다. 특히 지각도란 소비자가 제품이나 브랜드에 대한 신념과 선호도를 형성하는 데 고려하는 중요한 두 가지 혹은 3가지 속성을 토대로 2차원 혹은 3차원적 제품지각공간(product perceptual space)을 도출하여 시장 내 각 브랜드의 제품속성에 대한 인식을 기하학적인 거리로 환산하여 표시하는 도구를 의미한다. 지각도 상에서 브랜드들의 위치를 통해 각 브랜드의 강점과 약점을 파악할 뿐만 아니라 공간적 거리를 통해

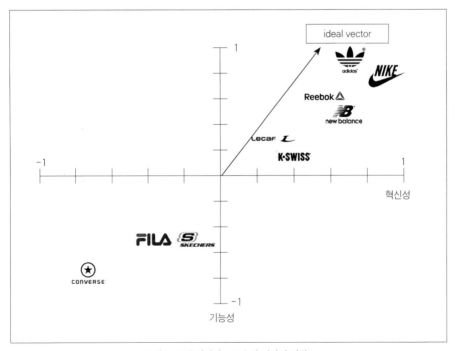

〈그림 8-2〉 우리나라 스포츠화 시장의 지각도

브랜드 간의 유사성 정도를 판단하고 기업의 자사 제품을 위한 포지셔닝의 바람직한 방향을 도출할 수 있다.

IX

경쟁환경에서의 기업행동(Ⅲ): 4Ps

경쟁시장 환경에서 기업은 소비자의 필요와 욕구를 효과적으로 충족시켜 자사의 매출을 확대시키고 충성고객으로 유도하기 위해 상황분석을 토대로 도출된 기업의 목표와 더불어 STP전략을 수립한 후, 이를 기반으로 하는 마케팅믹스전략을 개발하고 실행하는 활동을 수행하게 된다. 마케팅믹스란 기업이 자사의 목표를 달성하기 위해 전략적 의사결정 과정을 통해 통제할 수 있는 제품(product), 가격(price), 촉진(promotion), 유통(place)을 포함하는 마케팅 요인들을 적절하고 조화롭게 결합하여 실행하는 것을 의미하며, 이들 마케팅믹스 요인들의 첫 알파벳을 반영하여 4P라고 부른다.

1
스포츠 제품

본서 6장에서 언급하였듯이 스포츠 제품이란 스포츠 소비자, 스포츠 관람자, 스포츠 참여자, 스폰서 등의 스포츠 관련 소비자에게 편익을 제공하기 위해 만들어진 유형재, 서비스, 사람, 장소, 조직, 아이디어 등을 포함하는 재화 및 서비스를 통칭하는 것을 의미하며, 물리적 제품의 속성과 서비스 제품의 속성을 모두 지니고 있는 독특한 제품이라 할 수 있다. 특히 스포츠 제품을 정의하는 데 있어 소비자는 어떤 이유로 기업이 제공하는 제품을 구매하기 원하는가와 관련된 고객의 편익 중심적인 접근이 요구되며, 소비자가 특정 제품을 구입함으로써 얻을 수 있는 가장 근본적인 혜택이나 효용을 의미하는 핵심제품(core product)과 소비자가 실제로 지각할 수 있는 유형적 제품이나 서비스를 의미하는 실제제품(actual product), 그리고 핵심제품과 실제제품 외에 부가적으로 소비자에게 제공될 수 있는 혜택을 의미하는 확장제품(augmented product)의 3가지 차원으로 설명될 수 있다.

1) 핵심제품의 관리

소비자가 특정 제품을 구매하는 것은 제품 자체를 소비하기보다는 실제로 제품이 제공하는 편익을 소비하는 것이다. 특정 제품이 제공할 수 있는 편익은 해당 제품을 구성하고 있는 가장 기초적인 차원의 핵심제품으로 이해될 수 있으며, 소비자는 제품이 지니고 있는 편익들을 근거로 제품구매에 대한 결정을 내리게 되므로 기업은 소비자가 기대하는 편익들을 충족시킬 수 있는 제품특성을 파악하여 개발하는 핵심제품의 효과적인 관리와 소비자에게 이들 제품의 속성을 지속적으로 알리는 커뮤니케이션에 노력을 기울여야 한다.

고객이 지각하는 편익은 제품 자체뿐만 아니라 제품에 대한 가격결정, 광고 등을 포함하는 촉진활동, 유통전략 등의 다양한 요인들에 의해 영향을 받으므로 다분히 주관적으로 결정될 수 있으나, 제품을 편익의 종합체로 보는 일반적인 관점에서 제품이 제공할 수 있는 편익에는 기능적 편익, 심리적 편익 그리고 사회적 편익으로 구성되어 있다. 먼저 스포츠화의 내구성, 등산화의 부상예방, 스포츠 이온음료의 신속한 수분보충, 스포츠센터가 제공하는 강습프로그램에 참여하면서 다이어트나 컨디셔닝을 통한 질병예방, 프로스포츠 경기관람을 통해 얻는 정보제공과 같이 제품이 직접적으로 제공해주는 편익을 기능적 편익(functional benefit)이라고 할 수 있다.

또한 제품을 구입하여 사용하면서 얻을 수 있는 심리적 만족감을 심리적 편익(psychological benefit)이라 할 수 있는데, 예를 들어 마이클 조던의 나이키에어 농구화를 착용할 때 뒤틀림 방지는 기능적 편익이지만, 소비자 자신이 농구경기를 통해 마이클 조던 같은 움직임을 보여주고 있다는 만족감을 느끼거나 유명 스포츠 스타가 광고하는 운동용품을 사용하면서 소비자가 해당 운동선수처럼 날씬한 신체를 가질 수 있을 것이라는 희망, 세계적인 스포츠 피트니스 프랜차이즈 시설에 등록하여 강습프로그램에 참여하면서 글로벌 이미지적인 자신의 삶에 대한 만족, 특정 스포츠팀의 경기를 응원하면서 소비자 자신이 응원하는 팀의 승리에 편승한 대리만족은 심리적 편익에 해당될 수 있다.

한편 사회적 편익(social benefits)은 스포츠 제품을 소비하여 주변 타인들에게 자신의 정체성을 표현하면서 얻게 되는 편익을 의미한다. 예를 들어 글로벌스포츠 기업들의 제품을 배제하고 프로스펙스를 신으면서 애국적인 사람으로 타인에게 인정받거나, 나이키사의 스포츠화를 신으면서 혁신적이고 도전적인 이미지를 자신의 개성으로 표현하거나 혹은 특정 스포츠팀을 동일시함으로써 해당 팀의 시즌 관람권 또는 팀의 로고가 새겨져 있는 티셔츠를 구매하여 착용함으로써 타인에게 자신의 정체성을 드러내면서 얻어지는 편익은 사회적 편익이라 할 수 있다.

그렇다면 기업은 자사의 매출을 확대하고 충성고객의 확보를 위해 어떠한 혜택을 제공할 수 있을까? 기업은 먼저 표적소비자집단이 주로 기대하는 혜택을 파악할 필요가 있다. 예를 들어 일반 시계와는 달리 스포츠시계를 착용하는 소비자는 다양한 욕구들을 지닐 수 있는데, 바쁜 일상에서 짧은 점심시간을 이용하여 강도 높은 조깅을 하는 소비자는 타이머 기능이 있는 시계를 원할 것이며, 특정 브랜드 이미지를 지닌 스포츠시계를 착용함으로써 자신의 정체성을 주변의 타인들에게 드러내기를 원하는 소비자도 존재하며, 캠핑이나 등산 등 야외활동을 즐기는 스포츠 소비자는 무엇보다 내구성과 더불어 정확한 시간 확인을 원할 것이다. 미국의 스포츠시계 제조업체인 타이맥스(Timex)사는 자사 목표고객집단의 스포츠를 포함한 야외활동에 적합하도록 스테인리스 외장과 방수기능, 스톱워치(stopwatch) 기능을 갖춘 시계를 제조하여 소비자가 원하는 내구성과 정확한 시간 확인을 통한 안정감이라는 기능적 편익과 심리적 편익을 충족시킴으로써 아웃도어 활동에 적합한 시계로서 매출확대와 포지셔닝을 효과적으로 수행할 수 있었다.

또한 많은 스포츠센터들이 최근 들어 수요가 확대된 여성고객을 위한 전용 공간을 제공하는 것은 이들 여성 소비자의 건강과 몸매관리의 기능적 편익뿐만 아니라 편안하고 쾌적한 운동환경 제공을 통한 심리적 편익을 충족시키는 사례라 할 수 있다. 한편 스포츠팀의 경우 스포츠 경기라는 핵심제품의 관리가 쉽지 않은 특성 때문에 스포츠 관람객이 추구하는 편익을 제공하기 위해 경기를 제외한 다양한 영역에서 이러한 노력이 행해지고 있다. 경기관람을 통한 정보추구와 스트레스 해소의 기능적 편익과 더불어 치어리더의 공연, 하프타임 이벤트 등의 오락적 요소들을 통한 관람만족도 향상, 그리고 응원가, 율동, 응원도구 등을 이용한 독특한 응원문화의 개발 및 서포터즈를 위한 좌석공간 확보 등의 노력을 통한 사회적 편익을 제공하고 있다. 따라서 기업의 입장에서 소비자가 기대하는 편익을 효과적으로 충족시키기 위해서는 소비자조사를 통해 자사의 목표고객 집단이 어떠한 편익을 가장 중요하게 생각하는지에 대해 파악하는 것이 요구되며, 이를 근거로 이들 소비자가 요구하는 편익을 충족시킬 수 있는 제품속성을 개발하고, 자사 제품속성이 제공할 수 있는 편익에 대해 소비자와 지속적으로 의사소통하는 노력이 필요할 것이다.

2) 실제제품의 관리

스포츠 제품에 있어 실제제품은 앞서 언급된 핵심제품이 제공되기 위해 실제로 만질 수 있거나 체험 또는 관람할 수 있는 물리적 형태와 서비스 형태의 제품을 의미한다. 유형적 제품의 경우, 소비자가 스포츠화나 스포츠시계를 구입하는 것은 물리적 속성을 지닌 제품과 더불어 제품 품질, 특성, 디자인, 포장, 상표의 실제제품을 구입하는 것이라 할 수 있다. 또한 서비스 스포츠 제품으로서 프로야구

경기를 관람하거나 스포츠센터에 등록하는 경우, 실제적으로 스포츠 소비자는 스포츠 경기와 선수의 경기력 혹은 스포츠센터의 브랜드와 강습프로그램 등의 실제 제품을 구매한 것으로 볼 수 있다. 앞서 언급한 바와 같이 스포츠 소비자는 제품을 자신의 욕구를 충족시키는 편익의 묶음으로 생각하기 때문에 기업은 이들 소비자에게 가장 높은 만족도를 제공할 수 있는 편익의 묶음을 실제제품의 설계에 반영할 수 있어야 한다.

(1) 제품 품질

제품 품질(product quality)은 특정 제품이 소비자가 지각하는 욕구와 가치를 충족시키는 데 영향을 미치는 해당 제품의 특성을 의미하며, 우수한 품질은 고객만족에 긍정적으로 영향을 미쳐 궁극적으로 기업의 수익성을 높이는 역할을 한다. 유형적 스포츠 제품의 품질은 품질수준과 품질 일관성의 차원으로 설명될 수 있다. 기업은 자사의 STP전략을 토대로 도출된 포지셔닝을 지원할 수 있는 품질수준을 선택해야 한다. 일반적으로 품질수준이란 제품이 지니는 소비자가 기대하는 기능들을 수행할 수 있는 성능품질(performance quality)을 의미한다. 예를 들어 등산, 하이킹 등의 야외활동에 있어 땀 같은 수분은 배출하고 외부의 물기를 차단하는 방수기능을 지닌 고어텍스(Goretex) 아웃도어 점퍼는 기존 아웃도어 점퍼보다 착용감, 야외활동 수행능력에 있어 더 나은 성능품질을 제공한다. 하지만 기업들은 자사가 제공할 수 있는 가장 높은 수준의 성능품질을 제공하지 않는다. 이는 최고성능품질을 제공하기 위해서는 제조원가의 상승을 수반하므로 구매여력이 충분한 소수의 고객만 높은 품질 수준의 제품을 원하기 때문이다. 따라서 기업은 목표시장의 고객욕구와 구매력, 그리고 경쟁제품의 품질수준을 고려하여 자사 제품의 품질수준을 도출할 필요가 있다. 제품 품질관리에서 또 다른 중요한 요소는 높은 품질 일관성이라 할 수 있다. 이는 기업이 생산하는 품질이 소비자에게 제안된 가치를 제품불량 없이 일관된 성능수준으로 제공하는 품질 일관성(conformance quality)을 의미한다. 앞선 아웃도어 점퍼의 예를 다시 들어보면, 특정 기업이 생산하는 일반 아웃도어 점퍼들이 고어텍스 점퍼보다 우수한 성능을 가지고 있지는 않지만, 이들 일반 아웃도어 점퍼의 교환가치와 사용가치에 대한 소비자의 욕구와 기대를 일관되게 충족시킬 수 있다면 품질 일관성을 지니고 있다고 볼 수 있다.

기업은 총체적 품질관리(Total Quality Management: TQM)를 통해 모든 구성원이 제품의 개발과 제조부문을 위시한 판매, 서비스, 영업 등의 영역에서 자사의 제품 품질을 향상시키는 노력을 기울이고 있다. 예를 들어 나이키의 경우 자사의 핵심부문인 제품개발은 미국의 본사와 일본의 디자인센터에서 담당하고, 제품의 생산은 철저하게 중국과 인도네시아, 태국 등 동남아시아 국가들과 남아메리카 국가들에 산재한 780여 개의 주문자생산(OEM)업체 혹은 계약생산업체를 통해 이루어지고 있다. 스포츠화의 경우, 기존의 나이키에어 기술을 응용한 꾸준한 제품개발뿐만 아니라 이들 생산업체들에 지속적으로 품질관리자들을 파견하고, 자원 및 제조지속가능지표(Souring & Manufacturing Substantiality Index: SMSI)를 이용해 이들 생산업체들의 제품생산활동을 평가하여 업체들 간의 경쟁을 유도함으로써 품질향상의 극대화를 모색하고 있다. 또한 나이키는 각계 전문가들과 스포츠 선수들도 자문위원으로 제품 품질개발에 참여시킴으로써 자사의 제품 품질향상에 실제적인 노력을 기울이고 있다. 결과적으로 나이키는 높은 수준의 품질을 통해 높은 수준으로 스포츠 소비자를 만족시킴과 동시에 높은 가격과 원가절감을 통해 높은 수익성을 기록하고 있다.

한편 서비스 스포츠 제품으로서 스포츠 경기 같은 관람스포츠는 경기와 선수의 경기력 등 실제상품의 품질은 마케팅적 노력에 의해 통제될 수 없는 영역으로 인식된다. 하지만 대부분의 스포츠팀들은 비시즌 기간 동안 팀의 경기력 확보를 위해 다른 팀으로부터 선수들을 영입하기도 하며, 시즌 중이라도 다른 팀이나 2군 리그에서 실력을 쌓은 선수들을 영입함으로써 최상의 경기력을 통해 스포츠 경기라는 핵심제품에 대한 통제를 시도하기도 한다. 또한 스포츠팀은 비시즌에 있어 훈련프로그램을 통해 선수들이 최고의 경기력을 확보할 수 있는 환경을 제공함으로써 경기력이라는 실제제품에 대한 관리를 시도한다. 하지만 스포츠 경기와 마찬가지로 선수의 경기력도 관람스포츠 생산자인 스포츠 팀이 제어할 수 없는 영역이라 할 수 있다.

스포츠센터 같은 서비스제품의 품질은 물리적 제품과는 달리 스포츠센터 시설, 장비 등의 물리적 시설과 종업원의 외모를 포함하는 유형성, 약속된 서비스를 정확히 수행하는 능력에 관한 신뢰성, 고객의 요구에 즉각적인 서비스를 제공하는 응답성, 종업원들의 관련 지식과 정중함을 의미하는 안정성, 고객에 대한 충분한 이해를 의미하는 공감성의 5가지 차원으로 설명될 수 있다. 예를 들어 스포츠센터의 경우, 프로그램의 서비스 품질이 고객만족에 영향을 미치는 가장 핵심적인 요소로 보고 고객의 다양한 욕구와 라이프스타일을 반영한 요가, 플라잉요가, 필라테스, 펑키댄스, 스트레칭 등의 다각화된 프로그램 개발과 신규등록 고객을 위해 심박수, 혈압, 체지방, 유연성에 대한 분석과 상담을 통한 고객 개인별 특성과 목표에 맞는 운동프로그램을 제시한다. 더불어 강습프로그램 강사와 퍼스널 트레이너의 직무교육을 통해 고객특성의 이해, 직원의 유니폼 착용, 정중함, 관련 전문지식을 강화하고 총체적 제품관리(TQM)의 관점에서 이들 5가지 서비스품질 영역을 효과적으로 개선할 수 있으며, 궁극적으로 이는 고객만족과 센터의 수익성에 긍정적으로 영향을 미칠 수 있을 것이다.

(2) 제품특성

　　제품특성은 제품이 기대되는 기본적 · 부수적 기능을 의미한다. 기업의 입장에서 이러한 제품특성은 타 경쟁업체 제품과의 차별화를 알리는 포지셔닝의 대표적인 수단이 된다. 예를 들어 앞서 소개하였던 타이맥스사가 생산한 스테인리스 소재의 방수기능과 스톱워치 기능을 갖춘 스포츠시계는 실제로 야외활동을 빈번히 행하는 스포츠 소비자가 지닌 욕구를 충족시키기에 충분한 기능을 갖추고 있었으며, 해당 기업은 이러한 특성을 지닌 스포츠시계를 야외활동에 적합한 것으로 포지셔닝하여 기존 경쟁업체들과 차별화할 수 있었다. 또한 야외 스포츠 활동을 주목적으로 개발된 선케어 제품이나 태닝 제품은 일반적인 선케어 제품이 지니고 있는 자외선 차단 기능뿐만 아니라 야외 스포츠 활동에 적합하도록 자외선 차단지수(sun protection factor)가 강화된 기본적인 기능, 그리고 땀에도 강하며 피부자극을 최소화할 수 있는 부가적 기능을 추가함으로써 타 경쟁제품과의 차별화를 위한 포지셔닝 전략에 이용될 수 있을 것이다. 한편 스포츠센터의 퍼스널 트레이닝 프로그램도 개인별 체력과 신체 특성을 고려한 맞춤형 운동프로그램 제시의 핵심적 기능과 더불어 최대한의 운동효과를 얻기 위해 식단 및 영양관리 및 유지를 위한 가이드 같은 부수적 기능을 추가함으로써 최대한의 고객만족을 이끌어낼 수 있을 것이다. 따라서 기업들은 소비자가 원하고 가치 있는 것으로 여기는 기본적 · 부수적인 새로운 제품 특성에 대한 꾸준한 개발이 요구된다.

(3) 제품 디자인

　　소비자가 원하는 제품가치를 높이는 실제제품의 또 다른 요소로는 제품 디자인이 제시되고 있다. 제품 스타일을 의미하는 좁은 개념에서 확장된 특정 제품에 적합한 디자인의 설계는 해당 제품의 성능과 외관을 모두 높이는 결과를 도출할 수 있다. 특히 스포츠화, 스포츠웨어, 아웃도어웨어, 등산화 등을 포함하는 스포츠용품은 스포츠 소비자의 긍정적 제품 사용경험을 창출하기 위해 제품속성과 기술적 사양과 더불어 디자인 개발과정에서 소비자가 어떻게 특정 제품을 사용하고 편익을 체험할 것인가에 대한 인체공학적이고 고객지향적 디자인의 설계가 요구된다. 예를 들어 스포츠화를 생산하는 기업은 스포츠 활동으로 야기되는 다양한 움직임에 있어 발목, 무릎 같은 신체에 안정감을 주어 높은 경기력을 제공하는 인체공학적 제품기능 설계와 더불어 스포츠화의 색상, 무게, 모양 등을 포함하는 패션성을 가미한 디자인을 설계할 수 있다. 실제로 나이키는 자사 제품의 디자인 개발을 위해 일본 오사카에 별도의 디자인센터를 두고 있는데, 자회사인 콜한(Cole Haan)의 새들슈즈에 나이키에어 쿠션 기술을 접목하여 가볍고 뛰어난 쿠션의 기능성과 패션성을 강조한 캐주얼화를 출시하여 활동적인 직장인뿐만 아니라 편안하고 스타일리시한 캐주얼화를 선호하는 젊은 소비자층에 큰 호응을 받고 있다. 결과적으로 성공적인 제품 디자인은 기능적인 측면과 미적인 측면에서 경쟁기업의 제품들과 차별화될 수 있는 고객가치를 제공하지만, 스포츠기업은 제품 디자인 개발에 있어 공략대상이 되는 표적고객시장과 소비자의 구매력을 고려하는 것이 필요하다.

(4) 제품 포장

제품의 포장은 실제제품의 하위 구성요소로서 제품을 감싸는 물체를 의미하며, 액체 같은 제품을 담는 용기를 포함한다. 일반적으로 제품의 포장은 소비자의 제품에 대한 태도와 구매결정에 영향을 미친다. 스포츠 코스메틱 같은 액체제품의 경우 제품보호가 해당 제품의 가치를 결정하기 때문에 제품보호, 편리함 제공, 제품이미지 향상의 기능을 가지고 있다. 특히 스포츠화장품 같은 액체제품의 경우, 제품보호가 해당 제품의 가치를 결정하기 때문에 이러한 제품보호는 포장의 핵심적인 기능으로 작용한다. 또한 스포츠음료는 스포츠 활동을 즐기는 소비자에게 운반의 용이함을 제공한다.

기업은 제품의 포장을 개발하는 데 있어 비용요인을 고려해야 한다. 제품의 가치를 높이는 포장개발에 있어 비용이 과도하게 투자된다면 소비자가 추가적으로 부담해야 하는 비용 또한 상승할 수밖에 없으므로 기업은 소비자조사를 통해 소비자가 제품포장을 위해 추가적으로 부담할 의사가 있는 적정 원가수준을 파악해야 한다. 또한 기업은 제품포장의 개발에 있어 안전성을 고려해야 한다. 포장의 재질이나 디자인이 안전을 위협한다면, 안전을 담보로 제품을 구매할 소비자는 많지 않을 것이다. 마찬가지로 기업은 자사가 생산하는 다른 제품들과도 포장의 일관성을 유지하여 소비자에게 일관된 기업이미지를 제공하는 것이 중요하다.

(5) 상표명

상표(brand)란 기업이 자사 제품 혹은 서비스를 소비자에게 경쟁제품과 구별되게 인식할 수 있도록 사용하는 이름과 로고, 디자인 등을 포함한 상징물을 의미한다. 단어와 숫자 등으로 표현된 상표명(brand name)과 로고와 디자인 등을 포함하는 상표마크(brand mark)로 이루어져 있으며, 만약 이들이 특허출원이 되어 있으면 등록상표(trade mark)라고 부른다. 일반적으로 강력한 상표이미지를 지니고 있는 제품은 소비자의 구매결정에 영향을 미칠 뿐만 아니라 경쟁제품의 촉진과 저가격을 제시하는 활발한 마케팅활동에도 불구하고 기존 소비자의 타 제품으로의 상표전환을 어렵게 한다. 또한 시장 내 유통채널들에 대한 우위적 지위를 통해 더 나은 진열공간을 확보하거나 이들 유통채널들의 가격할인 요구를 차단할 수 있으며, 기업이 다른 시장에 출시한 자사의 신제품에도 같은 상표명을 사용하는 상표확장(brand extension)을 통해 마케팅비용을 줄일 수 있다.

기업이 상표명을 개발하기 위해서는 자사 제품의 특성, 표적고객에게 제공되는 제품편익, 제품포지션을 포함하는 마케팅전략을 함께 고려할 필요가 있으며 소비자가 발음하거나 기억하기 쉽고 제품이 지니는 특성과 편익을 간결하게 전달할 수 있는 브랜드명이 이상적이다. 일반적으로 상표명전략(brand name strategy)은 개별상표명전략(individual brand name strategy)과 공동상표명전략(balanket family name strategy), 그리고 개별브랜드명과 공동브랜드명을 조합하여 사용하는 혼합상표명전략으로 구성되어 있다. 특히 개별상표명전략은 기업이 생산된 제품에 각각 다른 상표명을 제시하는 것으로서 한 상표가 시장 내에서 실패하더라도 다른 상표에 영향을 미치지 않는다는 이점이 있으며, 생산된 모든 제품들에 기업명 혹은 상표명을 사용하는 공동상표명전략(blanket family name strategy)은 신제품을 도입하는 데 있어 기존 상표의 후광효과(halo effect)에 힘입어 마케팅비용을 줄일 수 있는 장점이 있다. 스포츠산업에 있어 가장 흔히 볼 수 있는 상표명전략은 공동상표명전략으로서, 나이키사의 나이키에어(Nike Air) 시리즈 스포츠화는 대표적인 공동상표명전략이라 할 수 있으며, 나이키사가 골프웨어와 골프용품을 출시하여 기존 시장이 아닌 골프시장에 진출하면서 자사 상표를 이용하여 '나이키골프'라는 상표명을 제시한 것은 공동상표명전략의 일환인 상표확장전략(brand extension strategy)이라 할 수 있다.

3) 확장제품의 관리

확장제품은 소비자에게 핵심제품과 실제제품에 더하여 제공될 수 있는 편익을 의미하며, 소비자의 구매행동에 크게 영향을 미친다. 먼저 유형적 스포츠 제품의 확장제품은 보장, 보증, 대금결제, 배달, 설치, A/S를 포함한다. 보장은 기업이 제품을 생산하여 소비자에게 제공할 수 있는 기능을 서술한 공식적인 보증서로서 제품성능이 기대에 미치지 못해 환불이나 교환을 약속하는 보증과는 차이가 있으며, 소비자는 기업이 제시하는 보증과 보장을 통해 제품에 대한 신뢰감을 형성하게 된다. 또한 대금결제방식은 소비자가 특정 제품을 구매하는 대가를 치르는 수단을 의미한다. 현금을 비롯한 신용카드가 가장 많이 이용되고 있으며, 기업은 이들 신용카드사와의 제휴를 통해 제품 구매 시 다양한 혜택을 제공하는 것도 소비자의 구매행동을 유도할 수 있는 주요 수단이 될 수 있다. 배달은 구매한 제품을 안전하게 예정된 시간 안에 고객에게 전달하는 행위를 의미한다. 스포츠용품 기업 나이키가 글로벌시장을 공략하면서 모든 주문 배송 및 고객관리를 미국의 물류 운송업체인 UPS(United Parcel Service)에게 아웃소싱의 형태로 전담시킨 것은 확장제품으로서 배달의 중요성을 인식한 전략이라고 할 수 있다. 한편 A/S(After-Sales Service)는 기업이 제시한 보증기간 내에 제품에 결함이나 하자가 발생했을 때, 자사의 약관에 따라 제공하는 서비스를 총칭하는 것으로서 스포츠의류, 신발, 용품을 포함하는 대부분의 유형적 스포츠 제품에서 제공되며, 기존 고객의 브랜드 충성도를 높이는 확장제품의 핵심이 되는 구성요소라고 할 수 있다.

또한 서비스 스포츠 제품의 확장제품 관리는 참여스포츠 제품과 관람스포츠 제품의 2차원적으로 접근할 수 있다. 먼저 참여스포츠의 대표적인 스포츠센터의 확장제품은 체육관, 수영장, 헬스장, 에어로빅 스튜디오, 골프연습장을 포함하는 핵심시설과 휴게실, 용품판매점, 주차장, 매점, 라커룸, 사우나시설 등의 부대시설, 회원들이 느낄 수 있는 추상적인 개념의 센터 분위기 등으로 구성되어 있다. 핵심시설의 경우, 센터 이용자가 편리하게 이용할 수 있는 시설과 운동기구 이용자가 서로 겹치지 않도록 하는 효율적인 공간배치뿐만 아니라 감각적인 인테리어와 밝은 조명, 적절한 음악과 함께 운동을 즐길 수 있는 공간 분위기가 제시되어야 하며, 운동 중 편안하게 휴식할 수 있는 휴게실 공간과 깨끗한 사우나 시설 같은 부대시설의 확보도 중요하다. 또한 이용자들의 특성에 따른 차별화도 중요하다. 복잡한 도심에 위치한 스포츠센터는 주차장 확보나 지하철 등 대중교통시설 이용의 용이함 등의 접근성과 식사를 해결해야 하는 스포츠센터 이용자들을 고려한 매점음식의 품질과 더불어 핵심시설과 부대시설을 편리하게 이용할 수 있도록 이용객의 동선을 고려한 효율적인 동선배치는 고객만족도에 영향을 미치는 중요한 확장제품 요소로 작용한다.

한편 관람스포츠로서 스포츠 경기의 확장제품은 치어리더들의 응원과 더불어 화장실, 매점, 부대시설, 좌석, 주차장, 전광판 등을 포함하는 경기장 시설, 경기 전후 혹은 중간에 펼쳐지는 공연과 이벤트를 포함하는 팬 프로모션으로 구성되어 있다. 일반적으로 스포츠 경기의 핵심제품과 실제제품은 스포츠 경기의 생산자가 제어할 수 없는 영역이기 때문에 쾌적하고 충분한 화장실의 확보, 매점음식의 품질, 공간이 확보된 편안한 좌석, 눈에 잘 띄는 전광판 시설의 확보와 치어리더 공연과 스포츠 관람객을 참여시킬 수 있는 이벤트와 공연을 포함하는 팬 프로모션의 제공은 스포츠 경기의 확장제품 관리의 좋은 사례라 할 수 있다. 특히 주차장에서 경기장까지의 이동에 있어 이들 관람객의 눈과 귀를 즐겁게 할 수 있도록 팀 내 인기선수의 실물 크기 사진이 설치된 포토존이나 대형 스크린을 통해 이전 팀의 역사적인 경기모습을 보여주는 영상물의 제공 등의 확장제품 관리는 이들 스포츠 관람객의 관람만족에 긍정적으로 영향을 미쳐 구단의 수익성을 높이는 역할을 한다.

2
스포츠 제품의 가격

　　스포츠센터를 이용하기 위해서는 회원등록이 필요하며, 이러한 회원권을 구입하는 데 지불하는 비용은 해당 스포츠시설이 지니고 있는 교환가치로 정의할 수 있다. 제품이 지니는 교환가치는 화폐적 성격의 가격(price)으로 불리는데, 스포츠용품, 스포츠화 등을 포함하는 유형적 스포츠 제품과 스포츠센터나 스포츠 경기 등으로 구성된 서비스 스포츠 제품에 공통적으로 부여된 가치를 나타내는 척도이다.

　　가격은 소비자가 스포츠 제품이나 서비스를 소유하거나 이용함으로써 획득할 수 있는 편익과 교환되는 것으로서 소비자가 특정 스포츠 제품의 구매에 대한 결정을 내리는 데 가장 민감하게 작용하며, 기업이 시장 내 경쟁적 지위를 확보하고 유지하기 위해 제품, 촉진, 유통 같은 여타 마케팅믹스 요인보다 상대적으로 신속하게 조정할 수 있는 마케팅믹스의 하위요소이다. 따라서 오늘날 시장 경쟁하에서의 가장 강력한 경쟁수단이 되며, 판매량에 영향을 미쳐 수익의 원천으로 작용하고 기업이 설정한 목표수익을 달성하기 위한 기본요건인 동시에 철저한 시장 내외적 상황분석을 토대로 결정되어야 한다.

1) 가격결정 요인

　　스포츠 제품의 가격결정은 다양한 환경요인에 의해 영향을 받는데, 기업 내부적 요인으로는 기업이 통제 및 관리할 수 있는 마케팅목표, 마케팅활동, 유통경로, 원가를 포함하며, 외부환경요인으로는 기업의 통제를 벗어난 소비자, 정부의 규제, 경쟁자, 산업구조 등으로 구성되어 있다.

(1) 소비자

　　가격결정에 미치는 소비자의 영향은 제품가격이 낮아질수록 더 많은 소비자가 제품을 구매하는 수요의 법칙(law of demand)과 가격변화에 대한 판매량의 변화를 나타내는 지표인 수요의 가격탄력성(price elasticity of demand)으로 설명될 수 있다. 일반적으로 소비자가 제품의 가격변화에 민감한 탄력적 수요에 있어서는 수요의 법칙이 적용되지만, 이와 반대로 비탄력적 수요에 있어서는 가격의 변화에 민감하게 반응하지 않으므로 제품에 대한 가격인하의 경우에도 수요량의 증가로 인한 수익증대를 기대하기가 어렵다.

　　수요의 가격탄력성은 필수재와 사치재로 구분되는 제품의 재화적 성격과 대체재의 유무에 의해 영향을 받는다. 대부분의 스포츠 제품은 사치재로서 수요의 가격탄력성이 높다고 할 수 있다. 예를 들어 건강한 삶에 대한 국민의식이 높아진 것은 사실이지만 가정용 러닝머신은 여전히 사치재로 인식되고 있으며, 이를 대체할 수 있는 고정용 자전거나 가까운 공원에서의 달리기, 스포츠센터 회원가입 등과 같은 여러 형태의 대체재가 존재하므로 가정용 러닝머신에 대한 수요의 가격탄력성은 높다고 할 수 있다.

구매 전 제품의 품질에 대한 평가가 어려운 제품의 경우에 수요의 가격탄력성은 낮다고 할 수 있다. 예를 들어 스키장비나 골프장비의 경우 실제로 이들 제품을 착용하거나 사용하지 않고서는 품질에 대한 평가를 내리기가 쉽지 않으므로 소비자는 가격이 높은 제품일수록 품질도 높을 것이라는 기대를 하게 되는데, 이를 '가격-품질 연상(price-quality association)'이라고 하며 수요의 가격탄력성은 낮아질 수 있다.

마찬가지로 경쟁제품과 비교하여 특정 제품이 제공하는 차별화된 혜택은 수요의 가격탄력성에 영향을 미친다. 예를 들어 월드컵축구경기의 준결승전 입장권은 조예선전 경기들보다 3배 이상의 높은 가격으로 판매된다. 이는 스포츠 소비자가 주관적으로 판단하는 준결승전 경기의 혜택이 예선 경기보다 월등히 높기 때문에 수요의 가격탄력성은 상대적으로 낮아진 것으로 볼 수 있다.

또한 재화가 소비자의 총지출에서 차지하는 비율이 높은 경우에도 수요의 가격탄력성에 영향을 미친다. 예를 들어 고가의 아웃도어 점퍼, 스키나 골프 등 스포츠장비들의 가격이 상승하게 되면 소비자는 작은 가격변화에도 이들 제품에 대한 구입을 망설이게 된다. 이는 고가의 스포츠 제품으로서 가격의 변화가 소비자의 총수입에서 차지하는 비중이 높기 때문에 수요의 가격탄력성에 영향을 미치는 것으로 볼 수 있다.

마지막으로 구매자가 제품의 최종 사용자가 아닌 경우에도 수요의 가격탄력성에 영향을 미친다. 예를 들어 부모가 10대 자녀를 위해 스포츠화를 구매하는 경우, 스포츠화 제품의 최종 사용자인 자녀는 의사결정권자가 되며 어머니는 스포츠화를 구매하는 소비자가 된다. 일반적으로 의사결정자인 10대 자녀들은 가격을 지불하는 주체가 아니므로 가격에 대해 둔감해지는 경향이 있어 수요의 가격탄력성은 낮아진다고 볼 수 있다.

(2) 마케팅 목표와 원가

가격은 기업이 행하는 마케팅믹스 요인 중의 하나이며, 가격목표는 마케팅 목표와 일관성을 지녀야 한다. 기업의 마케팅목표는 성장과 수확의 차원으로 설명이 가능하다. 만약 기업이 특정 제품에 대해 매출증대 같은 성장목표를 세웠다면 해당 제품의 가격은 이러한 목표를 달성하기 위해 상대적으로 낮은 가격에 책정될 수 있다. 이와는 반대로 기업의 마케팅목표가 이익의 극대화 같은 수확의 목표나 고급 브랜드로 포지셔닝을 하고자 한다면 해당 제품의 가격은 상대적으로 높은 가격에 책정되어야 한다.

또한 원가는 특정 제품의 가격의 하한선을 결정하는 데 있어 중요한 역할을 한다. 일반적으로 원가는 변동비(variable cost)와 고정비(fixed cost)로 나눌 수 있다. 변동비는 제품의 생산량에 비례하여 증가하는 비용이며, 고정비는 생산량에 상관없이 일정하게 발생하는 비용을 가리킨다. 예를 들어 스포츠화를 생산하는 데 필요한 가죽, 화학고무 등의 원재료비, 완성된 제품의 운송비용, 판매사원의 커미션 등은 변동비용이라 할 수 있으며, 사무실 임대료, 공장의 생산시설비용, 임직원의 급여, 광고비, 제품개발비용 등은 고정비라고 할 수 있다. 총 고정비와 제품 단위당 변동비에서 생산량을 곱한 총 변동비의 합계는 총 원가(total cost)라고 할 수 있는데, 총 원가를 생산량으로 나눈 값을 단위원가(unit cost) 혹은 평균원가(average cost)라고 한다. 따라서 기업은 제품원가를 신중하게 분석하여 제품 가격의 하한선을 결정해야 한다. 하지만 특정 제품의 가격이 낮은 것이 무조건 소비자의 구매를 자극하는 것은 아니며 일정 수준 이하로 내려가면 해당 제품의 품질에 대한 소비자의 의심을 불러올 수 있는데, 이를 최저수용가격(lowest acceptable price)이라고 한다. 기업은 이러한 최저수용가격을 고려하여 자사 제품의 가격 하한선을 결정할 수 있다.

(3) 경쟁사

기업의 자사 제품에 대한 가격결정에 영향을 미치는 또 다른 요소로는 경쟁사 제품의 원가와 가격이 제시될 수 있다. 일반적으로 경쟁제품의 원가는 파악하기 어려운 경우가 많다. 유형제품의 경우는 경쟁제품을 구입하여 분해해봄으로써 원가를 추정할 수 있으며, 서비스제품의 경우는 실제 경쟁자의 고객이 되어 원가를 파악할 수 있다. 또한 경쟁제품의 가격은 소비자의 특정 제품군에 대한 준거가격(reference price)을 형성하는 데 영향을 미친다. 준거가격이란 특정 제품에 대해 가격이 비싸게 매겨졌는지 아닌지를 판단하는 기준이 되는 가격으로서, 소비자가 국내 유통되는 스포츠화가 10~15만 원의 가격대를 나타낸다고 알고 있다면, 20만 원에 가격이 매겨진 스포츠화에 대해 비싸다고 생각하게 될 것이다. 제품의 가격결정에 있어 이러한 준거가격이 중요한 요소로 작용하는 이유는 제품가격을 결정의 상한선이 되고, 소비자가 기꺼이 지불하고자 하는 가격을 의미하는 유보가격(reservation price)이 해당 제품이 제공하는 혜택에 대한 소비자의 주관적인 판단 및 지불능력과 더불어 경쟁제품에 의해 형성된 준거가격에 의해 영향을 받기 때문이다. 또한 제품의 가격을 결정할 때, 원가를 토대로 가격의 하한선을 결정하고 가격의 상한선으로 유보가격을 설정하는데, 기업은 이러한 범위 내에서 경쟁제품의 가격, 원가, 품질, 브랜드 이미지 등을 고려하여 제품 가격을 책정한다. 결과적으로 경쟁제품보다 품질이 우수하거나 브랜드 이미지의 차별화를 확보한 경우, 기업은 자사제품에 대해 경쟁제품보다 높은 가격을 제시할 수 있지만, 경쟁제품과 유사한 품질을 가지고 보다 높은 가격을 제시한다면 시장점유율에 있어 고전을 면치 못할 것이다.

앞서 언급된 바와 같이 제품의 가격을 결정하는 데 있어 소비자, 경쟁, 원가의 3가지 요소 모두를 반영하는 전략을 스포츠 경기 관람권의 예를 들어 설명하고

자 한다. 3만 명을 수용할 수 있는 구장을 가지고 있는 특정 프로야구단의 한 해 평균운영비 지출로 약 250억 원이 발생하고 관중입장수익을 제외한 방송중계료 20억 원, 구장광고를 비롯한 스폰서십 수입 100억 원, 사업수입 및 기타 부대수입 20억 원의 수익이 발생한다고 가정하면, 해당 프로야구팀의 방송중계료와 스폰서십, 부대수입을 포함하는 매출과 지출에 해당하는 구단운영비 250억 원이 일치하는 손익분기점(break-even point)을 맞추기 위해서는 80억 원의 관중입장수입이 필요하다. 해당 팀이 플레이오프를 제외한 64개의 홈경기를 소화하고 수용가능 관중인 3만 명을 기준으로 약 1만 5,000명의 평균관중을 가정하였을 때, 프로야구구단의 경기를 생산하는 원가기준의 최저가격인 1만 1,458원의 1인당 평균입장료가 산출될 수 있다. 또한 대중음악 콘서트, 연극, 뮤지컬공연 등의 경쟁제품 평균입장료 10만 원을 토대로 유보가격으로 설정하여 테이블석, 커플석, 내야석, 외야석 등의 좌석의 특성, 요일별, 그리고 어린이, 청소년, 어른을 포함하는 스포츠 소비자 계층별로 가격을 차별화하여 제시할 수 있다. 실제로 국내 프로야구팀 LG트윈스는 좌석의 특성과 요일별로 테이블을 갖춘 프리미엄석 7만 원에서 외야 그린석 7,000원까지 차별화된 가격제도를 시행하고 있다.

(4) 기타 요인들

앞서 언급한 소비자, 마케팅 목표와 원가 그리고 경쟁사 외에도 제품의 가격결정에 다양한 요인이 영향을 미친다. 먼저 마이클 포터의 5가지 경쟁요인 분석(5-forces model)에서 제시된 요소들도 가격결정에 고려되어야 한다. 일반적으로 잠재적 진입자와 대체재의 위협, 구매자의 교섭력이 높다면 가격을 높은 수준에서 유지하기가 쉽지 않으며, 이와는 반대로 공급자의 교섭력이 크다면 제품 가격의 인상에 대한 압박이 높아진다. 또한 제조업자나 유통업자들 간의 가격담합, 세금 등에 대한 정부의 규제와 유통경로들의 제품보관, 선적, 판매촉진 비용 같은 경로수행 비용에 대한 금전적 지원요구는 기업의 제품가격을 결정하는 데 영향을 미친다. 특히 유통업자들은 가격인상보다는 가격인하를 선호하는 경향을 보인다. 실제로 나이키사는 스포츠화 시장에서 자사 제품의 프리미엄 가격을 실현하여 경쟁제품보다 비싼 가격에 판매되고 있다. 이에 반하여 미국 신발 유통업체인 풋락커(Foot Locker)가 나이키 제품에 대해 "Buy one get one half off(신발 한 켤레를 구입하시면 두 번째는 반값에 구입할 수 있습니다)"의 가격정책을 고수함으로써 이들 두 기업 간에 충돌이 발생한 경우가 있었다. 이처럼 기업은 유통업자들의 반응을 감안하여 자사제품의 가격을 결정해야 한다.

2) 가격전략

기업의 가격전략은 제품수명주기(PLC)에 따라 변화한다. 앞서 살펴본 가격을 결정하는 데 중요한 수요, 경쟁, 원가의 3요소를 토대로 살펴보면, 도입기에는 시장 내 경쟁제품이 존재하지 않으므로 제품 가격을 고객의 유보가격 수준으로 제시할 수 있어 상대적으로 수요의 중요성이 부각된다. 하지만 성장기에는 많은 경쟁제품이 시장에 소개되면서 수요와 경쟁사가 제품의 원가보다는 상대적으로 더 중요해진다. 또한 성숙기와 쇠퇴기에서는 제품들 간의 품질 차별화가 미미해 가격경쟁이 치열해지므로 경쟁제품의 가격과 기업의 원가가 상대적으로 더 중요하게 작용한다. 따라서 스포츠기업이 자사의 이익을 극대화하기 위해서는 시장세분화를 통해 발견된 여러 소비자집단의 특성과 더불어 경쟁자 및 원가를 고려한 다양한 가격전략을 펼치는 것이 바람직할 것이다. 일반적으로 스포츠기업의 가격전략으로는 심리적 가격전략, 가격 차별화 전략, 초기고가전략, 시장침투 가격전략, 묶음가격 전략, 캡티브 프로덕트 가격전략이 제시될 수 있다.

(1) 심리적 가격전략

심리적 가격전략은 기업이 제품의 가격결정에 있어 소비자의 인식을 중시하는 가격전략이다. 향수나 보석 등의 제품은 소비자가 구매결정을 내리기 전에 제품에 대한 정보가 부족하거나 품질 혹은 속성을 평가하기 힘들기 때문에 가격이 품질을 평가하는 척도가 되는 가격-품질 연상에 의해 설명될 수 있다. 일반적으로 소비자는 이러한 제품들에 대해 가격이 높으면 품질이 높다고 기대하게 된다. 예를 들어 골프클럽 등의 스포츠용품이나 아웃도어의류에서도 고가의 제품들을 찾아볼 수 있는데, 이는 골프클럽이나 아웃도어 의류제품들이 가격-품질 연상이 높은 제품이기도 하지만, 소비자가 이러한 고가의 스포츠 제품을 구매함으로써 자신의 사회적 지위나 준거집단에서의 소속감을 높이려는 경향이 반영된 심리적 가격전략이라고 할 수 있다. 또한 프로야구팀들이 테이블이 있는 프리미엄 좌석에 대해 일반좌석보다 4~5배의 상대적으로 높은 가격을 책정하고 있는 것도 구매를 통해 타인과의 우월적 차별성을 높이려는 소비자의 경향을 이용한 심리적 가격전략의 예라고 할 수 있다.

한편 기업들이 행하는 심리적 가격전략의 또 다른 유형은 단수 가격전략(odd pricing)이 제시된다. 이는 소비자의 심리적인 반응에 따라 가격을 변화시키는 가격전략이다. 스포츠화를 판매하는 소매점이나 도매점에 가보면 제품에 9만 9,000원으로 제시된 가격표를 보게 되는데, 실제로 10만 원과 9만 9,000원은 가격에서 크게 차이가 나지 않지만 화폐단위 이하로 스포츠화의 가격이 제시됨으로써 소비자가 실제보다 훨씬 싸다고 느끼게 되어 구매를 유도하는 전형적인 단수 가격 전략의 예라 할 수 있다.

(2) 가격 차별화 전략

가격 차별화 전략(price discrimination strategy)은 소비자의 유보가격과 가격민감도에 따라 소비자, 제품, 구매시점, 장소적 특성을 고려한 가격전략이라 할 수 있다. 다시 말해, 가격 차별화 전략이란 기업이 가격민감도가 높고 제품에 대한 가치 인식이 낮아 유보가격이 낮은 소비자집단에게는 낮은 가격을 제시하고, 이와는 반대로 가격민감도가 낮고 상대적으로 유보가격이 높은 소비자집단에게는 상대적으로 높은 가격을 제시하는 것을 의미한다. 이러한 가격 차별화가 중요한 이유는 시장 내 세분시장에 따라 유보가격과 가격민감도의 정도 차이가 존재하므로 기업이 모든 고객에게 같은 가격을 제시하는 것보다 가격 차별화를 통해 더 높은 수익을 창출할 수 있기 때문이다.

기업이 가격 차별화 전략을 실행하기 위해서는 가격민감도가 높은 소비자 집단을 파악하는 것이 우선되어야 할 뿐만 아니라 낮은 가격을 제공하더라도 제품의 변동비 수준 이상으로 책정되어야 하며, 소비자가 가격차별을 수용하는 데 있어 나쁜 감정이 들지 않도록 가격차별의 당위성이 제시될 수 있어야 한다. 예를 들어 2002년 한일월드컵경기의 입장권을 살펴보면 준결승전의 티켓가격이 조별예선전 입장권보다 월등히 높은 것을 볼 수 있는데, 이는 준결승전의 경기생산 원가가 높다기보다는 스포츠 소비자의 준결승전 경기에 대한 유보가격이 월등히 높기 때문에 국제축구연맹(FIFA)은 준결승전과 결승전의 입장권가격을 상대적으로 높게 책정할 수 있었다. 또한 프로야구팀이 소비자 특성에 따라 어른과 청소년의 입장권 가격 차등화와 좌석위치에 따른 내야석과 외야석의 가격 차등화, 좌석의 특성을 반영한 테이블석, 커플석, 바비큐존, 일반석 등의 가격 차등화는 소비자의 가격 민감도와 유보가격을 고려한 프로야구구단의 또 다른 가격 차별화 전략이라고 할 수 있다.

한편 스포츠센터도 시간대별로 가격 차별화 전략을 펼치는 것을 볼 수 있다. 이용객이 집중되는 저녁시간대와 한가한 오전시간대에 따라 서로 다른 가격을 책정하여 시설 이용자들의 이용시간을 분산시킴으로써 최적의 서비스수준을 유지하고 시설의 유휴화를 방지하여 최대의 수익을 모색할 수 있다. 또한 골프리조트나 스키리조트는 요일별 그리고 시즌과 비시즌에 따라 객실단가를 다르게 책정하는 것을 볼 수 있다. 이러한 구매시점별 가격 차별화는 고정비가 높고 변동비가 높은 특징을 가지고 있는 골프리조트와 스키리조트의 경우, 비시즌 동안 빈 객실로 남겨두기보다는 가격할인을 통해 객실을 채우는 것이 리조트시설의 유휴화에 따른 손실을 줄일 수 있는 가격전략이 될 수 있다.

마지막으로 스포츠용품의 제품생산라인을 이용한 가격 차별화 전략이 제시될 수 있다. 일례로 2002년 한일월드컵경기에 공식구로 사용된 피버노바(Fevernova) 축구공은 스포츠기업 아디다스(Adidas)에 의해 생산라인을 달리하여 생산되었으며, 가격민감도가 높은 일반 소비자를 위해 3만 원에 판매된 저렴한 제품과 가격민감도가 낮은 소비자를 위해 15만 원에 책정된 피버노바 선수용 제품을 생산하여 판매한 것은 간접적 가격 차별화 전략의 좋은 예라고 할 수 있다.

(3) 초기고가전략

　　초기고가전략(skimming pricing)은 기업이 신제품을 출시하여 구매력이 높은 고소득층, 신제품에 대한 수용력이 높은 혁신층(innovator), 그리고 구전(word-of-mouth) 영향력이 높은 의견선도층(opinion leader)을 상대로 초기에 높은 가격정책을 펼치다가 시장 내에서의 경쟁적 지위가 약화되면 저가정책으로 전환하는 가격전략인데, 시간을 기준으로 하는 가격 차별화 전략이라고 할 수 있다. 초기고가전략은 제품개발비용의 빠른 회수, 성장에 필요한 촉진비용 지원의 용이함, 제품의 고급이미지 형성, 제품개발에 들인 투자금의 빠른 회수, 유통채널에 대한 충분한 이윤보장을 통해 판매의욕을 자극하는 장점이 있으나, 상대적으로 가격이 낮은 경쟁제품의 조기출현과 시장침투 속도가 느린 단점이 있다. 이러한 초기고가전략은 제품이 특허에 의해 보호되거나, 시장 내 경쟁자의 진입이 용이하지 않거나, 대체품이나 경쟁제품에 비해 상대적으로 높은 가치를 지닌 경우에 적절하다. 나이키가 상표확장을 통해 나이키골프(Nike Golf)를 출시하면서 실행한 가격전략은 초기고가전략의 좋은 사례라고 할 수 있다. 이는 스포츠 제품 시장에서의 나이키의 모(母)브랜드가 지니는 강력한 브랜드가치를 토대로 실행되었으며, 결과적으로 나이키골프는 미국 내 골프화 시장과 골프의류 시장에서 선도브랜드로 자리 잡고 있다.

(4) 시장침투 가격전략

　　초기고가전략과 마찬가지로 시간대를 고려한 가격 차별화 전략이라고 할 수 있는 시장침투 가격전략(market-penetration pricing)은 신제품이 시장이 도입되었을 때, 단기간에 매출과 시장점유율을 높이기 위해 낮은 가격을 설정하였다가 일정한 시간의 흐름과 함께 점차 가격을 올려나가는 가격정책을 의미한다. 기업이 규모의 경제나 대량판매를 통해 높은 총수익을 확보할 수 있다고 판단하거나 모방제품을 가진 시장 내 후발주자로서 시장점유율을 확대하고자 할 때 선택 가능한 가격정책이다. 시장침투 가격전략을 펼치는 기업은 빠른 시장점유율 확보를 통해 구전(word-of-mouth)을 창출하고 다른 구매자들의 모방행동을 유도함과 동시에 경험곡선과 규모의 경제를 통해 원가우위를 확보하여 경쟁제품의 시장진입을 막는 장점이 있으나 제품개발비용의 회수가 더디고, 추후 가격인상 요인이 발생해도 가격인상의 어려움이 있을 수 있으며, 소비자가 강한 가격-품질 연상을 가지고 있다면 실패할 가능성이 있다. 특히 소비자는 자신에게 이득이 되는 상황보다 손해가 되는 상황에 더 심각하게 반응하는 경향성을 의미하는 로스 어버전(loss aversion)을 나타내는데, 소비자는 제품에 대한 가격인하보다 가격인상에 대해 2~3배 더 민감하게 반응하는 경향을 지니고 있다고 할 수 있다. 따라서 초기에 시장침투 가격전략을 선택한 기업이 제품가격을 올리고자 할 때에는 해당 제품에 대해 소비자가 인식하는 가치 향상을 위한 마케팅활동 강화와 점진적인 가격증가가 바람직할 것이다.

(5) 묶음가격 전략

여러 제품을 하나로 묶어 가격을 책정하고 판매하는 것을 의미하는 묶음가격 전략(bundling pricing)은 일반적으로 기업이 자사 제품의 재고를 소진하고 판매를 촉진시키기 위해 사용하는 가격전략이다. 많은 기업들이 개별판매나 묶음판매를 동시에 진행하고 있는데, 이는 묶음제품이나 서비스를 개별로 판매하는 것보다 인하된 가격으로 제시함으로써 소비자의 구매를 촉진시킬 수 있기 때문이다. 묶음가격 전략의 종류로는 기업이 제품을 개별적으로 팔지 않고 묶음으로만 판매하는 순수 묶음가격 전략(pure bundling)과 제품을 개별적으로 판매할 뿐만 아니라 묶음으로도 판매하는 혼합 묶음가격 전략(mixed bundling)이 있다. 특히 혼합 묶음가격 전략은 혼합리더형(mixed-leader)과 혼합결합형(mixed-joint) 전략으로 구성되어 있다. 먼저 혼합리더형 전략은 개별적으로 판매되는 하나의 제품을 정상가격으로 구매하면 다른 제품을 할인된 가격으로 구입하거나 공짜로 가져가는 것으로 "Buy one, get one half off(하나의 제품을 구매하시면 또 다른 하나의 제품을 반값에 구매하실 수 있습니다)" 혹은 "Buy one, get one free(하나의 제품을 구매하시면 또 다른 하나의 제품을 공짜로 드립니다)"로 설명될 수 있다. 또한 혼합결합 가격전략은 개별적으로 판매되는 제품들을 한 단위로 묶어 가격을 결정하고 판매하는 경우에 해당된다. 스포츠센터들이 다양한 스포츠 강습 프로그램들을 몇 개로 묶어 판매하는 것이 좋은 예라고 할 수 있다. 혼합 묶음가격 전략이 개별 제품보다 할인된 가격을 제시한다면 해당 묶음에 잘 판매되지 않는 품목을 끼워 넣은 경우가 대부분이며, 이와는 반대로 개별 제품보다 높은 가격을 받는다면 묶음으로 판매하는 것이 소비자에게 더 큰 혜택을 제공하는 경우가 대부분이다.

(6) 캡티브 프로덕트 가격

캡티브 프로덕트 가격전략(captive product pricing)은 특정 제품을 판매하고 이에 종속되는 제품에 대한 가격전략이라고 할 수 있는데, 예를 들어 스포츠게임기 '닌텐도 위'와 스포츠게임 소프트웨어시디의 관계가 좋은 예라고 할 수 있다. 캡티브 프로덕트 가격전략은 주제품에 대해서는 가격을 낮게 책정하여 소비자의 구매를 유도해 시장점유율을 높이고 종속제품의 판매를 통해 수익을 올리는 것이 핵심이 된다.

3
스포츠 제품의 촉진

　　기업이 수익을 극대화하기 위해서는 적극적으로 자사 제품의 효용과 가치를 현재와 미래의 소비자에게 알리고 구매를 유도할 수 있도록 인센티브 제공 등의 다양한 활동들을 전개해야 하는데, 이러한 소비자와 소통하는 활동들의 집합을 '촉진(promotion)'이라고 한다. 전통적으로 촉진은 광고의 개념과 혼재되어 사용되어 왔으나 기업이 소비자와 상호작용할 수 있는 모든 커뮤니케이션 방법을 포함하고 있어 광고의 상위개념으로 이해하는 것이 마땅할 것이다. 더욱이 스포츠산업에 있어서 촉진이란 스포츠기업이 소비자에게 물리적 제품과 서비스 제품의 존재와 효용을 알림으로써 호의적이고 긍정적인 브랜드 이미지를 높이고 제품의 판매를 촉진함과 동시에 충성고객을 창조하는 일련의 활동이라 정의할 수 있으며, 광고, PR, 판매촉진, 인적판매를 포함하는 촉진믹스(promotion mix)로 구성되어 있다. 특히 기술의 진보와 매스미디어의 발달로 제품 및 정보의 홍수시대에 살아가고 있는 현대소비자에게 어떻게 효과적으로 자사 제품의 효용적 가치를 알리는가의 문제는 전적으로 촉진활동에 달려 있다고 해도 과언이 아닐 것이다.

1) 광고

광고(advertising)는 기업이 비용을 지불하여 자사의 제품 혹은 서비스를 촉진하기 위한 전통적인 커뮤니케이션 수단을 의미하는데 언어, 회화, 도식, 음악, 색채, 형상, 기호 등의 수단을 이용한다. 광고 종류로는 잡지·신문 등의 인쇄물과 TV·라디오 등의 방송매체 광고, 스포츠시설 등의 옥외광고, 인터넷광고 등 다양하게 존재한다.

(1) 광고의 특성

광고의 특성을 살펴보면 다음과 같다. 첫째, 광고는 표준성과 합법성을 지니고 있다. 소비자는 시장 내 제품들에 관련된 광고를 반복적으로 접하면서 여러 제품의 특성과 혜택에 대해 깊이 있는 정보를 축적할 수 있을 뿐만 아니라 특정 제품을 구매하는 것이 당연한 소비행동으로 여겨지기 때문이다. 둘째, 나이키 광고의 경우처럼 장기간에 걸쳐 기업의 브랜드 이미지를 구축하는 데 이용되거나 가격할인 등과 같은 단기적인 판매촉진으로도 사용된다. 셋째, 노출규모 대비 비용의 관점에서 상대적으로 저렴한 촉진수단일 수 있다. 2013년 슈퍼볼광고의 경우, 30초 한 편의 광고가 380만 달러(약 41억 4,000만 원)에 달했지만, 미국을 비롯한 전 세계 1억 2,000만 명의 시청자가 슈퍼볼광고에 노출된 것을 고려하면 비용 대비 상당히 효과적인 촉진 수단이 된다.

하지만 광고는 다른 촉진 수단보다 제품의 특성이나 혜택에 대한 전달력은 높을지라도 판매사원들을 이용한 인적 커뮤니케이션보다 설득력에 있어 비생산적이며, 소비자에게 제품에 대한 정보를 일방적으로 전달하는 촉진수단이라는 단점이 있다. 또한 광고는 다른 촉진수단에 비해 더 많은 소비자에게 다가갈지라도 비용의 절댓값에 있어 상대적으로 높으므로 광고예산을 높게 책정할 수 없는 소규모의 기업들에게는 제한적으로 사용될 수밖에 없다.

(2) 광고관리

기업이 광고를 효과적으로 사용하기 위해서는 광고목표설정에서부터 광고예산계획, 광고카피의 선정, 광고매체 선정 그리고 광고효과 측정까지 체계적인 광고관리가 필요하다. 특히 광고목표는 판매량, 시장점유율 등의 매출과 관련된 요소들보다 브랜드 인지도, 선호도, 만족도 등 커뮤니케이션이 중심이 된 목표를 세우는 것이 바람직하다.

또한 광고예산 수립에 있어서도 제품수명주기나 시장점유율, 경쟁 정도를 고려한 지출계획을 세우는 것이 필요하다.신제품을 출시한 도입기에는 제품의 존재를 알려야 하므로 상대적으로 높은 광고비가 소요되나 성숙기에는 매출 대비 낮은 광고예산으로 충분하다. 낮은 시장점유율을 가지고 있거나 높은 시장점유율을 가졌지만 이에 대한 확대가 필요한 경우 광고 투자비용은 높아질 수 있다. 이와는 반대로 기존의 높은 시장점유율을 유지하는 전략을 가지고 있다면 광고에 대한 투자비용은 낮아진다. 제품 간 차별성이 낮아 산업 내 경쟁이 치열한 경우에도 높은 광고비가 요구된다.

한편 소비자는 매일 수많은 광고에 노출되고 있으므로 기업은 고비용을 지불하고 소비자의 주의를 집중시킬 수 있도록 제품의 속성, 이미지, 용도, 사용자, 경쟁자 등을 고려한 차별화된 광고카피의 개발과 더불어 이성적 어필, 감성적 어필, 성적 어필, 공포적 어필, 유머적 어필, 유명인사를 이용한 어필 등을 포함한 광고의 톤(tone)과 더불어 인쇄광고에서 사용되는 색상, 사진, 삽화, 활자체, 여백과 방송광고에 이용되는 동영상, 음악, 음향효과 같은 광고의 구성(format)에서도 기업이 추구하는 광고전략에 적합한 계획이 도출되어야 한다.

　　광고카피와 더불어 기업은 적합한 광고매체를 선택해야 하는데, 먼저 표적고객집단이 일상생활에서 주로 이용하는 매체를 파악하는 것으로 시작할 수 있다. 기업은 방송사 혹은 신문사들이 자체적으로 청중의 특성에 대해 파악하는 매체조사(media research)를 토대로 가장 적합한 매체를 선택할 수 있다. 예를 들어 온라인 스포츠게임과 같이 10대들이 타깃인 제품의 경우, 인터넷, TV 혹은 라디오를 주된 광고매체로 활용하는 것이 효과적일 것이다. 또한 적합한 매체의 선택을 위해 매체별 특성을 이해하는 것도 중요하다. 예를 들어 〈표 9-1〉에 나타난 바와 같이 TV광고는 많은 소비자에게 효과적으로 다가갈 수 있으나 비용이 비싸다는 단점이 있으며, 이와는 반대로 잡지광고는 상대적으로 비용이 저렴하고 청중을 선별할 수 있는 장점이 있으나 제한된 소비자에게만 광고가 전달되는 단점이 있다. 또한 광고예산을 고려하는 것도 광고매체의 선택에 있어 중요한 요소로서, 이는 경쟁사보다 광고예산이 제한적인 경우에 경쟁사의 광고와 직접적으로 비교되는 것을 피하고 자사 광고의 차별화를 이루는 데 도움이 된다.

　　마찬가지로 기업의 광고목표와 일정 기간 동안 특정 광고에 한 번 이상 노출된 소비자의 비율을 의미하는 도달률(reach)과 일정 기간 동안 소비자 한 명에게 특정 광고가 노출된 평균횟수를 의미하는 빈도(frequency)를 고려한 광고 자체의 특성도 기업의 광고매체 선택에 영향을 미친다. 특히 도달률에 빈도를 곱한 값을 총 노출점수(gross rating points)라고 한다. 예를 들어 기업이 광고목표를 도달률 70%와 평균 3회의 빈도로 세웠다면 총 노출점수는 210이 된다. 일반적으로 총 노출점수가 높을수록 광고비용은 높아지며, 신제품의 경우나 기존 브랜드를 확장한 제품일 경우에는 도달률을 높이는 것이 중요하지만 시장 내 강력한 경쟁자가 존재하거나,

〈표 9-1〉 주요 광고매체의 특징[1]

	비용의 예	장점	단점
신문	조선일보 1면 61,056,000원 (37cmX17cm)	• 지역신문 다수 존재 • 시급한 광고에 적합 • 광고제작비 낮음 • 길고 복잡한 메시지 전달기능 • 높은 신뢰성	• 짧은 수명 • 자세히 읽히지 않음 • 인쇄화질 낮음 • 다른 광고의 간섭 높음 • 시각효과에 한정됨
TV	MBC뉴스데스크 (오후 9시) 13,200,000원(15초)	• 동영상과 음향 활용으로 다양한 연출 가능 • 많은 수의 청중에 비용 효과적으로 도달 가능 • 높은 주목률 • 고품격 · 긍정적 이미지 형성에 유리	• 청중을 선별하기 어려움 • 빨리 지나가버림 • 매체비용의 절대액수 높음 • 광고제작비 높음 • 다른 광고의 간섭 높음 • 긴 메시지에 부적합
라디오	MBC-AM 시선집중 (오전 6시 20분) 887,000원(20초)	• 폭넓은 도달 범위 • 청중 선별 가능 • 매체비용의 절대액수 낮음 • 광고제작비 낮음 • 시각효과 대신 청중의 상상력 활용 가능	• 청각효과에 한정됨 • 긴 메시지에 부적합 • TV보다 주의집중 낮음 • 빨리 지나가버림
잡지	여성중앙21 (표지2+대면) 16,000,000원	• 청중 선별 가능 • 높은 신뢰성과 권위 • 고화질 인쇄 가능 • 돌려 읽는 경우 많음 • 길고 복잡한 메시지 전달 가능 • 긴 수명(일주일 또는 그 이상 동안 읽힘)	• 폭넓은 청중에게 도달하기 어려움 • 시급한 광고에는 부적당 • 다른 광고의 간섭 높음 • 시각효과에 한정됨
인터넷	다음 초기화면 배너 50,000,000원 (위치: 페이지 상단, 기간: 일주일)	• 쌍방향 커뮤니케이션으로 관여도 높음 • 길고 복잡한 메시지 전달 가능 • 비교적 낮은 비용 • 동영상과 음향 활용으로 다양한 연출 가능 • 실시간 효과측정 가능 • 개별화 가능 • 온라인상에서 구매유도 가능	• 폭넓은 청중에게 도달하기 어려움 • 광고의 급증으로 과거에 비해 효과 감퇴
케이블 TV	채널CGV 크리미널마인드 (오후 9시) 600,000원(30초 중간광고)	• 청중 선별 가능 • TV보다 광고비 저렴(1/20 수준) • TV보다 광고시간이 길어 자세한 설명 가능 • 중간광고 가능	• TV보다 도달률 낮음 • TV보다 화질이 낮을 수 있음 • TV보다 채널변경이 잦음
옥외	부산야구장 본부석 하단 60,000,000원 (시즌계약)	• 다른 광고의 간섭 적음 • 긴 수명(반복 노출) • 비교적 낮은 비용 • 특정 지역 선별 가능 • 다양한 형태	• 주목률 낮음 • 도시 미관/환경 측면에서 비판과 규제 • 청중 선별 어려움 • 긴 메시지에 부적합 • 시각효과에 한정됨

광고메세지가 복잡하거나, 소비자가 제품에 대한 부정적 태도를 가지고 있거나, 테니스공·골프공과 같이 구매주기가 짧은 스포츠 제품은 빈도를 높일 수 있는 광고매체를 선택하는 것이 바람직하다.

　　마지막으로 기업의 자사 광고에 대한 사후 효과측정은 광고관리의 마지막 단계로서, 대개의 경우 광고캠페인은 다른 마케팅믹스 활동들과 동시에 진행되므로 광고가 기업 제품의 매출에 실제로 얼마나 효과를 미쳤는가를 측정하기보다는 소비자 설문조사 등을 통해 해당 광고캠페인이 시작될 때 제안된 브랜드 인지도, 호의도, 선호도, 고객만족 등의 광고목표가 얼마나 달성되었는가를 측정할 수 있다.

〈표 9-2〉 마케팅에 활용될 수 있는 대표적인 수단[2]

수단	내용
홍보	회사 자체, 회사의 임직원 또는 제품 등에 관한 뉴스거리를 발굴하여 언론 매체에 실리도록 함
출판물	사보, 브로슈어, 연례 보고서, 신문 또는 잡지 기고문 등
이벤트	기자회견, 세미나, 전시회, 기념식, 행사 스폰서십, 스포츠마케팅 등
연설	최고 경영자 또는 임원들이 각종 행사에 참석하여 연설
사회봉사활동	지역사회나 각종 공익단체에 기부금을 내거나 임직원들이 직접 사회봉사활동에 참여

2) PR

　　PR(public relations)이란 기업이 자사의 브랜드 이미지를 제고하거나, 소비자로부터 자사 브랜드에 대한 호의적인 평판을 이끌어내거나, 기존의 비호의적인 평판을 완화시키고 호의적으로 변화시키기 위해 기업을 둘러싼 소비자, 정부, 국회, 시

---

1) 박찬수(2013). 마케팅원리. 경기: 법문사.
2) 박찬수(2013). 마케팅원리. 경기: 법문사.

민단체 등의 여러 이해관계집단들과의 호의적인 유대관계를 유지하는 일련의 활동을 의미한다. PR은 광고 같은 다른 마케팅믹스들과 연계되어 사용될 때 극대화될 수 있으며, 촉진예산이 상대적으로 낮은 소규모의 회사에서 효과적으로 이용될 수 있다. 특히 PR에 있어 기업의 직접적인 마케팅 관련 활동들을 MPR(marketing public relations)이라고 한다. MPR에 이용될 수 있는 수단들은 홍보, 출판물, 이벤트, 연설, 사회봉사활동 등을 포함한다. 예를 들어 홍보는 기업이 비용을 지불하지 않고 자사 제품에 대한 정보를 언론매체를 통해 소비자에게 제공하는 것을 의미하며, 광고에 비해 신뢰성이 높은 장점이 있으나 제품의 정보에 대한 내용, 위치, 일정 등을 통제할 수 없는 단점이 있다(표 9-2 참조).

(1) PR관리

기업이 행하는 일반적인 PR관리는 PR목표를 설정하고, PR메시지와 전달수단을 선택하며, PR계획을 수행하고 결과를 평가하는 단계를 포함한다. 먼저 기업은 자사 제품의 인지도 확대, 정보제공, 신뢰도 향상 등 MPR의 목표에 따라 목표소비자집단의 인구통계학적 및 라이프스타일 등의 특성을 이용한 주요 관심사와 이용매체를 분석하는 것이 필요하며, 이를 토대로 비용과 시간 그리고 효과성을 종합적으로 검토하여 적합한 MPR의 수단을 선택해야 한다(표 9-2 참조). 또한 선택된 MPR의 원활한 실행을 위해 기업의 PR담당자와 언론과의 호의적인 유대관계와 더불어 제품에 대한 대중의 흥미를 자극하는 뉴스거리를 발굴하는 것이 중요하다. 나이키의 'EKIN' 프로그램을 통한 자사 제품과 관련된 일화의 지속적인 개발은 이와 관련된 좋은 예라고 할 수 있다. 마지막으로 PR효과를 측정하는 단계가 필요하다. 광고와 마찬가지로 매출이나 수익에 미치는 영향을 측정하기보다는 언론매체에 기업이나 자사 제품의 노출횟수(exposures)를 측정하여 실제 금액으로 환산하는 방법을 사용한다. 예를 들어 1998년 U. S. 여자오픈골프대회에서 우승할 때 박세리를 후원한 삼성의 노출횟수를 실제 금액으로 환산해보면, 대회 기간 동안 총 4번의 정규 라운드와 5시간의 연장전에 걸쳐 삼성의 로고가 노출된 총 시간을 합하고, 여기에 해당 대회를 중계한 NBC의 30초당 광고단가인 40만 달러를 곱하여 도출된 금액뿐만 아니라 NBC 뉴스시간에 노출된 시간과 광고단가를 곱한 금액과 ESPN, ABC 등의 여타 언론매체에 노출된 횟수를 동일한 방법으로 계산하여 합산한 금액은 무려 1억 7,000만 달러에 달했다.[3]

3) 인적판매

인적판매(personal selling)는 기업의 제품이나 서비스를 판매할 목적으로 판매원이 소비자와 직접적으로 대면접촉하는 프레젠테이션 혹은 대화 등의 커뮤니케이션 수단을 통해 소비자의 구매행동을 유도하는 활동을 의미한다.

(1) 인적판매의 특성

일반적으로 인적판매는 기업의 판매사원이 잠재고객을 직접 방문하는 외부판매(outside selling)와 판매사원이 소매 혹은 도매점에서 잠재고객에게 판매활동을 하는 내부판매(inside selling)로 구성되어 있으며, 전체 촉진예산에 있어 인적판매 비

---

3) "총성 없는 전쟁, 대박이냐 쪽박이냐 브라질월드컵 스포츠마케팅 점화", 매경이코노미(2014.6.9).

율의 정도는 산업과 제품유형에 따라 차이를 보일 수 있다. 스포츠산업의 인적판매의 경우, 특정 스포츠이벤트의 기업스폰서십을 판매하거나, 프로스포츠 경기장의 스카이박스 관람석을 판매하거나, 학교나 정부기관을 상대로 대량으로 스포츠용품을 판매하는 경우처럼 외부판매의 비율이 높은 것이 특징이다. 또한 다른 촉진활동과는 달리 인적판매의 대면접촉을 통한 소비자와의 상호작용은 시간절약은 물론 소비자의 즉각적이고 정확한 욕구를 파악하여 잠재고객이 안고 있는 문제를 해결할 수 있는 아이디어와 지식을 제공하여 제품 혹은 서비스를 판매하는 컨설턴트식 판매(consultative selling) 혹은 판매사원과 고객과의 호의적인 관계를 지속적으로 유지함으로써 판매를 촉진하는 관계지향적 판매(relationship selling)를 실현할 수 있으나, 인적판매 활동에 투입되는 시간과 더불어 촉진비용이 상대적으로 과도하게 지출되는 단점이 있다.

(2) 인적판매 관리

기업은 인적판매 계획을 수립하여 조직을 설계하고, 판매사원들을 선발 · 교육 및 평가하는 활동들을 수행하는데, 이를 판매관리(sales management)라고 한다. 먼저, 기업은 인적판매에 초점을 맞춘 표적시장, 판매목표, 목표달성 방안, 예산 등의 인적판매 계획을 수립한 후 지역별, 상품별 혹은 고객별로 인적판매 조직을 구성할 필요가 있다. 이때 비용을 고려한 판매사원의 규모도 결정해야 한다. 기업이 보유한 거래처의 수와 판매사원 1인이 방문 가능한 횟수를 고려한 업무량 기준법(workload method)을 통해 판매원의 수를 결정할 수 있다. 또한 기업은 선발된 판매사원을 대상으로 자사의 제품, 판매전략, 목표고객의 특성 등에 대한 교육을 통해 이들의 판매능력을 개발하고 고정급(salary), 성과급(commission) 혹은 혼합형의 적절한 보상을 통하여 동기부여를 제공할 필요가 있다. 특히 혼합형은 고정형의 판매사원이 판매를 위한 노력을 게을리할 수 있는 문제와 성과급의 판매사원이 직면할 수 있는 수입불안정 문제를 보완하는 측면에서 기업과 판매사원 모두에게 유리한 보상제도일 수 있다. 한편 기업은 인적판매 관리의 마지막 단계로서 판매사원이 올린 성과에 대한 정기적인 피드백(feedback)을 제공하고, 판매사원과의 대면을 통하여 판매에 있어 장애요인의 파악과 문제해결을 제시할 필요가 있다.

4) 판매촉진

'판촉'으로도 불리는 판매촉진(sales promotion)은 기업이 자사 제품판매의 단기적인 촉진을 위해 행하는 모든 동기부여 수단으로 정의할 수 있으며, 가격할인, 무료샘플, 쿠폰제공, 경품행사, 리베이트 등의 소비자 판매촉진(consumer promotion)과 구매수당, 제품수당, 무료제품 제공, 협동광고, 판촉비 제공 등의 중간상 판매촉진(trade promotion), 그리고 보너스, 판매경쟁 등과 같은 판매원 판매촉진을 포함한다. 특히 소비자 판촉은 기업이 자사 제품을 인하된 가격으로 제공하는지의 여부에 따라 가격수단과 비가격수단으로 나눌 수 있다. 따라서 본장에서는 스포츠산업의 제품적 특성을 고려하여 소비자 판매촉진에 관해 중점적으로 논의하고자 한다.

(1) 가격수단 판매촉진

가격수단 판촉은 할인쿠폰, 리베이트, 보상판매, 세일 등으로 구성되어 있으며, 소비자에게 인하된 가격에 제품을 제공할 수 있어 단기적으로 기업의 매출에 큰 영향을 줄 수 있다. 특히 소비자가 경쟁제품들 간의 품질차별화가 낮은 것으로 인식하거나 목표고객집단의 가격민감도가 높은 경우에 더욱 효과적인 판촉수단이 된다.

할인쿠폰(discount coupons)은 소비자가 특정 제품에 대해 할인된 가격으로 구입할 수 있는 증서를 의미한다. 우편으로 배송되거나, 제품 안에 포함되거나, 신문이나 잡지에 인쇄 혹은 이들 사이에 배포되거나, 웹사이트 혹은 스마트폰을 통해 배포될 수 있다. 실제로 G마켓, 위메프, CJ몰 등의 웹사이트 쇼핑몰에서 스포츠웨어를 포함한 아웃도어웨어 등의 구입에 사용할 수 있는 쿠폰을 제공하는 것을 흔히 볼 수 있는데, 할인쿠폰은 표적고객집단에게 배포가 용이하고 제품 시용과 반복구매를 유도하여 경쟁제품을 이용하는 고객을 공략할 수 있으며, 쿠폰을 제품구매 시점까지 보관하는 번거로움을 감수할 용의가 있는 가격민감도가 높은 고객은 할인혜택을 받을 수 있지만 그렇지 않은 고객은 제값을 주고 제품을 구입하기 때문에 가격차별(price discrimination)의 수단이 될 수 있다. 하지만 쿠폰사용률이 저조하거나, 쿠폰을 취급하는 소매점의 수가 충분하지 않거나, 쿠폰이 만료되어도 할인해주는 소매점의 부주의 등 상환오류(misredemption) 문제가 발생할 경우, 할인쿠폰의 효과성은 낮아지고 비용이 상승하는 문제점을 낳을 수 있다.

리베이트(rebates)는 제품을 구매한 소비자가 우편으로 제품의 바코드나 포장지 등의 구매를 증명할 수 있는 증거물을 보내면 기업은 소비자에게 수표나 우편환 등을 보내줄 뿐만 아니라 제품에 제시된 인증번호를 기업의 웹사이트에 입력하여 경품이나 마일리지를 제공하는 것을 포함한다. 쿠폰제공과 마찬가지로 경쟁제품을 사용하는 고객의 브랜드 전환을 유도할 수 있으며, 가격 차별화의 수단으로 사용될 수 있고, 준거가격이 낮아지는 것을 방지할 수 있으며, 고객 데이터베이스를 구축할 수 있는 장점이 있다.

보상판매(trade-ins)는 소비자가 자사 혹은 경쟁제품을 반납하고 특정 제품에 대해 할인가격으로 구매하는 제도로서 기업이 자사제품으로 제한하는 폐쇄형과 경쟁제품까지 포함하는 개방형이 있다. 2007년 뉴발란스코리아가 새로운 개념의 스포츠코어숍인 NBX를 오픈하면서 기존의 뉴발란스 제품을 지참한 고객에게 새로운 뉴발란스화 제품을 50% 보상판매한 것은 폐쇄형 보상판매의 좋은 예라고 할 수 있다. 폐쇄형은 기존 자사고객을 대상으로 반복구매를 통한 시장점유율에 대한 방어효과가 크고 개방형은 경쟁제품 고객의 브랜드 전환을 유도하는 장점이 있다.

마지막으로 세일(sale)은 제한된 기간 동안 일정한 비율로 제품가격을 할인하는 것을 의미하며, 재고제품을 처분함으로써 재고유지비용을 낮추고 매출을 높이는 장점이 있으나, 너무 잦은 세일은 브랜드 이미지를 저하시키는 단점도 있다. 실제로 스포츠용품 기업 나이키는 정기세일과 상설할인점 세일을 제공하는데, 신제품은 철저하게 세일품목에서 제외시키는 전략을 실행하고 있다.

(2) 비가격수단 판매촉진

비가격수단 판매촉진은 샘플, 무료시용, 사은품, 콘테스트와 경품추첨, 고정고객 우대 프로그램 등의 형태로 제공될 수 있다. 가격수단에 비해 매출액에 미치는 영향이 상대적으로 낮거나 느리게 나타날 수 있지만, 기업의 브랜드 이미지나 선호도를 높이는 무형적인 효과를 지니고 있다.

샘플(samples)은 소비자에게 소량의 제품을 무료로 제공하는 것을 의미하는데, 우송, 택배서비스를 통한 가정배달, 점포 내 배포, 가두 배포, 상품부착 등의 다양한 방법들이 동원된다. 일반적으로 샘플은 다른 판촉 수단들에 비해 상대적으로 비용이 많이 들지만 제품을 사용해볼 수 있는 시용기회를 제공하여 소비자가 사용함으로써 제품판매를 촉진시키는 효과적인 수단이 된다., 실제로 스포츠기업들은 러닝머신, 고정식 자전거 등의 스포츠용품을 소비자가 일정 기간 동안 사용하고 구매를 결정하도록 하는 무료시용(free trial)을 제공함으로써 고객 데이터베이스를 구축하고 제품판매도 촉진하고 있다.

사은품(premium)은 일정 기간 동안 특정 제품을 구매하는 소비자에게 매장에서 제공되거나 리베이트와 마찬가지로 소비자가 해당 제품을 구매한 증거를 제시하면 우편으로 배달되기도 하는 제공물로서, 헤드폰 브랜드 '50센트'가 국내에 인이어 이어폰(in-ear earphone)과 온이어 헤드폰(on-ear headphone) 스포츠모델을 출시하면서 미국 힙합 뮤지션 '50센트'의 신규 앨범을 제공한 것은 사은품 제공의 좋은 예라고 할 수 있다. 기업의 사은품 제공은 고객 데이터베이스를 구축하고 브랜드 이미지를 높이는 장점이 있으나 지나치게 비싼 사은품을 제공하는 것은 불공정거래로 간주되어 법적인 제한을 받고 있으며, 사은품이 우편으로 제공되는 기간이 길어질 경우, 소비자의 참여가 저하되는 단점이 있을 수 있다.

경품추첨은 현상경품(prizes)과 같이 소비자가 기업이 주관하는 이벤트 또는 캠페인에 참여하거나 공개현상경품(sweepstakes)처럼 제품구매에 상관없이 응모하고 추첨 등을 통하여 현금이나 물건을 제공받는 것을 의미한다. 또한 현상경품과 마찬가지로 프로스포츠 경기 중간에 팬 프로모션 차원에서 행해지는 콘테스트는 스포츠산업에 있어 가장 빈번하게 이용되는 판촉 수단이 되며, 소비자의 해당 프로스포츠에 대한 관여도를 높이는 수단으로 활용된다.

고정고객 우대 프로그램(patronage awards)이란 기업이 특정 제품을 구매한 양이나 액수에 비례하여 현금, 제품 혹은 서비스 등으로 보상하는 프로그램을 의미한다. 미국프로농구 NBA의 밀워키 벅스(Milwaukee Bucks)는 'MVP Open Gym', 'MVP Tailgate', 'MVPs at Summer League', 'MVP Autograph Night' 등의 프로그램을 통해 시즌티켓 구매자들을 선수들의 훈련장과 경기 전의 바비큐파티에 초대하는 것을 비롯하여 여름리그에 선수들과 함께 참여할 기회와 선수들의 사인회에 초대하는 등 다양한 서비스를 제공하는 것은 이에 관련된 좋은 예라고 할 수 있다.[4] 스포츠 기업이 행하는 고객우대 프로그램은 고객의 이탈을 방지하여 충성고객으로의 전환을 유도하고 고객 데이터베이스를 구축할 수 있다는 장점이 있으나 구매액이 높은 고객이 반드시 이익이 높은 고객이 아닌 경우도 있으며, 금전적인 혜택의 제공에 치중하는 것은 기업의 수익성을 저하시킬 수 있다.

(3) 판매촉진의 관리

기업의 판매촉진의 수행을 위해서는 판매촉진의 목표와 수단을 선택하고 판촉프로그램의 개발과 예비시험 그리고 결과평가의 단계를 거친다. 예를 들어 스포츠기업이 경쟁제품을 이용하는 고객의 브랜드 전환을 목표로 세웠다면 샘플 제공이나 보상판매가 효과적인 수단이 될 수 있을 것이다. 무엇보다 기업은 표적시장의 특성과 자사의 포지셔닝 전략에 부합하는 판촉 수단을 선택할 필요가 있다. 또한 기업이 판촉 수단으로 보상판매를 선택했다면 할인의 규모, 시기, 기간 그리고 예산 등에 대한 계획을 수립함과 더불어 판매량의 급증을 대비하여 충분한 물량을 확보하는 것도 중요하다. 마지막으로 판촉의 결과를 평가하기 위해서는 구매 전후 시점의 매출액을 조사하는 추적조사(tracking)가 가장 빈번하게 이용된다. 여러 판촉수단이 동시에 사용되었다면 어떤 수단이 더 효과적이었는지에 대한 추적이 쉽지 않을 수 있다.

---

4) http://www.nba.com/bucks/tickets

4
스포츠 제품의 유통

유통(place)이란 기업이 생산한 제품을 최종 구매자에게 전달하는 일련의 과정을 의미한다. 유통과정에 참여하는 모든 조직체 혹은 개인을 '유통경로(distribution channel)'라고 하며 제조업자, 중간상(middlemen), 구매자를 포함한다. 전통적으로 유통경로들은 제품의 촉진, 소비시점까지의 제품보관, 구매자와의 협상을 통한 판매, 생산자에게 주문접수의 전달, 소비 장소까지의 제품운반, 구매자에게 제품정보 제공, 구매자와의 호의적 관계유지, 구매자에게 할부제공 및 생산자에게 자금융통의 기능을 수행한다. 하지만 생산자와 소비자가 일부 유통기능들을 수행하는 경우를 발견할 수 있는데, 이처럼 유통경로에 있어 중간상들을 배제하는 것을 '디스인터미디에이션(disintermediation)'이라고 한다. 실제로 기업 웹사이트를 통하여 제품정보의 제공에서부터 주문접수, 고객관계 유지 등의 전통적 유통채널의 기능을 직접 수행하는 스포츠용품 기업들이 늘어나고 있다. 또한 스포츠센터에서 기존 회원이 새로운 회원을 소개시켜 금전적인 인센티브를 제공받음으로써 소비자가 일부 유통기능을 담당하는 경우를 찾아볼 수 있다.

하지만 인터넷의 발달로 유통경로에 대한 완전한 디스인터미디에이션이 출현할 것이라는 예상과는 달리 여전히 많은 기업들은 기업과 고객 간의 직거래를 나타내는 통합적 유통경로(integrated distribution channel) 유형과 더불어 소매상이 기업과 최종 구매자를 연결하는 1단계 유통과 기업, 도매상, 소매상, 최종 구매자가 연결된 형태를 보이는 2단계 유통, 그리고 제품이 기업, 도매상, 중간도매상, 소매상을 거쳐 최종 소비자에게 전달되는 3단계 유통을 포함하는 독립적 유통경로(independent distribution channel)의 유형을 모두 취하고 있다. 유통경로의 수가 증가할수록 기업의 통제가 어렵고 부담하는 비용이 증가하지만, 제품 생산시점과 소비시점의 시간상 불일치와 생산과 소비 장소상의 불일치 해소 등의 중간상이 제공하는 효용이 이를 상쇄한다.

기업들이 통합적·독립적 유통경로를 함께 보유하는 혼합적인 유통경로를 사용하는 근본적인 이유는 기존 유통업자들과의 관계정리 어려움과 더불어 직접 만져보고 구매하기를 원하는 소비자가 존재하고 기존의 중간상들이 기업이나 소비자보다 유통기능을 더 효율적으로 수행할 수 있기 때문이다. 실제로 스포츠기업 나이키는 미국과 글로벌 시장에 퍼져 있는 자사 소유의 약 430개의 나이키타운(Niketown), 나이키 팩토리 스토어(Nike Factory Store) 등을 통한 통합적 유통경로와 풋락커(Foot Locker), ABC마트 등의 독립적 유통경로를 포함하는 복수경로 마케팅 시스템(multichannel marketing system) 전략을 구축하고 있을 뿐만 아니라 자사 홈페이지 nike.com을 통해 제품촉진과 주문접수를 담당하고 배달과 반송은 물류운송업체인 UPS가 전담하도록 하는 하이브리드 마케팅 시스템(hybrid marketing system) 전략을 취하고 있다.

한편 기업들은 독립적 유통경로와 통합적 유통경로의 장단점을 보완하여 유통경로들을 효율적으로 관리하기 위한 새로운 유통구조들을 도입하기 시작하였다. 특히 수직적 마케팅 시스템(vertical marketing system: VMS)은 경로 구성원들에 있어 더 큰 파워를 지닌 구성원이 다른 경로구성원들의 활동을 통제하고 조정하도록 하는 유통구조인데, 기업형 VMS, 계약형 VMS, 관리형 VMS로 구성되어 있다. 먼저 기업형(corporate) VMS는 유통경로를 소유한 기업이 경로 구성원들을 효과적으로 관리할 수 있는 유통구조를 의미한다. 또한 관리형(administered) VMS는 제품의 판매과정에서 시장지배력에 의해 선도적 위치를 가진 기업이 다른 구성원들의 활동을 통제하고 관리하는 유통구조로서, 삼성기업과 관련 유통경로들의 관계를 생각해보면 쉽게 이해될 수 있다. 마찬가지로 계약형(contractual) VMS는 프랜차이즈 본점과 가맹점의 관계로 대변될 수 있는데, 경로구성원들 간의 계약에 의해 서로의 활동을 통제하고 조정하는 구조를 가진다.

1) 유형 스포츠 제품의 유통

유형 스포츠 제품을 생산하는 기업은 통합적 유통경로와 독립적 유통경로를 모두 사용하고 있다. 특히 시장경쟁 환경에 있어서 유형제품을 생산하는 스포츠기업이 취하고 있는 유통전략은 기업이 도매상과 소매상을 비롯한 유통경로보다 파워가 있는 경우, 잠재적 유통경로의 판매능력, 대금결제 능력, 경영능력, 협력 정도를 고려하는 선택적 유통경로(selective distribution) 정책을 통해 유통업자를 선택하고 희망소매가격을 제시하는 관리형 VMS를 취할 수 있다. 앞서 언급된 나이키가 시장지배력을 통해 풋락커, 스포츠 오서리티(Sports Authority), ABC마트 등의 유통경로들을 통제하는 것은 스포츠기업이 행하는 관리형 VMS의 좋은 예라 할 수 있다. 한편 스포츠기업들은 유통경로를 소유하는 통합적 유통경로를 의미하는 기업형 VMS의 형태를 취하기도 한다. 예를 들어 앞서 언급한 나이키사가 나이키타운과 나이키 팩토리 스토어를 직접 운영하는 것은 스포츠기업이 취하는 기업형 VMS

의 좋은 예라 할 수 있다.

2) 서비스 스포츠 제품의 유통

　　서비스 스포츠 제품에 있어 유통은 스포츠 경기가 소비되는 경기장과 스포츠센터 그리고 경기가 동영상 혹은 음성 등으로 변환되어 소비되는 TV, 라디오 등을 통한 유통을 포함한다. 경기관람권, 스폰서십, TV중계권, 경기장 내 스카이박스 등의 스포츠 경기 제품의 경우, 스포츠팀은 인터넷과 마케팅직원을 통한 통합적 유통경로와 티켓판매 대행사, 마케팅 대행사 등을 이용한 독립적 유통경로 모두를 포함하는 혼합적 유통경로를 취하고 있으며, 시장지배력을 토대로 이들 경기티켓 판매대행사 혹은 마케팅 대행사에 대해 관리형 VMS의 정책을 펼치는 것이 일반적이다. 특히 스포츠팀은 TV방송중계권과 스폰서십 등의 관련 제품을 판매하는 중간상을 선택하는 데 있어 높은 시장지배력을 바탕으로 마케팅 대행사의 마케팅 능력, 판매능력, 스포츠팀과의 협력 정도, 인적 네트워크 등의 요소들을 고려하는 전속적 유통(exclusive distribution)전략을 취한다. 한편 미국 프로야구 MLB 리그의 자회사인 MLBP(Major League Baseball Property)는 통합적 유통경로로서 TV방송중계료 판매를 전담하는 기업형 VMS을 구축하는 경우도 존재한다.

　　관람스포츠 제품과 마찬가지로 생산과 소비가 동시에 일어나는 서비스 제품의 특성이 두드러지는 스포츠센터 등의 참여스포츠 제품의 경우는 소비자가 스포츠센터 시설에 직접 방문하여 회원권을 구매하는 통합적 유통경로를 통해 판매되는 기업형 VMS의 형태를 나타낸다. 또한 사업이 확장되는 경우에는 계약형 VMS의 하위 형태로서 흔히 체인점이라 불리는 프랜차이즈 조직(franchise organization)

을 이용한 유통전략을 취할 수 있다. 본부(franchisor) 역할을 하는 모(母)스포츠센터는 입지, 자금능력, 사업주의 사업의욕 등을 고려한 선택적 유통전략을 통해 선별된 스포츠센터 가맹점(franchisee)에 대해 브랜드명, 로고, 강습프로그램, 부대서비스, 시설관리 및 경영의 노하우 등을 제공하는 대가로 계약금이나 로열티(royalty) 등의 수익을 창출할 수 있다.

5
제품수명주기와 4Ps

　　많은 제품이 시장에 출시되고 있으나 소비자의 욕구와 기호가 변하거나 경쟁사의 더 나은 제품의 출시, 대체품 출현 등 시장환경이 변화됨에 따라 대부분의 제품은 흔적 없이 사라지고 있다. 1990년대 초반 롯데에서 출시한 스포츠 이온음료인 '마하세븐'이나 해태의 '이오니카' 등이 좋은 예라고 할 수 있다. 이처럼 특정 제품이 시장에 도입되어 폐기되기까지의 과정을 '제품수명주기(product life cycle: PLC)'라고 하며 도입기, 성장기, 성숙기, 쇠퇴기의 4단계로 이루어져 있다. 시간의 흐름과 매출에 근거한 제품수명주기의 형태는 제품마다 다양할 수 있으나 일반적으로 S자 형태를 띠며, 기업은 매출확대와 수익성 확보를 위해 자사 제품의 제품수명주기에 따라 마케팅전략을 달리할 필요가 있다.

1) 도입기

　　도입기(introduction stage)는 제품이 시장에 출시되는 단계로서 소비자의 제품에 대한 인지도나 수용도가 낮으며 판매성장률도 매우 낮다. 제품이 도입기에 있을 때는 소매점을 통한 유통을 확보하기 위한 높은 촉진비용, 광고, 판촉 등의 마케팅비용이 매출보다 상대적으로 높아 손실을 보거나 이익이 매우 낮은 것이 특징이다. 먼저 도입기의 가격전략은 초기고가전략(skimming pricing)과 시장침투 가격전략(penetration pricing)이 제시될 수 있다. 기업은 제품개발비용의 빠른 회수와 성장에 필요한 막대한 촉진비용을 지원하기 위해 원가에 일정 마진을 더한 초기고가전략을 펼칠 수 있는데, 나이키가 상표확장을 통해 나이키골프(Nike Golf)를 출시하면서 실행한 가격전략은 초기고가전략의 좋은 사례라고 할 수 있다. 이는 나이키 브랜드가 지니는 강력한 브랜드파워를 토대로 실행되었다. 결과적으로 나이키골프는 미국 내 골프화 시장과 골프의류 시장에서 선도브랜드로 자리 잡고 있다. 이러한 초기고가전략은 구매력을 갖춘 소비자집단을 목표고객으로 하여 고가정책을 펼치다가 시장에서의 경쟁적 지위가 약화되면 저가정책으로 전환할 수 있는 전략으로서 제품의 고급이미지 형성 및 제품개발에 대한 투자금회수의 용이함과 유통채널에게 충분한 이윤보장을 통해 판매의욕을 자극하는 장점이 있으나, 상대적으로 가격이 낮은 경쟁제품의 조기출현과 시장침투 속도가 느린 단점이 있다.

　　또한 기업은 도입기에 있어 낮은 가격으로 빠른 시장침투를 노리는 가격정책인 시장침투 가격전략을 펼칠 수 있다. 빠른 시장점유율 확보와 경쟁제품의 시장진입을 막는 장점이 있으나 제품개발비용의 회수가 더디고, 추후 가격인상 요인이 발생해도 가격인상의 어려움이 있을 수 있다. 따라서 도입기에는 주로 구매력이 높은 고소득층이나 신제품에 대한 수용력이 높은 혁신층과 주변인들에게 구전(word-of-mouth) 영향력이 높은 의견선도층(opinion leader)을 목표시장으로 선정해 마케팅커뮤니케이션을 펼친다.

한편 도입기 단계에서는 시장 내 경쟁자가 소수에 불과하기 때문에 기업은 기본적 기능을 제공하는 제품을 생산하고, 촉진활동은 소비자들에게 신제품의 존재를 알리고 제품의 기능 및 사용방법, 제품 사용에 따른 기대되는 혜택 등에 관한 정보를 제공하는 광고전략을 펼치는 것이 바람직하다. 광고는 전단형태의 광고매체가 효과적이며, 판매촉진 도구로는 샘플링, 쿠폰 등이 많이 사용된다. 또한 유통경로 정책으로서 고급이미지를 구축하기 위해서는 전문점이나 대형백화점으로 제한하는 것이 필요하나, 제품에 대한 접근성과 시장노출을 통해 제품의 인지도를 높이는 유통의 효율성 측면에서 가능한 많은 소매상들로 하여금 제품을 취급하도록 하는 집약적 유통(intensive distribution)전략도 고려할 수 있다. 무엇보다 도입기 단계에서 기업은 다음 단계에서 시장선도력을 확보하기 위해 자사의 제품 포지셔닝에 부합한 마케팅전략을 개발할 필요가 있다.

2) 성장기

성장기(growth stage)는 제품이 목표시장의 혁신수용자(innovators)와 초기수용자(early adopters)에게 호평을 받아 시장에 정착되는 단계로서 매출이 급격하게 증가하는 단계이다. 대규모 생산과 이익이 높아 새로운 경쟁자들의 유사품(me-too product)이나 향상된 제품이 시장에 진출하고 유통경로가 증가함에 따라 기업의 매출과 시장의 규모는 급속도로 확대된다. 가격은 기존 수준을 유지하거나 수요가 급격히 증가함에 따라 약간 떨어지기도 하지만 경험곡선(experience curve)효과에 의한 제품 단위당 제조원가의 하락이 가격하락을 앞지르기 때문에 이익이 발생하기 시작한다. 또한 경쟁제품의 출현에 대비하고 지속적인 소비자 교육을 위해 도입기와 동일하거나 약간 높은 수준의 촉진비용을 지출하는 것이 특징이다.

기업의 입장에서 제품이 성장기에 진입하게 되면 가능한 한 시장성장이 지속되어야 한다. 이를 위해 새로운 표적시장을 개발하고 제품의 품질향상과 더불어 기존 제품에 새로운 특성이나 개선된 디자인을 추가하거나 새로운 모델을 출시하여 경쟁제품의 출현에 대응하는 차별화전략이 요구된다. 동아오츠카가 거부감을 줄 수 있는 소금 맛을 보완해 자사의 이온음료인 포카리스웨트의 매출을 성장시킨 경우가 이에 해당된다. 또한, 급속하게 시장이 확대됨에 따라 가격에 민감한 고객층을 끌어들이기 위해 적절한 시기에 저가격정책으로 전환하여 시장점유율을 높이거나 기존의 가격을 그대로 유지함으로써 높은 이익을 실현할 수 있다. 판매촉진비는 도입기와 동일하거나 약간 높은 수준으로 설정할 수 있으며, 쿠폰, 샘플링, 머니리펀(money-refund), 구전(word-of-mouth) 등이 유용한 촉진도구가 될 수 있다. 광고에서도 제품인지를 위한 정보제공형 광고에서 경쟁제품 혹은 대체품과 비교하여 자사 제품의 차별화된 특성, 품질, 혜택 등을 강조하는 제품선호형 광고로의 전환과 더불어 판매점과 같은 유통경로에서는 자사 제품과 경쟁제품을 동시에 판매하게 되므로 구매시점광고(point of purchase advertisement)의 강화가 요구된다. 한편 성장기 단계에서는 시장이 급격히 팽창되므로 가능한 한 많은 유통경로를 확보하는 것이 중요하다. 하지만 기업은 가격인하, 제품개선, 촉진, 유통경로 개발 구축에 많은 비용을 투자하여 시장점유율을 높이는 시장확대전략을 추구함으로써 시장 내 경쟁적 지위는 강화할 수 있으나 단기적으로 추가적 비용부담에 따른 높은 이익의 실현을 포기해야 한다. 따라서 기업은 높은 시장점유율과 높은 당기순이익 중에서 한 가지를 선택해야 한다.

3) 성숙기

성숙기에는 초기수용자들을 따라 제품을 구매하려는 소비자가 늘어나게 되어 기업의 전체 매출량은 증가하지만 매출성장률이 둔화되기 시작하는 시점으로 도입기 및 성장기보다는 오랜 시간 지속되는 특징을 나타낸다. 또한 도입기와 성장기를 거치면서 제품에 대한 수요증가로 인한 공장 및 설비의 확장과 더불어 누적생산량의 증가를 바탕으로 규모의 경제와 경험곡선을 실현할 수 있으므로 제조비용은 감소하여 가장 높은 매출을 기록한다. 이후 시장 내 많은 경쟁기업들의 출현으로 공급이 수요를 초과하는 과잉공급력은 경쟁을 심화시키는데, 기업은 가격을 인하하고 유통망 확대와 광고 및 판촉비용을 높이는 공격적 마케팅과 제품 차별화를 위한 연구개발에 대한 투자가 증가하여 실질적인 기업의 이익은 감소하게 된다. 특히 시장 내 과도한 경쟁으로 인해 취약한 업체들이 사라지게 되어 경쟁적 우위를 확보한 기업만이 살아남거나 틈새시장을 공략하는 기업이 출현하게 된다.

시장 내 수요와 공급이 포화상태를 나타내는 성숙기에서 기업은 자사 제품의 매출을 확대하기 위해 경품이나 콘테스트 같은 다양한 판촉활동을 통해 새로운 세분시장을 공략하거나, 가격인하와 할부판매제도 등을 제공하여 표적고객집단 내 비사용자들의 구매를 유도하거나, 인센티브제도, 할인쿠폰 제공 등을 통해 기존 고객의 사용빈도를 증가시킬 수 있다. 또한 기업은 제품의 내구성, 기능 등의 품질을 개선하거나, 편의성·안정성·유용성 등의 제품특성을 개선·추가하거나 스타일 또는 디자인 수정 등을 통해 신규고객을 유치하고 기존 고객의 구매빈도를 높일 수 있다. 게토레이가 자사 스포츠 이온음료의 다양한 맛을 선보임으로써 단순한 이온음료 맛에 식상한 기존 소비자의 구매를 촉진하고자 시도한 것은 이러한 좋은 예라고 할 수 있다.

하지만 시장 내 다양한 제품을 공급하는 다수의 경쟁자가 존재하기 때문에 제품 차별화의 기회가 제한될 수 있으므로 경쟁제품과 대비되는 사소한 제품속성을 강조하거나 소비자에게 심리적으로 어필할 수 있는 브랜드 이미지에 대한 차별화 모색이 대안으로 제시될 수 있다. 특히 제한된 시장규모에서 자사의 매출을 높이기 위해 경쟁제품의 소비자를 자사 제품으로의 전환을 모색하는 경우, 기업은 자사제품과 경쟁제품의 비교광고를 효과적으로 활용할 수 있다.

4) 쇠퇴기

우수한 대체재의 출현, 소비자의 욕구변화, 시장수요의 포화, 경쟁의 심화 등과 같은 환경요인들이 변화함에 따라 대다수의 제품은 판매량이 감소하는 쇠퇴기(decline stage)를 경험하게 되며, 많은 기업들은 시장에서 철수하거나 시장에 남아있는 기업들도 경쟁력이 없는 제품을 제거하여 제품의 수를 축소시킨다. 또한 상대적으로 시장규모가 작은 세분시장과 판매가 저조한 중간상 등의 유통경로는 퇴출될 뿐만 아니라 촉진예산도 충성고객을 유지하는 수준으로 감소하게 되고 가격인하도 지속적으로 이루어진다.

기업은 쇠퇴기에 접어든 제품에 대해 생산을 중단하는 폐기전략을 펼치거나, 제품을 계속 생산함과 더불어 기존의 마케팅활동 수준을 유지하는 유지전략을 실행하거나, 제품의 생산을 통해 수익성이 높은 유리한 세분시장에 집중하는 집중전략을 전개하거나, 제품생산은 유지하지만 마케팅비용에 대한 지속적인 축소를 통한 수익성을 극대화하는 회수전략을 펼칠 수 있다. 특히 기업이 시장 내 경쟁력이 없는 취약한 제품을 보유하는 것은 기업 이미지에 부정적인 영향을 초래할 수 있으며, 해당 제품에 투입되는 인건비 · 광고비 등의 비용은 수익성이 높은 다른 제품에 투자하는 것보다 비효율적일 수 있으므로 기업은 쇠퇴기에 접어든 제품의 판매량, 비용, 이익 등을 고려하여 적절한 의사결정을 내리는 것이 요구된다.

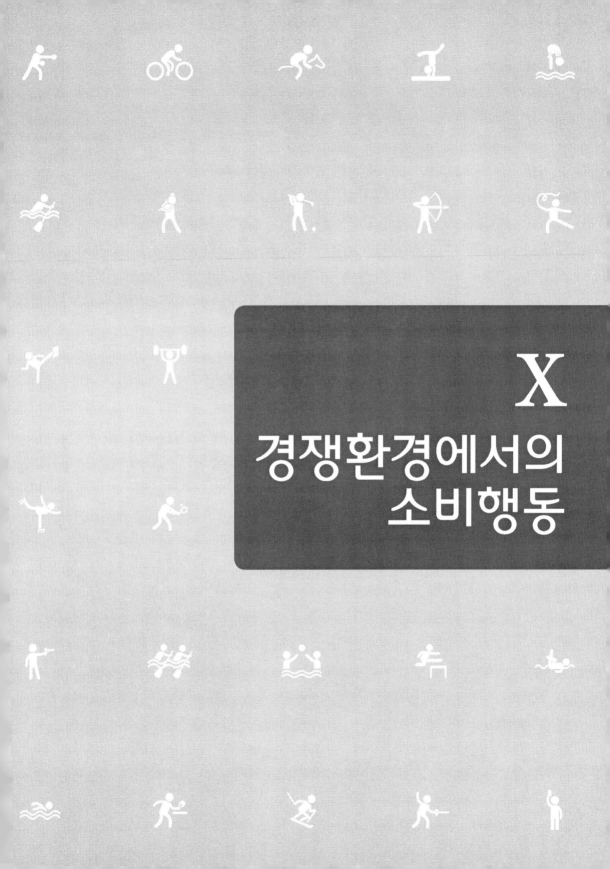

X
경쟁환경에서의
소비행동

오늘날 미디어 및 정보기술의 발달은 소비자로 하여금 특정 제품 혹은 서비스의 구매에 있어 정보탐색과 대안평가를 용이하게 하였으며, 이를 통해 해당 제품에 대한 전문가 수준의 지식을 보유한 이른바 스마트 컨슈머를 양산하였다. 또한 기업들은 이들 지혜로운 소비자의 복잡하고 다원화된 욕구와 니즈를 충족시킬 수 있는 제품을 생산할 뿐만 아니라 지속적으로 기능적·상징적 가치의 개발을 통해 이들 전문가 소비자집단의 욕구를 변화시켜 새로운 시장을 창조하는 다각적인 노력을 해오고 있다. 결과적으로 오늘날의 기업이 직면한 시장경쟁 환경에 있어 소비자의 다양한 욕구와 니즈를 새롭게 창출하고 충족시키기 위해서는 이들의 소비행동을 분석 및 파악하는 것이 요구된다.

스포츠산업에 있어 소비의 개념은 스포츠 소비자가 복잡하고 다원화되어 있는 스스로의 욕구와 니즈를 충족시키는 재화와 서비스를 구매 혹은 이용하기 위해 교환가치를 지불하는 경제적 활동으로 해석될 수 있다. 더욱이 광의적 개념의 스포츠 소비는 상업적 시설뿐만 아니라 주민센터나 구청 등의 지방자치단체가 운영하는 스포츠시설에서 제공되는 스포츠교실 같은 비상업적 스포츠 서비스도 일정 부분 참여자 개인의 부담을 전제로 하기 때문에 스포츠 소비에 포함된다. 결과적으로 스포츠 소비자는 스포츠 소비를 행하는 주체로서 스포츠와 관련된 재화나 서비스를 구매 혹은 이용하는 개인 또는 조직이라 정의할 수 있으며, 오늘날의 경쟁시장 환경에서의 스포츠 소비자는 자신들의 욕구 충족을 위해 제품 혹은 서비스에 대한 정보를 탐색하고 구입하는 과정에 이르기까지 여러 단계를 거치게 된다.[1] 이 장에서는 이러한 스포츠 소비자의 구매결정 과정과 현대 소비자가 지니고 있는 중요한 특성으로서 소비자 충성도와 관여도에 대해 살펴보고자 한다.

---

1) 백우열(2013). 스포츠 산업론. 충남: 남서울대학교 출판국.

1
소비자 구매결정 과정

　　스포츠산업에는 스포츠팬, 미디어회사, 기업 등의 다양한 스포츠 소비자집
단이 존재하고 있다. 기업의 관점에서 이들 스포츠 소비자는 교환가치와 이용가치
를 지닌 제품 및 서비스를 제공함으로써 수익을 창출하는 이른바 기업의 경제적
가치실현에 있어 핵심적인 대상이 된다. 하지만 블랙박스 이론에 의하면 소비자
를 유인하기 위해 다양한 촉진방법이 동원되어도 명쾌하게 나타나는 것은 궁극적
인 소비자의 구매행위뿐이며, 대부분의 경우 소비자의 구매의사결정 과정은 블랙
박스와 같아서 마케터가 투명하게 들여다볼 수 없다고 주장한다.[2] 이에 반하여, 외
부적 자극에 대해 소비자가 일관되고 규명될 수 있는 특정한 반응을 나타내는 S-R
모델에 의하면, 소비자는 기업의 마케팅 자극 같은 다양한 외부자극에 대해 관심
을 가지게 되며, 인지적인 처리과정을 통해 궁극적인 소비자 행동으로 여러 가지
형태자극에 반응한다. 따라서 기업의 입장에서 이들 소비자집단의 다양한 욕구변
화를 정확하게 예측하기 위해서는 이들 소비자의 구매를 결정하는 과정과 특성을

---

2)　Sandage, C. H. (1983). Advertising Theory and Practice. Homwood, IL: Richard D. Irwin Inc.

분석하는 것이 필요할 것이다.

일반적인 구매의사결정 과정에 있어 스포츠 소비자는 욕구인식, 정보탐색, 대안평가, 구매결정, 구매 후 평가의 5단계를 거치며,[3] 이러한 의사결정의 과정에 영향을 주는 여러 내적·외적 요인을 비롯해 마케팅믹스 영향요인이 존재하는 것으로 보인다.[4] 먼저, 내적 요인으로는 소비자의 환경으로부터 오는 외부자극에 대한 해석과 최종구매결정에 영향을 미치는 지각, 동기, 학습, 신념과 태도, 개성과 자기개념(self-concept) 등으로 구성된 심리적 요인을 포함한다. 이와 더불어 외적 요인으로는 소비자가 자신을 위해 차별화된 제품 혹은 서비스를 선택하는 데 영향을 미치는 연령, 성별, 가족생활주기, 라이프스타일 등의 개인적 요인과 문화, 사회계층, 준거집단, 가족 등을 포함하는 사회문화적 요인, 제품을 평가하고 선택하는 데 영향을 미치는 소비자 무드, 그리고 쇼핑환경, 시간 등을 포함하는 상황요인이 포함된다. 마지막으로 욕구환기의 단계에서 구매 후 행동의 단계에 있어 가장 광범위하게 영향을 미치는 요인으로서 마케팅믹스 요인이 제시되고 있다.

지각은 개인이 오감을 통하여 매일의 삶 속에서 능동적 혹은 수동적으로 외부의 자극을 수용하고 체계적인 해석을 통해 개인의 심상에 저장하는 일련의 과정을 의미한다. 일반적으로 외부환경으로부터 전달된 정보는 개인의 신념, 태도 등에 의해 선택적으로 왜곡되거나 수용 및 저장될 수 있다. 또한, 태도는 소비자가 학습과 행동을 통해 특정한 대상, 즉 제품이나 서비스에 대해 획득하고 형성하는 지식과 감정에 관한 것으로, 특정 대상에 대해 일정 기간에 걸친 평가, 호의적 혹은 비호의적 감정 및 행동경향을 의미한다. 한편 동기는 소비자가 목적 달성을 위해 예상되는 특정 행동을 취하도록 유도하는 심리적 결단의 상태를 의미한다. 자아개념(self-concept)은 소비자의 의식과 무의식에 내재된 인성과 행동에 결정적인 영향을

---

3) Hwakins, D. I., Best, R. J. & Coney, K. A. (1992). Consumer behavior: Implications for marketing strategy (5th ed). Homewood, IL: Irwin.

4) 박종오·권오영·편해수(2012). 마케팅. 서울: 도서출판 북넷.

미치는 요인을 의미하며 자신에 대한 인식이나 평가를 의미한다. 학습은 경험, 통찰력, 광고 등의 외부 자극에 의해 기존의 태도나 신념을 바꾸어가는 과정으로 정의될 수 있다.

마찬가지로 소비자의 구매결정 과정에 영향을 미치는 외적 하위요인인 라이프스타일은 소비자의 행동에 있어서 상징적으로 발현되며 소비자의 내재된 가치와 태도, 자아를 포함한 복합적인 개념으로 이해할 수 있다. 사회계층은 직업, 소득, 교육의 정도 등이 유사한 집단을 규정하는 기준으로서 이들 집단들에 있어 유사한 소비형태를 나타낸다. 문화란 장시간 동안 학습을 통해 얻어지고 사회 구성원에 의해 공유되는 가치, 철학, 신념 혹은 관습을 포함하는 총체적인 의미이다. 준거집단은 소비자의 행동과 태도에 영향을 미치는 개인이나 집단으로서 개인이 일상의 삶 속에서 직간접적으로 상호작용하는 가족, 친구, 친지, 사교집단 구성원, 직장동료, 전문가 집단을 포함한다. 또한 가족생활주기는 개인의 연령, 결혼 유무, 자녀 유무 등을 고려한 개인 삶을 일련의 단계를 의미하며, 미혼단계, 신혼, 자녀가 있는 젊은 부부, 자녀가 있는 장년부부, 부양자녀가 없는 장년부부, 노년부부, 노년독신의 단계로 구성되어 있으나, 가족구성의 변화로 인해 이혼 유무 등을 고려한 단계를 추가적으로 고려하는 추세이다.

1) 욕구환기

소비자가 특정 대상 혹은 제품에 대한 결핍, 즉 욕구를 인식하는 것은 소비자 구매결정 과정에 있어 첫 단계로서 욕구환기(desire recognition)로 정의될 수 있다. 일반적으로 욕구란 인간이 추구하는 내적 심리상태와 현재 처한 외적 상황 간의 차이에서 기인하는 불균형을 의미하는 것으로서 우리 인간은 이러한 불균형에서 발생하는 심리적 압박을 해소하기 위해 노력하는 존재라고 할 수 있다. 스포츠 소비의 관점에서 스포츠 소비자는 내적 결핍, 즉 특정 제품 혹은 서비스를 구매하고 경험하고자 하는 내적 욕구를 인식하게 되면 해당 제품 혹은 서비스를 구매함으로써 취해지는 심리적 편익들을 통해 이러한 내적 갈등을 해소하게 된다. 또한 스포츠 소비자가 인식하는 욕구는 실용적 욕구(utilitarian needs)와 경험적 욕구(experiential needs)로 구성되어 있다.[5] 예를 들어 스포츠 소비자가 아침 조깅에 신고 나갈 새로운 러닝화를 구매하고자 하는 욕구를 인식한다고 가정할 때, 이러한 욕구가 새로운 러닝화의 쿠션을 통해 발의 편안함이라는 기능적 편익을 추구하는 경우에는 실용적 욕구로 정의될 수 있으며, 이와는 반대로 새로운 러닝화를 구매함으로써 자신이 속한 조깅 동호회에서의 소속감의 고취라는 상징적인 편익을 얻고자 하는 경우에는 경험적 욕구로 정의될 수 있다.

또한 스포츠 소비자가 자신의 내적 결핍상태를 인지하는 경로는 다양하게 제시될 수 있다. 소비자 개인의 자각에서 기인하는 욕구, 기업의 마케팅 자극에 의한 욕구, 오피니언 리더를 포함한 제3자에 의한 욕구, 사용하고 있는 제품의 소모 혹은 고장에 의한 욕구를 포함한다. 소비자 개인의 자각에 의한 욕구는 본원적 욕구로서 해석될 수 있다. 예를 들어 격렬한 신체활동 후에 느끼는 갈증을 느낌으로써 빠른 수분 공급을 위해 물 대신 이온음료를 마시고 싶은 욕구가 될 수 있다. 또한 기업의 마케팅 자극에 의한 욕구는 소비자가 일상생활을 영위하는 중에 TV, 라디오, 잡지, 신문, 인터넷, 전단지, 상품 카탈로그를 매개로 하는 광고에 의해 발현된 욕구를 의미한다. 제3자에 의한 욕구는 소비자가 좋아하는 스포츠 스타나 자신에게 영향력을 미치는 지인에 의한 것으로서 이들이 착용하거나 이용하는 제품에 영향을 받아 발현되는 욕구로 해석될 수 있다. 뿐만 아니라 제품의 소모 혹은 고장

---

5) 김용만·박세혁·전호문(2009). 스포츠마케팅. 경기: 학현사.

에 의한 욕구는 스포츠 소비자가 아침 조깅에 착용하는 러닝화의 쿠션기능이 저하되어 새로운 러닝화에 대한 구입욕구가 일어나는 것을 의미한다.

　　마지막으로 욕구환기의 단계에서는 소비자가 내적 혹은 외적 자극으로부터 전달된 모든 정보에 대한 인지적인 반응을 통해 내적 결핍과 추구하고자 하는 이상 간의 괴리를 해결하고자 하는 욕구는 동기로 전환된다. 여기서 동기란 스포츠 소비자의 스포츠용품 구매 같은 내적 결핍을 채우려는 특정의 행동을 이끄는 계기가 되고, 스포츠 소비자의 욕구가 동기로 전환되는 것을 동기부여로 정의할 수 있다. 특히, 스포츠 소비자에게 나타나는 동기부여는 욕구환기의 단계에 있어 가장 두드러지는 특징으로서 스포츠 소비자가 현실에서 자신이 기대하는 이상적인 상태에 대한 욕구가 발현되면 소비자는 자신의 내적 결핍을 채우기 위해 제품구매와 같이 특정의 행동을 일으키기 위한 명분으로 작용한다. 다시 말해, 스포츠 소비자가 특정 스포츠 제품에 대한 욕구가 발생하면 동기에 따라 구매행동이 유발되고 해당 제품의 구매라는 목적이 달성되어 추구하는 편익을 통해 내적 결핍을 충족시킴으로써 본인의 욕구가 해소될 것이라는 믿음을 동기부여라고 할 수 있다.

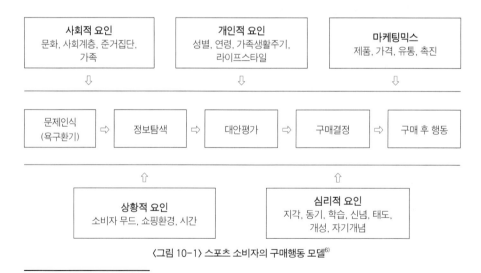

〈그림 10-1〉 스포츠 소비자의 구매행동 모델[6]

6)　박종오·권오영·편해수(2012). 마케팅. 서울: 도서출판 북넷.

2) 정보탐색

　　스포츠 소비자는 스포츠용품의 구입이라는 욕구환기의 단계를 거치면 해당 스포츠용품의 특성(가격, 품질, 기능, 디자인 등)에 관한 정보를 수집하는 정보탐색(information search) 과정을 경험하게 된다. 정보탐색은 궁극적인 구매행위를 통해 소비자의 욕구를 충족시키기 위해 최대한 많은 정보를 수집하고자 탐색하는 과정이다. 예를 들어 러닝화에 대한 정보탐색에 있어 소비자는 스포츠 러닝화에 관한 일반적인 자료(해당 제품의 광고물), 특수한 자료(소비자 리포트 등), 대체품(트래킹화)의 존재 유무 및 장단점, 속성(가격, 쿠션, 디자인, 브랜드 이미지, 내구성)에 관한 정보를 획득하게 된다.

　　물론 스포츠 제품이나 스포츠 강습프로그램과 관련한 제품 및 서비스 정보는 내적 탐색과 외적 탐색에 의해 이루어진다.[7] 먼저 소비자는 특정 제품에 대한 정보탐색을 위해 자신의 기억 속에 있는 정보들을 탐색하는 내적 탐색(internal search)을 시작한다. 이는 특정 제품에 대한 이전 사용경험 혹은 능동적이거나 수동적인 제품에 대한 광고노출 등에 의해 소비자의 기억 속에 축적되어 있는 사전정보를 끄집어내는 정신적 활동으로 볼 수 있다. 예를 들어 일주일 전 친구가 러닝화를 구매하는 데 따라갔을 때 친구가 여러 신발을 신어보는 것을 간접적으로 경험했다면, 이러한 정보는 기억 속에 저장되어 '신발들의 쿠션은 어땠는지', '디자인은 유행을 선도하는 것인지', '가격은 어땠는지', '다른 손님들의 평가는 어떠했는지' 같은 기억을 회상하여 떠올릴 수 있다.

　　또한 소비자의 기억 등 내적 탐색을 통한 정보의 획득이 불충분한 것으로 인식하거나 현재 획득한 정보에 만족하지 못할 경우, 외적 탐색(external search)을 하게 된다. 외적 탐색은 소비자가 능동적으로 외부의 정보원천을 통해 시간과 노력을 투자함으로써 정보를 탐색하는 것을 의미한다. 이때 정보원천은 개인적 원천

---

7)　김용만 · 박세혁 · 전호문(2009). 스포츠마케팅. 경기: 학현사.

(personal sources), 상업적 원천(commercial sources), 중립적 원천(neutral sources), 경험적 원천(experiential sources)을 포함한다. 먼저 개인적 원천은 가족, 친구, 이웃, 직장동료 등을 포함하는데 비교적 신뢰성이 높은 정보에 대한 수집이 용이하고 정보수집의 비용이 작게 든다는 장점이 있다. 상업적 원천은 스포츠기업이 자사의 제품 혹은 서비스를 알릴 목적으로 행해진 마케팅 커뮤니케이션을 통해 제공되는 광고, 제품의 포장, 매장의 제품진열, 매장의 판매원, 판촉물, 팸플릿 등을 포함하며 적은 비용 및 시간으로 정보수집이 용이하나 신뢰성이 떨어지는 단점이 있다. 중립적 원천은 정부기관에서 발행하는 보고서, 신문, 잡지, 방송뉴스, 소비자 관련 보고서 등을 포함하며, 신뢰성이 높은 것으로 평가된다. 마지막으로 경험적 원천은 스포츠 소비자가 직접 매장에 가서 스포츠 신발을 신어보고 직접 사용하는 경험을 통해 제품 정보를 수집하는 것을 의미하며, 구매 후 만족도를 높일 수 있는 가장 확실한 방법이기도 하다. 결과적으로 소비자의 정보탐색은 제품구매와 관련된 소비자 개인의 지각된 위험이 높을수록 정보탐색의 정도가 많아지고 정보탐색에 드는 노력도 많아지는 것으로 알려지고 있다.[8]

(1) 정보탐색 영향요인

외적 탐색을 실행할 때, 소비자의 정보탐색 정도에 영향을 미치는 요인은 다음과 같다.

- 욕구의 강도
- 상품에 대한 관심, 지식, 사전경험의 정도

---

[8] 박종오 · 권오영 · 편해수(2012). 마케팅. 서울: 도서출판 북넷.

- 상품구입과 관련된 지각된 위험의 정도
- 상품에 관해 기억하고 있는 정보의 양
- 정보획득의 용이성과 정보의 가치
- 정보탐색에 드는 시간과 노력의 정도
- 상품의 특성(가격이나 기능 등의 상품간의 차별화의 정도)
- 정보탐색에 소요되는 비용

(2) 상품구입에 대한 인지리스크

해당 제품군의 정보탐색 과정에 있어 스포츠 소비자는 제품의 대안들을 평가를 돕기 위해 상품구입에 대한 인지리스크에 관련된 정보를 수집하게 된다. 이러한 상품구입에 대한 인지리스크는 다음과 같이 구성되어 있다.[9]

- **기능적 리스크**: 대안으로 제시되는 제품의 기능적 품질이 실제로 기대되는 기능을 수행하지 못할 수도 있다는 위험을 고려함
- **경제적 리스크**: 구매한 제품이 기대한 만큼의 교환가치를 지니지 못하는 위험을 고려함
- **신체적 리스크**: 특정 제품을 구입하여 이용하는 데 수반할 수도 있는 신체적 유해성을 고려함
- **심리적 리스크**: 특정 제품을 구매하여 사용하는 데 있어 수반될 수 있는 개인 이미지 손상 등의 정신적 압박을 고려함
- **사회적 리스크**: 특정 제품을 구매하여 사용하는 데 있어 동반될 수 있는 동료

---

9) Philip, K. & Keller, K. L. (2011). 마케팅관리론. 서울: 도서출판 석정.

집단으로부터의 외면 혹은 제3자로부터의 부정적 평가 같은 사회적 위험을 고려함

- 시간적 리스크: 특정 제품의 구매가 만족스럽지 못할 때, 다른 대안제품을 구매하기 위해 소비되어야 하는 과도한 시간낭비 등의 기회비용에 대한 위험성을 고려함

3) 대안평가

소비자가 정보탐색을 통해 획득한 소수의 스포츠용품들을 평가하는 기준으로 제시된 제품특성에 따라 비교·검토하여 구매예정 상품을 확정하는 단계를 '대안평가(alternatives evaluation)'라 한다. 대안의 평가단계에서는 먼저 선택대안에 대한 평가를 수행할 수 있도록 제품의 기능적, 상징적, 경제적 그리고 사회적 편익 등과 관련된 평가기준을 설정하게 되며, 설정된 평가기준에 따른 대안들의 평가, 구매하고자 하는 제품을 결정하는 과정을 포함한다. 더욱이 스포츠 소비자 개인은 본인의 가치나 신념을 고려하여 대안평가에 반영한다. 예를 들어 오늘날 무역장벽의 완화와 인터넷을 기반으로 하는 통신의 발달과 함께 글로벌화를 지향하는 소비집단이 등장하게 되었다. 이는 소비자가 지닐 수 있는 가치로서 실제로 글로벌 소비문화를 지닌 소비자는 자국의 브랜드제품보다는 글로벌성이 강조된 브랜드의 제품을 선호하는 경향을 나타낸다. 이러한 글로벌 소비가치를 지닌 소비자는 스포츠 제품의 기능적인 속성이 실제로는 차이가 없을지라도 다국적 기업의 브랜드제품을 구매제품으로 확정하는 성향을 지니고 있다. 다음은 소비자가 스포츠용품에 대한 평가기준으로서 스포츠용품의 구매에 따라 얻어지는 편익들을 제시하고 있다.

(1) 제품구매에 따른 편익의 분류

① 기능적 편익

스포츠용품 같은 재화가 지니고 있는 본래의 기능적 품질에 의해 획득되는 것으로 내구성, 디자인, 쿠션, 등을 의미한다.

② 경제적 편익

경제적 편익은 스포츠용품의 구입이나 사용하는 데 있어 수반될 수 있는 금전적인 효용으로 해석될 수 있으며, 기능적 품질이 뛰어난 제품을 할인을 통해 상대적으로 값싸게 구입하거나 다른 대안제품들보다 높은 가격을 지닌 제품을 구매하더라도 높은 내구성과 뛰어난 디자인을 지니고 있어 동일 제품에 대한 구매 사이클이 길어지고 신규 구매에 드는 비용이 절약되는 경우를 의미한다.

③ 심리적 편익

심리적 편익은 특정 스포츠용품을 구매하여 사용하는 데서 얻을 수 있는 심리적인 효용을 의미하며, 특정 제품을 구매하여 착용함으로써 타인과 구별되는 자신만의 개성을 표출함으로써 자존감이 향상된다거나 자신이 내린 구매결정에 대해 심리적 만족감을 얻는 것과 같은 스포츠 소비자의 심리적 효용을 의미한다.

④ 사회적 편익

스포츠용품의 구입이나 사용에 의해 얻어진 호의적이고 긍정적인 사회적 평가를 의미하며, 최신모델의 스포츠용품을 구입함으로써 특정 사회집단의 구성원으로 받아들여지거나 이를 통해 사회적 위치를 얻는 것을 의미한다.

(2) 다속성 태도모형

또한 스포츠 소비자의 선택대안 평가는 스포츠용품의 기능적, 상징적, 경제적 그리고 사회적 속성에 대한 소비자 개인이 중요시하는 이익의 중요도에 따라 다를 수 있다. 예를 들어 스포츠용품의 소매점을 통해 소비자가 스포츠신발을 구입할 때 중시한 평가기준에 관한 결과를 보면 스포츠신발을 구입할 때 가장 중시한 평가기준은 착용감이었다. 그 외 디자인, 가격, 메이커브랜드, 가벼움의 순으로 나타났다. 따라서 스포츠 소비자는 내적 탐색 혹은 외적 탐색을 통해 선택 대안들을 평가하는 데 있어 제품속성에 근거한 평가기준뿐만 아니라 자신의 가치관이나 신념 등에 근거하여 비교하고 평가하는 것으로 볼 수 있다. 특히 소비자가 특정 제품에 대해 관여도가 높거나 높은 가격대를 형성하고 있어 경제적 리스크가 크므로 제품 자체가 높은 관여도 제품으로 인식되는 경우, 소비자가 인식하는 제품의 속성은 다차원적일 수밖에 없다. 먼저 소비자는 특정 스포츠 제품에 대한 내·외적 정보원천을 통해 속성들에 대해 무엇이 중요하고 어떤 속성들이 덜 중요한지에 대한 신념을 형성하고, 이를 통해 태도를 형성하게 된다. 소비자는 특정 브랜드나 제품에 대한 태도를 형성할 때에는 긍정적이거나 부정적인 태도를 지니게 되며, 이러한 신념과 태도의 상호작용을 근거로 궁극적인 구매행동을 나타낸다. 특히 고관여 제품의 경우, 소비자는 제품의 다차원적인 속성에 관한 중요도를 고려하는 경향성이 높게 나타난다. 〈표 10-1〉은 다양한 경쟁상품이 존재하는 오늘날의 시장환경에서 스포츠화 제품속성의 중요도에 따른 구매결정을 다속성 태도모형(multi-attributes attitude model)을 이용하여 설명하고 있다.

N사의 경우, 브랜드파워에 있어 가장 높은 점수를 받았으며($8 \times .3 = 2.4$), 착용감($7 \times .3 = 2.1$), 디자인($7 \times .2 = 1.4$), 쿠션($9 \times .2 = 1.8$)의 순으로 제시되고 있다. 다속성 태도모형에서 제시하는 N사의 점수를 합하면 7.7점으로, 이는 R사의 6.7점과 A사

<표 10-1> 스포츠화를 위한 다속성 태도모형

속성	디자인	브랜드 파워	착용감	쿠션
속성의 중요도	0.2	0.3	0.3	0.2
N사	7	8	7	9
R사	5	6	7	9
A사	7	7	8	8

의 7.5점보다 높은 수치를 나타내게 되므로 소비자는 N사의 스포츠화 제품속성들에 대해 상대적으로 더 호의적인 태도를 보이고 있는 것으로 해석할 수 있다.

한편 소비자는 수많은 외적 자극을 통해 수동적이든 능동적이든 정보를 접하게 되며, 이러한 정보에 대한 노출은 소비자의 특정 제품 혹은 브랜드에 대한 신념과 태도형성에 직간접적으로 영향을 미친다. 즉, 소비자가 수많은 광고에 노출되고 이러한 기업의 마케팅 자극의 일환인 광고를 통해 해당 내용을 이해함으로써 관련 제품에 대한 긍정적 혹은 부정적 태도를 형성하는 일련의 과정을 정보처리과정이라 할 수 있다. <그림 10-2>에서 설명하는 바와 같이 소비자의 정보처리과정에는 먼저 소비자가 마케팅 자극에 노출되게 된다. 이러한 노출에는 소비자가 정보를 찾기 위하여 스스로 정보에 노출되는 의도적 노출과 반대로 의도하지 않은 노출인 우연적 노출(exposure)이 존재한다. 그런 다음 소비자는 노출된 모든 정보에 주의를 기울이는 것은 아니지만, 이미 관심을 가지고 있던 이슈에 대한 정보나 비록 관심은 없었지만 이목을 자극하는 정보에 주의(attention)를 기울이게 되며, 소비자는 다음 단계로서 주의 집중한 정보에 대한 이해를 높여 자극들을 조직화하고 의미를 부여하는 지각(perception)의 단계를 거친다. 또한 이해된 정보들을 가공ㆍ처리하여 단기 혹은 장기기억으로 저장하는 기억(memory)의 단계를 거쳐 해당 제품 혹은 브랜드에 대해 호의적이거나 비호의적인 태도(attitude)를 형성하게 되며, 궁극적으로 구매결정(purchase decision)에 영향을 미치게 된다.

(3) 소비자 정보처리과정: AIDMA모형

소비자의 정보처리과정을 설명하는 이론적 근거로는 AIDA모형과 AIDMA 모형이 제시될 수 있다. 비교적 오랜 시간 학자들과 마케터들에게 이용되고 있는 AIDA모형은 특정 제품에 대한 사전지식이 전혀 없는 상태에서 소비자가 제품과 관련된 정보에 노출되는 것에서부터 구매행동을 설명하고 있으며, 소비자는 특정 제품을 구매하는 데 있어 노출된 정보에 대한 주의집중(attention), 해당 제품에 대한 흥미(interest)와 제품을 사용 혹은 구매하고자 하는 욕망(desire), 실제적인 구매행동 (action)의 과정을 거치는 것으로 보고 있다.

하지만 Sandage(1983)는 AIDA모형과 유사하지만 해당 모형이 설명하지 못하고 있는 소비자의 의식 속에 잠재되어 있는 기억(memory) 영역을 추가한 AIDMA 모형을 소개하였다. AIDMA모형에 의하면, 소비자는 특정제품에 노출된 후 주의 집중, 흥미, 욕망의 단계를 거치면서 해당 제품에 대한 호의적인 감정과 정서적인 경험을 자신의 기억(memory)에 저장하는 단계를 지나 궁극적으로 구매행동을 취하게 되는 ADIMA의 과정을 거친다.[10] 한편 AIDA와 AIDMA모형들은 오늘날 다양한 경쟁제품이 존재하는 시장상황하에서는 모든 소비자가 경험하는 특정제품과

〈그림 10-2〉 소비자의 정보처리과정

10) Sandage, C. H. (1983). Advertising Theory and Practice. Homwood, IL: Richard D. Irwin Inc.

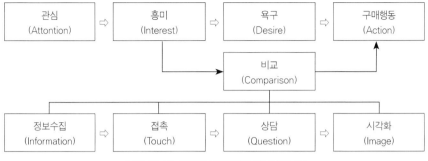

<그림 10-3> AIDA와 ITQI모형의 정보처리모형

경쟁제품, 더 나아가 대체품에 대한 비교(comparison)의 과정을 고려하지 못하고 있는 것으로 보인다. 예를 들어 소비자는 AIDA모형에 있어 특정 제품에 대한 노출, 관심, 흥미의 과정을 거치면서 해당 제품의 사용 혹은 소유에 대한 욕구를 느낌과 동시에 해당 제품과 다른 경쟁제품을 비교하는 단계를 경험한다. 이러한 비교의 단계는 세부적으로 정보수집(information), 접촉(touch), 상담(question), 시각화(image)의 단계로 구성되어 있으며, 소비자는 대안평가, 즉 제품에 대한 비교가 완료된 후 해당 제품에 대한 실제적인 구매행동을 나타낸다.

4) 구매결정

선택대안의 평가에 따라 구매예정 상품이 확정되면 스포츠 소비자는 해당 스포츠용품을 구매할 것인가 혹은 말 것인가의 의사결정을 하기 위한 구매행위 단계로 돌입한다. 구매행위 단계는 구매의도의 형성, 구매준비를 위한 수단행위의 고려, 그리고 구매 또는 비구매의 결정이라는 3가지 과정으로 구성된다. 이때, 구매의도는 소비자가 구입을 확정한 스포츠용품을 언제, 어디서, 얼마나, 얼마에 구입할 예정이라는 마음의 준비를 포함한다. 구매준비를 위한 이러한 수단적 행위는 구매의도와 구매행동을 실제로 연결하는 역할을 하는 것으로서 스포츠 용품의 구매장소에 대한 결정과 대금의 지불방법을 결정하는 구매조건, 제품수량의 결정 등을 포함한다. 따라서 지금까지의 과정이 순조롭게 진행되었다면 구매결정(purchase decision)은 특정 스포츠용품을 구매하는 것을 의미한다.

하지만 소비자가 구매의도를 지니고 있으며 구매와 관련된 수단적 행위를 고려했다 하더라도 해당 제품을 비구매하는 결정을 내릴 수 있다. 먼저, 비구매의 결정은 수단적 행위의 검토결과가 자기가 예상했던 것과 다를 경우에 그 스포츠 제품이 마음에 들지라도 구매를 일시적으로 연기 또는 중지하는 것에 해당된다. 또한 개인적 정보원천들의 태도가 소비자가 구입하려는 특정 브랜드제품에 대해 부정적인 태도가 강하며, 소비자와 정보원천의 친분이 강할수록 비구매 혹은 구매보류로 돌아설 가능성이 높다. 마지막으로 구매의도는 스포츠 소비자를 둘러싼 내ㆍ외부의 상황요인에 영향을 받는다. 이러한 상황적 요인은 소비자의 실직이나 판매원의 부정적인 태도, 해당 스포츠 제품의 구입이 우선순위에서 밀리는 등의 다양한 상황들을 포함한다.

5) 구매 후 평가

구매 후의 평가단계(post-purchase evaluation)에서 소비자는 구입한 스포츠제품을 실제 사용한 경험에 근거하여 제품 사용 혹은 서비스 이용 결과에 대한 평가를 한다. 소비자는 제품 구매를 통해 얻어질 편익을 기대하면서 스포츠제품에 대한 구매행위를 나타낸다. 일반적으로 소비자는 특정 제품을 구매한 후 자신의 구매결정에 대해 불만족할 경우, 인지부조화적인 심리상태를 경험할 수 있다. 이는 미국의 사회심리학자 리언 페스팅어(Leon Festinger)가 1957년에 제기한 이론으로서, 인지부조화 이론(cognitive dissonance theory)에 의하면 사람이 두 가지 모순되는 인지요소를 가질 때 나타나는 인지적 불균형상태를 뜻한다. 이러한 인지적 불균형상태는 심리적 긴장을 유발하므로 사람들은 이를 해소하여 심리적 안정을 찾고자 한다는 것이다. 다시 말해, 스포츠 소비의 관점에서 스포츠 소비자가 스스로 내린 구매결정에 대해 확신하지 못하거나 구매한 제품의 기능이 기대수준에 미치지 못할 때는 제품에 대한 불만족 같은 심리적 갈등을 경험하게 되며, 이러한 심리적 갈등을 해소하기 위해 대안으로 제시된 제품의 단점이나 구매한 제품의 장점을 과대하게 포장하여 스스로가 내린 구매결정에 대해 극단적인 합리화를 추구하게 된다. 대체적으로 중요한 구매이거나 대안이 많이 제시된 제품에서 이러한 인지부조화가 일어날 가능성이 높다. 결과적으로 소비자가 특정 제품에 대한 자신의 구매행위에 대해 만족하는 경우, 같은 제품 혹은 동일한 브랜드의 유사한 제품을 구매하는 과정을 거치겠지만, 불만족하는 경우 소비자는 해당 구매행동에 있어 인지부조화적인 태도를 취할 수 있으며, 차후에 유사한 제품을 구매해야 하는 상황에 직면했을 때, 동일 제품군의 타 브랜드 제품이나 대체품에 대한 대안평가를 통해 다른 제품을 구매할 가능성이 높다. 더욱이 자신의 구매에 대해 불만족했을 때, 소비자는 일정 수준의 인지부조화적 심리상태를 경험할 수 있으나, 차후의 구매결정에 있어 다른 대안제품을 구매하는 것뿐만 아니라 타인에게 이전 불만족을 경험한 제품에 대한 부정적인 구전도 따르게 될 것이다. 따라서 구매 후의 평가 결과는 지식이나 경험으로서 소비자의 기억에 피드백되어 차후 의사결정 과정의 각 단계에 영향을 미칠 것이다.

2
소비자 충성도

소비자 충성도란 스포츠 소비자가 특정 제품에 대한 호의적인 태도를 형성하는 심리적 애착을 통하여 반복 구매하는 소비행동이라 정의할 수 있다.[11] Aaker(1991)는 소비자 충성도와 관련하여 브랜드 자산의 관점에서 설명하고 있다.[12] 소비자 충성도는 브랜드 인지, 브랜드 애호도, 지각된 품질 그리고 브랜드 이미지를 포함하는 브랜드 자산의 하위구성요소들의 상호작용에 의해 생성되는 결과물로 보고 있다. 먼저 특정 제품이 시장에 소개되면 소비자는 브랜드 인지 단계를 거쳐 해당 제품을 사용함으로써 품질에 대한 주관적인 지각을 형성하게 된다. 만일 소비자의 지각된 품질이 긍정적인 경우, 해당 제품 혹은 브랜드에 대한 애호도와 호의적인 브랜드 이미지를 형성하게 되고, 궁극적으로 해당 제품 혹은 브랜드에 대한 충성도를 형성하게 된다는 것이다. 특히 특정 브랜드의 브랜드 자산은 소비자에게 제품을 인식하여 정보를 처리하고 분석하는 데 도움을 주며, 인식한 제품의 품질이나 브랜드 이미지는 소비자의 구매 후 사용경험에 만족도를 높여주고,

---

11) 백우열(2013). 스포츠 산업론. 충남: 남서울대학 출판국.

12) Aaker, D. (1991). Managing brand equity: Capitalizing on the value of a brand. New York: Free Press.

브랜드 애호도는 충성고객 기반의 구축을 통해 기업의 입장에서 마케팅비용을 절감하는 효과를 가져다주는 것으로 보고 있다.

한편 소비자 충성도는 소비자가 나타내는 구매행동과 더불어 구매행동에 영향을 미치는 심리상태에 의해 설명될 수 있다. 배크먼(Backman)과 크롬프턴(Crompton)[1991]은 소비자 충성도를 소비자의 구매행동과 구매동기의 심리상태를 고려하여 충성도 유형을 제시하고 있는데, 낮은(low), 높은(high), 잠재적(latent), 가식적(spurious) 충성도로 구성된 스포츠 소비자 충성도 모형을 제시하였다.[13] 특히 스포츠 소비자가 지닐 수 있는 가식적 충성도는 특정 스포츠 제품에 대해 반복적으로 구매하는 경향을 나타내지만, 심리적으로 해당 제품에 대한 심리적 충성도는 낮을 수 있음을 의미한다. 이러한 소비자는 높은 가격민감도를 지니고 있으며, 만약 경쟁제품으로부터 제공되는 편익이나 혜택이 상대적으로 더 낮다고 인식되면 해당 경쟁제품으로의 상표전환(brand switch) 가능성이 높은 집단으로 해석될 수 있다. 예를 들어 친구들과의 사교 기회를 위해 스포츠 강습 혹은 경기관람 등에 참여하거나 특정 스포츠 제품의 구매가 자신의 사회적 지위를 나타내는 척도로 이용될 수 있다. 이와는 반대로 잠재적 충성도를 지닌 스포츠 소비자는 특정 스포츠 브랜드 혹은 제품에 대한 심리적 충성도는 상당히 높을 수 있으나 비용, 접근성 등의 구조적인 제약요인이나 사교 기회의 결여, 부상의 두려움 등 개인적 제약요인으로 인해 해당 제품의 구매를 주저하는 소비자집단으로 해석될 수 있다. 예를 들어 특정 프로스포츠 구단에 대한 심리적 충성도는 높지만 거리적 혹은 시간상의 제약으로 인해 경기장을 방문하지 못하는 프로스포츠팬들이 이러한 소비자집단에 속할 수 있으며, 인터넷에서 경기결과를 검색하거나 케이블TV를 통해 해당 팀의 경기를 재방송으로 시청하는 등 자신이 직면한 환경에서 스포츠 소비욕구를 충족시키기

---

13) Backman, S. & Crompton, J. L. (1991). Differentiating between high, spurious, latent, and low loyalty participants in two leisure activities. *Journal of Park and Recreation Administration*, 9(2), 1-17.

위한 대체적인 방법을 강구하는 소비자집단이라고 할 수 있다.

〈그림 10-4〉 스포츠 소비자 충성도 모형[14]

　　소비자 충성도의 중요성은 기업 매출의 약 80%가 20%의 충성고객에 의해 달성될 수 있다는 파레토 법칙(Pareto Principle)에 근거하고 있다. 스포츠산업에서도 이러한 법칙은 적용되고 있으며, 스포츠기업에 있어 자사 제품의 지속적인 가치창조를 통해 소비자의 심리적 충성도와 행동적 충성도를 높일 수 있는 마케팅 전략의 강화가 요구된다.

---

14) Backman, S. & Crompton, J. L. (1991). Differentiating between high, spurious, latent, and low loyalty participants in two leisure activities. *Journal of Park and Recreation Administration, 9*(2), 1-17.

3
소비자 관여도

    소비자가 특정 제품에 대한 구매결정을 내리는 과정은 결코 단순하지 않다. 이러한 복잡한 소비자 구매행위는 소비자 관여도에 의해 설명될 수 있다. 소비자 관여도는 특정 제품에 대해 소비자의 마음속에 내재하는 태도의 결과물로서 특정 제품에 대한 소비자의 관심 혹은 심리적 애착으로 정의될 수 있다. 소비자가 지니는 특정 제품에 대한 심리적 애착의 정도는 소비자 개인이 나타내는 심리적 성향에 의한 개인적 요인, 제품적 특성에 근거한 상품적 요인, 구매시점의 상황으로 대표되는 상황적 요인을 포함하는 다양한 요인에 의해 영향을 받는다. 예를 들어 꼼꼼한 성격을 소유한 스포츠 소비자와 급한 성격을 지닌 소비자가 스포츠화를 구입하는 과정은 상당한 차이를 보일 수 있으며, 스포츠음료에 대한 구매결정과 상대적으로 가격이 높은 골프클럽에 대한 구매결정을 내리는 과정은 다를 수 있다. 또한 테니스를 이제 막 시작한 스포츠 소비자는 저렴한 테니스라켓을 선택하는 데 있어 그다지 많은 노력을 들이지 않을 수 있으나, 대회에 참가할 목적으로 테니스라켓을 구입할 때는 좀 더 신중한 의사결정 과정을 통해 고가의 테니스라켓을 구매하게 된다.

1) 개인적 특성에 따른 관여도의 분류

      소비자의 개인적 특성에 따른 관여도의 분류방법으로는 일반적 분류와 시간적 분류 그리고 수준적 분류가 제시된다. 첫째, 일반적 분류는 심리적 구매동기에 근거하여 특정 제품의 기능적 품질을 고려하는 인지적 관여, 소비자가 실제로 특정 제품의 생산 혹은 판매에 참여하여 발생하는 행동적 관여, 그리고 소비자의 마음에 내재되어 있는 상징적인 가치를 표현하려는 의지에 의한 정서적 관여를 포함한다.[15] 또한 소비자 관여도는 시간적 관점으로 분류할 수 있다. 소비자가 특정 제품에 대해 일상생활에서 지속적인 관심을 보이는 지속적 관여와 특정 제품에 대한 필요에 의해 욕구가 발현되는 구매시점의 상황에서 충동적 구매로 이어지는 상황적 관여도를 포함한다. 마지막으로, 특정 제품에 대한 관여수준에 따라 고관여 수준과 저관여 수준으로 나눌 수 있다. 소비자가 특정 제품에 대해 높은 관여수준을 통해 구매욕구가 발현된 경우, 해당 제품에 대해 적극적으로 정보를 탐색하고, 깊이 있는 대안들의 비교를 통해 비교적 신중하게 제품을 선택하며, 제품을 구매하여 사용한 후에도 자신의 구매행위에 대한 만족을 위해 구매와 관련된 피드백을 중요하게 생각한다. 또한 특정 제품에 대한 소비자의 관여수준이 낮은 경우, 소비자는 해당 제품에 대해 소극적으로 정보를 탐색하고, 구매결정에서도 상대적으로 쉬운 결정을 내리게 되며, 결과적으로 구매 후 행위에 대한 피드백을 요구하는 정도도 상대적으로 낮다.

---

15) 백우열(2013). 스포츠 산업론. 충남: 남서울대학 출판국.

2) 관여도 수준에 따른 구매행동

소비자는 제품이나 서비스에 대한 구매를 결정하는 데 있어 개인적 관심의 정도와 더불어 제품 가격대에 따른 심리적 위험의 정도, 자신이 처한 상황에 따라 신중한 의사결정을 하게 된다. 고관여 구매행동은 소비자가 주로 높은 가격대의 경제적 위험이 큰 제품에 대해 높은 관심을 가지거나 긴박한 상황일 때 나타나며, 광범위하고 심도 있는 정보탐색이 이루어지고 제품의 대안평가와 구매결정에 있어 많은 시간과 노력이 투입된다. 특히 고관여 구매행동은 소비자가 인식하는 제품 차별화의 정도에 따라 복잡한 구매행동과 부조화감소 구매행동으로 나눌 수 있다. 먼저 복잡한 구매행동(complex buying behavior)은 소비자가 제품에 대해 높은 관여도를 보이고 상표 간의 뚜렷한 차이가 존재하는 제품을 구매할 때 나타날 수 있는 구매행동이다. 예를 들어 스포츠 소비자가 골프회원권을 구입하는 데 있어 가격, 위치, 이미지, 서비스 등을 포함하는 골프장의 중요한 품질 속성들에 대해 여러 컨트리클럽과 비교하여 심도 있게 분석하고 구매결정을 내리는 것은 좋은 예라고 할 수 있다. 소비자는 골프회원권에 대한 합리적인 선택을 위해 정보의 수집에서부터 대안의 평가 그리고 구매결정의 과정에 대한 충분한 노력과 시간을 들일 의지를 가지고 있으며, 이러한 정보의 획득을 통해 자신만의 주관적인 신념(belief)의 개발과 더불어 골프회원권에 대한 호의적 혹은 비호의적인 태도(attitude)를 형성하고 가장 합리적인 대안을 선택(choice)하는 과정을 거치게 된다. 따라서 제품 차별화가 상대적으로 높은 스포츠 제품을 생산하는 기업은 이들 고관여 소비자집단의 정보수집 특성과 제품의 대안평가에서 중요시되는 속성들을 파악하여 경쟁제품에 비해 상대적인 차별적 혜택을 강조하는 마케팅 노력이 필요하다.

고관여 소비자가 나타낼 수 있는 또 다른 구매행동은 부조화 감소 구매행동(dissonance-reducing buying behavior)이다. 이는 소비자의 제품에 대한 관여도가 높고 평소에 자주 구매하지 않는 고가의 제품이면서 각 제품 간의 차별화가 거의 없을 때 나타날 수 있는 구매행동이다. 예를 들어 골프클럽은 고가품이며 아마추어 골퍼들에게 매우 중요한 제품이기 때문에 구매 시 이들 골프 소비자는 높은 관여도를 나타내지만, 지각된 품질의 차이는 미미할 수 있다. 골프용품 소비자는 골프클럽 브랜드가 지니는 브랜드 이미지, 적절한 가격, 구매 용이성을 반영한 구매결정을 내리게 되는데, 최적의 구매결정을 내리기 위해 정보탐색 과정과 대안평가 과정을 거치지만 구매결정은 비교적 빨리 이루어지며 구매한 제품에 대한 불만사항을 발견하거나 구입하지 않은 대안 제품에 대한 호의적인 평가를 접하게 되면 구매 후 부조화를 경험하게 된다. 실제로 많은 기업들은 구매 후 부조화를 줄이기 위해 마케팅활동을 통해 구매에 대한 확신을 가질 수 있도록 촉진활동을 펼친다.

한편 소비자는 특정 제품의 구매에 있어서 제품에 대한 관여도가 낮거나 구매가 무조건적인 필요에 의한 상황이 아닌 경우, 저관여 구매행동을 나타낼 수 있다. 저관여 구매행동은 제품 차별화의 정도에 따라 습관적 구매행동과 다양성 추구 구매행동으로 나눌 수 있다. 먼저 습관적 구매행동(habitual buying behavior)은 제품 가격이 비교적 낮은 제품에 대한 개인적 관여도가 낮고, 각 제품 간 차별화가 미미한 경우에 발생한다. 소비자가 스포츠음료를 구매하는 경우 슈퍼마켓에서 브랜드에 대한 별다른 인식 없이 손에 잡히는 제품을 구매하는 것은 습관적 구매행동의 좋은 예라고 할 수 있다. 저관여 소비자가 습관적 구매행동을 보일 때는 고관여 소비자가 나타낼 수 있는 신념, 태도, 선택의 학습과정을 거치지 않으며, 제품에 대한 정보습득이나 제품 간 속성의 차이는 신중하게 고려되지 않는 특징이 있다. 따라서 기업의 입장에서 소비자가 인식하는 제품 간 차별성이 상대적으로 낮은 저관여 제품에 대해서는 몇 개의 중요한 속성을 강조하는 광고문구, 심벌(symbol) 등을 이용한 반복적인 TV광고를 통해 제품 친숙도를 높이거나 시험구매를 유도하기 위한 가격할인이나 판촉 등의 마케팅활동들을 전개함으로써 소비자의 관여도를 높이는 노력이 필요하다.

또한 다양성 추구 구매행동(variety-seeking buying behavior)도 마찬가지로 소비자가 제품에 대해 낮은 관여도를 가지며 제품 간 차이가 뚜렷이 존재하는 경우 나타낼 수 있는 구매행동으로서, 소비자는 잦은 상표전환(brand switching)의 경향을 보인다. 특정 지역의 주민센터에서 탁구, 배드민턴, 배구, 농구 등의 스포츠 강습프로그램을 개설하고 지역주민에게 매달 1만 원의 이용료로 모든 프로그램을 이용하게 하는 경우, 소비자가 여러 강습프로그램을 다양하게 이용하고 경험하는 것은 다양성 추구 구매행동의 좋은 예라고 할 수 있다. 저관여 제품에 대해 소비자는 이전의 해당 제품에 대한 사용경험으로부터 호의적인 태도를 지니고 있다고 하더라도 단조로움과 싫증남에 대한 충동적 구매로서 다양성 추구 구매행동을 보이게 된다. 따라서 시장선도 기업의 입장에서는 빈번한 광고를 통해 소비자의 습관적 구매를 유도하는 전략이 요구되지만, 선도기업의 시장점유율을 잠식할 필요가 있는 추종기업은 가격할인, 할인쿠폰, 무료샘플 등의 마케팅활동을 강화하여 기존 경쟁제품의 소비자로 하여금 상표전환을 유도하는 전략이 바람직할 것이다.

〈표 10-2〉 제품 차별화 및 관여도 정도에 따른 소비자 구매행동[16]

		관여 정도	
		고관여	저관여
제품 차별화 정도	고	복잡한 구매행동 브랜드 충성도에 근거한 구매행동	시험적 구매행동 다양성 추구 구매행동 무작위 구매행동
	저	인지부조화적 구매행동 브랜드 이미지를 반영한 구매행동	가격을 반영한 구매행동 무작위 구매행동

---

16) Assael, H. (1981). Consumer Behavior and Marketing Action. Boston, MA: Kent Publishing Co.

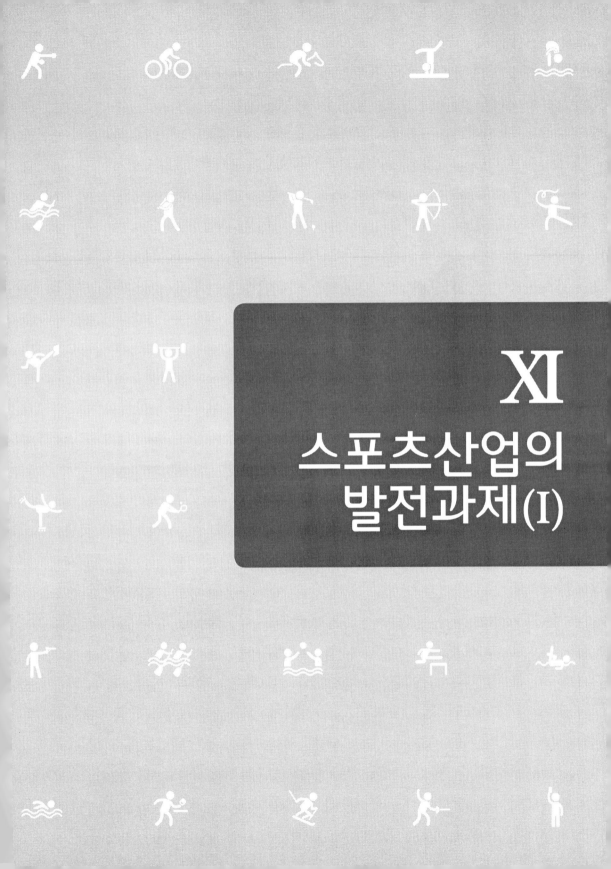

XI

스포츠산업의
발전과제(I)

1
스포츠시설업 관련 제도의 개선

       정부와 지자체의 법적 제도 및 정책의 도입은 지속적인 스포츠산업의 발전을 위해 필연적이라고 할 수 있다. 스포츠산업을 진흥시키고 지속적인 발전을 유도하기 위한 법률로는 국민체육진흥법을 비롯한 체육시설의 설치 · 이용에 관한 법률, 스포츠산업진흥법, 경륜경정법, 전통무예진흥법 등을 포함한다. 또한 특별법으로서 태권도 진흥 및 태권도공원 조성 등에 관한 법률, 2014 인천아시아경기대회 및 2015 광주하계유니버시아드대회 지원법, 포뮬러원 국제자동차경주대회 지원법 등 모두 8개의 법률을 제정하여 시행하고 있다. 하지만 스포츠산업을 차세대 국가경제 발전의 새로운 동력산업으로서 체계적으로 지원 및 발전시킨다는 정부의 계획에도 불구하고 실제적인 법적 근거가 미흡한 실정이다. 특히 민간자본의 스포츠시설 투자를 통해 관련 시설에 대한 양적 증대를 촉진하고 스포츠시설 운영에 필요한 수익성 제고를 위시한 사업여건 개선을 위해서는 체육시설의 설치 · 운영과 관련된 불필요하거나 과도한 법적 · 제도적 규제의 철폐 혹은 완화가 요구된다. 결론적으로 정부는 국민의 여가 및 레저스포츠를 포함하는 참여스포츠에 대한 국민적 관심과 니즈를 충족시키기 위해서는 현실적으로 지자체와 정부에 의해 운영되는 제한적인 공공스포츠 시설만으로는 이러한 국민적 요구를 충분히 수용할 수 없음을 인식하고, 민간투자를 적극적으로 유도할 수 있는 민간 체육시설업의 설치와 운영에 관련된 규제완화 정책을 지속적으로 추진하는 노력이 필요할 것으로 판단된다.

2013년 문화체육관광부가 발표한 체육백서에 제시된 체육시설업 관련 규제 개선 현황에 따르면 골프장업, 공공체육시설, 마리나 리조트업 등의 영역에서 규제완화가 시도되고 있다.[1] 골프장 내 금지 시설물이었던 숙박시설을 이용자의 편의를 위해 일정 요건을 갖춘 경우 설치할 수 있도록 허용하였으며(1999년), 준조세 폐지 정책에 따라 운동장 · 체육관 · 수영장 · 대중골프장 등 체육시설의 입장료에 부과하던 부가금을 폐지하는 한편, 급증하고 있는 골프 수요를 충족하고 대중골프장의 확충을 위해 특별소비세법을 개정하여 대중골프장 이용자에 대한 특별소비세를 면제하였다(2000년). 또한 시 · 군 · 구별 회원제 골프장 및 스키장에 대한 일률적인 부지면적 제한 등 관련 규제를 합리적으로 조정 · 정비하였다(2005년). 그 외에도 해외여행 관련 서비스 수지 적자를 감소시키고 지방 골프장 산업 활성화를 위해 지방 회원제 골프장의 개별 소비세 등의 세 부담 경감조치를 시행하였으며(2008년), 골프장 입지기준을 완화하고(2007년), 골프장 내 숙박시설의 설치를 완화하는 관계법령을 발표하였다(2008년).

또한 대규모 자본이 투자된 2002년 월드컵경기장 및 아시아경기대회 시설이 다목적으로 활용될 수 있도록 도시계획시설에 관한 규칙을 개정하여 스포츠센터, 유스호스텔, 공연장 등 문화시설, 대형할인점, 복합영상관, 게임제공업소 등 수익시설 설치가 가능하도록 하였으며, 경기장시설의 민간위탁운영이 실효를 거둘 수 있도록 경기장 위탁기간을 3~5년에서 최장 20년으로 연장하고 경기장 사용료 지불방식도 보증금과 월납입 방식 등으로 완화하는 지방재정법시행령 개정을 단

---

1)   문화체육관광부(2013). 2012 체육백서. 서울: 문화체육관광부.

행하였다(2000년). 또한 2010년 2월 개정된 스포츠산업진흥법에 의하면 현재 지방
자치단체가 소유하고 있는 프로스포츠 경기장 시설의 민간임대 기간을 최장 25년
까지 연장하도록 관련 법률을 개정하였다(2010년). 결과적으로 현재까지 진행되고
있는 민간 및 공공 체육시설설치 및 운영과 관련된 규제완화는 부족한 체육시설
확충을 위해 바람직한 것으로서, 특히 정부는 이러한 민간 체육시설업과 관련된
규제 완화 정책을 지속적으로 추진하여 공공체육시설만으로는 수용할 수 없는 스
포츠시설 수요에 능동적으로 대응하는 노력이 필요할 것이다.

　　마지막으로 선진국형 스포츠산업 기반인 해양 레저스포츠 산업의 성장을
돕기 위해 국토해양부는 마리나 항만 시설 건설에 대해 주택, 오피스텔 등의 주거
시설을 공급할 수 있도록 제도를 정비했으며, 민자 유치 확대를 위해 마리나 건설
시 하천 사용료를 인하하여 바다 이외 지역으로 마리나 육성을 확대하는 정책변화
를 시도했다(2012년). 이는 해양스포츠 시설산업뿐만 아니라 해외 관광객 유치와 요
트를 포함한 레저장비 제조업을 비롯한 음식, 숙박, 해양레저 등의 관광서비스 산
업의 활성화에 긍정적인 영향을 미칠 것으로 판단된다.

〈표 11-1〉 연도별 스포츠시설업 관련 규제 개선 현황[2]

연도	규제명	개선내용
1999년	신고체육시설업종 일부 자유업종화	탁구장, 롤러스케이트장 자유업종화
	골프장 내 숙박시설 설치	금지 → 제한적 허용
	스키장 이용자에 대한 특소세 부과	특소세 면제
2000년	등록체육시설업의 시설설치기간	6년 의무 규정을 임의 규정으로 완화

---

2)　문화체육관광부(2013). 2012 체육백서. 서울: 문화체육관광부.

연도	규제명	개선내용
2000년	체육시설에 대한 부가금제도	운동장 · 체육관 · 수영장 · 골프장 등 체육시설의 입장료에 대한 부가금제도 폐지 → 회원제 골프장은 부과
	체육시설의 수익시설 설치	월드컵 · 부산아시아경기대회 경기장 시설에 수익시설 설치 가능토록 개정
	골프장 이용자에 대한 특소세 부과	대중골프장 이용자에 대한 특별소비세 면제
2001~ 2003년	골프장의 지역별 총량 제한	시 · 군 · 구별 회원제 골프장 총량 제한 (임야면적의 3% 규제 → 5%로 상향조정)
2005년	골프장 부지면적 제한	골프장 규모에 따라 제한 → 폐지
	골프장 클럽하우스 면적 제한	골프장 규모에 따라 제한 → 폐지
2006년	골프장시설 규제	골프코스 길이 제한 → 폐지 회원제 골프장 홀 규모 제한 → 폐지
	골프장 및 스키장 세제	대중골프장, 스키장 세제 인하 → 별도 합산 0.8%
2007년	골프장시설 규제	– 골프장 내 숙박시설의 층 규모 제한(5층) 폐지 – 자연보전 권역일지라도 수질오염 총량제도 시행지역은 골프장 내 숙박시설 설치 제한 폐지 – 상수원보호구역 주변지역 골프장 숙박시설 설치기준 및 대상완화
2008년	골프장시설 규제	– 수질기준 Ia 등급 하천 상류방향 유하거리 20km 이내 지역 골프장부지 내 숙박시설 설치 금지 규정 폐지 – 시 · 도기준 총 골프장 면적이 총 임야면적의 5% 초과금지 폐지 – 골프장 부지 내 산림 및 수림율 확보율 폐지
	사업계획 변경	측량에 의한 면적 변경은 사업계획 변경승인 대상에서 제외
	골프장 세제	지방회원제 골프장 세제 경감 – 개별보유세 → 면제, 체육진흥기금 → 면제 – 보유세 및 취득세 → 경감
2009년	시설 규제	– 골프장 외 체육시설 업소 숙박시설 제한 폐지 – 골프장 내 숙박시설 설치 규정 완화 – 체력단련장업 등 소규모 체육시설업 시설기준 완화
	골프장 입지	– 10mm 이상 조정지 설치 · 운영 시 취수지점 상류방향 유하거리 7km 밖 대중골프장 입지 허용 – 특별대책지역 II 권역(팔당호 상수원 제외) 중 오염총량 관리제실시 지역 대중골프장 입지 허용
2010년	회원모집 규제	종합체육시설업, 승마장업 등 신고전환업종에 대하여 총 투자범위 내 회원모집 제한 규정 폐지

연도	규제명	개선내용
2010년	골프장 입지	- 취수지점 상류방향 유하거리 7km 밖 입지 허용 - 특별대책지역 II 권역(팔당호 포함) 중 오염총량제 실시지역 허용
2011년	승마장 및 골프장 시설기준	- 마장 실외 3,000m², 실내 1,500m², 말 10두 이상 → 실외 또는 실내 500m², 말 3두 이상 - 퍼팅, 피칭 연습용 코스의 경우, 타석 설치 의무규정 완화
	신고체육시설업 시설	면적기준 폐지
	골프장 농약사용 검사	'체육시설의 설치·이용에 관한 법률'과 중복하여 부과하고 있는 골프장의 농약 사용 검사를 '수질 및 생태계 보존에 관한 법률'로 일원화
	변경신고 의무 위반 시 과태료 부과 규정	변경신고 의무 위반 시 영업정지와 중복하여 부과할 수 있는 과태료부과 규정 삭제
2012년	등록체육시설관련 보고사항 완화	시·도지사가 '등록체육시설업의 사업계획 승인 등의 현화 및 체육시설업의 등록 등의 현황'을 청분일부터 7일 이내 또는 분기마다 문화체육관광부장관에게 보고하던 것을 연 1회 보고하도록 완화
	스키장 회원증 발급확인 절차 폐지	스키장업 회원증 확인자 지정 → 스키장 회원권의 확인, 발급 절차 폐지
2013년	시설기준 완화	요트장업, 조정장 시설기준 완화(2013.4.2.) - 요트 보유 기준 5척 이상 → 3척 이상 - 조정 및 카누 보유 기준 10척 이상 → 5척 이상

2
스포츠용품 제조업의 발전과제

　　2009년을 기점으로 산업규모 면에서 감소와 정체 상태를 나타내고 있는 스포츠시설업과 스포츠서비스업과는 달리 스포츠용품제조업은 아웃도어 붐 조성 및 IT산업과의 융·복합을 통해 국내 스포츠산업의 성장을 주도했다고 볼 수 있다. 하지만 그 이면을 들여다보면 국내 스포츠용품 기업 매출의 90% 이상이 내수에 치중되어 있는 것으로 나타난다. 무엇보다 국내 스포츠용품 시장점유율에서도 외국계 글로벌 브랜드들이 국내 시장의 약 70%를 점유하고 있으며, 이러한 무역수지 적자규모는 계속적으로 확대될 것으로 전망된다.

　　국내 약 6만 9,000여 개의 스포츠용품 기업의 95% 이상이 50인 미만 종사원으로 구성된 영세성을 지니고 있으며, 고학력 인력의 중소기업 기피 현상으로 우수인력 확보에도 문제점을 드러내고 있는 것으로 보인다. 또한 국내 인력의 인건비를 비롯한 생산원가의 증가로 많은 중소 스포츠용품 기업들이 중국을 비롯한 동남아 국가들로 생산기지의 해외 이전이 증가하고 있다. 따라서 자금 부족과 영세성, 우수인력 확보의 문제점을 지닌 국내 스포츠용품 업체들은 기업의 지속적인 경쟁과 성장을 확보할 수 있는 핵심제품 개발을 위한 R&D투자에 난항을 겪고 있어 영업이익률의 저하는 물론 국내 시장 경쟁력과 시장주도권의 선점기회를 놓치는 결과를 초래하였다. 이는 결과적으로 국내 스포츠용품 기업들의 수출경쟁력 저하와 기업생존에도 영향을 미칠 수 있는 것으로 나타나 기업과 정부 차원의 대책 강구가 시급하다고 할 수 있다.

1) 국외 글로벌 스포츠용품 브랜드 동향

(1) 마케팅 강화

글로벌 스포츠용품 브랜드의 경우, 스포츠스타 및 메가 스포츠이벤트와 국가대표팀 후원을 이용한 공격적인 마케팅 투자를 통해 글로벌 마켓에 있어 자사 브랜드의 입지를 확고히 하고 있다. 특히 나이키는 타이거 우즈, 미셸 위, 호날두 등의 글로벌 스포츠 스타들과 후원계약을 통한 스타마케팅과 더불어 각국 대표팀에 대한 스폰서십 계약을 맺고 있다. 대한민국 축구 국가대표와 2012년부터 향후 8년간 1,200억 원의 후원계약을 맺었으며, 나이키의 라이벌 기업인 아디다스는 2012년 전체 매출의 25%에 달하는 15억 200만 달러를 마케팅비용으로 지출하고 있다. 나이키를 비롯한 아디다스, 리복의 세계 3대 스포츠 브랜드들은 스포츠의류와 신발을 비롯한 세계 스포츠용품 시장에서 30%의 시장점유율을 차지하고 있다.

또한 나이키와 아디다스 등의 스포츠용품 브랜드들은 자사 제품의 판매방식 다양화를 통해 수익을 확대하고 있다. 이들 브랜드들은 전방통합을 통한 직영매장을 운영하거나 직접 온라인 상거래 사이트를 운영하여 범세계적인 판매망을 구축하고 있다. 특히 나이키의 경우, 직영매장인 나이키팩토리(Nike Factory)를 운영하여 나이키의 가격 프리미엄 이미지를 훼손하지 않는 범위에서 이월상품 등을 이들 직영매장을 통해 제공함으로써 충성도는 높지만 구매력(경제력)이 높지 않은 고객의 니즈를 충족시키는 전략을 펼치고 있다. 또한 나이키는 신상품 우선 제공, 찾아가는 A/S 등 온라인 회원만을 위한 특별 혜택과 인기제품 및 회귀상품의 우선제공, 그리고 목표집단에 맞는 멀티채널 커뮤니케이션을 실행함으로써 온라인 스토어를 통해 자사 브랜드 이미지를 안정되게 관리하고 있다.

(2) 기술개발(R&D) 투자

글로벌 스포츠기업들의 기술개발 투자는 IT와 BT산업의 첨단기술을 적용한 융·복합 영역에 집중되고 있다. 먼저 2009년 세계수영선수권대회에서 전신수영복의 등장으로 43개의 세계신기록이 수립되면서 수영복시장에서 신소재 열풍이 일기 시작하였다. 글로벌 스포츠기업인 아디다스는 글로벌 기업인 바이엘 산하의 첨단 화학 소재 사업부인 바이엘 머티리얼사이언스와 협력하여 고기능성 트레이닝화와 운동복을 개발하여 출시하였다. 나이키는 애플과 협력하여 러닝화에 칩을 부착하여 이용자의 러닝 성향과 기록을 파악할 수 있는 '나이키 러닝+'라는 제품을 개발하여 출시하였으며, '퓨얼밴드'를 출시하여 착용자의 활동량을 측정해 수치로 보여줌으로써 운동목표를 달성하고 운동에 대한 동기를 부여하여 소비자의 수요를 자극하고 있다. 또한 나이키는 스포츠용품 산업에 있어 새로운 비즈니스 모델로 각광을 받고 있는 스포츠 케어분야 제품인 '나이키+센서'를 개발하여 적절한 가격에 의료 IT기술을 접목시킨 제품을 출시하였다.

2) 국내 스포츠용품 브랜드 동향

(1) 기술개발(R&D) 및 마케팅 투자

국내 스포츠용품 브랜드들은 낮은 자금력으로 인해 기술개발 및 마케팅 등의 투자에 있어 글로벌 기업 대비 상대적으로 미흡한 실정이다. 일례로 휠라코리아의 기술개발에 대한 투자는 총 매출액 대비 약 1% 미만인 것으로 보고된다. 하지만 국내 기업인 코오롱클로텍은 세계 최초로 최첨단 섬유IT 융합 소재인 스마트 섬유 '히텍스'를 개발하여 아웃도어, 등산복, 스키복, 골프복에 적용시켜 상품화하였다. 또한 특정 스포츠 종목들에 있어 핵심기술을 통한 세계시장 점유율을 확대하고 있다. 예를 들어 국내 업체로서 진 글라이더는 특수 섬유 소재를 개발하여 익스트림 스포츠의 글라이더 세계시장 점유율 1위를 차지하고 있으며, (주)MFS는 골프 드라이버 샤프트 부분 세계시장 점유율의 약 20%를 차지하고 있다. 또한 스타스포츠는 세계적 기업인 스팔딩으로부터 OEM(original equipment manufacturing)을 통해 획득한 기술력을 토대로 '스타'라는 브랜드를 런칭하여 5개 구기종목에서 국제공인을 획득하였으며, 아시안게임 공인구로 선정되었다. 한편 LS네트웍스의 프로스펙스는 2009년 스포츠 러닝화 시장의 세분화를 통해 워킹화 'W'를 출시하여 국내 워킹화 시장점유율 1위를 차지하였다. 하지만 이러한 W의 매출은 국내시장에 머무르고 있어 수출 경쟁력 모색이 필요할 것으로 보인다.

(2) 신소비 트렌드의 등장

2009년을 기점으로 스포츠 용품업은 국내 스포츠산업을 선도하는 것으로 나타났다. 이는 웰빙 현상과 동반된 국내 아웃도어 브랜드 시장의 활성화에서 기인한 것으로 볼 수 있다. 국내 아웃도어 시장의 100개 브랜드 중 상위 10개의 브랜드가 국내 아웃도어 시장의 80% 정도를 차지하고 있다. 시장점유율에 있어 노스페이스, 코오롱스포츠, K2, 블랙야크, 네파의 순으로 국내 시장을 점유하고 있다. 하지만 국내 대기업의 경우, 유럽과 미국을 비롯한 해외 아웃도어 스포츠 브랜드의 라이센싱 사업에 치중하고 있어 결과적으로 스포츠용품 전체 무역수지에서 적자를 면치 못하고 있다.

글로벌 스포츠용품 시장에서 한국을 비롯한 아시아 시장은 약 20%로 미국이 40%, 유럽 35%, 기타 시장이 10%를 차지하고 있으며, 스포츠용품 및 서비스 판매액의 40%는 스포츠의류가, 20%는 스포츠신발이 차지하고 있다. 2009년 이후 스포츠용품 시장은 계속해서 증가추세를 보이고 있다. 이러한 증가추세는 웰빙 현상을 바탕으로 아웃도어웨어 및 용품의 소비증가에서 기인하는 것으로 지속적인 성장이 예상된다. 그러나 현재 국내 스포츠용품 브랜드는 95% 이상이 내수가 차지하고 있으며, 스포츠신발과 스포츠의류의 국내 시장점유율은 외국 글로벌 브랜드에 비해 고전을 면치 못하고 있어 국내 스포츠용품 브랜드에 대한 글로벌화 추진을 통한 수출증대와 국가 정책을 통해 이들 기업들이 기술개발에 투자할 수 있는 여건 조성이 시급하다고 할 수 있다.

3) 국내 스포츠용품 브랜드 성장 방향

(1) 마케팅 강화 및 기술개발 투자

나이키, 아디다스, 리복 등 국외 글로벌 스포츠용품 기업들은 스타 선수와 메가 스포츠이벤트 후원을 포함하는 공격적인 마케팅활동과 기술개발에 적극적으로 투자함으로써 글로벌 시장에서 입지를 공고히 하고 있다. 국내 스포츠용품 브랜드들은 글로벌 시장의 높은 진입장벽으로 인해 판로를 개척하는 데 많은 어려움이 있는 것이 사실이다. 그럼에도 불구하고 국내 스포츠용품 회사인 진 글라이더는 특수섬유소재 개발에 성공함으로써 전 세계 글라이더 제품시장에서 30% 이상의 점유율을 지니고 있는 업계 부동의 1위로 성장하였다. 마찬가지로 (주)MFS는 자체 기술개발을 통하여 전 세계 골프클럽 샤프트 시장에서 가장 높은 시장점유율을 나타내고 있으며, 스타스포츠는 스팔딩의 OEM기업에서 자사 기술개발에 성공함으로써 국제대회에서 공인구로서 당당히 매출을 올리고 있다. 또한 프로스펙스의 W는 기존의 러닝화 시장을 보다 구체적으로 세분화하여 이들의 미충족 욕구를 발견함으로써 기존의 러닝화 수요와는 달리 워킹화 수요를 발견하여 선점함으로써 국내 워킹화 시장에서 가장 높은 점유율을 기록하였다. 결과적으로 글로벌 시장의 높은 진입장벽으로 인해 국내 스포츠용품 브랜드의 세계시장 진출은 상당히 힘들 수 있으나 앞선 예에서 볼 수 있듯이 기술개발과 마케팅활동의 강화를 통해 우리 토종 브랜드도 세계시장에 진출할 수 있는 가능성을 지니고 있다. 실제로 세계에서 세 번째 규모의 의류기업이자 중국의 나이키로 불리는 Li-Ning은 OEM 위주의 기술력을 지닌 회사였으나 자체 브랜드를 개발하여 지난 2012년 중국에 대한 반감이 상대적으로 낮은 미국의 젊은 층을 목표로 디지털 마케팅, 스포츠스타 광고, 체험마케팅 등의 공격적인 전략을 통해 미국 스포츠용품 시장에 진출하였다. 이처럼 마케팅 강화를 통한 틈새시장 공략과 기술개발을 통한 글로벌 시장 진출은 국내 스포츠용품 기업들에 가장 전통적이며 기본적인 산업 활성화의 방안을 제시한다.

(2) 산업융합을 통한 경쟁력 강화

외국 글로벌 스포츠용품 기업들이 IT산업을 위시한 산업융합을 기반으로 신제품을 출시하여 매출향상을 도모하고 있는 것은 잘 알려진 사실이다. 국내의 경우 지난 2000년 우리나라 전체 인구 대비 직접적인 경제활동에 참여하지 않는 65세 이상의 인구비율이 7%가 넘는 '고령화 사회'가 되었으며, 2018년 65세 인구가 14% 이상인 '고령 사회' 그리고 2025년을 기점으로 65세 인구가 20%를 차지하는 '초고령 사회(super-aging society)'에 진입할 것으로 전망된다. 이는 국내 헬스케어 시장의 확대로 스포츠 케어 분야가 각광을 받을 것으로 예상된다. 국내 의료법에 있어 성장 여지가 높은 스포츠케어산업은 4조 원 이상의 규모로서 2009년 이후 연평균 약 10%의 성장률을 나타내고 있으므로 스포츠용품 기업들에 있어 매출과 수익성을 보장할 수 있는 새로운 비즈니스 모델을 제공할 수 있다. 실제로 나이키는 애플사의 iPod와 연계된 '나이키+ 센서'를 출시하여 단말기를 이용한 의료IT기술을 제공하여 성공적인 스포츠케어 모델로 인식되고 있다. 결과적으로 이는 국내 스포츠용품 기업들에도 시사하는 바가 크다고 할 수 있으며, IT강국으로서 관련 산업과의 연계는 국내 스포츠용품 브랜드에 있어 스포츠케어 제품개발을 통해 새로운 수익원천을 확보하고 축적된 노하우와 기술을 기반으로 글로벌 스포츠케어 시장에 진출할 수 있는 교두보를 확보할 수 있을 것으로 판단된다.

(3) 공유가치창출을 통한 브랜드파워 제고

글로벌시장 진출에 있어 높은 진입장벽으로 인해 국내 스포츠용품 기업들이 해외시장 진출이 쉽지 않은 것이 사실이다. 이는 오늘날 스포츠용품에 있어 제품이 지니는 가격이나 품질 면에서 차별화가 쉽지 않아 기존 소비자의 제품 구매 결정이 특정 제품의 브랜드파워에 의해 결정되는 경향이 뚜렷해지면서 나이키, 아디다스, 리복 등의 글로벌 스포츠 브랜드로 입지를 갖춘 시장 선도기업들의 브랜드파워를 넘어서기가 쉽지 않기 때문이다.

한편 오늘날 정보기술이 발달하고 국가 간 무역장벽이 완화되면서 지리적 제한에 상관없이 글로벌 브랜드와 라이프스타일을 선호하는 글로벌 소비문화 (global consumption culture)가 확산되고 있다. 전 세계적으로 이들 글로벌 소비문화를 선도하는 그룹은 15~29세의 밀레니얼 소비자집단(millennial consumer group)으로서 여타 소비 집단들과 비교하여 가장 소비지향적인 성향을 지니고 있어 글로벌 시장에 있어 중요한 세분시장의 하나로 인식된다. 이들의 또 다른 특징은 구매력과 의사결정력이 높고, 주변인들의 소비활동에 영향을 미치는 오피니언 리더(opinion leader)의 역할을 맡고 있으며, 무엇보다 사회·문화·환경을 포함하는 동시대의 사회이슈에 대한 관심이 높은 것이라 할 수 있다.

이러한 밀레니얼 소비자집단이 지닌 특성을 고려했을 때, 국내 스포츠용품 기업들의 브랜드 포지셔닝 전략에 있어 공유가치창출을 통한 기업 브랜드 이미지 제고가 효과적인 대안으로 제시될 수 있다. 이와 관련하여 Poter와 Kramer(2012)는 현대사회에서 기업의 존재이유로 기업이 당연히 추구하는 경제적 가치뿐만 아니라 기업이윤의 사회환원을 통한 사회적 가치를 동시에 창출하는 공유가치창출 (creating shared value)을 제시하면서 거대 단일시장으로 변모한 글로벌 시장에 있어 경쟁우위를 도출하기 위한 브랜드 이미지 강화 전략의 중요한 요소로서 기업이 추구해야 하는 도덕적이고 윤리적인 가치를 강조하였다.[3]

일반적으로 기업의 공유가치창출에 가장 흔하게 이용되는 것은 공익연계 마케팅(cause-related marketing)으로서, 이는 기업이 마케팅 활동의 일환으로 소비자의

---

3) Porter, M. E. & Kramer, M. R. (2012). Creating Shared Value. Harvard Business Review, 89(1/2). 62-77.

제품 구매나 서비스 이용을 통해 공익을 위한 기금을 모금하는 행위를 의미한다. 가장 잘 알려진 예로서 국내 기업인 유한킴벌리의 '우리 강산 푸르게 푸르게'에서 볼 수 있듯이 특정 제품을 구매할 때 매출 혹은 수익의 일부분이 특정 공익재단에 기부된다는 내용을 담고 있다. 결과적으로 글로벌 시장 진출을 모색하는 국내 스포츠용품 기업에 있어 이들 밀레니얼 소비자를 목표 소비집단으로 하여 해당 국가의 사회적 이슈가 고려된 공익 연계 마케팅을 통해 글로벌마켓에서 자사의 브랜드 자산 강화를 도모할 수 있을 것으로 판단된다.

또한 공유가치창출을 통한 브랜드 강화전략을 통해 글로벌마켓 진출을 모색하는 국내 스포츠용품 기업들에 대한 정부 차원의 제도 마련이 시급할 것으로 판단된다. 현행 '사회적 기업 육성법' 제12조 제2항에 의하면 "공공기관의 장에게 사회적 기업이 생산하는 재화나 서비스를 우선 구매할 의무를 부여한다"라고 되어 있다. 이는 우리 정부가 정책적으로 사회적 기업에 대한 우선구매제도를 통해 사회적 기업으로서의 국내 자생력 고취라는 바람직한 방향으로 평가될 수 있으나, 국외 글로벌마켓 진출을 모색하는 국내 스포츠용품 기업들이 글로벌 경쟁력을 갖춘 사회적 기업으로서 브랜드 강화를 통한 경쟁력을 갖출 수 있도록 이와 관련된 현실적이고 구체적인 정책 및 제도 마련이 요구된다.

(4) 스마트 제조를 통한 신(新)비즈니스 모델 개발

앞서 언급한 것처럼 스포츠산업에도 글로벌마켓이 등장하면서 해당 산업의 미래가 글로벌화에 의해 결정될 것으로 예상된다. 하지만 기술의 차별화가 점점 더 요원해지는 이때 여전히 기술의 진보는 여전히 특정 기업의 산업 내 경쟁력을 보장하는 가장 강력한 무기가 된다. 이러한 기술의 진보는 필연적으로 제품의 혁신에만 국한되는 것이 아니다. 다시 말해, 국내 스포츠용품 브랜드는 먼저 스포츠 소비자의 표준화된 대량생산 제품에 싫증을 느끼기 시작하면서 자신만의 욕구를 만족시킬 수 있는 개인화된 스포츠용품을 원하는 욕구변화를 파악하여 자동차 튜닝 시장과 맞춤형 가구제작과 같이 스포츠용품의 수동적 소비를 넘어 자신이 원하는 제품의 콘셉트 개발과 기획 단계부터 참여하는 프로슈머로서 이들의 욕구를 반영할 필요가 있다. 또한 소유의 개념보다 상품이 제공하는 효용에 초점을 맞추는 소비자가 늘어남에 따라 원하는 시간에 일정 가격을 지불하고 제품을 이용하는 '공유경제'가 스포츠용품으로도 확대될 것으로 예상된다. 더불어 3D 프린팅의 등장은 과거 불가능하게 여겨지던 복잡한 디자인의 스포츠 제품이나 부품을 낮은 비용으로 손쉽게 제작할 수 있을 것으로 판단된다. 마지막으로 스포츠용품 기업들은 택배시스템의 발달과 더불어 주문생산을 통한 중간유통 단계를 줄여 공장도 가격의 3~4배가 되는 소비자가격을 절반으로 줄일 수 있는 환경이 마련되고 있다. 따라서 스포츠용품 기업들은 프로슈머로 진화하는 소비자의 욕구를 효과적으로 충족시킬 뿐만 아니라 3D 프린팅과 중간유통단계를 획기적으로 줄이는 생산 및 유통의 경제와 더불어 공유경제를 실현할 수 있는 비즈니스 모델의 개발이 요구된다.

3
스포츠이벤트 유치의 개선과제

　　사회, 문화, 환경 및 경제적 파급효과를 지닌 국제 스포츠이벤트의 유치 및 개최를 바라보는 시각은 이중적일 수 있다. 특히, 영국의 경제학자 지맨스키(Szymanski)가 주장한 것처럼 국제 스포츠이벤트의 경제적 효과성은 많은 부분이 과장되어 있으며 부정적 효과는 간과되었다는 비판도 있다. 실제로 앞서 치러진 많은 메가 스포츠이벤트에서 경제적인 실패의 사례를 많이 찾아볼 수 있다. 이는 국제 스포츠이벤트 개최가 도시 재정을 적자로 몰아넣기도 하고, 스포츠시설의 사후관리에서 도시의 재정적 부담을 가중시킬 수 있으며, 결과적으로 주민의 세금부담으로 작용할 것이라는 것과 대회 관련 관광객의 증가가 일회성이 될 가능성이 여전히 존재하지만 해당 지자체는 국제 스포츠이벤트를 정치적 목적으로 이용할 뿐 이러한 사실을 간과하고 있다는 것이다.

　　그럼에도 불구하고 국제 스포츠이벤트를 유치하고자 하는 도시들이 대회유치의 당위성으로 제시하고 있는 대회유치 타당성 분석보고서의 대부분은 긍정적인 경제효과를 결론으로 제시하는 것이 현실이다. 국제 스포츠이벤트를 유치하려는 지자체는 자체 부설 연구소 혹은 민간 컨설팅사에 연구용역을 의뢰하는 것이 일반적이다. 이때 수직적 상하관계 혹은 계약에 의한 주문자와 생산자의 관계로서 민선 지방자치단체장들의 치적 쌓기에 명분을 실어주는 용도로 경제적 파급효과가 부풀려진 분석보고서가 도출될 가능성이 높기 때문이다. 또한 스포츠 이벤트 유치의 이득은 일반 지역주민이 아닌 소위 있는 사람들에게 치중될 수 있어 지역 간뿐만 아니라 지역 내에서도 경제적 편차가 커질 수 있다. 게다가 중앙정부의 재정적 지원이 제한적인 경우라면, 국제 스포츠이벤트의 재정적 지출은 결국 지역경제에 대한 부담으로 남게 되므로 미래 기반시설에 대한 투자라는 명목하에 행해지는 지역발전 노력이 지역 주민에게 경제적인 부담으로 남게 될 수 있다.

실제로 2011년 대구세계육상경기대회가 막을 내린 후, 대구 경실련을 비롯한 시민단체들이 2003년 하계유니버시아드대회와 2011년 세계육상선수권대회의 경제적 파급효과 부풀리기에 대한 철저한 진상조사를 요구하게 되었다. 당시 대구시는 산하기관인 대구경북연구원의 두 대회의 경제효과분석을 토대로 대회를 개최함에 따라 유발되는 경제적 파급효과가 각각 약 1조 원과 약 8조 원에 이르는 것으로 발표했다. 하지만 2003년 하계유니버시아드대회 직후 대구시의 경제지표를 분석해보면 대회를 치르고 난 후 경제성장률과 실업률에는 아무런 변화가 일어나지 않았으며, 오히려 외국인 관광객 수는 2003년 약 17만 명에서 2006년에는 약 3만 2,000명으로 급격하게 줄었으며, 대구시 경기장 및 시설운영비가 2003년 약 97억 원에서 2006년 약 112억 원으로 증가했다. 또한 2011년 대구세계육상선수권대회에 당초 투자비용으로 약 2,300억 원으로 책정되었으나 대회투자를 위한 예산명목에도 없는 도시업그레이드 비용이 1조 7,000억 원으로 확대되었다. 일반적인 경제적 효과 산출방식에 의하면 투자비용이 상승하면 자연히 경제유발효과도 높아지는데, 대구시는 행정적 종속관계인 대구경북연구원의 대회유치에 따른 경제적 파급효과 분석보고서를 통해 이러한 대회유치의 경제적 타당성을 부풀렸다는 의혹을 받고 있다. 결과적으로 2012년 대구시의 부채는 37%를 넘는 것으로 나타나 전국 꼴찌수준을 기록하고 있다. 이와 관련하여 대구 경실련 등의 민간단체들은 대구시의 경제적 효과 부풀리기에 대한 진정성 있는 사과와 재발방지를 위한 철저한 진상조사 및 대구경북연구원의 자율성 보장을 촉구하는 실정에 이르렀다.

그렇다면 많은 지자체들이 국제적인 메가 스포츠이벤트를 유치하려는 이유는 무엇일까? 국제 스포츠이벤트를 유치하려는 대부분의 지자체들은 스포츠이벤트와 관련된 경제적 파급효과를 부각시켜 대회유치의 타당성을 내세우고 있다. 하지만 앞서 언급한 대구시의 경우에서 볼 수 있듯이, 이러한 지자체들의 스포츠이벤트 유치에 따른 경제적 파급효과와 관련하여 많은 문제점이 야기되고 있는 것이 현실이다. 그렇다면 이러한 문제들을 해결하기 위해서는 스포츠이벤트의 경제적 효과를 좀 더 깊이 들여다볼 필요가 있을 것이다. 이러한 심도 있는 분석을 통해 앞으로도 계속될 지자체들의 스포츠이벤트 유치에 있어 고려해야 할 점들을 제시할 수 있을 것으로 판단된다.

밴쿠버동계올림픽의 경제적 파급효과가 약 20조 원에 이른다고 한다. 일례로 우리나라 전체 스포츠산업의 규모가 약 35조 원 정도라고 보면, 밴쿠버동계올림픽의 경제효과는 우리나라 스포츠산업 규모의 약 60%에 해당한다. 따라서 20조 원이라는 밴쿠버동계올림픽의 경제효과가 상당히 큰 금액이라는 것이다.

그렇다면 이러한 경제적 파급효과를 유발하는 요인들에는 무엇이 있을까? 우선 경제적 효과에서는 크게 편익과 비용 그리고 기회비용이 존재한다. 편익은 수익의 측면을 의미하며, 비용은 문자 그대로 대회를 유치하고 치르는 데 필요한 지출을 나타낸다. 기회비용이라는 것은 우리가 어떤 하나의 물건을 얻기 위해 다른 하나를 포기해야 하는 대안의 최고 가치라고 할 수 있다. 세상을 살아가면서 우리가 삶으로 체득한 "세상에는 공짜가 없다"라는 진리가 이를 잘 설명해준다. 즉, 무엇인가를 획득했다면 다른 어디에선가 이를 위한 대가를 치러야 한다는 것이다. 또 다른 예로 우리가 대학을 다니는 동안 들어가는 비용은 매년 약 800만 원 정도다. 하지만 대학교 4년 동안 배움을 위해 치러야 하는 비용은 3,200만 원(800만 원×4년)이 아니라, 3,200만 원의 실제 비용에다 우리가 대학을 다니지 않고 직장을 다닌다거나 다른 일을 하면서 벌어들일 수 있는 기회비용을 더해야 한다는 것이다. 참고로 이 기회비용이라는 것은 눈에 잘 드러나지 않을 수 있으며, 주관적이라는 약점을 지니고 있다. 또한 편익은 두 가지 측면으로 볼 수 있다. 눈에 보이는 유형의 편익과 눈에 잘 드러나지 않은 무형의 편익으로 구성되었다고 볼 수 있다. 무형의 편익은 기회비용과 마찬가지로 주관적일 수 있다.

스포츠이벤트와 관련된 편익과 비용 그리고 기회비용을 세부적으로 살펴보면, 먼저 편익과 관련된 부분은 국가와 지자체의 차원에서 대외 이미지 향상을 통한 국위선양과 국민의 자긍심 고취라는 비가시적인 편익이 있으며, 세금, 시설이용료, 스포츠 관광객의 지출, 국내 발생 스폰서십 수입, 국외 발생 스폰서십 수입을 포함하는 가시적인 편익이 있다. 기업(광고주) 차원에서 광고를 통한 국내 및 국외 매출증가, 그리고 선수의 차원에서 광고수입 및 연금수입의 편익이 존재한다. 이와는 반대로 비용의 부분에서 국가 차원의 연금지급, 시설건설과 관리비용, 선수훈련비의 가시적인 비용이 존재하며, 기업의 입장에서 선수를 이용한 광고비, 스폰서십 비용을 포함하고 있으며, 선수의 입장에서 시설이용비용이 있다.

기회비용과 관련하여 먼저 정부 차원의 기회비용이 존재한다. 정부와 지자체가 수영장, 스포츠시설 건설에 투자하는 대신 다른 산업의 영역에 투자했을 때 발생하는 이익을 들 수 있다. 기업의 기회비용은 특정 선수를 이용해서 광고를 찍을 때, 해당 선수를 이용하지 않고 다른 선수나 유명 연예인을 이용할 때 발생하는 비용을 의미한다. 또한 선수에게 발생되는 기회비용이 있다. 특정 선수가 운동을 하지 않고 다른 직장을 구한다거나 다른 일을 했을 때 벌어들일 수 있는 이익을 의미한다.

특정 스포츠이벤트의 경제적 효과를 논하기 위해서는 정부, 기업(광고주), 선수의 차원에서 이러한 경제적 파급효과를 발생시키는 요인들을 분석할 필요가 있다. 〈표 11-2〉에 나타난 바와 같이 정부, 기업, 선수 차원에서 발생하는 국위선양(A), 국민 자긍심 고취(B), 선수들의 이용수입(C), 세금수입(D), 스포츠 관광객으로부터의 수입(E), 국내 발생 스폰서십 수입(F), 국외 발생 스폰서십 수입(G), 기업의 국내 매출증가(H), 기업의 국외 매출증가(I), 광고수입(J), 연금수입(K)을 포함하는 편익의 부분에서 선수연금지급(a), 시설건설비용(b), 시설관리비용(c), 선수훈련비(d), 광고출연료(e), 스폰서십 비용(f), 선수이용비용(g)을 포함하는 실제 비용과 국가 차원의 기회비용(Noc), 라이벌회사의 매출감소라는 기업 차원의 기회비용(Coc), 선수의 기회비용(Poc)을 빼는 방식으로 특정 스포츠이벤트의 경제적 효과를 산출할 수 있다. 하지만 국가 차원의 기회비용(Noc)과 선수 차원의 기회비용(Poc)은 너무나도 광범위하기 때문에 이들을 포함할 경우, 실제로 발생하는 경제적 파급효과는 없다고 봐야 하므로 이 계산식에서 빼기로 한다. 또한 국위선양과 자긍심 고취는 무형적인 것이어서 계량적으로 산출하기가 쉽지 않다. 따라서 이들 무형적인 편익의 경제적 파급효과는 앞서 제시한 경제적 효과를 위한 계산식에서 제외하기로 한다.

구체적으로 국가의 각종 시설의 이용수입은 선수들의 이용비용으로 상쇄되고, 국내 발생 스폰서십 수입은 기업의 스폰서십비용으로, 국내 기업의 매출증가는 국내 라이벌 기업의 매출감소로, 선수의 광고수익은 기업의 광고출연료로, 선수의 연금수입은 정부의 연금지급비용으로 상쇄된다. 이러한 과정을 거쳐 남는 것은 편익의 측면에서 정부의 세금수입(D)과 스포츠 관광객의 이용수입(E), 국외 발생 스폰서십 수입(G), 기업의 국외 매출증가(I)가 남게 되며, 비용의 측면에서는 경기장 시설의 건설비용(b)과 시설관리비(c)가 남게 된다. 이론적으로 이러한 편익에서 비용을 뺐을 때, 그 값이 플러스(+)값이 되면 스포츠이벤트 행사의 유치에 타당성이 확보가 되는 것이나, 이와는 반대로 마이너스(-)값이 나온다면 대회유치에 보다 신중해야 하는 것이 마땅하다.

〈표 11-2〉 스포츠이벤트의 경제적 효과분석 항목

	편익	비용	기회비용
정부(지자체)	국위선양(A) 국민 자긍심 고취(B) 이용수입(C) 세금수입(D) 관광수입(E) 국내 발생 스폰서십 수입(F) 국외 발생 스폰서십 수입(G)	연금지급(a) 시설건설비(b) 시설관리비(c) 선수훈련비(d)	OCn (정부 차원의 기회비용)
기업(광고주)	국내 매출증가(H) 국외 매출증가(I)	광고출연료(e) 스폰서십비용(f)	OCc (라이벌회사의 매출감소)
선수	광고수입(J) 연금수입(K)	이용비용(g)	OCa (선수 차원의 기회비용)

이러한 시각은 현재 많은 지자체가 부각시키고 있는 스포츠이벤트의 경제적 파급효과를 국내 시장경제에도 적용하는 시각과는 많이 다른 것으로, 실제로 기회비용의 측면을 고려해야 하므로 특정 스포츠이벤트로 인해 국가 내에서 발생하는 경제적 파급효과는 미미하다고 할 수 있다. 예를 들어 김연아 선수가 2010년 밴쿠버동계올림픽에서 착용한 귀걸이를 생산하는 업체의 매출이 증가했다는 뉴스를 접할 수 있었다. 해당 귀걸이 생산업체는 매출이 증가된 것이 사실이지만, 기회비용의 관점에서 라이벌회사의 매출이 감소하거나 매출이 둔화되었을 것이다. 또한 김연아 선수를 자사의 광고에 이용한 은행의 경우, 해당 예금상품의 예금액이 증가했으나, 라이벌 은행의 예금은 상대적으로 감소했을 것이다. 다시 말해, 국내 소비시장에서 발생하는 스포츠이벤트의 경제효과는 밴쿠버동계올림픽에서 김연아 선수가 금메달을 획득함에 따라 특정 제품의 수요가 일시적 증가하거나 해당 제품을 판매하는 매장에 사람들이 일회성으로 몰리는 시간 및 공간적으로 제한된 과수요로 볼 수 있다. 왜냐하면 김연아 선수가 광고하는 에어컨 제품을 소비자가 나중에 사려고 하려던 것을 시간을 앞당겨서 살 수는 있다. 하지만 동일한 브랜드

의 에어컨 제품을 2대 혹은 3대를 구입할 소비자는 많지 않기 때문이다. 따라서 김연아 선수가 광고하는 에어컨을 사려고 해당 브랜드의 매장에는 사람들이 몰리지만 라이벌 브랜드를 판매하는 매장에는 사람들이 상대적으로 감소하는 현상을 두고 국가 전체에 미치는 경제적 파급효과로 볼 수 없을 것이다.

한편 앞서 언급한 스포츠이벤트의 경제적 효과를 계산하는 식에서 마이너스(-)값이 나왔다고 가정할 때, 지자체의 재정상황을 고려해 경기장시설 건설비용이나 시설의 관리비용이 상대적으로 높지 않다면 국가와 지자체 대외 이미지 제고와 시민의 자긍심 고취 차원의 무형적 가치를 고려하여 스포츠이벤트 유치를 제고할 수 있다. 하지만 FIFA 월드컵이나 올림픽경기 같은 메가 스포츠이벤트의 경우, 경기장시설 건설에 대한 비용이 기하급수적으로 늘어나게 된다. FIFA나 IOC에서 요구하는 경기장의 기준규모와 경기장 시설에 대한 환경기준을 충족시켜야 하므로 이들 시설건설에 상당한 비용이 투자되는 것이 현실이다. 실제로 우리나라가 2002년 월드컵을 치르면서 건설한 10개의 축구경기장 건설비용에는 정부와 지자체의 상당한 재원이 투입이 되었으며, 몇몇 경기장을 제외하면 지방자치단체의 자랑거리에서 많은 유지비용이 들어가는 그야말로 '돈 먹는 하마'가 되고 말았다.

그렇다면 국가 혹은 지자체의 대외 이미지 향상을 통한 국위선양과 국민 자긍심 고취 같은 비가시적 요소들은 어느 정도의 경제적 파급효과를 지니고 있는 것일까? 국민의 자긍심 고취는 상당히 추상적인 개념으로 이러한 효과가 존재하는 것은 우리가 믿지만 실제로 경제효과 측면에서 계량적으로 나타내는 데 한계가 있다. 따라서 여기서는 스포츠이벤트 개최를 통한 정부의 국위선양에 대한 해답을 제시하고자 한다. 먼저 김연아 선수가 2010년 밴쿠버동계올림픽에서 금메달을 획득한 후, 2010년 2월 24일자 「뉴욕타임스(New York Times)」 지에는 1면 톱기사로 김연아 선수의 활약상을 다루었다. 2월 27일자 「뉴욕타임스」 스포츠면의 1면 톱기사를 비롯하여 약 600회에 걸쳐 김연아 선수와 대한민국의 동계올림픽 참가선수들에 대한 기사가 외국 신문을 장식했다. 엄밀히 말하자면, 외국 미디어에 의해 우리나라의 기사가 나간 것은 우리가 돈을 들여 광고를 한 것이 아니라, 그들이 자국민의 알 권리를 위해 우리나라와 우리 선수를 알려주는 홍보적인 효과를 지닌다. 결과적으로 2010년 밴쿠버동계올림픽의 경우, 외국 미디어에 의해 소개된 우리나라의 노출효과는 15초로 단위화하여 시간대별 광고단가를 고려했을 때, 약 7,000억원의 가치가 있는 것으로 보인다.

하지만 이러한 미디어 노출효과에 대한 과대평가는 스포츠이벤트의 경제효과를 부풀리는 문제를 야기할 수 있다. 「뉴욕타임스」에 실린 김연아 선수의 기사와 국외 언론의 동계올림픽과 관련된 우리나라에 대한 기사는 전단지 광고와 유사한 성격을 띠고 있다. 즉, 2010년 2월 24일자 신문을 보고 나면 대부분의 사람들은 2월 25일에는 전날의 신문을 보지 않는 것과 마찬가지로 이러한 신문지면의 기사들은 지속성이 결여되어 있다는 점이다. 물론 「뉴욕타임스」 같은 신문기사는 지속성이 결여된다는 점에 있어 전단지 광고와 유사한 특성을 지니고 있으나, 객관성과 신뢰성이 높은 홍보의 관점에서 사람들이 신문기사에 대해 호의적인 감정을 가지고 신뢰하는 객관성을 지님으로써 전단지 광고와는 차이가 있다. 따라서 김연아 선수가 2010년 벤쿠버동계올림픽에서 금메달을 획득한 후, 김연아 선수를 모델로 하는 브랜드들이 자사 제품에 김연아 선수의 광고를 자주 내보내는 이유는 이러한 호의적인 노출효과의 지속성을 유지하기 위해서이다.

결과적으로 스포츠이벤트를 개최하는 데 있어 지자체들은 미디어노출의 경제적 파급효과를 알리며 대회유치의 타당성을 강조하고 있지만, 앞서 언급한 바와 같이 일시적인 미디어노출효과가 높고 사람들에게 호의적으로 인식될 수 있는 긍정적인 측면과 더불어 지속성의 결여 같은 문제를 안고 있어 이러한 노출효과의 경제적 파급효과는 미미할 수 있다. 따라서 뉴스보도를 통한 노출효과가 발생하는 것은 부인할 수 없으나, 사람들에게 이러한 노출효과를 통한 경제적 파급효과가 피부로 와 닿기 전까지는 추상적일 수밖에 없다.

그렇다면 경제적 파급효과를 토대로 우리 정부나 지자체들이 스포츠이벤트를 개최를 결정하는 데 있어 고려해야 할 점은 무엇인가? 앞서 언급했듯이 국내에서 일어나는 모든 경제적 파급효과는 실제적으로 기회비용의 관점에서 그 효과는 상당히 미미할 수 있다. 그렇다면 국내에서 발생하는 경제적 파급효과를 제외한 항목들, 즉 정부의 세금수입(D)과 스포츠 관광객의 이용수입(E), 국외 발생 스폰서십 수입(G), 기업의 국외 매출증가(I)를 포함하는 편익과 경기장 시설의 건설비용(b)과 시설관리비(c)의 비용을 고려해야 한다. 편익에서 비용을 뺀 값이 마이너스(−)값이 도출된다면 미디어 노출을 통한 국위선양(A)과 자긍심 고취(B)의 무형적인 경제효과를 고려한 대회 유치 여부의 신중한 결정이 필요하다. 이와는 반대로 플러스(+)값이 도출된다면 스포츠이벤트 유치의 타당성이 당연히 확보되는 것이지만, 지자체의 발전을 극대화할 수 있는 다른 대안적인 스포츠이벤트는 존재하는가에 대한 의문을 제시할 필요가 있다. 이러한 질문에 답하기 위해 스포츠이벤트의 편익과 비용을 토대로 경제학에 자주 등장하는 '한계효용균등의 법칙'을 이용할 수 있다.

한계효용균등의 법칙은 다수의 재화를 소비하는 가정하에 재화 1원당 한계효용이 동일할 때, 소비자의 총 효용이 극대화된다는 것을 의미한다. 여기서 효용이란 소비자가 재화를 소비할 때 느끼는 주관적인 만족을 나타내며, 한계효용은 재화가 한 단위 증가함에 따른 효용의 증가량을 의미한다. 이해를 돕기 위해 예를 들어보면, A제품의 편익은 1만 원이며 비용은 4,000원일 때, A제품의 한계효용은 2.5(1만 원/4,000원)로서 A제품을 1원어치 소비할 때 소비자의 효용 2.5가 증가한다는 것이다. 이와는 반대로 B제품의 편익은 1만 2,000원이며 비용은 6,000원일 때, 편익과 비용의 차이는 A제품과 마찬가지로 6,000원의 차이가 있으나 한계효용은 2(1만 2,000원/6,000원)가 된다. 따라서 일반적인 방법으로 한계효용을 무시한 비용만 고려한다면 A제품을 선택하는 것이 마땅하나, 이와는 반대로 편익만 고려한다면 B제품을 구매하는 것이 옳은 선택일 수 있으므로 제품에 대한 구매결정이 쉽지 않을 것이다. 하지만 이러한 비용에 더하여 한계효용을 모두 고려한다면 A제품을 선택하는 것이 현명한 구매선택이 될 수 있을 것이다. 마찬가지로 스포츠이벤트의 여러 대안 중에서 가장 합리적 선택은 비용 혹은 편익만 강조하기보다는 비용과 편익을 고려하고, 무엇보다 효용의 극대화를 실현시킬 수 있는 스포츠이벤트를 유치하는 것이 바람직할 것이다. 그 외 스포츠이벤트의 개최와 관련하여 지자체들에게 제시될 수 있는 향후 과제는 다음과 같다.

- 국제 스포츠이벤트의 유치와 관련하여 투입 대비 산출의 경제적 효율성과 효과성의 면밀한 검토가 요구된다. 오늘날 많은 도시에서 유치하기를 희망하는 국제 스포츠이벤트에 대한 여러 경제적 효과에 대해서는 부인할 수 없다. 국내의 경우, 대부분의 국제 스포츠이벤트는 중앙정부 차원의 공공재원이 투입되는 경우가 많다. 특히 대회유치 및 실행에 투입비용이 많이 드는 스포츠이벤트인 경우에는 그 효과성에 대한 현실적이고 실제적인 평가의 필요성이 강조된다. 따라서 보다 엄밀한 평가를 위해서는 경제적 파급효과에 대한 평가를 국제 스포츠이벤트 대회 개최 이전뿐만 아니라 이후에도 도입함으로써 이러한 경제적 파급효과 분석이 지자체의 무분별한 스포츠이벤트 개최를 제한하는 기능을 지녀야 할 것으로 판단된다.

- 대회 관련 시설의 유휴화를 방지하기 위해 대회시설의 사후활용 방안에 대한 대회유치 단계에서의 명확한 제시가 요구된다. 국제 스포츠이벤트 개최로 인해 발생하는 사회경제적 파급효과에 관심이 집중되는 동안 이벤트가 끝난 사후 시설관리 및 운영에 대한 체계적인 계획이 미비한 것이 사실이다. 특히 많은 지자체가 대회 시설에 대해 일괄적으로 민간위탁 경영을 맡

는 것이 현실이다. 따라서 대회시설의 사후 운영효율화를 기할 수 있도록 한 민간주체의 일괄적인 민영위탁보다는 관리주체의 경영상태, 실적을 고려하는 것도 제시될 수 있을 것이다.

- 경기장 시설을 포함하는 기존의 인프라가 갖춰진 경우, 국제규모의 스포츠 이벤트를 개최하기 위한 선순환 구조를 확보한 것으로 볼 수 있다. 선진국의 경우 많은 국제 스포츠이벤트가 개최되는 것을 볼 수 있는데, 이는 이들 국가들이 이미 스포츠 경기를 치를 수 있는 인프라시설들을 갖추고 있기에 가능하며, 국가의 이미지 제고, 국민 자긍심 고취 외에 여러 경제적 파급효과 항목에서 흑자를 기록할 수 있는 여건을 갖추고 있기에 가능하다. 마찬가지로 우리나라의 경우, 2002년 월드컵을 개최하기 위해 국내 10곳에 축구 경기장이 신축되었다. 당시 월드컵 개최의 경제적 효과에 의문이 제기되기도 했으며, 실제로 현재 이들 경기장에 많은 유지비용이 투입되고 있는 것이 현실이다. 따라서 우리나라가 2022년 월드컵 유치를 계획하고 있는 것은 바람직한 방향으로 나아가는 것이며, '퍼주기식 대회유치'가 아닌 기존 시설들을 활용한 흑자 스포츠이벤트를 위해 다양한 대회를 개최할 수 있도록 전략적인 유치계획을 위한 전문성을 확보하고 이를 진행해야 할 것으로 판단된다.

XII

스포츠산업의 발전과제(II)

1
미디어 스포츠산업의 발전과제

　　미디어 스포츠산업에 있어 현재 대두되고 있는 현상은 영국과 미국 등의 스포츠 선진국, 특히 미국의 초자본을 앞세운 미디어 스포츠 재벌들의 스포츠 콘텐츠를 통한 아시아, 아프리카, 중남미 국가들에 대한 문화식민지 현상이라고 할 수 있다. 결과적으로 스포츠산업 후진국 혹은 개발도상국의 스포츠산업은 이러한 초국적 자본의 공격에 고전을 면치 못하고 있으며, 미디어재벌들이 생산하는 스포츠 콘텐츠를 일방적으로 소비하는 소비시장 그리고 스포츠 경기를 생산하는 노동자를 공급하는 선수공급시장으로 전락하고 말았다.

　　1984년 LA올림픽을 기점으로 아마추어리즘을 위시한 스포츠의 전통적인 개념은 기업들의 거대자본 유입과 더불어 스포츠를 산업으로 인식하는 스포츠산업화 개념으로 전환되었으며, 월드컵 및 올림픽경기 등에서 볼 수 있듯이 스포츠를 통해 얻을 수 있는 각본 없는 감동에 대한 대가는 상상을 초월하게 되었다. 최근 슈퍼볼로 대변되는 미식축구 NFL의 방송중계료는 연간 49억 5,000만 달러(약 5조 700억 원)를 기록했고, 미국프로농구 NBA 9억 5,000만 달러(약 9,700억 원), 미국프로야구 MLB 15억 달러(약 1조 5,000억 원), 아이스하키 2억 달러(약 2,050억 원)을 합하여 총 8

조 원에 이른다. 1998년 2억 달러(2,000억 원)였던 월드컵 중계료는 2014년 무려 3조 4,000억 원으로 뛰었고, 올림픽 중계권도 최근 NBC가 2021년부터 2032년까지 총 여섯 차례의 동·하계올림픽경기에 77억 5,000만 달러(약 7조 9,000억 원)을 지불하기로 했다. 이러한 스포츠 경기 방송중계료의 기하급수적인 증가는 어떻게 가능했을까? 이 질문에 관련된 해답은 초국적 자본과 스포츠 스타, 그리고 이들을 묶어주는 미디어가 이러한 스포츠 중계료 폭등의 배경에 자리 잡고 있다는 것이다.

　　　1960년대 초반 미국의 우주탐사계획인 '아폴로 프로젝트(Apollo Project)'가 시작된 이래, 미디어 기술은 혁명적 진보를 거듭하였다. 그리고 진화된 미디어 기술은 위성TV의 등장과 스포츠용품 기업들의 글로벌화 전략과 이해관계가 어우러지면서 스타마케팅을 통한 글로벌 스포츠 혁명도 시작되었다. 일례로 글로벌 시장진출을 계획하던 나이키와 미국프로농구 NBA는 1984년 NBA 신인드래프트에서 시카고 불스(Chicago Bulls)에 지명된 마이클 조던의 상품성을 이용해 본격적인 마케팅을 시도하게 되었다. 글로벌 스포츠용품회사인 나이키는 조던을 통해 인간도 하늘을 날 수 있다는 단순하고도 강렬한 메시지를 통해 전 세계 청소년들을 매료시키면서 단번에 세계 스포츠용품시장의 부동의 1위로 성장했다. 게다가 미프로농구 NBA의 커미셔너인 데이비드 스턴의 치밀한 연출에 의해 조던의 이미지와 지구촌 최대의 스포츠축제인 올림픽을 묶어 NBA 드림팀을 탄생시키면서 이를 통한 NBA의 세계화 전략은 본격화되었다. 무엇보다 나이키와 NBA 그리고 마이클 조던이라는 글로벌 스포츠 스타의 협력은 스포츠의 세계화라는 시대적 흐름과 절묘하게 맞아떨어지면서 글로벌 미디어재벌의 글로벌시장 공략의 단초를 제공하게 되었다.

　　　학자들은 조던의 마케팅파워가 무려 60조 원의 경제적 가치를 지니고 있으며 할리우드 영화산업 연간 매출액의 2배에 달하는 규모로서 미디어를 통한 국가 간 지리적 국경, 종교, 인종, 문화의 장벽을 무너뜨린 글로벌 스포츠 마케팅의 결정체라고 주장한다. 마이클 조던은 개인적으로 연간 수입이 약 1,000억 원을 뛰어넘는 역사적으로도 전례가 없는 최고의 스포츠재벌로 거듭났으며, 나이키는 조던을 이용한 스타마케팅에 힘입어 세계 최대 글로벌 스포츠용품회사로 성장하였다. 또한 미국 내에서 인기를 누리던 NBA는 글로벌 시장에 있어 전 세계인이 동시에 시청자가 되는 명실상부한 지구촌 최고의 글로벌 스포츠리그로 자리 잡으면서 무려 220개국에 중계방송되었다. 무엇보다 글로벌 시장을 노리던 초국적 자본과 미디어 그리고 스포츠 스타의 결합은 타이거 우즈, 데이비드 베컴 등 수많은 조던의 후계자를 배출했다. 결과적으로 사람들은 새로운 스포츠 스타들에게 열광했고, 이는 스포츠의 세계화와 글로벌 미디어 스포츠산업이라는 새로운 방향이 제시되었다.

한국의 경우도 마찬가지로, 1994년 한국인 최초의 메이저리거 탄생에 대한 민국 모든 국민은 감격했다. 하지만 어떻게 프로선수도 아닌 무명에 가까운, 단지 잠재력만 지닌 대학생 선수 박찬호의 메이저리그 입성이 가능했는지 설명할 수 있는 이는 많지 않을 것이다. 이러한 의문에 대한 해답은 당시 국내의 방송환경에서 찾을 수 있다. 1990년대 국내 방송계는 이전에 없던 위성방송 시스템을 맞이하였다. 당시 3개였던 공중파 방송 채널이 순식간에 수백 개로 늘어나면서 다채널을 통한 무한경쟁시대에 접어들었다. 국내 방송국들에 있어 스포츠 경기는 자사 채널을 차별화시키기 위한 저생산비용 대비 고효율을 지닌 최고의 방송콘텐츠로 각인되었으며, MLB 입장에서는 아시아시장에서의 수익성 및 경쟁력 확보를 위해 한국시장으로 침투하기 위한 절호의 기회로 인식되었다.

1994년 당시 MLB는 국내 방송 3사에 오늘날 MLB 방송중계권료에 견주어 터무니없는 가격인 경기당 1만 달러, 총 30만 달러 정도의 파격적인 조건을 제시한다. 한편 메이저리그에 진출한 박찬호 선수는 1994년 이후 두각을 나타내지 못하였으나 1997년을 시작으로 5년 연속 10승을 기록하면서 MLB 특급 투수로 성장하였다. 당시 IMF 구제금융 체제가 시작되면서 국내 경제상황은 그야말로 최악이었으나, 대한민국 국민에게 박찬호의 승리는 야구경기 그 이상의 감동과 자부심을 선사했다. 이내 박찬호의 경기를 위시한 MLB 경기는 국내 방송국의 경쟁성을 확보하는 이른바 킬러 콘텐츠로 자리 잡게 되었다. 1994년 경기당 1만 달러였던 MLB 중계료는 1997년 지역 민방인 인천방송이 지상파 방송들을 제치고 총액 550만 달러에 메이저리그 중계권을 따내면서 1차 MLB 중계권 파동을 겪었다. 또한 2000년에는 MBC가 무려 3,200만 달러로 한국방송 역사상 최대 자금을 투입하여 MLB 중계권을 가져가면서 2차 MLB 중계권 파동을 야기했다. 그리고 2004년에는 국내 메이저방송 3사를 제치고 신생 스포츠마케팅회사 IB스포츠가 5,300만 달러에 중계권을 독점하면서 3차 MLB 중계권 파동을 겪게 된다. 결과적으로 국내 스포츠 중계를 지배하던 방송 3사 간의 불문율로 알려졌던 전통적인 협력체제는 힘없이 와해되고, 국내 방송사뿐만 아니라 마케팅회사 간의 스포츠콘텐츠 확보전쟁은 국내 미디어 스포츠산업에 있어 메이저리그 방송중계권료에 대한 역사상 유례가 없는 초고속 상승률을 야기했다.

한편 미디어와 스타마케팅을 이용한 스포츠의 세계화 전략은 크게 두 가지로 분류된다. 앞서 언급하였던 NBA의 마이클 조던과 영국 프리미어리그의 베컴 그리고 미국 PGA의 타이거 우즈 등 글로벌 스포츠 스타들의 영향력은 말 그대로 전 세계 시장을 단일화하는 글로벌라이제이션(globalization)이다. 또 다른 세계화 전략은 박찬호의 경우처럼 지역 국가의 선수를 활용하는 지역화를 통한 세계화, 즉 글로컬라이제이션(glocalization)이다. 글로컬라이제이션을 실현하기 위해서는 글로벌 스포츠리그가 먼저 각국의 유망선수 혹은 스타 선수를 영입하고, 폭스와 ESPN 등 다국적 미디어기업은 자국의 선수를 맹목적 응원하는 스포츠 내셔널리즘을 자극한다. 자국의 선수가 경기하는 모습을 보면서 대리만족과 내셔널리즘(nationalism)을 경험하는 각국의 미디어 스포츠 수요가 많아지면서 미디어와 결탁한 다국적 스포츠기업과 스포츠리그는 자연스럽게 로컬시장에 진입하는 전략을 펼친다. 결국 수

많은 박찬호가 끊임없이 영입되고 있으며, 초자본을 앞세운 미국과 영국의 스포츠리그들은 미디어를 통한 스포츠의 세계화에 이들 지역 스포츠 선수들을 전략적으로 활용하고 있다.

그러면 미국이나 유럽의 스포츠리그들은 왜 이러한 미디어를 통한 스포츠 세계화를 끊임없이 추구하는 것일까? 특정 산업의 존속을 위해서는 이익을 생산에 투자하고 소비증가에 대비하는 생산과 소비의 반복적인 확대 재생산을 필요로 한다. 이는 재화, 서비스 및 자금의 안정적인 유통과 순환 시스템을 통해 가능하며, 이러한 시스템이 건강하게 돌아가기 위해 소비의 확대가 우선적으로 요구되기 때문에 미국과 유럽의 스포츠산업은 다른 여타 산업과 다름없이 계속적인 양적 팽창을 원하고 있는 것이다. 일례로 스포츠 세계화의 전초기지인 미국의 경우, 레저산업을 제외한 스포츠산업은 연간 200조 원 규모를 넘어선다. 이는 할리우드 영화산업의 약 7배, 그리고 자동차산업의 2배인 거대 산업으로서, 미국 내 최고 스포츠이벤트인 슈퍼볼은 30초짜리 광고료가 무려 400만 달러를 넘어섰다. 미국 뉴욕의 타임스퀘어는 ABC, 뉴스코퍼레이션, CNN 등 다국적 방송사들이 자리 잡고 있으며, 거리는 스포츠광고로 넘쳐날 뿐만 아니라 미국 주요 도시의 스포츠 레스토랑에서는 최상의 좌석시설과 각종 스포츠 경기를 실제 방송국 수준의 영상과 음향으로 제공하며, 스포츠가 문화인 스포츠산업의 메카로서 미국의 단면을 보여준다. 그럼에도 불구하고 현재 미국 스포츠산업은 성장이 멈춘 소비의 포화상태라고 할 수 있다. 미디어를 통한 세계화 전략은 포화된 스포츠산업의 생존전략으로서 끊임없이 팽창과 진화를 시도하는 여느 산업과 다를 바 없다.

또한 미디어산업에 대한 미국 정부의 제도적 완화 정책도 이들 초자본의 스포츠 콘텐츠를 이용한 세계화 전략에 기여했다. 미국 정부는 이전에는 제도적으로 금지해왔던 미디어와 초자본의 결합을 1996년 '미디어소유 규제법안'을 완화함으로써 사실상 허용했다. 당연히 미디어법 규제 완화정책은 미디어 스포츠산업에 큰 영향을 미쳤다. 세계 최대의 미디어재벌인 루퍼트 머독이 소유한 뉴스코퍼레이션은 연속적인 합병을 통해 영화와 방송을 전담하는 21세기폭스사와 월스트리트저널, 영국의 더타임스뿐 아니라 미국 프로스포츠구단과 경기장을 비롯한 전 세계적으로 180여 개의 기업을 소유한 대표적인 거대 미디어그룹이다. 머독이 소유한 폭스TV는 1994년 프로미식축구 NFL의 중계권을 사들인 후 미국 4대 네트워크로 성장했으며, 곧바로 위성방송인 B-SKY-B를 설립해 유럽축구와 프리미어리그 중계권을 독점했다. 또한 유럽에서의 영향력 확대를 위해 겨울스포츠였던 영국과 호주의 럭비리그를 통째로 사들인 뒤 여름스포츠로 변모시켰으며, 유럽축구 시즌이 휴식기를 맞이하는 여름시즌 동안 이를 이용한 미디어 콘텐츠를 제공하여 전 세계 스포츠시장을 장악하였다. 또한 머독은 38억 아시아시장을 공략하기 위해 아시아 최대 위성방송 네트워크인 홍콩의 스타TV를 인수하여 세계적인 명문 프로스포츠구단들과 매디슨 스퀘어가든을 비롯한 경기장까지 소유하면서 스포츠 콘텐츠의 제작과 판매 그리고 유통까지 완벽한 시스템을 갖추고 있다.

또한 미디어재벌 디즈니그룹은 공중파 방송인 NBC와 스포츠전문 케이블 ESPN 인수를 통해 연간 1조 원이 넘는 스포츠 매출을 올리면서 머독의 라이벌로 성장하였다. 또 다른 미디어재벌인 타임워너도 뉴스미디어 CNN을 합병한 뒤 스포츠시장에 본격적으로 뛰어들었다. 머독의 뉴스코퍼레이션과 마찬가지로 구단과 경기장 그리고 미디어 유통망까지 장악하고 있다. 특이한 것은 최대 라이벌인 뉴스코퍼레이션의 스타TV와 디즈니의 ESPN이 맺고 있는 아시아 중계권의 제휴관계이다. 두 미디어재벌은 ESPN 스타를 통해 스포츠 콘텐츠와 유통망을 공동운영하고 있다. 아시아 스포츠시장은 일본을 제외하면 큰 시장이 아니므로 치열한 경쟁보다는 합작투자가 경제적이며, 독점적 시장 지배구조를 유지하면서 새로운 도전자의 출현을 막는 전략이라고 볼 수 있다.

한편 세계 많은 나라들은 미디어를 이용한 미국 스포츠자본의 세계화 공세의 심각성을 인식하고 이에 대한 대응책 마련에 고심하고 있다. 먼저 유럽연합(EU)은 지난 1997년 유럽연합의 TV분과에서 폭등을 거듭하고 있는 스포츠중계료 협상과 관련하여 유럽인의 보편적 시청접근권(universal access)을 제도화하였다. 이는 시장자본의 원리만으로는 유럽의 문화적 정체성인 미디어 스포츠산업을 위시한 스포츠산업을 지켜내는 데 역부족이라는 점을 인식하고, 월드컵축구, 올림픽경기, 윔블던 테니스경기 등 국민적 관심이 높은 스포츠는 대다수 국민에게 서비스할 수 있는 방송국에 방송중계권 협상의 우선권을 부여하는 제도를 법제화하여 스포츠 방송중계권의 폭등을 막을 수 있었으며, 모든 사람이 저렴한 비용으로 인기 스포츠 경기를 시청할 수 있는 기회를 제공하였다.

일본은 독특한 스포츠산업 시스템을 통해 미국과 유럽의 스포츠 세계화의 시도를 막아내고 있다. 주목할 만한 점은 메이저리그 중계권료의 조절은 방송사와 마케팅 에이전트회사 간의 협력시스템에 있다는 것이다. 일본의 방송사들은 주요 스포츠 중계권에 대해 세계 최대의 광고회사인 덴츠를 통해 구입하고 있다. 덴츠는 일본 내 방송사들의 위상을 제고해 방송중계권을 재판매하여 국외 스포츠 방송 중계권의 과열된 폭등을 조절하고 있다. 또한 덴츠는 방송사의 광고시간을 사들인 뒤 주요 고객사들을 통해 방송광고 판매대행을 함으로써 사전에 스포츠와 관련된 기업들의 광고비와 관련된 과열 조짐을 차단한다.

하지만 유럽과 일본을 제외한 대부분 국가의 스포츠산업은 미디어재벌의 공격에 무방비로 노출되어 있다고 할 수 있으며, 미디어 스포츠산업을 비롯한 스포츠산업 전반에 심각한 위기를 맞이하고 있는 것이 현실이다. 일례로 MLB에 진출한 류현진 선수의 경기는 킬러 콘텐츠로 자리매김하고 있으나 프로야구를 제외한 국내 스포츠에 대한 국민의 관심은 상대적으로 그리 높지 않은 것이 현실이다. 가장 인기 스포츠인 국내 프로야구의 중계권료에 있어 출범 원년인 1982년의 3억 원에 비교하면 기하급수적인 성장을 기록하였지만, 연간 300억 원 정도로서 미국과 영국의 프로스포츠와 비교하면 초라하기 그지없다.

경제논리의 관점에서 스포츠 스타는 돈이 있는 곳으로 몰려들기 마련이며, 자본이 집중된 대표적인 국가인 미국으로 전 세계의 스포츠 스타들이 몰려드는 문화적 제국주의(imperialism)라고 볼 수 있다. 결과적으로 축구, 야구, 농구 이외의 다양한 스포츠 종목은 방송국들이 중계를 기피하는 현상이 나타나고 있다. 다시 말해, 월드컵축구, MLB, NBA 등의 이른바 글로벌 킬러 콘텐츠에 대한 관심과 수요가 높아져 관련 방송중계료는 대폭 증가하였지만, 국내 프로야구를 제외한 프로축구, 농구, 야구에 대한 스포츠 소비자의 관심은 크게 줄어드는 스포츠산업의 양극화 현상이 초래되었다. 또한 1997년 200억 원이었던 프로농구단의 매각금액은 2003년 32억 원으로 폭락하여 스포츠산업에 있어 양극화 현상의 현실을 여실히 보여준다. 하지만 국내 스포츠산업은 스포츠의 세계화에 대한 제도적인 대응책은 차치하더라도 산업화의 기반조차 갖추지 못하고 있어 글로벌 스포츠 콘텐츠의 소비시장 및 미국과 유럽의 프로스포츠 리그를 위한 선수공급시장으로 전락할 위기에 놓여 있다.

그렇다면 이러한 글로벌 미디어재벌의 무차별적인 공략에 대해 국내 스포츠산업, 특히 미디어 스포츠산업이 지향하고 개선해야 할 점은 무엇인가? 이러한 질문에 대한 해답은 우선 스포츠산업의 자생력 강화가 될 수 있으며, 이는 국내 영화산업에서 그 해답을 찾을 수 있다. 2006년에 제작된 영화 「괴물」은 약 113억 원의 총제작비가 투입되었으며, 같은 해 1,350만 관객이 영화를 관람하였다. 이에 반하여, 2006년 한국 프로야구 8개 구단 전체 예산은 약 1,500억 원으로 경기장을 찾은 관중 수는 약 320만에 불과해 초라한 관람성적을 기록했다. 이는 영화 한 편의 제작비보다 15배 높은 운영비를 들인 프로야구 연간 관람객 수가 영화 한 편의 관객 수의 30%에도 미치지 못하는 것으로 상당히 비효율적인 것으로 나타난다. 물론 현재 프로야구 관람객 수는 약 800만을 돌파해 2006년 프로야구 관람객 수치보다 많이 높아진 것은 사실이나 여전히 영화 한 편의 관객 수에 턱없이 모자라는 데서 국내 프로스포츠산업의 자생력 부족 현상을 여실히 보여준다.

　　과거 정부는 할리우드 영화산업의 공세에 밀려 고사위기에 빠졌던 영화산업을 지키기 위해 '스크린쿼터제'를 사수했다. 결과적으로 한국영화는 한류열풍을 이끌어냈고, 국내 영화산업은 할리우드 자본과 맞설 수 있는 자생력을 길렀다. 마찬가지로 정부는 월드컵축구, 올림픽경기 같은 글로벌 스포츠중계권에 대해 현재 유럽연합이 취하고 있는 보편적 시청접근권(universal access) 형태의 정부 차원의 제도적 장치를 마련함으로써 과열경쟁으로 치닫고 있는 미국과 유럽 스포츠 콘텐츠의 중계권 협상에 있어 국내 스포츠산업의 규모에 맞는 합리적인 중계권 가격협상이 이루어질 수 있도록 국내 방송 3사의 시청률을 토대로 가장 많은 시청자를 보유한 채널에 대해 중계권 협상의 우선권을 보장하는 것이 필요할 것으로 판단된다. 또한 방송중계권 협상의 우선권이 주어진 방송국은 타 방송국의 위상을 제고해 적절하고 합리적인 수준에서 방송중계권의 재판매가 이루어져야 할 것이다. 오늘날 스포츠산업화는 세계화라는 무한경쟁을 부추기고, 이러한 무한경쟁 시장은 특정 기업들의 독점(monopoly)을 낳게 되며, 독점은 해당 시장과 소비자를 무력한 존재로 만든다. 따라서 미디어 스포츠 재벌들이 독점하고 있는 스포츠 미디어 시장의 공정한 시장접근을 위해서는 적절하고 합리적인 정부 차원의 규제가 요구된다.

　　또한 국내 미디어 스포츠산업을 활성화하기 위해서는 궁극적으로 국내 프로야구의 자생력 강화가 대두되는데, 이는 일본의 프로야구 산업을 통해 그 해답이 제시될 수 있다. 한때 일본의 프로야구는 노모와 이치로 등 간판스타들의 미국 진출 이후 시청률 저조와 관중 감소라는 심각한 위기를 맞이한 경험이 있다. 하지만 일본야구는 메이저리그와의 경쟁보다는 아시아 지역을 위시한 외국 스타 선수들의 영입을 통해 아시아의 메이저리그라는 성장전략을 선택했다. 예를 들어, 이승엽 선수가 뛰었던 요미우리 자이언츠의 경기는 국내에서 평균시청률 3% 이상,

평균점유율 20% 이상을 기록했으며, 당시 SBS스포츠와 X스포츠를 통해 이미 이승엽 선수의 몸값을 넘어서는 중계권 수입을 올렸던 경험이 있다. 따라서 선수가 핵심인 프로스포츠에 있어 국외 스포츠 스타들을 일본의 프로야구 리그에 대거 영입함으로써 자국의 스포츠 콘텐츠를 아시아를 위시한 국외로 수출하려는 전략을 펼치고 있다. 하지만 국내 프로야구를 위시한 프로스포츠산업은 모기업의 홍보수단으로서 구단전입금에 구단운영비의 상당 부분을 의존하는 구조적인 문제를 안고 있다는 것은 익히 알려진 사실이다. 스포츠의 세계화에 있어 국내 미디어 스포츠산업을 위시한 스포츠산업의 자생력 확보를 위해서는 스타 선수들의 무분별한 해외진출을 자제시킬 수 있는 여론조성과 더불어 국내 프로스포츠 경기의 미디어적 가치를 지닌 킬러 콘텐츠로 성장시키기 위한 선수수급을 원활히 할 수 있는 유소년 스포츠리그의 활성화와 유소년 지도자의 육성을 통하여 프로스포츠 경기력 향상이 시급할 것으로 보인다. 하지만 스포츠의 문화식민지 현상에 있어 근본적인 해결책으로는 프로스포츠의 산업화를 이룩함으로써 초자본적 미디어재벌들의 미디어를 통한 세계화 공세를 견뎌낼 수 있는 프로스포츠 독립법인화를 통해 모기업 및 지자체의 후원금 비율을 줄이고 스포츠마케팅 강화를 통해 경기장 입장수입, 스폰서십, TV중계료, 스포츠광고, 라이센싱, 머천다이징 수익확대 등의 프로스포츠 구단수익구조 개선을 토대로 하는 자생력 확보가 가장 시급할 것으로 보인다. 이러한 프로스포츠구단의 독립법인화가 실현되기 위해서는 제도적으로 해결되어야 할 많은 부분이 존재하는데, 이는 다음 장의 '프로스포츠산업의 활성화'에서 좀 더 구체적으로 논의하기로 한다.

많은 미디어 전문가들은 스포츠가 21세기의 최대 문화상품이라는 것에 동의함에도 불구하고 스포츠를 문화상품으로 지각하는 우리의 사회적 인식은 턱없이 부족하다고 말한다. 이미 글로벌 스포츠마케팅의 큰손으로 떠오른 현대, 삼성 등 국내 대기업의 스포츠마케팅에 대한 투자는 유럽과 미주지역의 프로스포츠리그에 편중되어 있으며, 이들 대기업의 인식은 국내 미디어 스포츠를 비롯한 스포츠산업의 시장규모를 떠나 스포츠 콘텐츠가 충분히 활용 가능성이 높다고 판단되면 국내 콘텐츠를 전 세계적으로 유통시킬 수 있는 투자에 적극 나설 수 있다는 점이다. 따라서 택견, 태권도 등 국내 전통 무예들의 오락적 요소와 미적 요소를 강조하거나, 기존 스포츠 종목의 융합을 이루거나, XTM Sports 채널의 「주먹이 운다」와 같이 스토리를 통한 재미와 감동을 제공하여 미디어적 가치와 경쟁력을 확보한 스포츠 콘텐츠의 개발이 시급하다고 할 수 있다. 또한 현재 활발하게 진행되고 있는 스포츠를 접목한 게임산업에 대한 지속적인 투자와 3D 골프스포츠 콘텐츠인 골프존의 성공을 토대로 지리적 · 경제적 접근성 향상, 스포츠과학을 기반으로 하는 경기력 분석기능, 4D 차원의 오락적인 게임요소, 해당 스포츠 종목의 규칙, 에티켓 등을 포함하는 지식획득 효과를 지닌 사격, 양궁, 게이트볼, 볼링, 컬링 등 평소에 쉽게 접할 수 없는 다양한 스포츠 종목의 3D 및 4D 가상 스포츠 콘텐츠를 개발함으로써 콘텐츠 다양성을 통해 국내 미디어 스포츠산업의 자생력을 제고해야 할 것으로 판단된다.

2
프로스포츠산업의 발전과제

1) 프로스포츠산업 활성화의 당위성

국내 프로스포츠는 여전히 대부분의 구단이 모기업에 소속된 세미(semi) 프로리그의 형태를 띠고 있다. 문화체육관광부의 조사에 따르면 2014년 기준 프로야구(5,630억 원), 농구(2,160억 원), 축구(5,090억 원), 배구(1,659억 원)를 포함한 4대 프로스포츠 종목의 총매출은 1조 4,530억 원으로 이들 4대 종목과 관련 사업체 전체 매출액 규모인 4조 280억 원의 36.1%를 차지하고 있는 것으로 보고되고 있다.[1] 하지만 미국을 위시한 프로스포츠의 선진국에서 보고되고 있는 프로스포츠의 활성화는 스포츠산업의 관점에서 스포츠마케팅 및 용품산업, 미디어 스포츠, 스포츠 관광을 포함한 여타 관련 산업을 확장시키는 동인으로 작용하여 결과적으로 전체 스포츠산업 성장에 기여한다. 이는 국내 프로스포츠산업이 전체 스포츠산업 발전의 촉매제로서 기능하지 못하고 있는 것이 현실이나 궁극적으로 이들 프로스포츠산업의 활성화가 미래 스포츠산업을 이끌어나갈 수 있는 무한한 성장 잠재력을 지닌 것으

---

[1] 문화체육관광부(2015.5.21). 2015 스포츠산업 실태조사 예비조사 결과. 서울: 문화체육관광부.

로 해석될 수 있다.

　〈그림 12-1〉은 프로스포츠산업의 활성화가 연관 산업에 기여하는 과정을 도식으로 나타내고 있다. 간략하게 살펴보면, 프로스포츠의 확대는 먼저 1차적으로 관련 스포츠마케팅 산업을 활성화시키고 스포츠팬의 수요기반을 증대시킨다. 관련 마케팅산업의 확장과 프로스포츠 수요기반 및 소비의 증가는 일반 기업들로 하여금 스폰서와 광고주 형태의 참여를 유도하고 프로스포츠의 산업적 기반을 더욱 확장시키는 결과를 도출하여 궁극적으로 스포츠서비스업의 증가를 불러온다. 한편 소비자의 프로스포츠 관람 및 소비가 증가하면서 수동적인 관람에서 탈피하여 능동적으로 이러한 스포츠 활동에 참여를 원하는 소비자가 증가하게 되며, 이는 결국 스포츠용품 및 시설 이용의 증대로 이어져 전체 스포츠산업 활성화에 기여하게 된다.

　좀 더 구체적으로 프로스포츠의 활성화가 산업 전체에 미치는 영향을 설명하는 데 있어 미국의 프로스포츠를 그 예로 제시하고자 한다. 산업의 범위가 너무

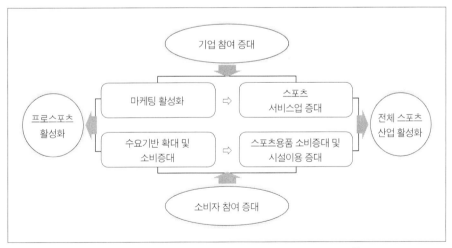

〈그림 12-1〉 프로스포츠의 활성화 및 관련 스포츠산업의 발전 구조[2]

---

2)　최진우(2001). 스포츠 산업 활성화를 위한 과제. 서울: 삼성경제연구소.

광범위해 그 규모의 파악이 어려운 레저스포츠 부문을 제외한 2005년 기준 미국 전체 스포츠산업의 규모는 약 2,130억 달러로 미국 국민총생산(GDP)의 약 1.71%를 차지하고 있다. 또한 미국 프로스포츠산업의 규모는 2007년 기준 약 1,946억 달러로 나타났으며, 이는 스폰서십(3.3%), 스포츠광고(14.1%), 프로스포츠 관련 관광산업(8.3%), 선수보증광고(0.5%), 스포츠용품(13.2%), 멀티미디어(1.1%), 구단 및 경기운영비(11.8%), 경기장시설 건설(1.3%), 인터넷 관련(0.1%), 라이센싱 제품(5.4%), 의료비용(6.5%), 스포츠도박(9.7%), 방송중계권(3.6%), 선수에이전시를 포함한 스포츠마케팅(7.8%) 그리고 프로스포츠 입장객 지출(13.4%)을 포함한 규모이다.[3] 따라서 2년간의 시간적 차이는 존재하지만, 2007년 미국 프로스포츠 및 연관 산업의 규모는 레저스포츠산업을 제외한 2005년 전체 스포츠산업 규모의 약 91.4%를 차지하는 것으로 제시되고 있다. 결과적으로 프로스포츠 선진국의 사례에서 볼 수 있듯이 국내 스포츠산업에서도 마찬가지로 프로스포츠의 활성화는 관련 산업들의 확대를 통해 전체 스포츠시장의 성장에 기여할 수 있을 것이다.

〈표 12-1〉 국내외 스포츠산업 규모 비교[4]

	한국(2008년 기준)	미국(2005년 기준)	일본(2008년 기준)
스포츠산업 규모	26조 3,614억 원	2,130억 달러	1,135억 달러
GDP	1,023조 9,000억 원	12조 4,872억 달러	4조 4,530억 달러
GDP 대비 산업비율	2.57%	1.71%	2.54%
비고	–	레저스포츠산업 제외	–

3) Adams, S. (2014.3.23). Sports League Economic Structure and Fiscal Focus. http://www.sportsbusinesssims.com/sports. league.economic.structure.fiscal.focus.sarah.adams.htm.

4) 문화체육관광부(2011). 2010 체육백서. 서울: 문화체육관광부.

2) 프로스포츠 활성화를 위한 제안

국내 프로스포츠는 국민소득의 증대와 주 5일 근무제 시행을 통한 여가시간의 증가, 그리고 건강한 삶에 대한 가치관의 변화와 맞물리면서 오늘날 현대인의 삶에 있어 건전한 자아실현의 도구로 인식되고 있다. 또한 산업적 관점에서 프로스포츠는 스포츠팬 기반의 확대로 인해 일반 기업과 TV를 위시한 미디어산업을 통해 프로스포츠 자체뿐만 아니라 관련 산업에 있어 엄청난 부가가치를 창조하는 데 기여하는 산업으로 자리 잡고 있다. 하지만 국내 프로스포츠산업의 연관 산업들에 대한 파급력은 미국과 유럽을 비롯한 프로스포츠산업 선진국의 그것에 비해 극히 제한적인 실정이다. 궁극적으로 국내 프로스포츠가 전체 스포츠산업시장 확대의 원동력으로 작용하기 위해서는 프로스포츠 팬들을 위한 마케팅활동을 제한하는 조세제도 개선 그리고 구단 소유권과 관련된 구조적인 문제를 해결하고 국민 대다수가 언제 어디서든 스포츠 콘텐츠를 접할 수 있는 유비쿼터스 미디어(ubiquitous media) 시대에 걸맞은 수익구조의 개선이 이루어져야 할 것으로 판단된다. 프로스포츠의 활성화를 위한 개선점과 관련하여 김화섭, 이진면 그리고 김재진(2012)은 다음과 같이 제시하고 있다.[5]

(1) 모기업 지원금의 사전적 거래 전환

프로스포츠의 핵심은 스포츠팬이라 할 수 있다. 프로스포츠 구단의 수익을 보장하는 스폰서십, TV중계료, 라이센싱 등의 수익들은 특정 스포츠리그 혹은 팀이 얼마나 많은 스포츠팬을 확보하고 있는가에 달려 있다. 기업이 스포츠리그의

---

5) 김화섭 · 이진면 · 김재진(2012). 프로야구산업 시장 크기 추정과 효율성 제고방안. 서울: 한국산업연구원.

스폰서로 참여하는 것은 실제로 단순하다. 기업은 자사 브랜드와 제품을 스포츠 소비자에게 알리고 좋은 브랜드 이미지를 심어주어 궁극적으로 매출을 증대하기를 원한다는 것이다. TV방송국의 경우도 이와 마찬가지로 인기 있는 프로스포츠 경기의 중계권을 구매하여 더 많은 시청자를 상대로 시청률을 높임으로써 기업들의 광고비를 통해 투자한 비용보다 더 많은 수익을 높이는 목적을 가지고 있다. 따라서 프로구단들은 경기력을 향상시키고 스포츠팬들을 대상으로 마케팅 활동을 행함으로써 더 많은 스포츠팬들을 확보하려는 노력을 하고 있다.

하지만 국내의 대부분 프로스포츠 구단은 엄격히 말하자면 세미프로리그 (semi-professional league)에 가깝다고 할 수 있다. 즉, 유럽이나 미국의 프로스포츠 구단과 같이 구단 스스로가 다양한 수익원을 통해 수익을 창출하여 재정자립도를 확보한 독립된 법인체라기보다는 구단의 명칭에 앞서 모기업의 이름을 붙임으로써 모기업과 모기업의 자회사들이 제공하는 광고비 형태의 구단전입금을 통해 운영되고 있기 때문에 모기업을 홍보하는 목적이 더 강하다. 매년 공시되는 구단들의 재무제표 상에는 대부분 흑자 경영으로 기록되고 있지만, 실제로 앞서 언급한 구단전입금이 수입으로 책정되어 재정적인 측면에서는 만년 적자라고 할 수 있다.

그러면 국내 대다수 프로스포츠구단의 모기업들이 실제로 마케팅 능력이 뛰어남에도 불구하고 프로스포츠 구단 차원의 마케팅활동을 펼치지 않는 다른 이유가 있는 것일까? 결론적으로 이 문제의 답은 '그렇다'이다. 현재 프로스포츠구단의 운영과 관련된 조세제도와 모기업의 인식이 프로스포츠구단의 마케팅활동을 전개하는 데 걸림돌이 되고 있다. 이해를 돕기 위해 국내 프로야구리그의 S구단이 구단운영비에 있어 자체적으로 관중 수입, 스폰서 수입, 중계료 수입 등 각종 마케팅 활동을 통해 100억 원 정도의 수익을 창출하고 매년 모기업과 자회사로부터 광고비 명목의 적자보전금으로 매년 100억 원 정도를 지원받아왔다고 가정하자. 만약 S야구단이 그다음 해에 강화된 마케팅활동을 통해 160억 원의 수익을 자체적으로 창출하였다면 S구단은 자체 수익 160억 원과 모기업으로부터의 광고비 100억 원을 합쳐 약 60억 원의 영업이익이 발생하는 것으로 볼 수 있다. 이 경우, S구단은 60억 원에 대한 법인세(세금)를 국가에 납부하고 나머지 이익분에 대해서는 주주들에게 배당금도 지불하고 다음 해를 위해 구단유보금으로 남겨둘 수 있다. 여기서 문제는 현행 조세규정에 따라 모기업의 광고비 100억 원에 대해 손비처리가 가능한데, 만약 S구단이 자체적으로 60억 원의 예상치 못한 수익을 발생시킨 경우에는 100억 원 중 오직 40억 원만 광고비 명목으로 손비처리 혜택을 받을 수 있고 나머지 60억 원에 대해서는 이러한 손비처리가 되지 않고 수익으로 인정되어 세금을 납부해야 하므로 S구단과 모기업 모두가 60억 원에 대한 법인세를 납부하는 불합리한 이중과세에 직면하게 된다. 결과적으로 구단이 독자적인 마케팅활동을 벌이기 위해서는 독립된 법인체가 유리함에도 불구하고 많은 기업이 프로스포츠구단을 독립된 법인이 아닌 자사의 특정 부서에 소속하도록 하는 것도 이러한 조세규정을 의식한 것으로 판단된다.

프로스포츠구단의 수익창출을 통한 재정자립도를 확보하기 위해서는 모기업의 광고비 명목의 적자보전금에 대한 손비처리를 결손금으로 제한할 것이 아니라 적자보전금 전체로 확대하는 관련 조세규정이 개선되어야 한다. 하지만 이와 같은 방안은 구단의 비즈니스 마인드 제고에 긍정적인 영향을 미치지 못한다. 또 다른 대안으로는 모기업의 프로스포츠구단에 대한 적자보전금을 지정기부금에 포함시키는 것이다. 현행 법인세법에는 지정기부금의 손비처리가 가능하도록 규정하고 있으며, 또한 동법 시행령 제18조 2항에서 지정기부금을 "국제체육대회 또는 세계선수권대회의 경기종목에 속하는 경기와 씨름, 국궁 및 택견의 기능향상을 위하여 지방자치단체나 대한체육회가 추천하는 자 또는 대한체육회에 운동선수 양성, 단체경기비용 등으로 지출하는 기부금"으로 구체적으로 명시하고 있다. 현재 구단운영비의 많은 부분을 모기업의 적자보전금에 의존하는 프로스포츠구단들은 실제적으로 수익을 창출하지 못하고 있는 반면 수익을 창출하는 축구대표팀 A매치 같은 아마추어 국제 스포츠 경기와 문화공연은 지정기부금의 혜택을 받을 수 있다. 따라서 이러한 지정기부금의 범위 내에 프로스포츠를 포함하는 방안이 검토될 수 있다.

하지만 앞서 언급한 현행 조세제도의 개선은 구단의 자생력을 높이는 궁극적인 방안이 아닐 수도 있다. 다시 말해, 모기업이 구단운영비에 대한 사후적 지원의 성격이 강하므로 구단의 마케팅활동을 저해하는 요소가 될 수 있다. 프로스포츠구단들은 실제로 스폰서 수입, TV중계료, 라이센싱 등 다양한 수익원이 존재한다. 모기업에서 사후 지원금 형식이 아니라 프로스포츠산업의 시장논리에 의해 구단의 브랜드가치가 반영된 구단 명칭 사용권, 선수유니폼 광고, 경기장 내 광고, 구단스폰서십 형식의 사전적인 투자가 가능해진다면 프로스포츠구단의 마케팅활동을 유인 및 강화시키는 요인으로 작용하여 시장 내 경쟁력 강화와 더 나아가 리그와 프로스포츠산업과 더불어 관련 마케팅 대행업 등 파생 서비스업의 시장확대에 기여할 수 있을 것이다.

미국과 유럽의 프로스포츠 선진국에서도 찾아볼 수 있듯이 스포츠구단의 마케팅활동은 다양한 수요자를 대상으로 이루어지고 있으며 이들 다양한 고객의 욕구를 충족시키기 위해서는 일반 제조업에 비해 훨씬 복잡한 마케팅활동이 수반되어야 한다. 따라서 프로스포츠구단에 대한 스폰서십 형식의 투자는 구단 차원의 마케팅 업무를 스포츠마케팅 대행사에 의뢰하는 경우도 많아질 것이다. 결과적으로 모기업의 사전적 투자는 프로스포츠구단의 마케팅활동을 증가시켜 스포츠시장을 확대시키고 마케팅 대행사의 의뢰가 많아질 뿐만 아니라 스포츠마케팅업의 확대를 가져오는 효과를 기대할 수 있다.

한편 장기적으로는 국내 프로스포츠산업의 적자보전금 및 지원금이라는 제도가 무의미해지는 소유구조의 개편이 필요하다. 앞서 언급한 바와 같이 선진국의 프로스포츠산업과 비교해 국내 프로스포츠산업은 대부분의 구단이 모기업의 홍보를 위한 수단 혹은 공공의 이익을 위한 기업 차원의 사회공헌활동으로 운영되고 있는 것이 현실이다. 물론 이러한 소유구조의 개편은 프로스포츠시장의 확대와 구단 자생력 제고, 관련 인프라의 완비 등 다양한 조건이 선행되어야 하겠지만 장기적인 관점에서 프로스포츠산업이 고부가가치를 지닌 스포츠산업으로 성장하기 위해서는 궁극적인 소유구조의 개편이 절실하다고 할 수 있다.

(2) 지자체의 경기장시설 조례 개선

경기장시설은 프로스포츠에 있어 경기가 생산되는 동시에 유통되는 장소로서 스포츠팬을 비롯해 또 다른 프로스포츠산업의 핵심이라고 할 수 있다. 물론 프로스포츠 리그들은 많은 팬을 경기장으로 유인할 수 있는 양질의 경기를 생산하는 것이 중요하겠지만 실제로 스포츠팬들은 경기장을 방문하여 경기뿐만 아니라 경기장에서 진행되는 많은 팬서비스 이벤트, 먹을거리, 지인들과의 사교 등 오락적인 요소가 가미된 경험들을 하게 되며 궁극적으로 이러한 경험들이 관람만족과 직결된다. 프로스포츠에 있어 경기장시설은 경기를 위시한 모든 소비활동이 일어나는 장소로서 소비자의 경기관람권을 구매한 이후의 모든 경험이 발생하는 중요한 장소이다.

그렇다면 이론적으로 스포츠구단들은 자본을 투자하여 소비자의 경기관람 경험을 극대화시킬 수 있는 좋은 경기장을 건설하여 더 많은 소비자가 찾도록 하는 것이 이론적으로 타당할 것이다. 하지만 경기장 건설에는 대규모 자원의 투입이 요구된다. 이러한 경우 구단은 경기장시설 건설에 투자한 자본을 회수하기 위해 높은 관람권가격을 매길 수밖에 없다. 여기서 중요한 점은 프로스포츠는 서비스제품이기 전에 국민 다수의 건전한 여가활동의 기회를 제공한다는 점에서 공공재의 성격을 지니고 있다는 것이다. 따라서 프로스포츠 경기장을 건설하는 데는 공공부문의 개입이 필요하다. 실제로 프로야구팀인 기아 타이거즈의 광주구장을 신축하는 데 구단과 정부 그리고 지방자치단체가 비용을 분담하여 건설을 완공하였다.

특정지역에 프로구단이 존재하면 여러 가지 측면에서 긍정적인 효과를 가져다준다. 경제적으로 해당 지역에서 경기가 개최되면 다른 지역으로부터 유입되는 팬들로부터 관광수입을 기대할 수 있다. 또한 지역 내 경제 활성화를 들 수 있다. 지역에 새로운 스포츠구단이 생기게 되면 선수연봉, 구단직원의 급료, 스포츠용품 구입비, 시설유지 및 보수비용, 경기에 필요한 경비 같은 경제적 유발효과를 지니고 있기 때문에 스포츠산업 전반에 시장규모의 확대를 불러온다. 무엇보다 잘 지어진 경기장시설은 지역 내 랜드마크로서 지역경제 활성화는 물론 일자리 창출의 동력원이 되고 지역주민의 소속감과 일체감을 느끼게 하여 지역 시민의 상호 연대감을 높이는 비경제적인 효과도 기대할 수 있다. 따라서 프로스포츠가 발달한 미국과 유럽의 경우처럼 현대의 스포츠산업은 지방자치단체와 지역 프로스포츠 팀과의 유기적인 파트너십(partnership)에 의해 유지·발전된다. 실제로 미국프로야구(MLB) 뉴욕 양키스는 뉴욕 시에 구단사용료로 40년간 400달러를 지급하는데, 1년에 10달러인 셈이다. 계약조건은 양키스가 향후 20년간 뉴욕을 떠나지 않는다는 조건하에 광고권을 비롯한 모든 경기장시설의 운영에 관련된 모든 권리를 양키스 구단에 양도하고 얻어진 수익에 대해 나눠 갖는 방식을 취하고 있다.

국내의 경우에는 이들 프로스포츠 선진국의 사례와는 차이가 있다. 먼저 국내 '체육시설 설치·이용에 관한 법률'에서는 야구장과 축구장을 비롯한 스포츠 경기장은 민간이 운영할 수 있는 체육시설업에 포함되어 있지 않다. 이에 따라 국내 스포츠구단의 연고지 내의 경기장은 지방자치단체가 소유하면서 각 구단에 임대 또는 권리를 위탁하는 방식으로 운영되고 있다. 구단들의 마케팅활동을 비롯한 시설의 유지 및 보수 등 관리상의 문제가 제기되면서 2015년 1월에 발의된 '스포츠산업 진흥법 개정안'에는 경기장 시설의 최대 25년 장기 위탁임대가 가능하도록 하는 내용이 담겨 있으나 프로야구의 경우에서도 볼 수 있듯이 25년 이상 경기장 위탁운영권을 확보한 곳은 기아 타이거즈와 KT 위즈 두 곳뿐이다. 무엇보다도 국내 프로스포츠에 있어 지자체와 구단 간의 파트너십을 가로막는 문제는 장기 위탁운영권의 부여뿐만 아니라 각종 사용료의 부담과 관련된 문제이다.

　　지자체가 구단에게 부과하는 사용료는 관람료 관련 사용료와 시설 관련 사용료로 구성되어 있다. 특히 시설 관련 사용료는 기본전용 사용료, 부속시설 사용료, 상업 사용료로 구성되어 있는데, 이 중 상업 사용료가 구단과 지자체의 갈등을 불러오는 요소라고 할 수 있다. 보다 세부적으로 상업 사용료 중에서도 경기장 내 부착물 광고와 관련하여 지자체 대부분은 '매년 공개입찰에 의한 낙찰 금액'이라고 규정하고 구단과 관계없이 지자체가 광고주를 모집할 수 있도록 하고 있다. 결과적으로 지자체로부터 권리를 획득한 광고 에이전트는 광고주를 모집하게 되고 이들에게 구장 내의 부착광고권을 주게 되는데, 이 경우 구단이 모집할 수 있는 잠재적인 광고주의 범위가 제한된다. 다시 말해, 이미 광고 에이전트를 통해 광고권을 획득한 기업이 존재하는 경우, 이들 기업과 동종의 경쟁기업들은 구단의 광고권 수주에 응하지 않게 되고, 궁극적으로 구단의 수익이 제한될 수밖에 없는 현실이다. 실제로 LG 트윈스와 두산 베어스는 서울시와 경기장 광고권을 제외하고 3년간의 경기장 위탁운영계약을 맺고 있는데, 서울시는 2014년 한 해 103억 원을 경기장 내 광고수익으로 벌어들였다. 또한 광주시와 25년 장기 임대계약을 맺은 기아 타이거즈의 경우에도 2014년 완공된 광주-기아 챔피언스필드 건설에 전체 공사 금액의 30%인 300억 원을 투자했다. 이에 광주시는 KIA 구단에 챔피언스필드 명칭사용권, 광고운영권 등을 25년간 사용할 권리를 주었으나 광주시의회에서 광주시가 시민 세금으로 만든 경기장을 KIA 구단에 이러한 권리를 부여한 것은 너무 큰 특혜를 준 것이기에 구장 운영권의 전면 재평가를 요구하면서 결국 2년간의 유예기간을 거치는 것으로 결론이 났다.

일부 지자체는 여전히 경기장시설 보수와 유지를 위한 재원을 마련하기 위해 경기장 내 부착물 광고권이 필요하다는 입장을 가지고 있다. 하지만 경기장 내 광고는 경기라는 제품이 있기에 존재한다. 스포츠 경기라는 콘텐츠가 존재하고, 이를 통해 스포츠팬층(sports fan base)이 확보되며, 광고주들은 자사의 제품과 브랜드를 이들 스포츠팬들에게 소구하기 원하기 때문에 경기장 광고수익이라는 것이 존재한다. 따라서 경기장 내 광고부착과 관련된 수익은 경기를 생산하는 주체인 구단에 귀속되어야 한다는 것이다.

단기적인 관점에서 지자체는 구단과의 갈등을 방지하기 위해 경기장 내 광고권을 위시한 상업 사용료에 대한 비용을 별로도 징수할 것이 아니라 경기장 사용료에 이러한 모든 권리를 일괄적으로 포함하여 판매할 필요가 있다. 실제로 프로축구에 있어 좋은 수익모델이 되는 잉글랜드 EPL의 경우에 해당 지자체는 스포츠구단들에게 경기장 내 광고권을 포함한 저렴한 비용으로 250~999년의 장기 임대를 허락하고 있다. 지자체의 경기장 사용료에 관한 현행 규정은 "……부득이한 사정으로 수의계약을 하는 때에는 원가계산에 의한 금액……"으로 규정하고 있다. 이는 국제이벤트가 국내에서 개최될 경우 이들 행사 주체자들에게 편의를 제공하기 위한 것으로 볼 수 있다. 하지만 시각을 달리하면 구단 같은 국내 프로스포츠 경기 주체자에게 유리하게 해석될 수 있는 여지가 있다. 다시 말해 FIFA, IOC 같은 글로벌 스포츠 조직에게는 유리한 조건을 제시하고 국내 스포츠 조직에게는 다른 기준을 제시하는 형평성에 어긋난 모순된 결과를 초래할 수 있다는 것이다. 따라서 국내 스포츠 조직의 경쟁력 강화와 더불어 고용증대 및 지역 내 경제 활성화를 비롯한 경제적 파급효과와 시민 연대의식 제고 등 사회적 파급효과의 극대화를 위해서도 경기장 사용료는 통합되는 것이 바람직하며, 이를 위해 실제적인 관련 규정을 개정하는 것이 필요할 것으로 판단된다.

또한 현재 광주구장이 완공되었으며 대구구장은 신축 중에 있다. 이 밖에도 수원 및 전주 등의 지자체에서 경기장 인프라 개선에 많은 관심을 내비치고 있다. 관계 부처 또한 경기장시설 개선에 적극 나서고 있으며, 구단들 또한 경기장시설 개선에 참여할 가능성이 높다. 경기장시설의 확충은 궁극적으로 공급이 수요를 초과하는 현상을 불러올 수도 있으며, 구단의 입장에서는 이들 지자체를 상대로 프랜차이즈 게임(franchise game)을 할 수도 있다는 것을 의미한다. 프랜차이즈 게임이란 스포츠구단이 지자체를 상대로 구단 운영에 필요한 행정적 · 제도적 요구 조건을 제시하고, 지자체가 이를 수용할 수 없는 경우 구단이 제시한 조건을 기꺼이 수용할 수 있는 다른 지역으로 연고를 옮기는 전략을 의미한다. 앞서 언급한 미국프로야구(MLB) 뉴욕 양키스가 20년간 뉴욕 시를 떠나지 않는 조건으로 구단사용료로 40년간 400달러를 지급하는 데는 이러한 프랜차이즈 게임이 어느 정도 역할을 했다고도 볼 수 있다. 하지만 이러한 프랜차이즈 게임의 이면에는 프로스포츠구단이 지역 내에 존재함으로써 얻을 수 있는 막대한 경제적 · 사회적 파급효과에 대한 뉴욕 시의 앞선 인식이 존재한다는 것이다. 따라서 프로스포츠구단들도 마케팅활동을 통한 다양한 수익사업을 통해 지역 내에 구단이 존재함으로써 경제적 · 사회적 파급효과가 있음을 실제적으로 보여줄 수 있는 노력이 요구되며, 지자체의 경우에도 프로구단을 지역의 랜드마크로서 지역 발전에 공헌할 수 있다는 인식의 전환이 요구된다.

(3) 프로스포츠 2군 리그 활성화

프로스포츠에 있어 가장 중요한 경기를 생산하는 데 있어 핵심은 선수라고 할 수 있다. 프로야구 신생구단이 출범하는 데 있어 가장 큰 걸림돌은 선수 수급이었다. 비록 축구의 경우, 2군 리그는 독립화를 통해 자체적 리그가 진행되고 있지만 배구와 농구는 1군 리그도 안정되게 정착되었다고 볼 수 없다. 따라서 프로스포츠 2군 리그의 독립화를 통해 각 종목 스포츠 리그를 활성화시키고 이를 통해 중소도시 경기장시설의 유휴화를 방지하고 선수 수급을 용이하게 함으로써 프로스포츠가 산업적으로 확대될 수 있는 선순환 구조를 확립하는 것이 무엇보다 필요하다.

또한 프로스포츠 2군 리그의 독립화는 상대적으로 관람스포츠를 즐길 수 있는 기회가 적은 중소도시 주민에게 건전한 여가활동의 기회를 부여할 수 있을 것이다. 프로스포츠는 관람상품으로서 그 가치가 이미 증명되었으므로 마케팅 강화를 통한 관람자 중심의 독립리그로의 발전이 모색되어야 한다. 실제로 2009년에서 2012년까지 4시즌 동안 기아 타이거즈 제2 홈구장인 군산구장의 평균 관중수가 제1홈구장인 광주구장보다 약 10% 많았으며, 구단의 홈경기 평균 좌석점유율도 군산구장이 82%로 나타나 상대적으로 프로야구를 관람할 기회가 적은 중소도시에 있어 이러한 프로스포츠 2군 리그 활성화에 대한 당위성이 제시되고 있는 것으로 보인다.

한편 현실적인 문제로 구단의 운영에 관련된 여러 경비문제가 대두될 수 있으나, 프로스포츠 2군 리그는 해당 프로스포츠 1군 리그의 선수 육성이 중심이 되고 있어 이들 2군 리그의 독립화를 통한 마케팅이 강화될 수 있다면 지방자치단체와 구단에게 재정적 부담 없이 운영이 가능할 것으로 판단된다. 미국의 경우, 메이저리그 산하 마이너리그는 Triple-A, Double-A, Class A(Single-A 또는 A), class A Short Season, Rookie를 포함하는 하위 5개 리그로 구성되어 있다. 또한 마이너리그를 제외한 독립리그에 소속된 야구팀은 380개 정도가 된다. 대부분의 마이너리그 팀들은 미국 중소도시에 위치하고 있으며, 메이저리그 팀들은 마이너리그 선수, 코치, 스태프들의 연봉 및 장비에 대한 비용을 지급하고, 마이너리그 팀의 소유주는 팀의 여행 경비 및 전기료, 임대료, 직원인건비를 포함해 기타 경기운영에 필요한 비용만 지불한다. 무엇보다 마이너리그 팀들의 주요 수입원은 경기장 티켓판매 수익보다 매점 및 스폰서십에서 더 많은 수익을 창출하고 있어 대부분의 마이너리그 팀들은 일반 스포츠 소비자, 지방정부, 교육청, 학교, 기업, 비영리단체를 대상으로 다양한 마케팅활동을 강화하고 있으며, 2012년 시즌의 마이너리그 유료관중 수는 5,000만 명을 넘어섰다. 현재 우리나라에서도 프로야구 2군 선수들의 경기력 향상을 위해 미국의 마이너리그 개념의 한국 야구 퓨처스리그(Korea Baseball Future's League)가 운영 중이다. 비록 이들 프로야구 2군 경기들은 스포츠TV 채널을 통해 중계되고 있지만, 낮 시간 동안 프로야구단 연습구장에서 실시되는 이들 경기는 수익창출 및 마케팅 강화 측면에서 비즈니스적 요소가 결여된 것으로 보인다.

현재 프로축구 2군 리그는 구단 자체가 독립적으로 운영되고 있으며 선수들의 인건비와 운영비를 각 구단이 직접 조달하고 있어 시장확대에는 기여하고 있으나 적자운영이 지속되고 있다. 하지만 미국 마이너리그의 예에서 볼 수 있듯이 프로스포츠시장 확대와 선수수급을 포함하는 프로스포츠시장의 활성화 차원에서 국내 프로스포츠 2군 리그를 관람자 중심으로 마케팅활동을 강화하여 수익모델을 창출하는 노력이 요구된다. 이를 위해서는 먼저 프로스포츠 관람의 기회가 상대적으로 낮은 중소도시를 대상으로 개인 및 기업수요, 스포츠문화, 인구통계학적 정보, 해당 지자체의 의지, 타 프로스포츠 1군 연고지역 등의 다양한 변수를 고려해 연고지 타당성을 조사하여 연고도시를 결정하는 것이 필요하다. 또한 넥센 히어로즈의 경우에서와 마찬가지로 2군 팀의 운영에 참여할 개인 및 법인 투자자를 유치하여 법인형태의 운영주체를 출범시킬 수 있다. 또한 독립리그의 구단 운영주체는 해당 지자체와의 협상을 통해 경기 중계를 통한 지역홍보 및 이미지 제고 효과를 기대할 수 있으므로 구장 임대계약을 통해 구단 운영 및 관리에 필요한 재정적 부담을 경감시킬 수 있을 것으로 판단된다. 마지막으로 마케팅활동을 강화하여 기업들의 스폰서십 및 경기관람객을 유치함으로써 구단 운영에 필요한 수익구조를 확보하고 프로스포츠 2군 리그의 독립적인 운영을 통한 중소도시 프로스포츠 저변확대와 프로스포츠 1군 리그의 선수수급을 위한 인력풀을 제공하여 궁극적으로 프로스포츠 활성화에 기여할 수 있을 것이다.

참고문헌

국내 문헌

강호정 · 이준엽(2005). 현대 스포츠경영학. 서울: 학현사.

경남발전연구원(2007). 남해안시대 해양레저스포츠 활성화 기본구상. 창원: 경남발전연구원
　　　남해안발전연구지원센터.

구정모 · 이현훈(2001). 평창동계올림픽 유치가 지역경제발전에 미치는 영향. 강원: 강원발전연구원.

국제스포츠협력센터(2015.4.29). 국제스포츠조감. http://isccenter.org/20150429/

김병식(1997). 스포츠 마케팅. 서울: 대한미디어.

김병식 · 김성겸(2008). 메가스포츠이벤트 유치와 지역사회 파급효과의 관계, 한국체육과학회지, 17(2), 473-
　　　483.

김영석(2000). 스포츠와 미디어, 그리고 마케팅. 서울: 신아출판사.

김영표(2008). 세계적인 해양레저관광도시를 만들자: 부산이 해양레저관광도시로 나아가기 위한 방향은?
　　　부산발전연구원 BDI정책포커스, 13호, 1-12.

김용만(2002) 스포츠마케팅 커뮤니케이션. 서울: 학현사.

김용만 · 박세혁 · 전호문(2009). 스포츠마케팅(제4판). 서울: 학현사.

김은숙(2012). 강원도 국제스포츠대회 지원을 위한 자원봉사활성화방안: 2018 평창동계올림픽, 패럴림픽을
　　　중심으로. 강원: 강원발전연구원.

김재일 · 임종원 · 홍성태 · 이유재(1999). 소비자행동론. 서울: 문영사.

김종 · 박영욱 · 정희윤 · 박진경 · 김현석(2000). 스포츠산업육성기본계획. 한국체육학회, 138.

김진혁(2013). 첨단기술의 각축장, 스포츠. SERI 경영노트, 196, 1-11.

김철중(2002). 현대경영분석. 서울: 명경사.

김치조(1997). 스포츠 레저산업론. 서울: 도서출판 21세기 교육사.

김치조(1996). 스포츠 마케팅. 서울: 태근문화사.

김학준(2007.7.7) 지자체들 국제행사, 마구잡이 유치경쟁. 서울신문 1면.

김화룡(2011). 스키리조트 선택속성에 따른 중요도-만족 평가. 한국체육학회지, 19(4).

김화섭(1999). 산업관점에서 본 스포츠. 서울: 산업연구원.

김화섭(2007). 스포츠마케팅전략. 서울: 박영사.

김화섭(2002). 스포츠 상품의 유통경로 이해 및 관리. 서울: 체육과학연구원.

김화섭 외(2002). 월드컵 신화와 현실. 서울: 한울 아카데미.

김화섭 · 이진면 · 김재진(2012). 프로야구산업 시장 크기 추정과 효율성 제고 방안. 서울: 산업연구원.

김화섭 · 임동순(2001). 프로스포츠산업 발전전략. 서울: 산업연구원.

김홍백 · 김진국(2008). 레저스포츠 산업론. 서울: 도서출판 형설.

김효진(2007.4.24). 국제대회 유치 효과는 뻥튀기?, KBS 생방송 시사투나잇.

노주환(2003). 사용하기 쉬운 웹사이트 이렇게 만들어라. 서울: 비비컴.

대구광역시 홈페이지(2012.4.30). http://www.daegu.go.kr.

대구경북연구원(2007). 세계육상선수권대회 대구유치 타당성 분석. 대구: 대구경북연구원.

대외경제정책연구원(2006). 2014년 아시안게임 유치타당성 조사. 서울: 대외경제정책연구원.

문화관광부(2005). 2004 체육백서. 서울: 문화관광부.

문화체육관광부(2013). 스포츠비전 2013. 서울: 문화체육관광부.

문화체육관광부(2010). 스포츠산업 진흥법. 서울: 문화체육관광부.

문화체육관광부(2013). 스포츠산업 중장기 발전 계획. 서울: 문화체육관광부.

문화체육관광부(2011). 2010 체육백서. 서울: 문화체육관광부.

문화체육관광부(2012). 2011 체육백서. 서울: 문화체육관광부.

문화체육관광부(2013). 2012 체육백서. 서울: 문화체육관광부.

문화체육관광부(2014). 2013 체육백서. 서울: 문화체육관광부.

박영옥(2002). 스포츠산업 현황과 전망. 서울: 체육과학연구원.

박영옥 외(1999). 한국스포츠산업 육성방안 연구. 서울: 체육과학연구원.

박영옥 · 주노종 · 홍재승 · 김종백 · 김예기 · 김은선(2004). 스포츠산업의 실태분석. 서울: 체육과학연구원.

박원식(2014.6.15). 대구시 '파격적 제안'으로 세계육상대회 유치, http://weekly.hankooki.com/lpage/nation/200704/wk2007041016034737070.htm.

박종익 외(1992). 스포츠사회학. 서울: 나남.

백우열(2011). 국제스포츠대회 개최와 경제적 파급효과. 남서울대학교 논문집. 17(1). 167-183.

백우열(2013). 스포츠 산업론. 충남: 남서울대학교 출판국.

부산광역시 홈페이지(2012.4.30). http://www.busan.go.kr.

박종오 · 권오영 · 편해수(2012). 마케팅. 서울: 도서출판 북넷.

삼성경제연구원(2000). 올림픽경제학 CEO Information. 서울: 삼성경제연구원.

서천범(2013). 레저백서 2013. 서울: 한국레저산업연구소.

손석정(2011). 스포츠법 이론과 실제. 서울: 태근.

松田義幸(저). 최종진 · 박찬규 · 이병관(역)(2007). 스포츠산업론. 서울: 대한미디어.

송해룡(1997). 스포츠광고와 커뮤니케이션. 서울: 보경문화사.

송해룡 · 최동철(1999). 미디어 스포츠와 스포츠 커뮤니케이션. 서울: 커뮤니케이션북스.

안광호 · 하영원 · 박흥수(2000). 마케팅 원론. 서울: 학현사.

유필화 · 김용준 · 한상만(1999). 현대마케팅론. 서울: 박영사.

장승규(2010). 스포츠경영관리사 2011. 서울: 지식닷컴.

장승규(2010). 스포츠 에이전트. 서울: 지식닷컴.

장준경(2003). 2002FIFA월드컵의 경제, 외교적 성과; 2002년 월드컵 축구대회의 경제적 효과.
        한국스포츠사회학회, 129-165.

정상원 · 박기주(1995), 스포츠 산업의 효율적 운영관리 방안고찰: 스포츠 서비스 사업을 중심으로,
        한국사회체육학회지, 4, 207-222.

정희준(2014.4.30). 브레이크 없는 올림픽 유치, 이제 그만. http://www.pressian.com/scripts/section/
        article.asp?article_num=60070718094937.

정희준(2008). 스포츠메가이벤트와 경제효과: 그 진실과 허구의 재구성, 한국스포츠사회학회지, 21(1), 229-
        251.

최진우(2001). 스포츠 산업 활성화를 위한 과제. 서울: 삼성경제연구소.

통계청(2012). 스포츠 산업 특수분류 v3.0. 서울: 통계청.

평창동계올림픽유치위원회(2011.4.24). http;//www.pyeongchang2014.org/html/main.html.

한국스포츠개발원(2014). 생활체육지도자 3급 연수교재. 서울: 한국스포츠개발원.

한국은행(2007). 산업연관분석해설. 서울: 한국은행.

한국직업능력개발원(2014.7.29). https://www.krivet.re.kr/ht/hp/prg_kuKDA.
        jsp?gn=E1%7CE120110051

한왕택(1996). 스포츠산업학 개론. 서울: 태근문화사.

허남수(2011). 2009년 산업연관표로 본 한국경제. 서울: 경제통계국.

현대경제연구원(2002). 포스트 월드컵의 발전 전략과 정책과제. 서울: 현대경제연구원.

홍은경(2010.8.12.). '셋만 모이면 클럽을 만든다.' 독일의 스포츠문화. 스포츠둥지. http://www.sportnest.
        kr/675

국외 문헌

Adams, S. (2014.3.23). Sports League Economic Structure And Fiscal Focus. http://www.sportsbusinesssims.com/sports.league.economic.structure.fiscal.focus.sarah.adams.htm

Assael, H. (1981). Consumer Behavior and Marketing Action. Boston, MA: Kent Publishing Co.

Andranovich, G., Burbank, M. J. & Heying, C. H. (2001). Olympic cities: Lesions learned from mega-event politics, Journal of Urban Affairs, 23(2), 113-131.

Backman, S. & Crompton, J. L. (1991). Differentiating between high, spurious, latent, and low loyalty participants in two leisure activities. *Journal of Park and Recreation Administration*, 9(2), 1-17.

Brooks, C. M. (1994). Sports Marketing: Competitive business strategies for sports. Englewood Cliffs, NJ: Prentice Hall.

Hwakins, D. I., Best, R. J. & Coney, K. A. (1992). Consumer behavior: Implications for marketing strategy (5th ed). Homewood, IL: Irwin.

Keller, K. L. (1993). Conceptualizing, measuring, and managing customer-based brand equity. *Journal of Marketing*, 57(1), 1-22.

Kotler, P. (1998). A generic concept of marketing. Marketing Management, 7(3), 48-54.

Kotler, P. (1997). Marketing Management. NJ: Prentice-Hall. p.433.

Loy, J. W. Jr., McPherson, B. D. & Kenyon, G. (1978). Sport and social systems. Reading MA: Addison-Wesley.

Luschen, G. (1967). The sociology of sport: A trend report and bibliography. Current Sociology, 15(3), 5-140.

Matthew D. Shank (1999), Sports Marketing, NJ: Prentice Hall.

Mawson, M. & Coan, E. (1994). Marketing techinques used by NBA franchises to promote home game attendance. Sport Marketing Quarterly, 3(1), 37-45.

McDonald, M. A. & Milne, G. R. (1997). A conceptual framework for evaluating marketing relationship in professional sport franchises. Sport Marketing Quarterly, 6(2), 27-32.

Mullin, B. J., Hardy, S. & Sutton, W. A. (2000). Sport Marketing (2nd ed.). Champaign, IL: Human Kinetics.

Mullin, B. (1983). Sport marketing, promotion and public relations. Amherst, MA: National Sport Management Inc.

Pitts, B. G., Fielding, L. & Miller, L. K. (1994), Industry segmentation theory and the sport industry: Developing a sport industry segment model, Sport Marketing Quarterly, 3(1), 15-24.

Pitts, B. G. & Stotlar, D. K. (1996). Fundamentals of Sports Marketing, Fitness Information Technology.

Philip, K. & Keller, K. L. (2011). Marketing Management. PA: Prentice Hall.

Plummer, J. T. (1974). The concept and application of life style segmentation. *Journal of Marketing*, 138, 33-37.

Porter, M. E. & Kramer, M. R. (2012). Creating Shared Value. *Harvard Business Review*, 89(1/2). 62-77.

Ross, S. A., Westerfield, W. R. & Faffe, J. (1996). Corporate Finance, 4th ed. Irwin.

Sandage, C. H. (1983). Advertising Theory and Practice. Homwood, IL: Richard D. Irwin Inc.

Shank, M. D. (2005). Sports Marketing. Pearson: Prentice Hall.

Szymanski, S. (2002). The economic impact of the World Cup, World Economics, 3(1), 1-9.

Vander Zwaag, H. J. & Sheehan, T. J. (1978). Introduction to sport studies: From the classroom to the ballpark. Dubuque, Iowa: William C. Brown and Co.

Williamson, S. E. (1985). Economic Institutions of Capitalism, New York: Free Press.

原田宗彦(2002).『スポーツイベントの経済学』. 平凡社.

지은이 _____

백우열

경기대학교 체육학과 졸업
경기대학교 교육대학원 체육교육학 석사
미국 George Washington University 이학석사
한국체육대학교 대학원 이학박사
현, 남서울대학교 스포츠경영학과 조교수

김성겸

한국체육대학교 사회체육학과 졸업
한국체육대학교 대학원 체육학 석사
한국체육대학교 대학원 이학박사
현, 동서대학교 레저스포츠학과 부교수

김화룡

원광대학교 체육교육학과 졸업
한국체육대학교 대학원 체육학석사
한국체육대학교 대학원 이학박사
현, 한국체육대학교 강사

추종호

남서울대학교 스포츠경영학과 졸업
남서울대학교 대학원 스포츠경영학 석사
충남대학교 대학원 이학박사
현, 남서울대학교 스포츠경영학과 조교수